人工智能法学前沿系列丛书

迈向自动驾驶时代：
全球自动驾驶规则要览

Toward an Era of Autonomous Driving:
An Overview of Global Autonomous Driving Regulations

张　欣　赵精武　傅　鹏　林熙翔　编

对外经济贸易大学出版社
中国·北京

图书在版编目（CIP）数据

迈向自动驾驶时代：全球自动驾驶规则要览 / 张欣等编 . -- 北京：对外经济贸易大学出版社，2023.3（2024.4重印）
（人工智能法学前沿系列丛书）
ISBN 978-7-5663-2484-9

Ⅰ . ①迈… Ⅱ . ①张… Ⅲ . ①道路交通安全法—研究—世界 Ⅳ . ① D912.140.4

中国国家版本馆 CIP 数据核字（2023）第 045039 号

迈向自动驾驶时代：全球自动驾驶规则要览

MAIXIANG ZIDONG JIASHI SHIDAI: QUANQIU ZIDONG JIASHI GUIZE YAOLAN

张　欣　赵精武　傅　鹏　林熙翔　**编**

责任编辑： 邱蓓蓓

出版发行：对外经济贸易大学出版社
社　　址：北京市朝阳区惠新东街 10 号
网　　址：www.uibep.com
资源网址：www.uibepresources.com
邮政编码：100029
邮购电话：010－64492338
发行部电话：010－64492342
E-mail：uibep@126.com

成品尺寸：170mm×240mm
印　　张：23.25
字　　数：405 千字
ISBN 978-7-5663-2484-9
印　　刷：北京九州迅驰传媒文化有限公司
版　　次：2023 年 3 月北京第 1 版
印　　次：2024 年 4 月第 2 次印刷
定　　价：75.00 元

本书是国家社会科学基金重大项目“数字社会的法律治理体系与立法变革研究”（项目号 20&ZD177）和中国政法大学网络法学研究院“人工智能、大数据等新技术存在的制度空白——以算法影响评估制度为例”项目的阶段性成果

序　言

INTRODUCTION

世界大势，浩浩汤汤。工业革命以来，从蒸汽机到电气化再到信息网络，全球格局愈发表现为在技术革命驱动下人类生产关系的重组以及法律秩序的革新。这一趋势形成的深层动因在于技术能够解放人类的美好愿景。自动化机器的出现极大减轻了人类的劳作负担，人工智能技术的诞生更是将人机共生的直观想象变为现实。但越是在技术狂飙突进的时刻，人工智能的“达摩克利斯之剑”便愈发清晰：当人类劳动被全面替代后，人类是否还能够找到更具意义、更值得追求的价值锚定和存在性活动？人类中心主义者坚持人的主体性，将思考、创作看作是人类的独特性活动，期许着从劳动中解放从而将全部热情、时间和精力投入思考和创作之中，实现人的进阶发展。但近期，人工智能生成内容（AIGC）技术的突破式发展已然使得人类在创作活动中的主体性共识摇摇欲坠。面对人工智能的不断入侵，人们不由得追问，人工智能技术发展奇点时刻的来临到底意味着一个更加自由解放的社会，抑或是人类群体新一轮主体性危机的到来？这一疑问既是对人与技术关系的本源性考问，又是对人类自身能力、禀赋乃至位格的诘问，更是世界之问，时代之问。

上述问题贯穿、统摄当代所有社会科学领域，也在法学领域衍生出“如何应对人工智能引发的法律秩序冲击”等研究议题。法学理论的基本假设、知识谱系正面临着全面挑战。对于法学研究者而言，人工智能法学的研究仍是迷雾重重的探索之旅：理解人工智能技术的知识门槛成为研究推进的技艺型障碍，技术迭代的跨越式发展又一再凸显理论创新的缓慢滞后。这些挑战激励法学学者不懈求索。人工智能法学前沿丛书正是在这一背景下应运而生的产物。本系列丛书旨在通过对人工智能各具体、前沿领域的深入梳理，系统绘制人工智能技术创新与治理实践的全局图景，为人工智能法学研究的求索之途提供参考与指引。

在处理“如何应对”的问题时，两种态度颇为凸显：一是基于技术反噬的失控恐惧，二是基于技术竞争的控制焦虑。基于“失控”的恐惧和基于“控制”的焦虑如影随形，演化出对待人工智能技术的多元立场：或如19世纪卢德分子（Luddites）般对待技术创新及随之而来的社会变革激烈抗拒，或积极推动并主动拥抱技术革命的渐进发展，抑或兼而有之，一方面视技术嵌入社会为不可抗拒的时代潮流，另一方面却始终抱有警惕和疑虑。这些技术治理立场型塑了各国监管框架，或防御保守，严格限制新兴技术的开发与应用；或包容开放，为技术创新营造宽和的制度环境；或审慎评估，在鼓励创新与发展之间寻求动态平衡。这些多元化的治理范式尤为深刻地体现于自动驾驶领域。以安全为名，从人类控制汽车行驶到人工智能软件操控汽车运行，恰是人类驾驶决策控制权向机器全面移转的缩影，其中既盘亘着人类对新兴科技失控的恐惧，又萦绕着对驾驶新时代的期待。作为人工智能最具代表性的应用场景，自动驾驶的商用发展速度惊人，全新的人机交互方式催生了大量新型法律关系，但监管的缺位引发了严峻的治理挑战。本书直面自动驾驶时代的关键治理挑战，系统梳理全球自动驾驶规则，秉持全球视野和本土意识，希冀为关注自动驾驶规制议题的立法者、研究者、从业者以及技术研发者、产业投资者提供一份丰富而细致的案头参考。与此同时，作为人工智能法学前沿丛书的开篇之作，本书以小见大，通过聚焦自动驾驶场景为读者窥见人工智能治理领域的治理前沿，感知全球人工智能治理动态提供有益参考。

对外经济贸易大学法学院作为国内较早开始涉猎、关注并对数字法学和人工智能法学部署研究的院校之一，近年来围绕数字贸易、数据安全、个人信息保护、平台监管、算法治理、人工智能治理等前沿领域集中、深入、系统地开展了一系列具有理论价值和社会影响的前沿研究。通过数年积累，已形成素质优良、梯次分明、结构合理的研究队伍，累积了丰硕的研究成果，厚植了一批具有技术素养和探索精神的复合型法治英才，已积极投身于我国的人工智能法律前沿实践之中，直接服务于我国人工智能强国战略的实现。习近平总书记在党的二十大报告中指出：“必须坚持科技是第一生产力、人才是第一资源、创新是第一动力，深入实施科教兴国战略、人才强国战略、创新驱动发展战略，开辟发展新领域新赛道，不断塑造发展新动能新优势。”我们坚信在国家政策宏观指引、顶层设计前瞻优化、人才培养持续进阶等喜人态势之下，实现制造强国、网络强国、数字强国等战略目标指日可待。

是为序。

梅夏英

2023 年 3 月 26 日于惠园

前　言

PREFACE

一、汽车的“自动化愿景”与监管挑战

1939年，通用汽车公司曾在世界博览会上预测，至20世纪60年代，自动驾驶汽车将取代传统汽车。此后，始于20世纪80年代欧洲的尤里卡·普罗米修斯计划（Eureka Prometheus）推动了欧洲汽车制造商在自动驾驶之路的探索。该计划耗资逾7亿欧元，成为同时期最大的研发项目。而在大洋彼岸，始于军事需求，美国国防部DARPA为探索能够在战区作战的自动驾驶[①]主办了无人驾驶挑战赛。该项赛事成了自动驾驶汽车的摇篮，被誉为21世纪以来自动驾驶研究的起点。2005年，Sebastian Thrun博士所在的斯坦福大学团队在与卡耐基梅隆大学团队激烈角逐后赢得了比赛。此后的两年，自动驾驶车辆被证明可以在城市街区的环境中安全行驶。[②]这一技术上的跨越十分振奋人心。无数技术专家和社会学家历数自动驾驶之梦成真后的美好愿景。自动驾驶汽车的出现将使得汽车的共享成为可能，由此减少车辆的总量以及停车场的土地耗费。基于先进的传感器和精密的算法，自动驾驶汽车还可实现车对车的通信以及车对交通设施的通信，从而降低由于人为操控失误而引发的车祸发生率。有数据显示，仅2010年，美国就有32 788人在机动车交通事故中丧生。而95%

① Jeffery Mackowski, “Good but Not Great: Autonomous Vehicles and the Law in Florida”, *FIU Law Review* 11, no. 1 (2015): 221-254.

② John Markoff, “Google Cars Drive Themselves, in Traffic”, *New York Times*, October 9, 2010, accessed May 2, 2022, http://www.nytimes.com/2010/10/10/science/10google.html.

以上的机动车交通事故都是驾驶员被酒精干扰、分心、疲惫等人为因素所导致的。[①]与之相比，自动驾驶汽车可以替代人脑完成信息的收集与映射以保障车辆驾驶的精准度，因此具有更高的安全性和效率。但自动驾驶也有可能带来系统的安全性问题。例如，病毒或者恶意破坏汽车系统的正常运行，“人机协作”模式之下的责任分配问题，以及与之伴随的隐私保护挑战。作为一项新兴技术，自动驾驶技术对整个社会的成本和收益的影响尚在动态发展之中。因而对于各国立法者而言，开展大规模的积极政策干预不仅时机尚未成熟，甚至还可能适得其反。不仅可能阻碍技术的创新，扼杀行业的发展，还可能错失在全球人工智能竞赛之中的发展良机。若监管消极滞后，则难以为公众建立技术信任，同时增加企业决策的不确定性，给自动驾驶技术的大规模应用带来不利影响。例如，就是否采用安全气囊技术进行历史考察可以发现，汽车制造商曾因为担忧与之伴随的产品责任而对是否采用该项技术犹豫不决。但后来发现其对装有安全气囊的机动车乘员潜在责任大大减少之后，才开始采用这一技术。与之类似，制造商也曾因担忧安全带、巡航控制系统等安全技术引发的产品责任而徘徊不定。[②]由此可见，就自动驾驶技术而言，立法者和监管者面临的最大难题是如何在一项技术的成本和收益尚不明确的情形之下探索建立敏捷适配的监管框架，以及如何在有序、安全、创新等各项公共利益之间达致动态平衡。

① Jeffery Mackowski, “Good but Not Great: Autonomous Vehicles and the Law in Florida”, *FIU Law Review* 11, no. 1 (2015): 221-254.

② Andrew Garza, “‘Look Ma, No Hands!’: Wrinkles and Wrecks in the Age of Autonomous Vehicles”, *New English Law Review* 46 (2012): 581-616; Jameson Wetmore, “Redefining Risks and Redistributing Responsibilities: Building Networks to Increase Automobile Safety”, *Science Technology and Human Values* 29, no. 3 (2004): 377-405. 该文指出车辆制造商对设计、生产和安装新的或者修订的安全技术的新的责任和成本表现得非常小心翼翼。 福特公司和 General Motors 对于驾驶汽车中是否使用安全带曾经意见相左。See Andrew P. Garza, “‘Look Ma, No Hands!’: Wrinkles and Wrecks in the Age of Autonomous Vehicles”, *New English Law Review* 46 (2012): 581-616.

二、全球自动驾驶规制的四点共识

（一）由分散规制走向统一法律框架

自动驾驶技术是最具代表性的人工智能技术之一。与之相关的利弊争论层出不穷。但各国立法者均意识到，不应以立法阻碍技术的创新与行业的发展，应通过科学的决策工具探索正确的“立法时机”。若法律和政策一味滞后，则可能限制自动驾驶车辆的实况测试，不利于机器学习模型获得必备的数据和信息，进而阻碍技术的发展。因此，立法者需要综合考量公共安全、技术创新与行业发展之间的关系，及时出台一套公平且高效的法律制度。但在构建统一的规制框架之前，去中心化、市场化和地域化的制度探索将成为必经阶段。以美国为例，在联邦层次的《自动驾驶法案》被提出之前，佛罗里达、加利福尼亚、内华达和密歇根是首批通过自动驾驶立法的州。[①] 这些立法为自动驾驶汽车制造商营造了灵活的监管环境，为自动驾驶路测的开展提供了重要的制度基础，为美国制造商赢得国际市场竞争的先机。但囿于各州立法者的利益趋向和视野，地方性的立法存在多处冲突之处，不利于自动驾驶汽车实现大规模的商业化。例如，内华达州的立法明确将“通过人工智能软件操作驾驶的车辆和被法律所允许的自动驾驶操作车辆”排除在其通过的一项禁止驾驶员在机动车操控时使用手机的规定之外。而这项规定实质上可能与华盛顿特区的法规存在冲突。后者要求自动驾驶汽车的车主必须坐在驾驶席并随时准备接管驾驶。这在客观上导致一辆自动驾驶车辆从允许操作员在自动驾驶状态从事任何活动的内华达州在前往华盛顿特区的过程中“必须提醒操作员在州界及时醒来”，否则可能违反华盛顿特区的法律。[②] 因此，借鉴美国《统一商法典》编纂形式，通过设立“常设编辑委员会”或者在各州选取代表组成自动驾驶立法委员会，从而推动统一化、集中化的自动驾驶

① John Terwilleger, “Navigating The Road Ahead, Florida’s Autonomous Vehicle Statute and Its Effect on Liability”, *FLA. B.J.* 89, no. 7 (2015): 26-27.

② David GoldStein, “Autonomous Vehicles Will Drive Themselves—But They Won’t Regulate Themselves”, *Hastings Business Law Journal* 13, no. 2 (2017): 241-256.

立法的呼声愈发占据主导。[①]而事实上，在联邦层面的《自动驾驶法案》之外，美国高速公路交通安全管理局已经于2016、2017、2018和2020年分别颁布了4份联邦层面的自动驾驶汽车统一监管框架。与此同时，美国高速公路交通安全管理局还在2021年1月颁布了《自动驾驶汽车综合计划》。该计划在2020年监管指引的基础上进一步阐明了美国自动驾驶的未来发展方向。这些规则指南一方面及时响应了自动驾驶技术的快速迭代，另一方面也在确保安全价值得以实现的基础上积极践行前瞻性监管理念。该系列指南虽然对科技企业具有自愿合规性，但仍然在相关立法和产业政策中发挥了实质性影响。为全面展现美国在自动驾驶立法领域的区域化探索与统一化趋势，本书对联邦层面的《自动驾驶法案》以及4份监管指引进行了系统翻译，同时选取了美国最有代表性的六个州对其立法文本进行了全面翻译。与美国规制框架构建逻辑相类似，我国目前尚无针对自动驾驶的中央立法，而以广东、深圳、上海和北京4地为代表的地方性立法已经先行先试。这些立法各具特色，大胆创新，势必为我国未来制定《自动驾驶法》奠定宝贵的立法经验。本书还在第八章系统性地梳理了我国自动驾驶相关的地方性法律和技术标准。2021年，公安部发布了《道路交通安全法（修订建议稿）》，明确了具有自动驾驶功能的汽车进行道路测试和通行的相关要求以及违法和事故责任分担规定，这是我国首次就自动驾驶汽车开展法律层面的立法，但遗憾的是，《道路交通安全法（2021年修正）》正式出台后，删除了《道路交通安全法（修订建议稿）》中的相关建议。

《道路交通安全法》的修订也意味着自动驾驶立法开始进入立法议程。今年5月份公布的《全国人大常委会2022年度立法工作计划》明确提出加强重点领域、新兴领域、涉外领域立法，尤其是积极推进科技创新等重要领域的立法，填补法律制度薄弱点和空白区。自动驾驶作为我国人工智能战略的应用高地，在全球抢占自动驾驶新赛道的背景下，势必需要适时出台自动驾驶相关法律，加速智能化技术的推进和场景化落地，希冀本书中提供的立法样本可以为我国的自动驾驶立法提供积极的理论支持。

---

① David GoldStein, "Autonomous Vehicles Will Drive Themselves—But They Won't Regulate Themselves", *Hastings Business Law Journal* 13, no.2 (2017): 241-256.

（二）通过技术标准的治理

与一般技术引发的治理风险相比，自动驾驶技术引发的风险更具复杂性、系统性，带来的立法挑战更具颠覆性。一方面，自动驾驶领域已成各国人工智能竞赛的"战略高地"，激光雷达、毫米波雷达、计算平台等高等级自动驾驶所必需的软硬件以及自研核心算法已经从技术研究阶段演进至产品落地阶段，相关技术迭代迅速，[①]规制步伐困境更加明显。另一方面，自动驾驶技术虚实结合、嵌入广泛，加剧了信息不对称，致使立法决策缺乏有效参考点。[②]这些结构性的挑战推动了自动驾驶法律框架的形成不可避免地从单一的以国家为中心、以命令和控制为核心的"硬法"模式向基于多中心主体参与的，以协同性、动态性、分层性、复合型为特征的"软法"治理体系转变。[③]在自动驾驶"软法"治理的工具箱中，自动驾驶技术标准成为体现全球共识的重要抓手。自动驾驶技术标准有助于在自动驾驶产品开发早期嵌入伦理和价值要求，融合消费者期待和产品风险效用，可以为产品质量设定安全基准，成为制造和设计缺陷认定的重要依据。例如，美国《自动驾驶法案》规定国家高速公路交通安全管理局应当逐步完善包括自动驾驶汽车在内的汽车安全标准或者安全范围，并应对其定期审查和更新。[④]依据上述标准，若自动驾驶汽车制造商未能设计出符合安全标准的产品，则可以成为认定产品设计和制造缺陷的依据。其次，自动驾驶技术标准还可以成为判断说明缺陷的重要依据。例如，依据自动驾驶汽车分级要求和披露告知义务标准，制造商应当向消费者说明自动驾驶功能的合理使用方法及潜在风险，对于未能达到自动驾驶分级标准的汽车，应警告消费者不应以不可预见的方式介入自动驾驶过

---

① 亿欧智库:《2020—2023中国高等级自动驾驶产业发展趋势研究》，2020，第6-15页，https://pdf.dfcfw.com/pdf/H3_AP202007071390029780_1.pdf?1594303145000.pdf，访问时间：2022年5月10日。

② Gasser Urs and Virgilio Almeida, "A Layered Model for AI Governance", *IEEE Internet Computing* 21, no. 6 (2017): 58-62.

③ Gasser Urs and Virgilio Almeida, "A Layered Model for AI Governance", *IEEE Internet Computing* 21, no. 6 (2017): 58-62.

④ The 115th Congress (2017-2018), "Self Drive Act", *Library of Congress,* September 6, 2017, accessed May 14, 2022, https://www.congress.gov/bill/115th-congress/house-bill/3388.

程或者盲目使用自动驾驶功能。若厂商未按照技术标准尽到注意义务和警示说明义务，则应对由此引致的损害承担责任。最后，自动驾驶技术标准根据技术发展的客观现状而制定，其代表了当前技术发展条件下能够容忍的风险阈值和容错率，有助于判断相关损害是否构成当前技术无法预料之缺陷的免责事由。技术标准的及时更新还有助于督促制造商及时跟踪产品的技术发展情况和发现尚未检测到的致害性，积极实施产品的后续跟踪观察和及时警告义务。[①]目前，作为自动驾驶立法的先行者，德国和美国出台了一系列自动驾驶技术标准。2014 年，美国汽车工程师学会 (SAE) 和美国高速公路安全管理局提出 SAEJ3016 标准，将自动驾驶划分为六个等级。该标准自 2014 年公布以来，已经于 2016 年、2018 年、2021 年发布了三次更新版本。目前该标准不仅已经成为国际上公认和业内通用的参考标准，同时也于 2016 年得到美国交通部的正式认可，要求自动驾驶汽车制造商依据该标准确定其生产的自动驾驶系统级别。[②]2020 年，我国工信部发布了《汽车驾驶自动化分级》，改变了长期以来全球车企采用美国 SAE 自动驾驶分级标准的格局。但我国技术标准数量众多、内容分散，标准之间存在冲突、交叉和矛盾的情形时有发生。例如，我国《汽车驾驶自动化分级》与《营运车辆自动驾驶系统分级》[③]在自动驾驶分级定义上就出现了冲突和不一致。[④]标准之间的冲突和矛盾不仅不利于行业有序发展，更难以为法律规范提供准确可靠的制度支撑。因此，本书收录并翻译了最具代表性的自动驾驶汽车技术标准，希冀为我国自动驾驶立法和技术标准的进一步完善提供理论参考。

---

① Gerhard Wagner, “Produkthaftung fur autonome systeme”, *Archiv fuer die civilistische Praxis* 217 (2017): 707-764.

② 苏珊珊:《对比了 11168 处修订，我们帮你划了「SAE 自动驾驶分级」更新版的全部重点》，雷锋网 2021 年 5 月 19 日，https://www.leiphone.com/category/transportation/sMOXJ9pfxgdU0M-jg.html，访问日期：2022 年 5 月 15 日。

③ 中关村中交国通智能交通产业联盟:《营运车辆自动驾驶系统分级》(T/ITS 0093-2018)，交通运输标准化信息平台，http://jtst.mot.gov.cn/gb/search/gbDetailed?id=3fd3ab4dc3d8a00cf106b9d-64ba8f142，访问日期：2022 年 5 月 15 日。

④ 后者将 0 级命名为“无自动化驾驶”，而前者则将 0 级命名为“0 级驾驶自动化（应急辅助）”，且明确标注 0 级驾驶自动化并非无驾驶自动化，0 级驾驶自动化仍可感知环境，并提供报警、辅助或短暂介入以辅助驾驶员。

（三）注重自动驾驶立法的场景化和精细化

自动驾驶具有极强的场景属性，需要各国立法机关不断推动立法的场景化和精细化。例如，仅人类参与自动驾驶的问题就可分为“乘客场景”和“自动驾驶场景”。在“乘客场景”之下，自动驾驶汽车践行着无人驾驶汽车的功能，通常意义上的驾驶员转换为乘客。在这一场景下驾驶和乘坐的界限十分清晰，任何可能发生的侵权行为都源于汽车的软件或者硬件故障。例如，内华达州的立法就规定车辆在自动驾驶技术发生故障时应对乘坐者发出警告。若驾驶者不在场或者不能安全控制汽车，汽车应当能够自动安全停止。①而在自动驾驶场景下，则需要通过立法明确操作员是否有持续监控车辆行为并准备随时接管车辆的义务。在不同的情形之下，操作员对未能履行或者未以合理方式履行超驰控制义务将会面临不同的法律责任。而一旦相关立法予以确定，自动驾驶的汽车制造商就需要依据法律框架提供可追溯、可验证的装置和功能以确定车辆故障时的具体驾驶情境。②自动驾驶立法需要面对一系列颇具挑战性的制度难题。例如与侵权和产品质量相关的责任认定问题、产品缺陷或者系统故障相关的数据记录问题、商业保险问题、自动驾驶汽车的网络安全问题、车载通信平台的技术标准与个人信息保护问题以及利用自动驾驶汽车犯罪等问题。可以预见，每一议题都将促使法律规则内部发生“颠覆式”的结构性重组。因此，各国在自动驾驶立法领域不约而同地践行“灰度规制策略”。所谓“灰度规制”，是指通过小范围实验、快速迭代的方式提高立法对人工智能规制的科学响应和敏捷反馈。就自动驾驶而言，开展路测对收集复杂驾驶环境、全面探知自动驾驶技术盲点，推动自动驾驶技术的成熟具有重大意义。通过自动驾驶汽车路测日臻完善自动驾驶系统，不断调适对焦规制策略可谓是人工智能时代最具代表意义的“灰度规制”案例之一。③因此，本书在选取各国自动驾驶立法的样本时，尤其注重各国对自动驾驶封

① Frank Douma and Sarah Aue Palodichuk, “Criminal Liability Issues Created by Autonomous Vehicles”, *Santa Clara Law Review* 52, no. 4 (2012): 1157-1170.

② Frank Douma and Sarah Aue Palodichuk, “Criminal Liability Issues Created by Autonomous Vehicles”, *Santa Clara Law Review* 52, no. 4 (2012): 1157-1170.

③ 李军:《特朗普政府“灰度监管”，为无人驾驶开绿灯》,《财经》2017 年 10 月 2 日。

闭测试场地规则和道路测试管理规则的梳理。

（四）自动驾驶技术伦理与法律治理的并行

伴随着人工智能治理范式的变革，以技术伦理为内核的“软法”治理工具开始彰显助力改革、增进对话以及开拓创新的重要作用。[①] 人工智能技术伦理有助于在技术开发早期嵌入核心价值要求。人工智能风险由算法、数据以及二者在多元场景下的交互应用而产生。因此对人工智能社会的治理需要控制和指导人类创造和设计的准则。这种准则应当有助于设计者、使用者和被影响支配者之间形成一种信任、非操纵、非支配性的关系。[②] 但这些关系并不会被自动嵌入人工智能技术和产品设计之中。技术伦理聚焦人工智能技术的源头环节和底层架构，可以在人工智能技术生命周期的早期阶段实现关键产品要素符合伦理取向，促使设计者、部署者调整设计理念，通过将伦理和可信价值导入技术和产品的设计环节进而嵌入治理实践之中，[③] 从而成为物化伦理规范和价值要求的第一道桥梁。这种事前阶段的引导对于人工智能治理至关重要。一方面，人工智能应用具有自主性、反应性和社会性，在与社会交互应用之时具有自我管控、调节、反应以及进化的能力，以传统事后监管方式对其进行规制的有效性堪忧。正如控制论之父维纳早在 1950 年指出的，人们可能会创造出“按照人类无法接受价值而实施行动的智能体”，“为了防止这样的灾难，既需要为人工智能体设置伦理规则，也需要将这些规则嵌入智能体，并通过有效技术来管控智能体的行为。[④]” 另一方面，人工智能应用可能因逐利驱动从而偏离公共利益，由此滋生的各种负面外部性充斥于社会之中。恰如杰克·巴尔金所言，这种高科技企业带来的外部性就像工业企业

① 季卫东：《软法在人工智能社会治理中的作用》，财新网 2019 年 12 月 2 日，https://opinion.caixin.com/2019-12-02/101489617.html，访问日期：2022 年 4 月 12 日。

② 杰克·巴尔金：《算法社会中的三大法则》，刘颖、陈瑶瑶译，载《法治现代化研究》2021 年第 2 期，第 191 页。

③ David GoldStein, “Autonomous Vehicles Will Drive Themselves—But They Won’t Regulate Themselves”, *Hastings Business Law Journal* 13, no.2 (2017): 241-256.

④ Norbert Wiener, *The Human Use of Human Beings: Cybernetics And Society* (Doubleday Anchor Books, 1954), p.112, p.163.

排放的污染物，它们为企业带来了巨额利润，但成本却由社会承担。[①]因此通过技术伦理在人工智能技术和产品的生命早期嵌入规范要求，有如要求工业企业在生产阶段采用清洁生产技术，避免了“先排污、后治理”的困境。

自动驾驶与其他人工智能技术有着诸多共性特点：正处于高速发展的态势，具有多层次、多角度的应用场景，关涉驾驶员、乘客、行人等众多利益相关主体，技术发展本身伴随的风险、收益具有不确定性。从公共安全和公共利益的角度出发，自动驾驶技术和行业的发展又需要跟进适配性的治理。[②]在尚无全面、有效、集中的规制框架时，通过自动驾驶技术伦理指引技术发展，构建伦理与技术的沟通机制，有助于走向更加敏捷高效和回应性的治理。在自动驾驶技术伦理领域，德国联邦运输和数字基础设施部下属的伦理委员会制定了《自动化和网联化车辆交通伦理准则》。该准则是全球范围内首个针对自动驾驶的伦理指南，为自动驾驶系统在紧急情形下的利益取舍提供了原则性指导，也为自动驾驶汽车制造商在研发预设事故处理模式时提供了重要的技术思路。[③]为全面呈现该伦理准则制定过程中的沟通全况，本书收录并翻译了《自动化和网联化车辆交通伦理准则》，并对与之相关的《联邦政府关于自动化和网联化车辆交通伦理委员会报告的行动计划》等文件进行了收录翻译。自动驾驶的治理是一项面向整个技术生命周期的系统性工程，需要在事前、事中和事后阶段建立深度耦合、动态衔接的治理框架。我国作为世界人工智能大国，自 2017 年《新一代人工智能发展规划》开始积极布局并有序推进人工智能伦理建设，出台了《新一代人工智能治理原则》《新一代人工智能伦理规范》等顶层设计文件。可以说，我国在人工智能伦理治理的发展道路上与世界主要经济体处于同一跑道，面对这一重要机遇窗口，是快速破局、

① Yochai Benkler, “Don’t let industry write the rules for AI”, *Nature* 569 (2019): 161.

② Gregory Mandel et al., “Emerging technology governance” in *Innovative Governance Models for Emerging Technologies*, eds. Gary Marchant et al. (Edward Elgar Publishing, 2013), p.44-45. 还可参见 Tracy Hresko Pearl, “Fast & Furious, The Misregulation of Driverless Cars”, *NYU Annual Survey of American Law* 73, no. 24 (2017): 19-72.

③ 丁恒、段怡芊等:《世界主要国家自动驾驶监管体系盘点》，中伦观点 2021 年 8 月 27 日，https://www.zhonglun.com/Content/2021/08-27/1142292605.html，访问日期：2022 年 7 月 26 日。

领军迎上，还是被动滞后、丧失良机，对于今后及未来的自动驾驶产业发展和战略布局具有重要意义。本书希冀以自动驾驶伦理治理提供全球视角，为我国自动驾驶技术和应用治理体系的建立和完善做好制度准备。

人工智能的不断发展使自动驾驶成为全球汽车产业的主要发展方向，自动驾驶业已成为国际社会开展竞争的战略制高点。在自动驾驶技术取得不断进步的同时，以美国、英国、德国、日本为代表的发达国家与以国际自动机械工程师学会为代表的国际组织对自动驾驶汽车典型法律问题的规制不断进行尝试，这些问题包括自动驾驶汽车的定义、侵权责任与产品责任的认定、路测、信息保护与网络安全等等。国务院印发的《中国制造2025》将智能网联汽车列入未来十年国家智能制造发展的重点领域，明确指出到2025年要掌握自动驾驶总体技术及各项关键技术。我国应该在结合本国具体国情的基础上，吸取国际上有益的自动驾驶立法经验，为呼之欲出的自动驾驶时代做好万全准备。

三、本书的缘起

面对全球科技竞争浪潮，习近平总书记指出，人工智能是新一轮科技革命和产业变革的重要驱动力量。把握全球人工智能发展态势，找准突破口和主攻方向，培养大批具有创新能力和合作精神的人工智能高端人才，是教育的重要使命。为深入贯彻习近平总书记关于人工智能创新人才培养的重要指示，全面推进新文科建设，为探索构建世界水平、中国特色的卓越法治人才培养体系积极贡献力量，作为一名法学教师，我从课程建设和教材建设率先着力，顺应人工智能时代之需，积极探索培育卓越复合型法治英才之路。

2017年，“信息技术＋法学”的教学、科研和组织建设在法学界初兴，国内众多法学院开始探索网络与信息法学前沿教学和交叉研究。虽无成熟方案和样本可寻，但我深知开设一门技术与法学前沿交叉课程的必要性和紧迫性。在系统收集了几十门世界知名高校法学院开设的网络与信息法学相关课程大纲和教材，深入研究课程模块设置方案和教学计划共性的基础上，我与梅夏英院长合开了对外经济贸易大学第一门“法学＋科技”前沿类课程——“网络法理论与实务研究”。在课程设计理念上，我聚焦交叉化、前沿化、国际化特色，最大程度凸显新一代信息技术与法律的深度融合。在课程讲授方案上，我以沉浸式和启发式教学为内核，从基础概论到核心技术，从实体应用到法律规制，从软法治理到立法前沿，从讲授到研讨，逐步带领同学们熟悉和领会各个前沿主题。

在课程建设之外，我还深刻地意识到人工智能法学课程教材建设的重要性。2019年教育部提出以知促行、以行践知的“三全育人”方针。科研育人是“三全育人”的重要环节。如何让科研过程成为耕耘学生成长成才的沃土是我在推进科研育人道路时首要思考的问题。而以“蜂群思维”为核心的“众包”协作模式曾在互联网的设计研发过程中闪耀熠熠光辉。受此启发，我希冀在课堂之外探索出一条激发学生科研兴趣、充分锻炼创新潜力、延伸课程讲授边界、深度参与教材建设的“众包协作”之路。在网络法理论与实务的课程上，我鼓励同学们深度参与《迈向自动驾驶时代：全球自动驾驶规则要览》一书的编写，为同学们讲解外文法学判例分析和外文法律脉络梳理的方法，逐步搭建人工智能法学案例的分析框架。这一过程系统培养了同学们的科研能力，助力学生们科研起航。2017年第一期网络法理论与实务课程的多位同学为本书原文材料的收集和整理工作做出了积极贡献。2018年选修网络法理论与实务课程的同学以及法学院的科研助手们亦为此书的出版提供了实质性帮助。感谢陈慧、梁铭、杨雨晨、郑献恺、唐欣欣、周心越、杨慧鑫、张骏、杨滢、魏乐毅、申桐、李赛真、何玮、陈栋才、刘佳琦、刘乃嘉、王好好、吴秀、杨筱斐、刘议鸿、李樟琦、王艺桥、吴洁、杨海燕、石方舟、李婵、付强、曾卓、田怡然、刘依婧、王玉颖、王尊同学对此书材料收集工作的贡献。

本书基本框架形成后，为提升本书对于我国自动驾驶立法和自动驾驶合规实践的参考价值，我邀请海问律师事务所的傅鹏律师和林熙翔律师加入编著团队，携手推进全球自动驾驶规则收录和编校过程的系统化和专业化。海问律师团队的张宇识、唐安琪、张玲君、刘嘉纯、胡雅云、赵卿梦、俞沁、孙佳雨、钱学悦、王丹琳律师对本书的校对、体例编排等工作做出了积极贡献。

北京航空航天大学法学院赵精武副教授亦为本书的顺利出版做出了巨大

贡献。此外，感谢北京航空航天大学法学院何傲翾博士、工业和信息化部工业和信息化法治战略与管理重点实验室助理研究员陆睿、唐浩隆、杨艺对此书出版过程中的科研协助。从自动驾驶规则的选取到文本翻译，从全书体例初排到深度编校，我深切感受到了合作者以及他们所带领的研究团队的专业性、高效性和协作性。本书的出版还要感谢清华大学智能法治研究院院长助理刘云老师和上海交通大学凯原法学院杨淑惠同学以及中南财经政法大学法治发展与司法改革研究中心叶强老师就美国和德国自动驾驶立法的系统梳理，提升了本书的可读性和指引性。最后，我要由衷感谢对外经济贸易大学法学院梅夏英院长和冯辉副院长。两位老师为推进法学院教师在网络与信息法学和人工智能法学领域的影响力，亲自牵头与对外经济贸易大学出版社合作人工智能法学前沿系列丛书的出版计划。这一计划为本书的出版提供了宝贵契机和平台。对外经济贸易大学出版社的邸蓓蓓主任对于本书出版给予了宝贵支持与大力协助，在此诚挚感谢。

囿于译者水平，本书难免有疏漏和不妥之处，恳请诸位读者不吝批评指正。

张欣

2022 年 7 月 26 日于清华园

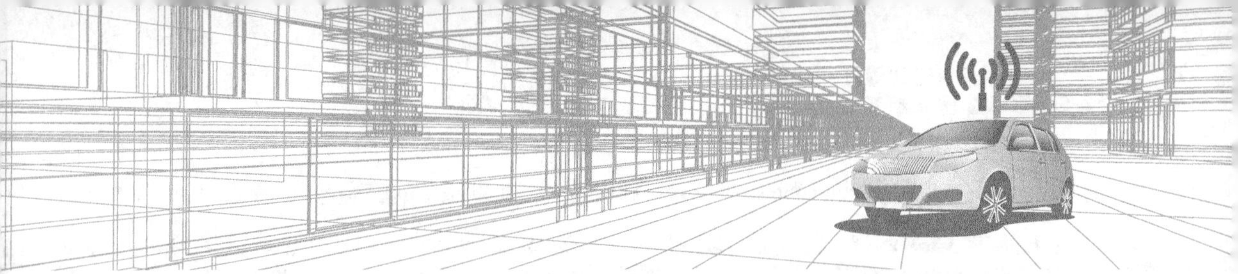

导读：通往自动驾驶之路

（一）

如何借由机械实现“人的解放”，是人类自第一次工业革命以来，付出恒久努力却尚未找到最终答案的一项重大命题。对这个命题的解答，首先关乎的是生产力的提高与进步。在技术持续发展与机械广泛应用的共同推动之下，人类得以跨越第一次工业革命的“蒸汽洪流”，走向第三次科技革命通过信息技术所勾勒出的宏大图景。但在这一过程中，人们却发现：更巨大、更精密且更“全能”的机械不断被发明出来，反而导致人类无法逃脱机械的束缚，因为传统机械必须与人进行密切的交互，人类为此继续付出脑力劳动和体力劳动，还可能带来更加恶劣的工作环境以及更复杂的沟通成本与经营成本。由此，人类开启了增强机械智力的探索，第四次科技革命的到来，则加速了智能技术向日常生活的渗透。正如历史学家赫拉利在《未来简史：从智人到智神》中所指出的：“到目前为止，要增加人的力量，主要还是依靠改进外部工具。但在未来，则可能会着重于改进人的身心，或直接将人与工具结合起来。”汽车的发明及人车交互的发展，即为印证上述判断的典例之一。

自汽车发明以来，在日常生活中驾驶汽车的基本逻辑就是由担任“驾驶员”的自然人发布驾驶命令、执行驾驶操作，汽车只是作为一种辅助人类进行移动的工具而存在，因此汽车没有自主控制方向、速度或做出独立决断的能力，必须接受人的指令的约束。然而，受到身体条件的客观制约，人无法做到长时间和完整精力的驾驶；在人的绝对主导下，人的失控会直接引发车辆的失控，驾驶技术上的不足也可能引发交通事故；在高危和艰难环境下，人很难正常驾驶汽车以发挥其功用……在传统工业时代，以上问题是无解的；伴随着二十世纪以来机械自动化、集成化再到智能化的迭代，人机交互活动已经不再需要人类大量介入或者干预，尤其是在进入二十一世纪后，摩尔定律驱动下的算力快速增长和机器学习能力快速演进，使得人工智能正在逐步接近人类的认知水平，似乎为人类彻底改进传统驾驶的不足带来曙光。在人们对自动驾驶的丰富想象中，驾驶和出行都将有颠覆性的改变，例如，自动驾驶系统会基于对驾驶环境所展开的分析和判断来进行更加科学的驾驶决策，虽然无法比拟驾驶技术优异的车手，但足以降低事故发生的概率。当下，令人眼花缭乱的各类自动驾驶应用广泛落地，我们由此感到兴奋，并怀有更加广阔的期待；但这也为我们也带来了焦虑，人工智能深度介入人类生活的趋势已经不可逆转，如果我们无法感知人工智能演化的逻辑和隐藏的弱点，我们还能妥善地利用自动驾驶吗？

我们对于自动驾驶的焦虑，归根到底来源于对技术的不信任感以及对驾驶风险的不安感。2022 年 3 月 1 日正式实施的《汽车驾驶自动化分级》国家推荐标准（GB/T 40429-2021），依据动态驾驶任务、最小风险策略和设计运行范围等多个维度，将汽车驾驶自动化等级划分为 0 至 5 级，和国际上通行的自动驾驶分级方法相似。① 依照该标准，现阶段在普通乘用车领域得以广泛应用的“智能驾驶系统”或“驾驶辅助系统”，仍属于 1 级至 2 级的自动驾驶，② 这意味着驾驶员还需要和驾驶自动化系统共同执行全部的动态驾驶任务，自动化系统的决策相应地会受到驾驶员的监督，其自动化水平远未达到

① 2021 年 5 月，国际汽车工程师学会（SAE International）与国际标准化组织（ISO）共同更新了关于自动驾驶的等级定义 SAE J3016，将驾驶自动化分级分为 L0 至 L5 共 6 个级别，其中 L0 至 L2 级系统命名为“驾驶员辅助系统”，L3 级至 L5 级则被称为“自动驾驶系统”。

② 例如，特斯拉公司称，特斯拉“Autopilot 自动辅助驾驶”功能启用后，车辆可以在车道内自动辅助转向、加速和制动，但仍需要驾驶员进行主动监控。但特斯拉公司也明确，现阶段的车辆尚未实现完全自动驾驶，未来自动驾驶功能则无需人类监督即可实现，但这需要数十亿英里的行驶里程的验证，以达到远超人类驾驶员的可靠性。参见特斯拉：《未来的驾驶体验》，特斯拉官网 2021 年 3 月 2 日，https://www.tesla.cn/autopilot，访问日期：2022 年 3 月 20 日。

高度自动驾驶和完全自动驾驶的层次，却仍引发了数起受到社会广泛关注的驾驶事故，[①] 并使得人们愈发关切自动驾驶的安全性与稳定性问题。可见，对驾驶自动化系统的信任度，将会极大地影响自动驾驶的接受度和依赖性。总之，人工智能这一项颠覆性技术将要如何影响汽车行业的发展，仍然是极富争议的技术话题，其影响也蔓延到了社会层面。一方面，人工智能经历技术积累、技术创新、技术演变的进程后，使得自动驾驶的畅想已在技术上成为可能。在汽车市场增长空间有限的前提下，自动驾驶成了新的竞争热点。另一方面，在“风险社会”的语境下，技术自主性的发展态势加剧了风险，自动驾驶是会“解放”人类还是会加害人类这一争论依然在继续。但必须承认，无论争论结果如何，自动驾驶及其应用的落地不会止步，如何精确地“校准”社会公众对自动驾驶的信任度以实现更加安全高效的人车交互，是在技术发展的同时，必须给予明确回应的议题。当前，3 级及以下的驾驶自动化系统已经量产，4 级自动驾驶在港口航运、矿产等场景下的一些应用也逐步开发，对于中国而言，面对人工智能技术提供的宝贵“超车”机会，当务之急仍然是依靠技术力量，补足和汽车工业发达国家之间的差距，此时更加需要一个新型的技术治理模式保障既存的先发优势，以推动人与人工智能融合的顺利实现。

作为秩序规范的提供者，法律法规必然不能在前述讨论中缺席。法律法规是全面（comprehensive）且至高无上（supreme）的行为规范体系，[②] 即使自动驾驶致力于重塑人的驾驶活动，看似对传统法秩序中的诸多规则都构成了挑战，但基于法治的立场，对于自动驾驶等人工智能应用的规范，还是应当自觉遵循人类既有的科技规范路径，充分利用现有的科技法加以规范评

① 全球首例自动驾驶车辆致人死亡事故发生于 2018 年 3 月 18 日，美国亚利桑那州一名女子被优步自动驾驶汽车撞伤，送往医院后不治身亡。在我国国内也曾发生过和自动驾驶功能有关的事故：2021 年 8 月，林某驾驶蔚来 ES8 汽车启用自动驾驶功能（NOP 领航状态）后，在沈海高速涵江段发生交通事故，不幸逝世，蔚来公司方面则表示 NOP 领航辅助不属于自动驾驶，这也说明了目前行业内对辅助驾驶、自动驾驶、无人驾驶等不同层级的驾驶自动化系统还没有给予清晰区分。

② 陈景辉：《人工智能的法律挑战：应该从哪里开始？》，《比较法研究》2018 年第 5 期。

价。[1]纵观全球，可以看到：出于促进技术发展、保障公众安全等各类目的，世界各国普遍重视自动驾驶立法工作，并充分发挥法政策的效用，平衡不同利益主体对技术的利益需求。此外，由于自动驾驶技术在建设智慧交通和智慧城市、推动能源革命和带动传统产业转型升级等多个方面有显著作用，各国政府也在广泛开展政策研究以争夺技术争锋的焦点，由此产生的战略规划、政府研究报告和政策文件，则可以从“行政机关理性化（bureaucratic rationality）”的视角展开观察，据此思考我们应当针对自动驾驶提出怎样妥当的监管思路。总而言之，学习和借鉴这些立法经验和制度构思，对于构建符合中国国情的自动驾驶法律制度而言具有很强的现实价值，为此，本书选取了数份在国际上具有代表性的自动驾驶立法文件和政府工作报告进行翻译和汇编；同时，为了达到比较研究的效果，本书也选编了中国的自动驾驶法规、国家规划和战略、产业标准、部门文件和典型的地方性立法，以此建立起了一套立足全球、完整全面的政策法规库，对于国内开展自动驾驶政策法规研究而言无疑是有启发性和开创性的。

（二）

美国是培育自动驾驶技术，支持开展自动驾驶实验的一片沃土。首先，在联邦指导计划层面，美国目前有三个提供指导原则的联邦计划：《自动驾驶系统 2.0：安全愿景》（2017 年）、《为未来交通做准备：自动驾驶汽车 3.0》（2018 年）以及《确保美国在自动驾驶汽车技术中的领导地位：自动驾驶汽车 4.0》（2020 年）。计划 2.0 重在分析、识别和解决安全问题，给出了系统安全、运营设计安全、事件检测与响应等多个影响自动驾驶安全性的要素；同时阐明了联邦和州的自动驾驶监管框架，进一步明确各自角色和职能。计划 3.0 则确定了自动驾驶的六项基本原则，并按照国际通行做法完成了驾驶自动化的级别划分。计划 4.0 是最新发布的计划，其整合了 38 个联邦部门、独立机构、委员会和总统行政办公室在自动驾驶领域的工作职能，并为州政府和地方政府、创新主体及所有利益攸关方提供美国政府有关自动驾驶汽车工作的指导。该计划还详细阐述了美国政府在自动驾驶领域的三项核心方面：

① 龙卫球：《科技法迭代视角下的人工智能立法》，《法商研究》2020 年第 1 期。

保护用户和社区安全、促进市场有效创新和促进协同努力，并出台了十项标准化方法，以确保美国在自动驾驶领域的领导地位。但这些计划的性质属于“非强制自愿性指南”，实际上并不具有法律意义的强制约束力。

从法律的层级视之，以加利福尼亚州、内华达州以及佛罗里达州为代表，美国已经有多个州尝试为自动驾驶“量身打造”法律法规和配套政策，为其营造出了更加宽松的发展空间。[①] 佛罗里达州充分尊重自动驾驶汽车的商业化运用，在2019年修订《佛罗里达法令》时就允许自动驾驶车进行商业化运营，且允许企业决定是否带安全员，同时规定自动驾驶汽车基本适用与传统汽车相同的交通法规管理。亚利桑那州的法案则允许企业与个人申请在公开道路进行自动驾驶测试和商业化运营。本书选编了佛罗里达州、亚利桑那州等六个美国联邦州的自动驾驶法案，从立法变迁可以看出，美国一些州的立法和监管机关充分意识到了自动驾驶技术带来的巨大效益，通过在先立法获得了宝贵的发展机遇。但是，美国特色的自动驾驶立法也带来“立法割裂”的弊病，而转向构建单一性的国家性的法律框架，显然更有助于自动驾驶技术测试的标准化和普适化，这也是美国立法带给我们的重要经验。

以德国为代表的欧洲国家，在汽车设计、制造和生产方面具备深厚的发展底蕴和强大的技术优势，面对智能网联汽车和自动驾驶技术蓬勃发展的趋势，欧洲国家势必要进一步捍卫其汽车工业领先发展的主导地位，因此在法律法规和政策方面对自动驾驶及其应用也给予了充分的倾斜。本书也选取了欧盟、德国以及英国的相关法案和政府工作报告进行翻译。《通往自动交通的道路——欧盟的未来交通战略》发布于2018年5月，描绘了欧盟在自动驾驶上的机遇与挑战，并初步勾勒了发展自动驾驶的蓝图。《自动驾驶汽车许可豁免程序指南》的出台，是实施《通往自动交通的道路——欧盟的未来交通战略》的一个必要步骤，目的是促进欧盟各成员国在自动驾驶汽车的许可准入上实现一致，确保实现公平透明的市场竞争。该指南主要针对L3和L4级别的自动驾驶车辆，并提出了较为详尽的安全要求，具有很强的操作性和实践性。由此，通过欧盟的一体化行动，欧盟希望在内部实现技术发展和产品市

① 全球首个民用自动驾驶技术研究项目于2009年由谷歌公司在其加利福尼亚州总部落地。

场的双重整合。但是，欧盟内各国的经济社会发展水平存在难以弥合的差异，尤其是在自动驾驶等新兴领域，技术强国和弱国之间的差距不可忽视，也为欧盟发展自动驾驶的统一步伐埋下隐忧。德国属于汽车工业强国之一，早在2017年5月，德国就对本国《道路交通法》进行了修正，形成了德国《道路交通法（第八修正案）》，意在及时弥补针对自动驾驶的制度缺位。值得关注的是，在促进发展之余，德国政府没有忽视自动驾驶的伦理性问题。本书选取了德国政府的两份报告，阐述了德国政府对于规制自动驾驶伦理的基本立场和规则设想，尤其是着重讨论了自动驾驶面对两个真正生命的抉择问题。当人类通过自身判断都难以对这一问题达成“正解”时，能否在自动驾驶中进一步嵌入价值位阶的权衡，从而在伦理层面做出回应，德国为我们提供了极具思辨性的视角。

英国在“脱欧”后，不断推进自动驾驶领域的技术研发和基础设施测试，目的也在于提升自动驾驶技术商业化水平，保障本国能够广泛参与到技术的国际竞争中。英国的自动驾驶代表性立法是《2018年自动及电动汽车法案》，本书也对这一法案进行了翻译。该法案的特色在于，非常重视有关自动驾驶汽车的保险和责任问题，在该法案开篇就进行了专门规定，并通过修法使自动驾驶汽车也能和传统车辆一样进行投保，缓解了责任承担的风险。自动驾驶的事故责任如何划分在各个国家都存有争议，实践证明：责任不明确，自动驾驶汽车就无法真正实现从生产到利用的良性循环，也无法获得社会的普遍信任。该法案明确了自动驾驶汽车造成的事故的责任承担，为我们提出了可资借鉴的定论。

《智能网联车辆的关键原则》和《无人驾驶汽车之路：自动驾驶技术法规详细审查》是英国政府发布的两篇非常重要的政府工作报告，前者关注自动驾驶车辆的安全原则，从系统设计的角度提出了保障安全的要求；后者全面研究了和自动驾驶车辆有关的法律问题，涵盖驾驶行为、产品责任、税收、保险、数据安全等方面，并提出了“为无人驾驶开辟道路”的五项举措和行动计划。这些报告总体秉持着柔性监管的思路，并以激励措施为主，引导自动驾驶产业安全有序发展。

传统的自动驾驶法律和政策研究通常以欧美地区为对象，但本书还特别关注到了亚太地区具有前瞻性和创新性的成果，选取了新加坡、澳大利亚和新西兰三国共六份文件。这些国家或有强大的金融市场，或有良好的产业基础，对自动驾驶应用有着较高的接受程度，修改或发布的法案和政府工作报告也具有高度灵活性，更有利于激励创新。① 新加坡在政策监管和立法修法上做到了果断决策、集中管理，新加坡出台的《2017 年道路交通（自动驾驶机动车）规则》为该国取得自动驾驶产业领先地位奠定了坚实的基础。该规则属于对《道路交通法》的修订，其允许自动驾驶汽车进行公共道路测试，将自动驾驶路测进行合法化，同时还规定了自动驾驶汽车测试时的责任豁免制度，是指导新加坡自动驾驶产业发展的基础性规则。澳大利亚国家运输委员会于 2017 年 11 月发布的《自动驾驶机动车的国家执法指南》，是从执法层面提出对自动驾驶的规制，该指南的意义在于对如何实现自动驾驶的"适当控制"提出指导标准及示例，并明确指出即使车辆在某一时间点启用了有条件的自动化系统，人类驾驶员依然有义务遵守道路交通法规。《改变驾驶相关法规以支持自动驾驶机动车的发展》是一份提供立法建议的政策性文件。在归责上，该文件确保始终有一个法律实体对自动驾驶汽车的驾驶活动负责，但也认为对法律的修改和建立安全保障体系的改革需要同步进行，以确保自动驾驶汽车在道路上安全行驶。《规制政府对 C-ITS 和自动驾驶机动车数据的访问》探讨的则是，政府在收集和使用由 C-ITS（协同式智能交通系统）和自动驾驶汽车生成的数据时，是否需要为公民提供额外的隐私保护。这是因为，感知硬件（例如摄像头、激光雷达等）是自动驾驶方案的必要组成硬件，感知硬件覆盖越全面，所收集的道路及周边环境数据就越丰富，自动驾驶的成熟度才能相应提高，而在这一过程中，势必也会产生隐私和个人信息保护的争议；伴随着数据收集频次增加，数据处理活动的安全风险也将增加。这一份文件聚焦政府访问相应数据的行为，体现了对公权力的制约。本书还选取了澳大利亚维多利亚州 2018 年通过的《自动驾驶机动车道路安全法修正案》进行翻译，该法案修订了《1986 年道路安全法》，以建立自动驾驶车辆

① 例如，根据毕马威会计师事务所发布的《2020 自动驾驶汽车就绪度》（2020 Autonomous Vehicles Readiness Index, AVRI），新加坡在全球 30 个国家的自动驾驶汽车成熟度中排名第一，早在 2013 年，新加坡政府就已率先提出"新加坡自动驾驶汽车计划"。

的高速公路测试制度。依照该法，进行试验需要取得许可证作为前置程序。新西兰交通运输部也于2019年11月发布了《自动驾驶机动车工作计划概述》作为本领域的指导性文件。该文件明确驾驶安全、责任、网络数据安全和社会经济影响是新西兰发展自动驾驶技术的五个关键主题，并重视开展与澳大利亚的广泛合作。这些文件多以宏观视角，审视了本国在当前和未来有关自动驾驶的机遇与挑战，对于中国准确把握目前的技术竞争形势和未来发展方向具有一定意义。

在中国，自动驾驶汽车通常被称为"智能网联汽车"。为了进一步整合并探究国内规范自动驾驶市场的举措，本书也系统整理了目前中国具有典型意义的法规、政策及文件。从顶层规划来说，《新一代人工智能发展规划》《汽车产业中长期发展规划》以及《智能汽车创新发展战略》起到指导规划中国智能网联汽车产业发展的作用，这三份文件将从顶层角度指引发展方向，支持推进自动驾驶、车路协同、车联网等技术的试点和应用。例如，2020年发布的《智能汽车创新发展战略》就提到了"网联"与"协同"两大关键方向，说明中国非常重视车路协同的实现：相较于单纯的"单车智能"，"车路协同+单车智能"更能有效提升自动驾驶的安全性和稳定性，也更加符合智慧交通建设的要求。对上述战略展开研究，有利于领会和感知中国发展自动驾驶的技术路径和未来方向。地方政府出于提升地方产业实力和区域市场竞争优势的需要，会致力于创造新的产业发展空间和打造能发挥集聚效应的产业集群，北京市、上海市、广东省以及广东省深圳市先后出台政策为自动驾驶技术铺路，明确开展自动驾驶测试的申请条件和程序，为打造智能网联汽车产业基地进行布局，本书汇编了以上地区的道路测试管理规范文件和指导意见，从不同地区的政策对比中，也可以看出地方政府"入局"的相应举措和应对新兴领域的基本态度。完善标准体系建设是保障自动驾驶技术创新发展的重要一环，为此，中国先后发布数个《国家车联网产业标准体系建设指南》，提出制定智能网联汽车及相关产品的约269个标准以推动车联网产业技术研发和标准制定，本书收录了该指南。可以看出，尽管目前中国还没有就智能网联汽车展开专门立法，但仍然在战略和政策层面提供了较为丰富的支持和相对包容的发展环境，由于国内智能网联汽车发展还处于起步期，我们有理由期待在顶层设计正逐步实现的背景下，中国自动驾驶技术发展和市场应用能够得到快速推进，相关配套立法修法工作也将稳步开展。

（三）

在自动驾驶发展早期，人类对自动驾驶的理解往往是乐观的。智能时代下，技术和机械的作用不再局限于弥补人类在体力上的不足，而进化到可以学习人类改造世界的思维模式和分析决策能力，由此获得在智力上的突破，对于自动驾驶而言，这尤为明显。如前所述，人为因素通常是日常生活中导致交通事故的首要因素，驾驶者在感知周边环境、认知驾驶状态、决策驾驶行为等各阶段都有局限性。应用自动驾驶技术，充分发挥人工智能自我深度学习、自我升级的独特能力，似乎是提升驾驶活动安全性的最优解。2022年3月，梅赛德斯-奔驰公司宣布，当配备Drive Pilot的奔驰汽车驾驶者，打开车辆的高级驾驶员辅助系统后，奔驰公司将对汽车的运行承担法律责任。Drive Pilot也成为全球首个获批在高速公路上进行“有条件自动”驾驶的L3级自动驾驶系统。[①]人类在自动驾驶实践上，至此又迈出了关键的一步。当然，我们也要承认：当承载人工智能的机械开始掌握人类与生俱来的认知万物的本领，并从人机互补逐渐进化到人机协同，人类对于机械单向度的掌控将会被打破，人类社会的自生自发秩序如何应对算法设计和机械控制的介入，社会层面难以形成共识，传统的伦理观念、道德法则和法律制度也无力应对。但这并不意味着，未来的人类只能接受人工智能的改造，而不得不将自我置于新的“枷锁”之中；对人工智能的怀疑和恐惧既不现实，也无必要，人工智能向纵深发展和所谓人工智能的“反噬”不存在任何逻辑上的必然联系。在弱人工智能还需要进行大量学习和模仿的当下，人类的自由意志和人格尊严仍然坚不可摧，唯有大胆运用人类的创造精神和群体智慧，方可弥合人类对技术和机械的“信任鸿沟”。对于拥有强大感知集合和稳定决策能力的自动

① 爱集微：《首家！奔驰宣布将对开启Drive Pilot后发生的事故负责？》，搜狐网2022年3月24日，https://www.sohu.com/a/532402047_166680，访问日期：2022年3月25日。但L3级系统并非适用于全部情形，目前只能在“德国适当路段上的交通繁忙或拥挤的情况下”运行。

驾驶汽车而言，我们更应及时修补制度漏洞和填平政策阻碍，为其擘画一条顺畅自由的“坦途”。

现阶段，各国在自动驾驶上的竞争焦点集中于政策创新和法律法规保障方面。在产业基础和技术条件已经相对完备的条件下，哪个国家能坚持更为开放的态度，能出台更具前瞻性的扶持政策，能更下决心去促进自动驾驶技术的规模化应用，就会赢得发展先机和示范效应。本书的意义正在于展现全球范围内在制度和政策方面的竞争现状，以期为中国加快自动驾驶立法提供一些研究和参考依据。质言之，只有中国以更大力度迈出探索立法的步伐，才能在汽车产业竞争的“下半场”中获得胜利。①

实现无人驾驶是自动驾驶汽车的终极目标。“无人”并非排斥人类的参与，而是意图为人类创造新的自由领域。因此，若要尝试回答本文开篇所提出的问题，我们不妨形成以下的认识：技术和机械，尤其是人工智能技术的出现，推动人类从繁杂的体力劳动中解放了出来，这更有利于我们思考“人”的主体地位——人具有无限的潜能，我们应当专注于自我的全面发展，辅之以必要的价值观和法律制度，方能跳出对于解放与否的纠结，从而走向尊重技术、尊重自我、尊重心灵的自由国度。

赵精武、何傲翾于如心楼

2022 年 7 月 26 日

① 在 2022 年 3 月举行的“中国电动汽车百人会论坛（2022）高层论坛”上，原工业和信息化部部长、全国政协经济委员会副主任苗圩指出：“如果把新能源汽车比作上半场，智能网联汽车比作下半场，中国汽车行业上半场取得了很大成效，但真正决定胜负还在下半场。”

汇总表

（以下内容为原文件翻译）

	第一章　美国	
1	《自动驾驶法案》	SELF DRIVE Act (2017–2018) (Safely Ensuring Lives Future Deployment and Research In Vehicle Evolution Act)
2	亚利桑那州自动驾驶相关立法	Arizona HB2813 2021
3	佛罗里达州自动驾驶相关立法	Florida HB 311 2019
4	爱荷华州自动驾驶相关立法	Iowa SF 302 2019
5	内布拉斯加州自动驾驶相关立法	Nebraska LB989 2018
6	犹他州自动驾驶相关立法	Utah HB 101 2019
7	阿拉巴马州自动驾驶相关立法	Alabama SB 47 2019
8	《确保美国在自动驾驶汽车技术中的领导地位：自动驾驶汽车 4.0》	Ensuring American Leadership in Automated Vehicle Technologies: Automated Vehicles 4.0 (AV 4.0) 2020
9	《为未来交通做准备：自动驾驶汽车 3.0》	Preparing for the Future of Transportation: Automated Vehicles 3.0 (AV 3.0) 2018
10	《自动驾驶系统 2.0：安全愿景》	Automated Driving Systems: A Vision for Safety 2.0 (ADS 2.0) 2017
11	《自动驾驶汽车综合计划》	Automated Vehicles Comprehensive Plan (AVCP) 2021
	第二章　英国	
12	《2018 年自动及电动汽车法案》	Automated and Electric Vehicles Act 2018 (AEVA)
13	《智能网联车辆的关键原则》	The Key Principles of Cyber Security for Connected and Automated Vehicles 2017
14	《无人驾驶汽车之路：自动驾驶技术法规详细审查》	The Pathway to Driverless Cars: A Detailed Review of Regulations for Automated Vehicle Technologies 2015

续表

第三章　欧盟		
15	《自动驾驶汽车许可豁免程序指南》	Guidelines on the Exemption Procedure for The EU Approval of Automated Vehicles 2019
16	《通往自动交通的道路——欧盟的未来交通战略》	On the Road to Automated Mobility: An EU Strategy for Mobility of the Future 2018
第四章　德国		
17	《联邦政府关于自动化和网联化车辆交通伦理委员会报告的行动计划》	The Federal Government's Action Plan: on the Report by the Ethics Commission on Automated and Connected Driving (Ethical Rules for Self-driving Computers) 2017
18	《自动化和网联化车辆交通伦理准则》	Ethics Commission Automated and Connected Driving 2017
第五章　其他司法辖区的自动驾驶规则		
19	新加坡《2017 年道路交通（自动驾驶机动车）规则》	Road Traffic (Autonomous Motor Vehicles) Rules 2017
20	澳大利亚维多利亚州《自动驾驶机动车道路安全法修正案》	Road Safety Amendment (Automated Vehicles) Act 2018
21	澳大利亚《自动驾驶机动车的国家执法指南》	National Enforcement Guidelines for Automated Vehicles 2017
22	澳大利亚《改变驾驶相关法规以支持自动驾驶机动车的发展》	Changing Driving Laws to Support Automated Vehicles 2018
23	澳大利亚《规制政府对 C-ITS 和自动驾驶机动车数据的访问》	Regulating Government Access to C-ITS and Automated Vehicle Data 2019
24	新西兰《自动驾驶机动车工作计划概述》	Overview of Ministry's Autonomous Vehicles Work Programme 2019

目　录
CONTENTS

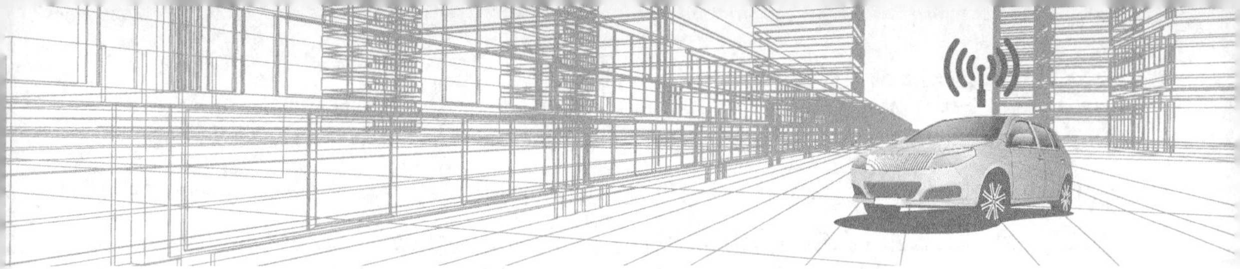

第一章　美　国

美国自动驾驶法规政策进程及其内容概述①

近年来，美国已陆续在联邦及各州层面出台自动驾驶相关法规政策，关注协调联邦、州以及地方当局的角色分工并明确自动驾驶治理的基本原则，同时应对有关网络安全与数据安全、制造商责任、道路测试的申请备案、保险证明等自动驾驶落地过程中的具体问题。从现有规范的整体架构看，联邦政府主要负责统筹自动驾驶安全发展框架与部门间职责分工，而各州主要通过州立法、州行政命令等形式对自动驾驶技术相关问题进一步明确。至 2022 年 5 月，已有 39 个州及华盛顿特区实施自动驾驶相关立法或行政命令。其中，阿拉巴马州、阿肯色州、加利福尼亚州、科罗拉多州、康涅狄格州、佛罗里达州、佐治亚州、伊利诺伊州等州及华盛顿特区已经颁布自动驾驶相关法案，而亚利桑那州、特拉华州、夏威夷州、爱达荷州、伊利诺伊州、缅因州等州长也已经发布与自动驾驶车辆有关的行政命令，由此形成联邦与州双向结合的自动驾驶规制体系。本章首先介绍联邦层面自动驾驶法规政策的主要面向与规制特点，进而对比梳理各州层面州立法、州行政命令有关自动驾驶规制的主要内容与异同，尝试从联邦与州两个维度形成对美国自动驾驶法规政策的整体理解。

一、联邦层面的核心关注

联邦层面对自动驾驶的规范要求主要依托联邦立法与美国交通部（USDOT）、美国国家公路交通安全管理局（NHTSA）以及美国智能交通系统联合计划办公室

① 本章由清华大学法学院助理研究员刘云、上海交通大学凯原法学院硕士研究生杨淑惠撰写。

（ITS JPO）发布的各类政策指南展开。美国国会提出了多份有关自动驾驶的议案，如2017年7月27日在联邦众议院通过的《自动驾驶法案》（SELF DRIVE Act），2017年10月4日由美国参议院商务委员会向参议院发送的名为“AV START Act”的自动驾驶法案。USDOT、NHTSA等机构也于2014年至2020年陆续出台了《联邦自动驾驶汽车政策》（Federal Automated Vehicles Policy，以下简称AV1.0）、《自动化驾驶系统2.0：安全愿景》（Automated Driving Systems 2.0：A Vision for Safety，以下简称AV2.0）、《为未来交通做准备：自动驾驶汽车3.0》（Preparing for the Future of Transportation：Automated Vehicles 3.0，以下简称AV3.0）、《确保美国在自动驾驶汽车技术中的领导地位：自动驾驶汽车4.0》（Ensuring American Leadership in Automated Vehicle Technologies：Automated Vehicles 4.0，以下简称AV4.0）以及《智能交通系统2015—2019年战略计划》、《智能交通系统2020—2025年战略计划》、《自动驾驶汽车综合计划》、《联邦自动驾驶车政策——加速推进道路安全新改革》等政策文件作为联邦层面自动驾驶规范的主要指引。从上述法规政策的主要内容看，美国联邦层面对自动驾驶的关注集中于有关联邦、州及地方当局在自动驾驶领域的职能分工与合作以及对自动驾驶治理的基本原则与目标策略的宏观协调，且相关规范有意区分SAE J3016国际标准下L1–L2级自动驾驶车辆与L3–L5级自动驾驶车辆，以区别部分立法、政策的适用对象与覆盖范围。

（一）联邦与州层面在自动驾驶领域的职能分工与合作

美国自动驾驶法规政策对有关自动驾驶治理职能分工与美国的行政体制相关，包括联邦与各州、地方当局之间的纵向分工与不同机构之间的横向分工双重维度。尽管联邦国会在2017年提出的SELF DRIVE Act和AV START Act尚未正式通过，但二者在SEC.3.b.3.A条中均明确区分联邦政府和州政府监管角色定位，联邦政府主要负责监管自动驾驶车辆及零部件的设计、生产、性能等车辆标准，州政府主要负责车辆登记注册、驾照发放、驾驶教育培训、保险、执法、事故调查、车辆安全和汽车尾气检测、交通管理等事项。2016年9月，NHTSA发布了“联邦自动驾驶车政策——加速推进道路安全新改革”。其中包含自动驾驶汽车行驶状况指导、示范行政州政策、现行管理办法等。在联邦层面，NHTSA的监管责任范围包括：为新机动车和机动车设备制定《联邦机动车辆安全标准》（FMVSS），要求各制造商在销售车辆前必须证明其符合该标准；督促各方遵守FMVSS；在全国范围内调查和管理不符合相关规定与安全要求的机动车缺陷问题并进行召回和补救工作；就机动车安全问题与公众进行沟通和教育；以及发布汽车和设备制造商应遵循的指南。而各州责任主要包括机动车监管的其他方面，例如，在其管辖范围内向（人类）驾驶者发放执照并进行机动车登记，颁布并执行交通法规，对车辆进行安全检查，以及管理机动车保险与责任分配问题。[①]

USDOT 在 2018 年发布的 AV3.0 进一步细化了对不同部门自动驾驶监管职能的分工与协作。此前 AV2.0 主要通过建议各州立法者遵循指南提供的最佳做法来协调联邦与州的自动驾驶监管政策，如提供技术中立的环境、许可和注册程序，以及公共安全官员报告与沟通路径。而 AV3.0 在延续美国交通部对安全的主要关注基础上，引入了更加全面、多模式的治理体系。由联邦政府负责管理车辆和车辆设备的安全性能，以及在州际商业活动中的运作，而州和地方政府主要在向司机发放许可证、建立道路规则、制定侵权责任规则与保险政策方面发挥主导作用。私营企业则仍然是商业技术发展的主要来源，[②] 在此背景下，USDOT 尝试依靠合作伙伴发挥各自作用，与 USDOT 广泛合作以解决政策实施的不确定性。AV3.0 还进一步明确了国家公路交通安全机构的主要权限，包括：国家公路交通安全管理局（NHTSA）、联邦汽车运输安全管理局（FMCSA）、联邦公路管理局（FHWA）和联邦运输管理局（FTA），在此基础上根据每个运营管理部门的角色分工和对自动化监管的参与，对配备自动驾驶系统（ADS）的车辆（SAE L3–L5 级）和较低级别的自动驾驶车辆（SAE L0–L2 级）进行区别治理。

具体而言，NHTSA 主要负责为配备 ADS 的车辆和其他机动车上配备的自动驾驶技术建立联邦安全标准，并解决现存车辆或车辆设备的安全缺陷问题。NHTSA 制定的部分机动车辆安全标准包含对车辆性能及测试程序的要求，以确保人类驾驶者的安全运行。例如涉及方向盘、刹车、油门踏板和其他控制功能的使用，以及人类驾驶者对仪表显示、车辆状态指示器、后视镜和其他驾驶信息的可视性要求。相关标准的设计通常还考虑到天气、交通和道路状况在特定车辆设计运行区域（ODD）内的变化，以及其他道路使用者可能的突发行为。但对于部分不再具备人类控制设施的 L4 级和 L5 级自动驾驶车辆，NHTSA 仍在优化此类配备 ADS 车辆的安全标准，目前 NHTSA 制定机动车辆安全标准的法定权力相对灵活，能够适应不同车辆配置中的 ADS 性能差异与车辆设计运行区域

① USDOT,"Federal Automated Vehicles Policy:Accelerating the Next Revolution in Roadway Safety", *U.S. Department of Transportation*, September, 2016, accessed July 6, 2022, https://www.transportation.gov/AV/federal-automated-vehicles-policy-september-2016

② USDOT,"Preparing for the Future of Transportation: Automated Vehicles 3.0", *U.S. Department of Transportation*, December 13, 2019, accessed July 7, 2022, https://www.transportation.gov/av/3.

（ODD）限制。

FMCSA 主要负责监管州际商业运营中商业机动车承运人的安全、商业机动车驾驶者资格，以及用于商业贸易的卡车和客车的安全运营。由于与 NHTSA 在商用车辆（CMVs）和商业车辆设备安全方面具有互补权力，目前 FMCSA 与 NHTSA 也在联邦层面展开合作，配合 NHTSA 为新机动车（包括卡车和汽车）制定联邦安全标准的专属权力，并监督制造商为补救机动车和机动车设备已知安全缺陷采取的行动，在此基础上，FMCSA 与 NHTSA 共同制定并执行适用于现有商业机动车承运人车辆运营和维护的安全要求，并与各州私人利益相关者密切合作，制定并执行与商业机动车检查、维护、修理相关的安全标准。同时还将配合 FHWA 等执法部门，共同进行公开技术演示，例如卡车列队演示。

考虑到道路标志、信号、标牌和其他交通控制设备质量和统一性对人类驾驶者和自动驾驶车辆安全、高效驾驶的影响，FHWA 主要负责制定《统一交通控制设备手册》（MUTCD），构建有关任何街道、公路、自行车道或向公众开放的私人道路上交通控制设备的国家标准。通过与主要利益相关者协会和从业人员团体合作，FHWA 进行研究与设备实验，以更好地适应新兴自动驾驶汽车的具体技术需求。

美国国会于近年来扩大了 FTA 作为安全监督管理机构的影响力。FTA 此前制定并发布了国家公共交通安全计划（NSP）和新的公共交通机构安全计划（PTASP）规则，主要聚焦于运营铁路固定导轨和 / 或公共汽车服务的交通机构，例如自动驾驶公交的安全部署，以定向强化特定领域交通安全性能，并分析此类自动驾驶公共交通运营的效益与风险（如技术限制、网络安全、人类技能退化等），从而全面提升地面自动驾驶交通系统的整体安全性。

除技术发展与物理安全外，联邦至各州层面不同机构间的职能分工与协作配合，进一步表现在自动驾驶系统可能涉及的其他风险领域。例如，在网络安全与隐私领域，AV3.0 即要求美国交通部与美国司法部、美国联邦调查局、美国商务部及其国家标准与技术研究所（NIST）、联邦贸易委员会、联邦通信委员会、美国国土安全部（DHS）等公共机构密切合作，通过各种信息共享和分析中心（ISACs）将与交通有关的网络漏洞与合作伙伴匿名共享，管理自动化技术和数据有关的网络风险。[①] 另外，通过与美国联邦贸易委员会（FTC）合作，美国交

① USDOT,“Preparing for the Future of Transportation: Automated Vehicles 3.0”, *U.S. Department of Transportation*, December 13, 2019, accessed July 7, 2022, https://www.transportation.gov/av/3.

通部为自动驾驶系统的自愿数据交换设置了消费者隐私保护与专有或机密商业信息保护屏障。[①]

在 AV3.0 基础上，2020 年 4 月，美国总统行政办公室与交通部发布了 AV4.0，以自动驾驶发展目标为切入点，进一步细化了美国 38 个联邦部门和独立机构在不同领域的职能分工情况，下文以表格形式梳理：

表 1–1　美国联邦政府机构的自动驾驶工作职能分工之一

	安全性保护（safety）	全体民众的普惠可及	基础研究	安全与网络安全	基础设施
交通部（DOT）	拥有监管权与执法权，开展研究，将自动驾驶汽车与传统车辆、行人、自行车、摩托车和其他道路使用者安全有效地整合到现有交通系统，负责与自动驾驶汽车相关的各类公共安全事件。	鼓励自动驾驶汽车开发人员和操作者积极与残疾人社区合作； DOT 下设的 NHTSA 有权制定自动驾驶车辆设备性能要求，并制定允许残疾人改装机动车辆的豁免规定； 联邦运输管理局（ADA）致力于保障非歧视性和一体化移动服务。	DOT 下设的行政管理部门负责开展一系列与地面交通车辆相关的研究和示范项目； FHWA 负责研究不同道路 / 自动驾驶场景，更新《统一交通控制设备手册》（MUTCD），每年为高级运输和拥堵管理技术部署计划提供 6 000 万美元资金支持； FMCSA 开展专项研究关注自动驾驶商用汽车作业、卡车编队、紧急响应和路边检查等关键项目的安全性能； FTA 为公交机构编写涵盖关键过渡领域的实用参考指南； NHTSA 主要发布有关车辆监管的非约束性指南。	软件漏洞可能导致机动车辆撞击或安全性下降，DOT 下设的 NHTSA 为涉及关键安全系统事件建立车辆网络安全响应机制。	FHWA 通过 MUTCD 维护交通控制设备的一致性，推动网联车辆部署计划；负责构建全国道路自动化集成战略，与 FMCSA 联合资助技术团队制定卡车编队现场测试的详细方案；同时研究卡车编队对道路基础设施（如人行道和桥梁）的影响，并与 ITS JPO 共同支持自动驾驶汽车工作区数据交换（WZDx）计划。

① USDOT,"Preparing for the Future of Transportation: Automated Vehicles 3.0", *U.S. Department of Transportation*, December 13, 2019, accessed July 7, 2022, https://www.transportation.gov/av/3.

续表

	安全性保护（safety）	全体民众的普惠可及	基础研究	安全与网络安全	基础设施
国家运输安全委员会（NTSB）	有权优先选择开展高速公路安全性调查，重点调查自动驾驶汽车控制系统相关事故与碰撞情况。				
内政部（DOI）		DOI下设的国家公园管理局（NPS）负责与DOT建立项目和技术联系，实现自动驾驶汽车技术与项目机会的信息收集，并在国家公园进行试点。			
司法部（DOJ）		根据《美国残疾人法》相关规定，确保残疾人平等使用私人交通系统；对其直接收到的或由DOT转交的有关残疾人公共交通遭受歧视的投诉进行调查。	DOJ国家司法研究所（NIJ）向普渡大学提供5万美元，用于识别自动驾驶汽车计算机系统的网络安全漏洞，并制定应对措施； NIJ为兰德公司提供资金，在2019年7月与警察执行研究论坛共同举办自动驾驶汽车研讨会。	执行联邦法律，保护公共安全与国家安全； 将自动驾驶汽车集成到交通系统，负责网络空间执法，调查并起诉自动驾驶汽车相关计算机系统犯罪活动； 保护供应链安全，降低域外竞争者对自动驾驶汽车敏感技术的供应链风险； 为自动驾驶执法研究提供资金，评估并传播最佳实践。	

续表

	安全性保护（safety）	全体民众的普惠可及	基础研究	安全与网络安全	基础设施
卫生与公共服务部（HHS）、全国残疾人委员会（NCD）、美国无障碍委员会		促进新兴技术有效利用，以提高残疾人在社区中的活动选择能力； NCD负责审查评估影响残疾人的联邦法律、法规、程序和政策，并向总统、国会、联邦机构提出建议，NCD在其2015年出版的《自动驾驶汽车：绘制通往技术革命的地图》一书中，就自动驾驶对残疾人的好处提出了政策建议； 美国无障碍委员会牵头组织了关于确保残障人士使用自动驾驶汽车相关问题的报告，并为残障人士使用自动驾驶汽车提供技术援助。	HHS的主要研究机构NIDILRR位于卡耐基梅隆大学的物理通道和交通康复工程研究中心，负责研究自动驾驶车辆潜在参考设计和车辆内部装置；其纽约州立大学布法罗分校正开展优化公共交通的研究项目。		

续表

	安全性保护（safety）	全体民众的普惠可及	基础研究	安全与网络安全	基础设施
农业部（USDA）			开展与农业生产、加工相关的自动驾驶技术研究，包括无人驾驶地面车辆（UGV）和自动转向设备；深度参与自动驾驶汽车的设计和开发，为精密农业和农作物育种提供技术和工具支持，重点开发可以减少牧场管理所需劳动力的自动驾驶汽车工具和系统。		
国防部（DOD）			改善自动平台传感器与网络技术，通过量子科学推动 GPS 和惯性导航系统的改进以提升导航能力；开展自动驾驶车辆试点示范，提升非战术车辆（NTV）机动性。		
能源部（DOE）			研究网联汽车和自动驾驶技术对交通运输“系统级”的影响；通过高性能计算（HPC）和 AI 能力开发对自动驾驶汽车或网联车辆的应用，预测、减少或防止车辆拥堵；研究如何从根本上扩展计算能力，以保障 SAE L5 级自动驾驶汽车安全运行。	车辆网络安全研究集中于插电式电动汽车以及车辆、充电设备、建筑物和电网之间的互联。DOE 下设的桑迪亚国家实验室（Sandia National Laboratory）负责对包括自动驾驶汽车在内的车辆网络威胁进行全面评估。	成立加速交通研究系统建模（SMART Mobility）国家实验室联盟，负责研发高性能计算基础设施，用于自动驾驶汽车软件建模以提升感知、规划和控制技术，从车辆 / 旅行者级别扩展到城市 / 区域级别，并整合新兴移动技术和服务，以优化交通系统、减少拥堵并提高流通量；开发先进 AI 技术或计算能力。

续表

	安全性保护（safety）	全体民众的普惠可及	基础研究	安全与网络安全	基础设施
国土安全部（DHS）			负责与自动驾驶汽车相关的一系列技术研发，了解其潜在效用与漏洞，包括自动驾驶车辆测试，全球卫星导航系统防欺骗、抗干扰保护，分析评估ADAS系统性能并将AI和机器学习用于自动化系统等。	DHS下设的网络安全和基础设施安全局（CISA）综合运营中心提供全天候网络态势感知、分析、事件响应和网络防御功能，以支持联邦民政部门和机构的基本运营网络； CISA通过国家风险管理中心为美国关键基础设施提供综合安全风险分析。	

表1–2　美国联邦政府机构的自动驾驶工作职能分工之二

	频谱与互联	税收、贸易与知识产权	环境质量	竞争、隐私与市场透明度
交通部（DOT）	负责推动网联汽车技术测试与实际应用，通过网联汽车安全试点计划提供大量有价值的数据。	DOT下设的国际运输和贸易办公室牵头国际多式联运和贸易政策建议工作，包括技术援助和合作项目以及贸易促进与宣传活动。		
能源部（DOE）	资助研究自动驾驶可能带来的安全与互联效用，包括减少道路拥堵、推动车辆高效行驶、节约燃料/能源等，维护高宽带和低延迟的V2V、V2I互联。			
国土安全部（DHS）	研究5G应用可能伴随的风险与风险管理缓解措施。			

续表

	频谱与互联	税收、贸易与知识产权	环境质量	竞争、隐私与市场透明度
司法部（DOJ）		通过计算机犯罪和知识产权部门（CCIPS）以及国家安全部门，在全球范围内执行打击知识产权犯罪的国家战略，包括打击侵犯自动驾驶技术知识产权违法行为。		促进和保护竞争，执行反垄断法，与产业界协作，确保新兴技术市场的活力与竞争力。
财政部（DOT）		发布现行联邦所得税法管理规则和其他指南，推动自动驾驶汽车行业创新，允许纳税人抵扣实验性研发费用，联邦所得税抵免最高可达20%。		
联邦贸易委员会（FTC）、证券交易委员会（SEC）				FTC可对就自动驾驶汽车或其组件系统性能或限制做出欺骗性声明的公司采取行动； 对部分就自动驾驶汽车或网联汽车收集、使用或维护的消费者数据，或对隐私保护或安全措施不充分的数据做出欺骗性声明的公司采取行动； SEC主要关注自动驾驶相关重要市场信息披露，维护公平交易、防止欺诈，并追究包括内幕交易、会计欺诈以及虚假或误导性信息在内的典型违规行为。

续表

	频谱与互联	税收、贸易与知识产权	环境质量	竞争、隐私与市场透明度
环境质量委员会（CEQ）、环境保护局（EPA）			CEQ 主要负责监督国家环境政策法（NEPA）的实施；支持联邦机构在与自动驾驶汽车相关的项目中进行 NEPA 分析程序； EPA 负责监测、测试和评估 ADS、ADAS 车辆技术的改进和创新，并适时更新车辆测试要求。	
国际贸易管理局（ITA）、贸易和制造业政策办公室（OTMP）、美国贸易代表办公室（USTR）		ITA 与美国监管机构以及外国相关机构合作，寻求自动驾驶汽车发展的共同技术规范要求，以增加进出口贸易并推动持续出口； OTMP 主要关注经济与国家安全问题，与 DOD（国防部）及其他机构就国防采购政策密切合作； USTR 主要负责与贸易伙伴合作，为美国开发和生产自动化交通运输相关技术、车辆和服务的企业争取公平、对等的海外市场准入条件。		

续表

	频谱与互联	税收、贸易与知识产权	环境质量	竞争、隐私与市场透明度
美国知识产权执法协调办公室、美国专利商标局（USPTO）		美国知识产权执法协调办公室主要负责协调并制定政策战略，确保在国内外对所有形式知识产权进行有效保护与执法； USPTO 负责颁发专利与注册商标，主要开展三方面工作：提供高质量、及时的专利和商标申请审查；指导国内外知识产权政策；提供知识产权信息与教育。		

（二）自动驾驶治理的基本原则与目标策略的宏观协调

美国联邦层面的另一核心关注在于为后续自动驾驶州立法或政府机构标准制定等规范行为明确治理的基本原则或目标策略，由此引导美国自动驾驶法律规制的主要方向。从整体上看，各类政策、计划在自动驾驶规制的基本原则方面都表现出对降低安全风险、保护网络安全与用户隐私以及自动驾驶数据记录的关注，而在相关战略目标层面则通常关注推动机构合作与透明度提升，促进信息共享，监管环境现代化，简化技术部署程序且以构建整体交通系统为目标，上文所述联邦与州之间的职能分工已在一定程度上印证了上述部分特点。

2017 年 AV2.0 已经表现出对自动驾驶系统安全性的关注，这一原则性关注在 2020 年 AV4.0 中得到进一步明晰，《智能交通系统 2015—2019 年战略计划》与《自动驾驶汽车综合计划》也能够作为间接印证。

AV2.0 主要面向 SAE 标准 L3–L5 级别车辆，鼓励各实体采用自愿性指南、最佳实践和既定或认可的标准制定组织，如国际标准组织（ISO）和国际汽车工程师学会，以及其他行业（如航空、航天和军事）现有标准和流程分析评估 ADS 系统安全性。① 在此基础上，各实体可以向 Auto–ISAC 报告所有从内部测

① NHTSA,"Automated Driving Systems 2.0: A Vision for Safety", *National Highway Traffic Safety Administration*, September, 2017, accessed July 7, 2022, https://www.nhtsa.gov/sites/nhtsa.gov/files/documents/13069a-ads2.0_090617_v9a_tag.pdf.

试、消费者报告中发现的事故、漏洞、威胁和脆弱性，或从外部安全研究中发现的所有事故、威胁和漏洞，从而建立强大的网络事件响应计划，维护车辆网络安全。在数据记录方面，AV2.0 鼓励从事测试或试点项目的实体建立一个记录程序，以收集和验证与发生故障、退化或系统失效有关的必要数据，用于确定碰撞原因，相关数据包括（1）致命或非致命的人身损害数据或（2）需要使用拖车的损害，包括使所涉机动车无法以其惯常方式自行驾驶的损害或使所涉机动车无法在不导致进一步损害或对其本身、其他交通要素或道路造成危险的情况下驾驶的损害数据，数据还应该包含 ADS 状态，以及 ADS 或人类驾驶者在碰撞发生前、中、后对车辆的控制信息，从而重现碰撞场景。

AV START Act 和 SELF DRIVE Act 则主要通过对车辆测试安全评估报告的要求提升车辆系统安全性。例如，AV START Act SEC.9.（b）条指出，自动驾驶车辆具体评估内容包括系统安全性、数据记录、网络安全、HMI（人机交互界面）、耐撞性、功能局限说明、碰撞后表现以及自动驾驶功能（ODD、OEDR、MRC、仿真、路测等具体表现）等。而 AV4.0 则通过“保护用户和安全”涵盖了系统安全、功能安全和网络安全以及隐私和数据安全的基本原则，是对 AV2.0 中相关原则的体系化重申。且如上文所述，网络安全与隐私保护要求也在 AV3.0 中通过机构合作安排得到了强化。AV START Act SEC.14.（b）条同样要求厂商制定网络安全计划，避免或降低遭受网络攻击、非法入侵的安全影响，包括利用风险优先识别与保护机制、风险检测与应对机制、风险恢复机制、网络安全负责人机制、风险隔离机制以及风险等级标准等。交通部部长则主要负责审查安全计划内容，并要求厂商对外公布安全计划、建立安全风险披露合作机制。

NHTSA 在 2020 年 12 月还曾提出一项自动驾驶系统安全框架，至 2021 年 4 月，该框架处于意见征询延长阶段，[①] 并已于 2022 年 3 月经 NHTSA 通过形成最终规则。[②] 该规则主要面向有关配备自动驾驶系统（ADS）车辆的乘员保护，尝试客观定义、评估和管理 ADS 性能的安全性，同时确保必要的灵活性，能够以

① NHTSA,“Framework for Automated Driving System Safety; Extension of Comment Period”, *Federal Register*, January 29,2021, accessed July 7, 2022, https://www.federalregister.gov/documents/2021/01/29/2021-01150/framework-for-automated-driving-system-safety-extension-of-comment-period.

② NHTSA,“Occupant Protection for Vehicles With Automated Driving Systems”, *Federal Register*, March 10, 2022, accessed July 7, 2022, https://www.federalregister.gov/documents/2022/03/30/2022-05426/occupant-protection-for-vehicles-with-automated-driving-systems.

符合机构权限的方式实现进一步创新。此前 NHTSA 制定的现有联邦机动车辆安全标准（FMVSS）规定了车辆和设备的最低性能要求，通过精确和可重复的测试程序得以建立。① 然而在该规则中，NHTSA 超越了现有 FMVSS 及其对新型车辆设计的应用，考虑建立一个专门针对 ADS 的政府安全框架。

在 2021 年的规则制定通告（NPRM）中，NHTSA 提出了 ADS 相关的四项安全功能：第一，ADS 如何通过传感器接收有关其环境的信息；第二，ADS 如何监测并对其他道路使用者（车辆、摩托车手、行人等）、基础设施（交通标志、信号等）和条件（天气事件、道路建设等）进行分类；第三，ADS 如何分析道路情况，规划路线，并决定如何对监测和分类的道路使用者、基础设施和条件做出适当的反应；第四，ADS 如何通过与车辆互动，执行行车计划所需的驾驶功能。②

NHTSA 提出的这一安全框架涵盖风险管理的过程措施与工程措施。③ 过程措施包括 ADS 设计、开发和改进过程中的车辆安全保护（例如，在车辆设计过程中分析风险，将相关风险依据严重程度与频率分类以及减少潜在风险源的一般做法）。而工程措施则寻求证明 ADS 能够以高水平熟练度执行其传感、感知、规划和控制（即执行）预定功能的方法（例如，性能指标、运行阈值和测试程序）。

此外，这一规则所关注的其他安全相关内容还包括车辆与车内人员以及驾驶环境中其他车辆和人员，特别是易遭受损害的道路使用者的互联互通水平。ADS 也应能够准确可靠地检测自身或车辆其他系统的故障，并确保操作模式之间的安全转换。具体包括：（1）出现故障时，能够识别系统性能的下降和 / 或动态运行范围（ODD）；（2）在系统约束条件减少的情形下以低级别模式运行；（3）执行将乘员或货物从起点运送到选定目的地的基本任务；（4）识别第一响应者的通信内容并作出适当反应，包括消防、急救等；（5）接收、加载和跟踪无线软件更

① See 49 U.S.C. 30111(a); Chrysler Corp. v. Dep't of Transp., 472 F.2d 659 (6th Cir. 1972); Nat'l Tire Dealers & Retreaders Ass'n, Inc. v. Brinegar, 491 F.2d 31 (D.C. Cir. 1974); Paccar, Inc. v. Nat'l Highway Traffic Safety Admin., 573 F.2d 632 (9th Cir. 1978).

② NHTSA,"Comments on Framework for Automated Driving System Safety", *Regulations*, March 31, 2021,accessed February 3, 2022, https://www.regulations.gov/docket/NHTSA-2020-0106.

③ NHTSA,"Comments on Framework for Automated Driving System Safety", *Regulations*, March 31, 2021,accessed February 3, 2022, https://www.regulations.gov/docket/NHTSA-2020-0106.

新;（6）进行系统维护和校准;（7）处理网络安全风险；以及（8）系统冗余。[①] 另外，该通告还明确了安全框架实施和监督的行政机制。

而在近日发布的最终规则中，该规则所呈现的主要侧重点在于修改现有 FMVSS 中相关术语并调整车内装置安全要求以适应配备 ADS 车辆的技术发展趋势（例如，“驾驶者指定的座位位置”“乘客座位位置”），或在适当时候采用新的定义（例如，“手动操作的驾驶控制装置”“转向控制”）。此时，对术语的修改能够使包括防撞安全标准在内的各类实质性安全标准清晰适用于装有 ADS 的车辆。另外，对于车辆新技术逐渐遍及情形下 FMVSS 可能面临的变化，如“驾驶员座位”“乘客座位”和“方向盘控制”等，规则对相关安全标准内容进行了技术修正，使这些空间参照物能够合理对应配备 ADS 车辆的内部设计。此外，规则进一步澄清了 FMVSS 如何适用于既能通过 ADS 又能通过转向控制操作的车辆（双重运行模式车辆）；明确回应了 ADS 车辆安全气囊、未定义“驾驶者”情形下中型公交车与大型校车安全带的设置要求等问题。最后，NHTSA 确认了当“无乘员车辆”没有乘员需要保护时，相关 FMVSS 的原始安全要求就不再适用。[②]

在这一规则下，第 208 号 FMVSS 成为一个关键主题，加固了联邦层面对驾驶者和乘客安全性的关注。NHTSA 向 ADS 制造商明确如何遵守 FMVSS，并重申乘员保护标准适用于配备 ADS 的车辆。确保采用 ADS 技术的车辆能够提供与目前乘用车同样高水平的乘员保护。[③] 因此，从整体上看，结合 ADS 车辆智能化水平的普遍提升，NHTSA 仍然试图通过将技术发展与各类 FMVSS 相结合以实质性地提升高级别自动驾驶车辆安全性能。

自动驾驶治理的目标策略集中体现在《自动驾驶汽车综合计划》与 2015—2025 年两个阶段的《智能交通系统战略计划》。《自动驾驶汽车综合计划》定义了促进合作和提高透明度、推动监管环境现代化以及为交通系统做好准备三项目

① NHTSA,“Comments on Framework for Automated Driving System Safety”, *Regulations*, March 31, 2021,accessed February 3, 2022, https://www.regulations.gov/docket/NHTSA-2020-0106.

② NHTSA,“Occupant Protection for Vehicles With Automated Driving Systems”, *Federal Register*, March 10, 2022, accessed July 7, 2022, https://www.federalregister.gov/documents/2022/03/30/2022-05426/occupant-protection-for-vehicles-with-automated-driving-systems.

③ NHTSA,“Occupant Protection for Vehicles With Automated Driving Systems”, *Federal Register*, March 10, 2022, accessed July 7, 2022, https://www.federalregister.gov/documents/2022/03/30/2022-05426/occupant-protection-for-vehicles-with-automated-driving-systems.

标。[①] 促进合作和提高透明度主要涉及 ADS 技术能力和局限性的信息采集，以保障安全测试、开发和最终部署，在此基础上 USDOT 进一步将该目标划分为：与利益相关者联系，监测新趋势、问题与需求；为行业提供指导，提高透明度和采用最佳做法；以及促进信息共享，由此明确 FHWA、FTA、NHTSA 及 ITS JPO 在不同目标实现过程中的主要作用。[②] 监管环境现代化主要侧重于消除不必要和非预期监管障碍，并明确何时以及如何监管 ADS 性能。在此基础上，USDOT 将该目标划分为：技术部署的豁免和减免证书；简化豁免和减免的行政程序；通过规则制定和研究调整现有 FMVSS，消除引进 ADS 新型车辆设计和功能的非必要的障碍；以及调整现有 FMCSR，以消除配备 ADS 商业机动车在州际商业运行中的非必要障碍，[③] 在这一过程中协调 NHTSA 与 FMCSA 在规则、标准制定时的作用，尽可能安全地允许在符合特定时间、车辆数量及地点要求的情况下对部分配备 ADS 的新型车辆进行测试与有限的道路部署，通过调整 FMVSS 的豁免权，以"同等安全保护水平"要求替代 FMVSS 或 FMCSR 对车辆运行安全标准的要求，为新技术车辆的测试、示范提供空间。而为交通系统做好准备主要将自动驾驶运行纳入国家地面交通系统的整体运行，扩大所有人，包括残疾人和老年人，获得安全的、可负担的、无障碍的和独立的通行选择的机会以构建整体自动驾驶交通系统。[④] 这一目标进一步被划分为：有针对性的技术研究；为以 ADS 为重点的示范、试点和部署提供资金；以及更新基础设施标准以适应 ADS 技术，进而覆盖 FMCSA、FHWA、ITS JPO、FTA 以及部长办公室（OST）的职能协调。

《智能交通系统 2015—2019 年战略计划》提出了"汽车互联""自动化""企

① USDOT,"DOT Automated Vehicle Comprehensive Plan", *U.S. Department of Transportation*, January 11, 2021, accessed June 6, 2022, https://www.transportation.gov/sites/dot.gov/files/2021-01/USDOT_AVCP.pdf.

② USDOT,"DOT Automated Vehicle Comprehensive Plan", *U.S. Department of Transportation*, January 11, 2021, accessed June 6, 2022, https://www.transportation.gov/sites/dot.gov/files/2021-01/USDOT_AVCP.pdf.

③ USDOT,"DOT Automated Vehicle Comprehensive Plan", *U.S. Department of Transportation*, January 11, 2021, accessed June 6, 2022, https://www.transportation.gov/sites/dot.gov/files/2021-01/USDOT_AVCP.pdf.

④ USDOT,"DOT Automated Vehicle Comprehensive Plan", *U.S. Department of Transportation*, January 11, 2021, accessed June 6, 2022, https://www.transportation.gov/sites/dot.gov/files/2021-01/USDOT_AVCP.pdf.

业数据”“互操作性”“ITS 部署支持”和“新兴 ITS 功能”6 项目标，[①] 也在整体上体现出对数据合作共享、推动技术部署以及自动驾驶体系化架构的导向。例如，USDOT 通过与大型数据管理组织及其他技术和数据密集型组织合作，研究各种智能交通系统（ITS）技术研究工作中的开放数据概念和方法，借由 ITS 支撑技术在保护用户隐私的前提下有效捕获运营数据，包括车辆互联技术（涉及汽车、交通工具、商用车辆和通过社交网络提供情景数据的用户），移动设备和基础设施。而对整体交通系统的建构导向主要表现在互操作性要求，对相关架构和标准的开发使得许多与 ITS 相关的技术人员、机构和业务无法从相互联通的系统和机构中脱离，进而提高国家智能交通系统下不同技术协同工作的能力，无论在何处产生，在何处或何时被使用，车辆、设备、基础设施和应用程序中的 ITS 元素都能够与系统其他部分有效通信。在《智能交通系统 2020—2025 年战略计划》中，这一体系化构建目标进一步整合了自动驾驶技术和智能交通领域的所有组成部分，包括车辆、后台、服务，以及其他服务于所有交通用户的工具和机制，如社区、团体、技术设备和应用的私营部门供应商，以及 ITS 的运营商和实施者（例如，州与地方政府）。[②]

二、各州立法与州行政命令的主要内容与对比

尽管联邦政府负责制定自动驾驶安全标准以及整体上的统筹协调，但在涉及车辆许可、注册、交通执法、安全检查、基础设施以及保险责任时，各州仍然是主要监管者。[③] 近年来，美国各州层面陆续出台自动驾驶相关州立法与州行政命令，前者主要围绕自动驾驶汽车术语界定，道路测试、试点与演示要求，车内装置要求以及车辆事故的制造商责任；后者表现出对数据收集、使用与隐私保护，系统安全与网络安全以及制造商责任的共同关注，同时对术语界定，试点、测试

① ITSJPO,“Intelligent Transportation Systems 2015-2019 Strategic Plan”, *U.S. Department of Transportation*, December 2014, accessed June 6, 2022, https://www.its.dot.gov/factsheets/itsjpo_stratplan.htm.

② ITSJPO,“Intelligent Transportation Systems 2015-2019 Strategic Plan”, *U.S. Department of Transportation*, December 2014, accessed June 6, 2022, https://www.its.dot.gov/factsheets/itsjpo_stratplan.htm.

③ Ben Husch and Anne Teigen，“Regulating Autonomous Vehicles”，*National Conference of State Legislatures,* April, 2017， accessed June 6, 2022, https://www.ncsl.org/research/transportation/regulating-autonomous-vehicles.aspx, April 2017.

项目要求以及自动驾驶技术部署相关机构设置具有不同侧重。下文将首先以图表形式梳理各州立法在不同问题领域的规制异同，其次对各州行政命令的主要内容进行对比概述。

在州立法层面，阿拉巴马州、阿肯色州、加利福尼亚州、科罗拉多州、康涅狄格州、佛罗里达州、佐治亚州、伊利诺伊州、印第安纳州、肯塔基州、路易斯安那州、缅因州、密歇根州、密西西比州、内布拉斯加州、纽约州、内华达州、北卡罗来纳州、北达科他州、俄勒冈州、宾夕法尼亚州、南卡罗来纳州、田纳西州、德克萨斯州、犹他州、弗吉尼亚州、佛蒙特州和威斯康星州，以及华盛顿特区都已经提出自动驾驶车辆相关法律，[①] 尽管部分州立法尚处于提案阶段，相关规范设计仍然可以表现出美国各州在自动驾驶领域的基本治理特点，主要的关注面向及差异可以表现在以下几个方面：

（一）对于“自动驾驶车辆”的术语界定差异

SAE 国际标准将自动驾驶车辆自动化分级为 L0–L5 级，对应不同的驾驶自动化系统和自动驾驶系统运行水平，其指出，对于描述具有自动驾驶功能车辆的建议用法是“配备驾驶自动化系统的 [1 或 2] 级车辆”或“配备 ADS 的 [3、4 或 5] 级车辆”。而对于描述自动驾驶参与运行的车辆（相对于仅可用的），建议使用“[1 或 2] 级驾驶自动化系统参与运行的车辆”或“[3、4 或 5] 级 ADS 运行的车辆”。[②]Automated Driving System（ADS）通常仅用于 3、4、5 级自动驾驶车辆，而一般意义上描述的 driving automation system 可用于指代任何 L1–L5 级别自动驾驶车辆。[③] 二者区别了不同规范对象的车辆智能化水平。类似的，尽管 autonomous vehicle 与 automated vehicle 均可指代“自动驾驶车辆”，二者仍表现

① NCSL,“Autonomous Vehicles | Self-Driving Vehicles Enacted Legislation”, National Conference of State Legislatures, February 18, 2020, accessed July 1, 2022, https://www.ncsl.org/research/transportation/autonomous-vehicles-self-driving-vehicles-enacted-legislation.aspx.

② SAE,“Taxonomy and Definitions for Terms Related to Driving Automation Systems for On-Road Motor Vehicles”, *SAE INTERNATIONAL*, April 30, 2021, accessed July 1, 2022, https://www.sae.org/standards/content/j3016_202104.

③ SAE,“Taxonomy and Definitions for Terms Related to Driving Automation Systems for On-Road Motor Vehicles”, *SAE INTERNATIONAL*, April 30, 2021, accessed July 1, 2022, https://www.sae.org/standards/content/j3016_202104.

出适用对象的细微差异，相比于后者，前者对应的车辆自主化、智能化水平往往更高，驾驶者对全部或部分动态驾驶任务的操作程度更低，相应的高级别车辆范围就更加有限。虽然在车辆覆盖范围上可能存在重叠，但不同的自动驾驶车辆术语界定暗含了对自动化水平的不同判断或目标要求，各州立法并未将“自动驾驶车辆”统一界定为“autonomous vehicle”，在一定程度上限定了不同规则的适用对象并表现出区别化的规范导向，部分州立法内容具体表现出以下异同：

表 1–3 美国各州立法文件中对不同自动驾驶概念的使用情况

	Autonomous vehicle	Automated vehicle	Vehicles (equipped) with automated driving system/automated driving system–equipped vehicle	Vehicles (equipped) with autonomous technology	Self–driving vehicles
佛罗里达州	√			√	
阿拉巴马州					√
阿肯色州				√	
加利福尼亚州	√				
科罗拉多州		√	√		
康涅狄格州	√		√		
佐治亚州	√		√		
伊利诺伊州			√		
路易斯安那州				√	
密歇根州	√	√		Vehicles with automated technology	
内华达州	√				
纽约州				√	
北卡罗来纳州	√				
北达科他州		√	√		
田纳西州	√	√		√	
德克萨斯州		√			
犹他州	√				

续表

	Autonomous vehicle	Automated vehicle	Vehicles (equipped) with automated driving system/automated driving system–equipped vehicle	Vehicles (equipped) with autonomous technology	Self–driving vehicles
华盛顿特区	√				
宾夕法尼亚州		Highly automated vehicle	√		

（二）自动驾驶道路测试、试点、部署要求对比

至2022年，美国州立法协会（NCSL）与美国公路安全保险协会（IIHS）共同总结了美国相关州的自动驾驶立法现状。[①] 下文尽可能全面地选取与本章所关注的州立法治理特点关联程度较高的部分进行梳理。

自动驾驶车辆道路测试、部署的安全要求是联邦与州立法关注的重要方面。NHTSA曾为“自动驾驶车辆测试”向各州提出建议，包括：确保在任何时候都有经过适当培训并获得许可的、熟悉车辆操作的驾驶者坐在驾驶座上；确保道路测试对其他道路使用者的风险降到最低；确保从自动驾驶模式过渡到手动模式是安全且便于操作的；确保测试车辆具有检测、记录和通知司机故障的能力等。[②] 而各州立法在自动驾驶道路测试、演示方面的规制差异主要表现为是否要求申报注册登记或提交相应证明及申报主体、是否要求保险及保险金缴纳或提供保险证明的主体、执行道路测试的主体与主体资格限制以及对测试时车内人类操作者是否在场的要求。对测试时人类操作者的在场要求与资质限制通常与对车辆后续运行中的人类驾驶者在场与资格要求具有一致性。

① NCSL,“Autonomous Vehicles | Self-Driving Vehicles Enacted Legislation”, *National Conference of State Legislatures*, February 18, 2020, accessed July 1, 2022, https://www.ncsl.org/research/transportation/autonomous-vehicles-self-driving-vehicles-enacted-legislation.aspx.IIHS, “Autonomous vehicle laws”, *Insurance Institute for Highway Safety*, July 2022, accessed on July 10, 2022, https://www.iihs.org/topics/advanced-driver-assistance/autonomous-vehicle-laws.

② NCSL,“Autonomous Vehicles: On the Road to New Technologies”, *National Conference of State Legislatures*, February 1, 2014, accessed on July 5, 2022, https://www.ncsl.org/research/transportation/autonomous-vehicles-on-the-road-to-new-technologies.aspx.

表 1-4 美国各州自动驾驶道路测试要求一览表

	申报注册登记 / 提交证明要求	车辆保险	执行道路测试主体	人类操作者在场要求
佛罗里达州		在开始测试之前，进行测试的实体须向公路安全与机动车部门提交一份保险证明或保证书，或该部门可接受的自我保险证明，金额为500万美元。	由自动驾驶技术制造商指定的雇员、承包商或其他人员在本州道路上进行道路技术测试。	为测试目的，自动驾驶车辆内部应有一名人类操作者，有能力监测车辆性能，并在必要时进行干预，除非该车辆在封闭赛道上进行测试或演示。
加利福尼亚州	在制造商向该部门提交申请，并在该申请得到批准之前，不得在公共道路上运行。该申请至少应包含以下证明： （A）车辆有一个操作者易接触的自动驾驶技术的启动与脱离机制。 （B）车内有一个视觉指示器，以显示自动驾驶技术何时启动。 （C）在检测到自动驾驶技术运行故障时，有系统可以安全提醒操作者，当发出警报时，系统应采取以下任何一种措施： （a）要求操作者控制车辆； （b）如果操作者不控制或无法控制自动驾驶车辆，车辆应能完全停止。 （D）自动驾驶车辆应允许操作者以多种方式进行控制，包括但不限于通过使用刹车、油门踏板或方向盘，并应提醒操作者自动驾驶技术已停止运行。 （E）自动驾驶车辆技术符合联邦机动车辆安全标准以及州和联邦法律中明确规定的安全标准和性能要求，以及根据这些法律颁布的法规中规定的其他所有适用的安全标准和性能要求。	测试开始之前，进行测试的制造商应提供保险文书、保证书或自我保险证明。保险金额为500万美元。 在开始测试之前，若该车辆无驾驶员，且在公共道路上或跨越公共道路运行时，康特拉科斯塔交通局或私人实体，或两者应共同： 提交金额为500万美元的保险证明、担保或自我保险证明，并应以机动车辆部门要求的形式和方式向机动车辆部门提供保险、担保或自我保险的证明材料。	授权拥有相应类型车辆执照的司机在公共道路上对自动驾驶汽车进行测试；且只能由自动驾驶技术制造商指定的雇员、承包商或其他人员操作。	驾驶者应坐在驾驶座上，监控自动驾驶车辆的安全运行，并能够在自动驾驶技术故障或其他紧急情况下立即接管车辆进行手动控制。 测试主体应为测试驾驶员制定培训计划，并向车辆管理所（DMV）提供培训计划的课程大纲和基本情况，完成培训计划也为获得测试驾驶员资格的必要条件。 在指定地点和特定测试速度限制下，授权康特拉科斯塔交通管理局与利弗莫尔—阿马多尔谷运输管理局为没有配备方向盘、刹车踏板、加速器或是没有驾驶者在内的自动驾驶车辆（Autonomous Vehicle）进行试点项目测试，但须满足以下要求： （1）测试只能在当局指定的私有商业园区内进行，包括指定商业园区内的公共道路；

续表

	申报注册登记 / 提交证明要求	车辆保险	执行道路测试主体	人类操作者在场要求
加利福尼亚州	（F）除法律规定外，自动驾驶车辆应配备一个独立机制，在与另一车辆、物体或自然人之间发生碰撞之前，当车辆以自动驾驶模式运行时，能够捕获并存储至少30秒的自动驾驶技术传感器数据，且数据应在碰撞发生后保存三年。 若该车辆无驾驶员，且在公共道路上或跨越公共道路运行时，康特拉科斯塔交通局或私人实体，或两者应共同向相关部门提交详细的测试计划，包括： （A）证明在公共道路测试之前，自动驾驶车辆已经在受控条件下进行了测试，这些条件尽可能模拟了自动驾驶车辆在试点期间将面临的现实条件。康特拉科斯塔交通局或私人实体，已经合理确定这些条件下操作自动驾驶汽车的安全性。 （B）证明自动驾驶车辆只能在特定试点项目授权的地理区域、环境、交通情况和速度条件下以自动化模式运行。 （C）证明试点项目符合国家公路交通安全管理局关于自动驾驶车辆的安全测试、部署和操作的指南。 （D）试点项目的自动驾驶车辆符合所有联邦机动车辆安全标准，或书面证明NHTSA根据联邦机动车辆安全标准允许没有方向盘、制动踏板或油门，或已批准自动驾驶车辆免于遵守相关联邦机动车辆安全标准。			（2）自动驾驶车辆的运行速度应低于每小时35英里。 要求远程操作员接受维护培训，测试主体应为远程操作员安排维护培训计划，并证明每个远程操作员已经完成足够培训，能够安全履行远程操作员职责，并拥有相应类型测试许可证。

续表

	申报注册登记 / 提交证明要求	车辆保险	执行道路测试主体	人类操作者在场要求
加利福尼亚州	（E）对于每辆需要进行测试的自动驾驶车辆，制造商应向相关部门提供车辆的品牌、型号、年份、完整的车辆识别码，以及车牌号和签发州信息。 （F）车辆与远程操作人员之间配备通信连接设备，以提供车辆的位置和状态信息，并在车辆出现任何故障，危及车辆乘客或其他道路使用者的安全时，允许远程操作人员与乘客进行双向通信。 （G）自动驾驶车辆的设计符合本法规和当地适用于机动车运行的法规的所有规定，能够检测和应对道路状况。 要求测试主体符合执法互动计划。测试主体应提供执法互动计划的副本，其中包括制造商将向执法机构和自动驾驶车辆操作设计领域附近的执法部门、消防部门和紧急医疗人员等第一响应者提供的信息。该信息将指示这些机构如何在紧急情况和交通执法情况下与车辆互动。测试主体还应在批准测试申请后 10 天内通过电子邮件向加州公路巡逻队（California Highway Patrol, CHP）提交执法互动计划，并通知运营范围内的其他执法机构和第一响应者。该执法互动计划应由制造商定期审查，并在需要变更时更新，频率不得低于一年一次。			

续表

	申报注册登记 / 提交证明要求	车辆保险	执行道路测试主体	人类操作者在场要求
科罗拉多州	若自动驾驶系统无法遵守适用于该系统操作功能的州和联邦法律，除非得到科罗拉多州巡逻队和科罗拉多州运输部的批准，否则任何人不得对该系统进行测试。			
康涅狄格州	由秘书选定的首席民选官员或首席执行官应选择并与一个或多个自动驾驶车辆测试者签订书面协议，协议至少应（1）规定车辆可以运行的地点和路线；（2）禁止车辆在这些地点和路线之外运行，除非存在紧急情况；（3）通过车辆识别号、品牌、年份和型号确定每辆要测试的车辆；以及（4）具体规定车辆的运行时间。 自动驾驶车辆测试者应向机动车专员登记每辆要测试的自动驾驶车辆。	以机动车专员指示的方式和形式，向专员提交责任保险、自我保险或至少500万美元的担保，以担保车辆可能造成的人身伤害、死亡或财产损失。	雇员、独立承包商或其他由自动驾驶车辆测试者指定并接受过相关培训的人，且持有操作者证明。	操作者应当坐在自动驾驶车辆的驾驶座上，同时监控自动驾驶车辆的运行，并能够随时立即手动控制自动驾驶车辆。
密歇根州		开始测试自动驾驶汽车之前，自动技术驾驶系统的制造商或进行该测试的改装商应向州务卿提交证据证明该车辆已根据1956年保险法第31章投保。	车辆只能由雇员、承包商或其他由自动技术或自动驾驶系统制造商指定或授权的人操作，且具有美国机动车执照。	要求人类驾驶者在场，且其有能力在车辆在本州公路或街道上行驶时监控车辆的性能，如有必要可立即控制车辆行驶。如果个人不控制或无法控制车辆，车辆应能达到最低风险状态。

续表

	申报注册登记 / 提交证明要求	车辆保险	执行道路测试主体	人类操作者在场要求
内华达州	除非自动驾驶车辆能够遵守适用于机动车的所有联邦标准和法规，否则不得在该州注册； 自动驾驶车辆不得在本州公路上进行测试或运行，除非该自动驾驶汽车符合以下条件： （A）装备了可以激活和脱离自动驾驶技术的装置，且该装置便于自动驾驶车辆的人类操作者使用； （B）配备了位于车辆内部的视觉指示器，显示自动驾驶技术在何时启动，操作自动驾驶车辆； （C）配备提醒人类操作者的机制，以便在检测到自动驾驶技术出现故障且该故障影响自动驾驶技术安全运行能力时，人类能够对自动驾驶车辆进行手动控制；以及 （D）能够在遵守本州机动车法和交通法的情况下运作。	个人或实体须： 向当局提交保险证明或500万美元的自我保险；或 向当局缴纳现金押金，或者缴纳担保金或采用其他可接受的担保形式，金额为500万美元。	对于“完全自动驾驶车辆”，如果车辆在发生故障时能达到“最低风险状态”，则不要求操作者具有驾驶执照。	人类操作者须： 坐在允许人类操作者随时立即手动控制自动驾驶车辆的位置； 监测自动驾驶车辆的安全运行； 能够在自动驾驶车辆发生故障或出现其他紧急情况时立即对自动驾驶车辆进行人工控制； 但在“完全自动驾驶车辆”中，如果车辆在发生故障时能达到“最低风险状态”，则不要求人类操作者在场。
纽约州	机动车专员可以批准配备自动驾驶技术机动车的演示和测试，但演示和测试只能在纽约州警察的直接监督下以规定的方式和形式进行，用于此类演示和测试的机动车应符合所有适用的联邦机动车辆安全标准和纽约州机动车检查标准； 机动车专员应与州警察协商，向州长、参议院临时议长、议会议长以及参议院和议会交通委员会主席提交关于演示和测试的报告，包括但不限于描述演示和测试的参数与目的，演示和测试的地点及其对安全、交通控制、交通执法、应急服务的影响等。	用于演示和测试的机动车至少有500万美元的财务担保。		持有有效的机动车驾驶执照的自然人须在车内。

续表

	申报注册登记 / 提交证明要求	车辆保险	执行道路测试主体	人类操作者在场要求
田纳西州	测试车辆应证明： （A）有一个操作者易接触的启动和脱离自动驾驶系统的机制； （B）在车内有一个视觉指示器，以显示自动驾驶系统何时启动，何时脱离； （C）有一个故障警报系统，能够在检测到系统故障时通知操作者； （D）（a）故障警报系统允许操作者在检测到自动驾驶系统故障或其他紧急情况时，立即对（需要操作者的）自动驾驶车辆（ORAV）进行手动控制；或 （b）当检测到自主系统故障或其他紧急情况时，如果操作者没有或不能立即对车辆进行手动控制，则故障警报系统会停止 ORAV；并且 （E）故障警报系统允许操作者以一种以上方式对 ORAV 进行手动控制，包括使用刹车、油门或方向盘。			操作者拥有与所测试或操作的（需要操作者的）自动驾驶车辆（ORAV）类型相适应的执照等级；且操作者： 在 ORAV 的驾驶座上； 监控 ORAV 的操作；以及 有能力在自动驾驶系统发生故障时或其他紧急情况下立即手动控制 ORAV。
宾夕法尼亚州	如果联邦法律存在相关要求，高度自动驾驶汽车应有必要的制造商认证标签表明高度自动驾驶车辆符合所有适用的联邦机动车辆安全标准，包括国家公路交通安全管理局授予的任何豁免。 车主应当在该州注册，并在涉及其他车辆或行人的任何事故中留在现场。代表车主或登记者的人或高度自动驾驶汽车应立即与最近的具有授权的警察部门办公室联络，报告该事故。	在配备 ADS 的高度自动驾驶车辆或没有驾驶者的高度自动驾驶车辆在公路上运行之前，高度自动驾驶车辆的所有者应向相关部门提交财务责任证明，自行证明该高度自动驾驶车辆具有最低金额为 100 万美元的保险或自我保险证明，该保险应符合适用于本州的法律。	车内或远程高度自动驾驶车辆驾驶者须获得适当认证，获取相应执照后才能在公路上操作对应类型和类别的自动驾驶车辆。	2022 年 1 月 5 日，新提出的州立法取消了自动驾驶车辆运行时至少有一名人类驾驶者在车内的要求； 如果 ADS 发生故障，导致 ADS 无法执行与其预定的动态驾驶区域有关的整个动态驾驶任务，高度自动驾驶车辆或驾驶者能够使车辆达到最小风险状态。

续表

	申报注册登记 / 提交证明要求	车辆保险	执行道路测试主体	人类操作者在场要求
佛蒙特州		参与测试的自动驾驶车辆至少有500万美元的财务担保。	操作者应持有美国驾驶执照。	自动驾驶车辆运行时至少有一名人类驾驶者在车内。
北达科他州		要求参与测试的自动驾驶车辆具有责任保险。	在“自动驾驶系统完成全部动态驾驶任务”时，如果车辆在发生故障时能达到“最低风险状态”，则不要求为“自动驾驶车辆”配备持有驾驶执照的人类操作者。	如果车辆在发生故障时能达到“最小风险状态”，则不要求人类操作者处于“自动驾驶系统启动的自动驾驶车辆”内。
缅因州		参与测试的自动驾驶车辆至少有500万美元的财务担保。		无要求
华盛顿特区		参与测试的机动车至少有500万美元的财务担保。	要求有一个“测试操作者”或“远程操作者”，且须已成功完成培训项目。	无要求
德克萨斯州		自动驾驶汽车应有机动车责任保险或自我保险，保险金额与本州法律规定的保险金额相同。（deployment）		自动驾驶汽车可以在自动驾驶系统启动的情况下运行，无论是否有人类操作者在车内。
北卡罗来纳州			对于完全自动驾驶车辆，在“自动驾驶系统”启动情形下，不要求操作者具有驾驶执照。	如果车内有12岁以下的未成年人，则须有成年人在车内。
新罕布什尔州		在没有“传统人类驾驶者”情形下运行的“具有驾驶能力的车辆”必须拥有现行保险法规定的最低限度的责任保险。		只要车辆在发生故障时能达到“最低风险状态”，并能遵守所有适用的车辆和交通法，则不要求“具有无人驾驶能力的车辆”需要“传统人类驾驶者”在场。

（三）车内装置要求

州立法对自动驾驶车辆运行的车内装置要求主要包括两个方面：车内视觉装置要求与方向盘、刹车等人类操作装置要求，都旨在为车内人类驾驶者随时接管自动驾驶功能预留技术空间，提高自动驾驶车辆安全性能以符合联邦与州可适用的安全标准。

佛罗里达州立法即规定车辆内部应存在相关设备，以直观地显示车辆在自动驾驶模式下的运行。田纳西州立法则要求当自动驾驶技术被激活时，操作者可以使用电子显示屏进行通信、信息传输以及其他可由显示屏实现的活动，但该显示屏应与车辆集成，使其能够与自动驾驶技术协调运行并发挥作用，并在自动驾驶技术脱离时自动关闭操作者可见的任何移动图像。加利福尼亚州、内华达州、弗吉尼亚州立法也作出了类似规定。而宾夕法尼亚州立法提出高度自动驾驶车辆在公路上行驶时应具备由一系列装置或部件组成的后视系统，共同发挥产生后视图像的功能，构成类似于反射镜的装置。

有关方向盘、刹车等人类操作装置要求通常与各州立法对车辆测试或运行时车内人类操作者的要求保持一致，多数州立法均要求在当前技术水平下，车辆运行应配备方向盘、刹车等装置，但加利福尼亚州在授权康特拉科斯塔交通局与利弗莫尔—阿马多尔谷交通管理局在满足上述相应条件情况下进行无人道路测试的同时，也对此类车辆配备方向盘、刹车踏板或油门等人类操作设施作出了豁免，然而在目前阶段，多数州立法仍然将此类车内装置作为车辆安全标准的重要方面。

（四）车辆事故的初始制造商责任

部分州立法还补充明确了自动驾驶车辆发生事故时的初始制造商责任。多数州立法都将自动驾驶汽车的“制造商”界定为最初制造自动驾驶技术并在最初完成车辆上配备自动驾驶技术的人，或者，若车辆制造商最初未配备自动驾驶技术，则界定为最初制造车辆后通过安装自动驾驶技术将其改装为自动驾驶车辆的人，部分立法将其扩展至子部件系统生产商。弗吉尼亚州与内华达州立法明确指出，由第三方改装成自动驾驶汽车或修改车辆自动驾驶系统的车辆原制造商在任何因车辆改装或改装者安装的设备造成的“车辆缺陷”而对原制造商提起的法律诉讼中，不应承担任何责任，享有辩护权并被排除于诉讼之外，除非该所谓缺陷在最初制造的车辆中已经存在。密歇根州立法规定，自动驾驶技术制造商对他人未经制造商同意而对机动车、自动驾驶系统或自动技术进行的任何改装所造成的损害享有民事责任豁免。同时，在产品责任诉讼中，密歇根州立法中的子部件系统生产商对为将车辆改装为自动驾驶汽车而安装的设备所造成的损害不承担责任，除非造成损害的缺陷在子部件系统生产商安装设备时业已存在。田纳西州立法则指出，若自动驾驶系统被安装在最初并非作为自动驾驶车辆设计和制造的机动车上，最初制造该机动车的个人或实体不应对后来安装的自动驾驶系统故障导致的伤害或死亡负责。华盛顿特区立法也明确限制了改装车辆原制造商的责任。

除上述内容外，部分州立法，例如田纳西州、加利福尼亚州、北达科他州等还对自动驾驶测试、运行过程中的数据记录类型、数据记录时间、数据或信息收集披露内容与对象等问题作出了具体规定，与亚利桑那州、特拉华州等州行政命令表现出共同关注的态度。

在州行政命令层面，亚利桑那州、特拉华州、夏威夷州、爱达荷州、伊利诺伊州、缅因州、马萨诸塞州、明尼苏达州、俄亥俄州、华盛顿州和威斯康星州州长已经发布了自动驾驶车辆相关行政命令，对数据利用、系统与网络安全性、制造商义务、试点 / 测试项目要求及机构协调部署等问题作出了补充安排。

亚利桑那州在 2015 年发布行政命令，明确由交通部、公共安全部及其他部门共同参与自动驾驶车辆在公共道路上的测试、运行工作，与研发自动驾驶技术的私人企业一同开展。同样明确了对自动驾驶运行、试点的操作者要求，其指出，当车辆处于自动驾驶模式时，无论操作者是否在车内，都应持有有效驾驶执照以指导车辆运行。自动驾驶车辆试点、测试、运行的操作者只能是开发自动驾驶技术的私人实体所指派或授权的雇员、承包商或者其他人；操作者应有能力在需要提供辅助的情况下指导自动驾驶车辆的运行；且车辆所有者应当提供财产责任证明。2018 年，亚利桑那州进一步以行政命令形式关注全体居民的安全性，要求所有测试或运行配备自动驾驶系统车辆的实体遵守道路机动车安全、保险、事故报告及登记等规定，否则可能中止或撤销其在公共道路上测试、运行自动驾驶车辆的资格，同时对完全自动驾驶车辆一并提出资格认证、登记、执照申请及保险等要求。车辆数据采集者还应当保证公众及时获取自动驾驶车辆碰撞的相关信息，与上述州立法的基本关注具有一致性。

特拉华州在 2017 年 9 月发布行政命令，主要围绕自动驾驶系统可能产生的公共安全、网络安全、隐私及交通系统设计与建构等问题展开，尤其细化了互联自动驾驶车辆咨询委员会的组成与议题，后者主要包括推动经济发展，技术、安全与隐私，交通网络基础设施建设以及对公共和高速公路安全影响的研究。

夏威夷州在2017年11月发布的州行政命令注意区分不同州政府机构与非政府实体在测试、部署无人驾驶路线中的职能，具体例如：在总督办公室设立夏威夷互联自动驾驶车辆（CAV）联系人，由行政主任担任，以便为寻求在夏威夷测试自动驾驶技术的公司提供最高级别的关注和支持；而夏威夷州交通局、州公共安全局、州商业经济发展和旅游局应通过相应政策，以公共利益为目标与在夏威夷进行自动驾驶汽车测试和开发业务的公司开展合作。

缅因州在2018年发布的行政命令明确了高度自动驾驶车辆（HAVs）咨询委员会的主要职责。对于试点项目，由委员会对车辆试点项目进行评估并提出建议，试点项目赞助商应当在运行试点车辆前向委员会获取许可。而委员会在评估试点项目时应将公共安全置于首位，同时考虑到试点车辆速度、对试点车辆操作者的训练、测试区域的地理限制以及技术有关的安全记录，重申了对安全性的关注。试点项目赞助商同样应当提供资产证明以及对试点项目可能引起的人身、财产损失的保险证明。

华盛顿特区在2017年发布的行政命令区别了对车内有人类驾驶者试点项目与车内无人类驾驶者试点项目的不同要求。对于前者，与上述州立法与行政命令类似，车辆只能由经过培训的雇员、承包商或开发自动驾驶技术的实体授权的其他人员操作或监控，且操作者应持有有效的美国驾驶执照，有能力控制车辆运行，车主还应证明其能够承担财务责任；对于后者，命令要求车辆所配备的自动驾驶系统能够在车辆的运行设计范围内，部分或完全执行所有类型的驾驶任务，且能够在系统发生故障时使车辆达到安全状态，车主同样应向劳工部证明其经济责任能力。

佐治亚州和肯塔基州也曾发布有关各州行政命令的分析报告，根据报告内容可以发现，各州立法与行政命令的主要面向基本集中于上述领域，关注公共安全，规定何为自动驾驶汽车，自动驾驶应用、道路测试的前提条件，认证、保险要求，对制造商责任的澄清以及车辆操作者限制，同时也注意到自动驾驶数据收集和使用以及在数据共享过程中的隐私保护，甚至涉及算法设计的伦理考量，表现出对系统安全与数据安全的双重关切。

三、结语

纵观美国自动驾驶相关法规政策，联邦层面的法律法规与政策指南主要面向联邦与各州、各机构间有关自动驾驶技术发展与安全风险防护的职能分工以及对自动驾驶规制基本原则与目标策略的统筹协调，各类规范针对不同技术发展阶段特点作出了基于不同视野的侧重要求，协调技术安全与发展需要。在各州层面，州立法与州行政命令都表现出对自动驾驶测试、试点或运行所衍生的注册登记、资格申请、保险证明、操作者在场与资格限制以及数据安全等问题的共同关注以及具体规范内容的差异。本书以宏观视角尝试梳理美国联邦与州层面的规制要求与特点，以期望初步形成对美国自动驾驶治理路径的体系理解与整体把握。

第一节 自动驾驶法案

H.R.3388

此法案就《美国法典》第 49 卷关于国家公路交通安全管理局对高度自动化车辆的管理进行修订，为此类车辆提供安全措施及其他目的。此法案于 2017 年 9 月 7 日提交美国参议院商业、科学和交通委员会二读。

第 1 章 简称：目录

（a）简称——该法案全称“Safely Ensuring Lives Future Deployment and Research in Vehicle Evolution Act（安全保障自动驾驶车辆演进的部署与研究法案）”，简称“SELF DRIVE Act（自动驾驶法案）”。

（b）目录——本法案目录如下：

第 1 章 简称；目录

第 2 章 立法目的

第 3 章 NHTSA 及各州对自动驾驶机动车的优先监管权

第 4 章 更新或新版高度自动驾驶机动车辆安全标准

第 5 章 自动驾驶系统网络安全

第 6 章 一般豁免

第 7 章 机动车辆测试或评估

第 8 章 向潜在购买者提供高度自动驾驶系统的信息

第 9 章 高度自动驾驶机动车咨询委员会

第 10 章 后座乘客警报系统

第 11 章 车前灯

第 12 章 高度自动驾驶机动车隐私保护计划

第 13 章　定义

第 2 章　立法目的

本法案的立法目的是，通过鼓励对高度自动化车辆的测试和部署，明确联邦政府在确保与设计、结构和性能相关的高度自动化车辆的安全性方面发挥的作用。

第 3 章　NHTSA 及各州对自动驾驶机动车的优先监管权

《美国法典》第 49 卷第 30103 条现予修正——

（1）修改第（b）款如下：

“（b）优先监管权——

“（1）高度自动驾驶机动车——各州或下设的行政部门不得保留、执行、规定或继续实施影响高度自动驾驶机动车的设计、生产、性能、自动驾驶系统及其元件的法律或法规，除非该法律或法规规定的标准与本章相同。

“（2）机动车辆标准——本章规定的机动车辆安全标准生效后，各州或下设的行政部门只有在与本章规定标准一致的情况下，才能规定或继续实施机动车辆或机动车辆设备在同一性能方面的标准。

“（3）解释规则——

“（A）概述——本款中的任何内容均不得解释为禁止各州或下设行政部门保留、执行、规定或继续实施任何有关注册、许可、驾驶培训、保险、执法、碰撞调查、安全和排放检查、本地道路车辆拥堵管理或交通的法律或法规，除非法律或法规对高度自动驾驶机动车、自动驾驶系统及其元件的设计、生产、性能存在不合理的限制。

“（B）机动车辆经销商——本款中的任何内容均不得解释为禁止各州或下设行政部门保留、执行、规定或继续实施任何有关经销商、制造商或分销商销售、分销、维修或服务高度自动化车辆、自动驾驶系统或自动驾驶系统元件的法律或法规。

“（C）与联邦法律的一致性——本款中的任何内容均不得解释为限制各州或下设行政部门按照其他联邦法律行事。

“（4）更高的性能要求——美国政府、各州或下设行政部门可以为机动车辆、机动车辆设备、高度自动化车辆或自动驾驶系统规定标准，但该标准的性能要求应高于本章规定的适用标准。

“（5）各州执行——各州可以执行与本章规定相同的标准”；以及

（2）将（e）款修改如下：

“（e）普通法责任——

“（1）概述——遵守本章规定的机动车辆安全标准不能免除个人的普通法责任。

“（2）实施规则——本条内容不得解释为优先适用普通法的要求。”

第 4 章　更新的或新版高度自动驾驶机动车辆安全标准

（a）概述——《美国法典》第 49 卷第六章第 301 节通过在第 30128 条之后插入如下新条目进行修订：

“第 30129 条 更新的或新版高度自动驾驶机动车辆安全标准

“（a）安全评估认证——

“（1）最终规则——自本条通过之日起 24 个月内，交通部长应发布一项最终规则，要求每一个开发高度自动驾驶机动车辆或自动驾驶系统的企业提交如何处理安全问题的安全评估证明。这项规则将包括——

“（A）具体说明哪些实体需要提交此类证明；

“（B）明确说明该企业需要提交的相关测试结果、数据和其他内容，以证明该企业的车辆可以保持安全，并按计划运行，包含故障安全功能，以纳入认证；以及

“（C）一份针对在何种情况下此类证明需要被更新或重新提交的说明。

“（2）暂行规定——在第（1）项中规定的最终规则生效之前，根据 2016 年 9 月发布的《联邦自动驾驶汽车政策》，或任何关于高度自动驾驶机动车辆的后续指南的要求，安全评估函应提交国家公路交通安全管理局。

“（3）定期审查与更新——在第（1）项中规定的最终规则颁布之日起 5 年内，以及此后至少每 5 年一次，交通部长应——

"(A) 审查此项规则；以及

"(B) 在其认为有必要的情况下更新此项规则。

"(4) 规则解释——

"(A) 没有部署条件——本款内容不得被解释为限制或影响交通部长在任何其他法律条文下的权力。部长不得以审查安全评估证书作为部署或测试高度自动化车辆的条件。

"(B) 没有新的权力——除根据第（1）项颁布的规则外，本条没有授予交通部长新的权力。

"(5) 审查与调研——为了适应高度自动驾驶机动车辆的开发与部署，以及确保高度自动驾驶机动车辆、机动车和其他共同分享道路的主体的安全，自本条通过之日起 180 天内，交通部长应——

"(A) 发起或继续审查在本条生效之日处于有效的联邦机动车辆安全标准；以及

"(B) 发起或继续有关新的联邦汽机动车辆安全标准的调研。

"(b) 规则制定和安全优先计划——

"(1) 概述——自本条通过之日起 1 年内，交通部长应公示并向众议院的能源和商务委员会及参议院的商业、科学和交通委员会提交一份规则制定和安全优先计划，以适应高度自动驾驶机动车辆的开发与部署，以及确保高度自动驾驶机动车辆、机动车和其他共同分享道路的主体的安全，交通部长应——

"(A) 更新在本条生效之日处于有效的机动车辆安全标准；

"(B) 发布新的机动车辆安全标准；以及

"(C) 考虑如何将性能标准中的客观范围用于机动车辆安全标准测试，哪些安全标准适合该测试，以及额外的授权能否促进该测试。

"(2) 优先事项包括——

"(A) 优先事项——第（1）项中要求的计划应详细阐述国家公路交通安全管理局在计划出台后 5 年的总体优先考虑事项，包括高度自动驾驶机动车辆相关的优先事项和管理局其他安全倡议相关的优先事项，以应对美国机动车安全的挑战。

"(B) 识别可能需要标准的因素——对于高度自动驾驶机动车

辆，国家公路交通安全管理局应确定可能需要性能标准的因素，包括人机交互、传感器和执行器，并考虑必要的软件和网络安全的程序标准。

“(3)定期更新——第（1）项中要求的计划应每2年更新一次，如果交通部长认为有必要可以更加频繁地更新。

“(4)更新的或新的机动车辆安全标准的规则制定程序——

“(A)概述——自本条通过之日起18个月内，交通部长应根据第（1）项要求的规则制定和安全优先事项的计划，提出第一份规则制定进程。

“(B)后续程序优先化——交通部长应继续根据这项计划提出规则制定程序。交通部长可以随时变更优先事项以解决他认为更为优先的事项。如果交通部长选择变更优先事项，他必须对优先计划进行暂时性更新，予以公示，并向众议院的能源和商务委员会及参议院的商业、科学和交通委员会提交。”

（b）文书的修改——《美国法典》第49卷第六章第301节通过在第30128条之后插入如下新条目进行修订：

“第30129条更新或新版高度自动驾驶机动车辆安全标准。”

第5章　自动驾驶系统网络安全

（a）概述——《美国法典》第49卷第六章第301节通过在第30129条（见第4章）后插入以下新条款进行修订：

“第30130条 自动驾驶系统网络安全

“(a)网络安全方案——厂商不得销售、许诺销售、引入贸易、进口任何高度自动驾驶机动车辆、拥有部分自动驾驶功能或自动驾驶系统的机动车，除非该厂商制定了网络安全方案，包括以下内容：

“(1)一份写明厂商为检测和应对网络攻击、未经授权的入侵以及虚假信息或车辆恶意控制指令而采取的措施的书面网络安全政策。该政策应包括——

“(A)识别、评估和合理减少可预见性网络攻击或未经授权的入侵等漏洞的程序，包括虚假信息及车辆恶意控制指令；

以及

“（B）采取预防和修正措施来减少高度自动驾驶机动车或拥有部分自动驾驶功能的机动车所存在漏洞的程序，包括事件响应计划、通过测试或监测保护关键控制、系统和程序的入侵检测和预防系统，以及根据情况变化对这种程序进行的更新。

“（2）选定厂商的一名管理人员或其他员工，作为负责管理网络安全的联络人。

“（3）一个限制进入自动驾驶系统的程序。

“（4）为实施和维护本条要求的政策和程序而对员工进行培训和监督的程序，包括对员工访问自动驾驶系统的限制。

“（b）生效日期——本条自通过之日起 180 天后生效。”

（b）执行机构——《美国法典》第 49 卷第 30165 条（a）款（1）通过在“30127”之后插入“30130”进行修订。

（c）文书修改——《美国法典》第 49 卷第六章第 301 节通过在第 30129 条（见第 4 章）之后插入以下新条目进行修订：

“第 30130 条 自动驾驶系统网络安全。”

第 6 章　一般豁免

《美国法典》第 49 卷第 30113 条修正——

（1）在（b）款（3）（B）中——

（A）在（iii）中，删去“；或”并插入一个分号；

（B）在（iv）中，在结尾删去句号并插入“；或”；并且

（C）在结尾添加如下内容：

“（v）豁免将有利于下述内容的开发或现场评估——

“（I）高度自动驾驶机动车辆的特征（该机动车的安全级别至少等于寻求豁免标准的安全级别）；或

“（II）高度自动驾驶机动车辆（该机动车的总体安全级别至少等于非豁免车辆的整体安全级别）”；

（2）在（c）款结尾添加如下内容：

“（5）如果根据本条（b）款（3）（B）（v）提出申请，内容须

包括——

“(A)开发、测试和其他必要的数据，以证明该机动车辆是高度自动驾驶机动车辆；及

“(B)一份含有支持测试数据的详细分析，包括路试、验证和测试数据(如适用)，表明——

“(i) 该机动车的安全级别至少等于寻求豁免标准的安全级别；或

“(ii) 该机动车的整体安全级别至少等于非豁免车辆的整体安全级别”；

(3)在(d)款中，删去“厂商拥有豁免资格”及下设子项，增加如下内容：

“(1)第(b)(3)(B)(i)款下豁免资格——根据本条(b)(3)(B)(i)款，厂商有资格获得本条(b)(3)(B)(i)款规定的豁免(包括根据(b)(3)(B)(i)款有关(b)(1)款提及的保险杠标准的豁免)，前提是部长确定该厂商最近一年的总机动车辆产量不超过10 000台。

“(2)第(b)(3)(B)(iii)款下豁免资格——根据本条(b)(3)(B)(iii)款，只有部长确认在任意12个月内厂商在美国的汽车销售量不超过2 500台，厂商才有资格获得豁免。

“(3)第(b)(3)(B)(ii)，(iv)或者(v)款下豁免资格——根据本条(b)(3)(B)(ii)，(iv)，或(v)款，只有部长确认在任意12个月内厂商在美国销售、租赁或以其他方式引入贸易的车辆不超过10万台，厂商才有资格获得豁免。

“(4)豁免车辆数目的限制——根据(b)(3)(B)(i)至(v)款，给予制造商的所有豁免不得超过以下总数：(ⅰ)在第一个12个月期间制造25 000台汽车，(ⅱ)在第二个12个月期间制造50 000台汽车，(ⅲ)在第三个12个月期间制造100 000台汽车，以及，(ⅳ)在第四个12个月期间制造100 000台车。根据(b)(3)(B)(i)至(Ⅴ)款进行的任何续期，在12个月内制造的车辆总数不得超过100 000辆”。

(4)在(e)款中，删去“豁免或续期”及下设子项，增加如下内容：

“(1)第(b)(3)(B)(i)款下豁免资格——根据本条(b)(3)(B)(i)款给予厂商的豁免或续期应不超过3年。

“(2) 第 (b)(3)(B)(iii) 款下豁免资格——根据本条 (b)(3)(B)(iii) 款给予厂商的豁免或续期应不超过 2 年。

“(3) 第 (b)(3)(B)(ii), (iv) 或 (v) 款下豁免资格——根据本条 ((b)(3)(B)(ii), (iv) 或 (v) 款给予厂商的豁免或续期应不超过 4 年”；及

(5) 在结尾添加如下内容：

“(i) 对某些豁免的限制——在部长根据第 30129 条 (a) 款发布安全评估认证规则和根据第 30129 条 (b) 款发布规则制定和安全优先计划之前，以及在部长发布该规则和该计划之日起一年内，不得根据第 (b)(3)(B)(v) 款授予机动车辆安全标准中耐撞性标准的豁免。本条款不适用于乘客保护标准的豁免，如果该豁免针对不载客的车辆。本条款不适用于耐撞性标准的豁免，如果该豁免是针对转向控制系统的标准且寻求豁免的车辆具有如下特征——

“(1) 不会搭载转向控制系统；

“(2) 为左前方乘客提供的撞击保护级别至少与非豁免车辆的撞击保护级别相当；及

“(3) 配备的安全级别至少与寻求豁免标准的安全级别相当。

“(j) 报告要求——根据 (b)(3)(B)(ii), (iv) 或 (v) 款给予豁免的厂商，应根据《联邦法规》第 49 篇第 579 部分，提供其实际了解的涉及这些豁免车辆碰撞的所有信息，无论厂商是否收到索赔要求。

“(k) 程序及分析——

“(1) 概述——自本款通过之日起 180 天内，交通部部长应在联邦公告上发布一份通知，详细说明根据第 (b)(3)(B)(v) 款审议豁免或续期申请的程序及分析。

“(2) 定期审查和更新——第 (1) 项所要求的通知应每 5 年审查一次，如果部长认为必要，应予以更新。

“(l) 豁免数据库——

“(1) 概述——部长应为根据本章规定豁免安全标准的机动车辆及根据第 325 章规定豁免保险杠标准的机动车辆建立公开可检索的电子数据库。

“(2) 车辆识别号码——根据第 (1) 项建立的数据库应通过车辆识别号码进行检索，不得包含识别车主的信息。”

第7章 机动车辆测试或评估

《美国法典》第49卷第30112条（b）（10）有如下修正——

（1）删去“在本项通过之日以前”；

（2）在（A）款中，删去“进入美国获得认证的机动车”，增加“进入美国获得认证的机动车，或获得认证的机动车所使用的机动车设备”；

（3）在（C）款中，删去末尾的句号，增加“；或”；

（4）将第（A）至（C）款分别重新设定为第（i）至（iii）款，并将它们的边距向右移动2个单位；

（5）删去“同意不销售或许诺销售的厂商作出的评估”，增加如下内容：“评估由——

“（A）同意不销售或出租或许诺销售或出租的厂商作出”；并且

（6）在结尾处添加如下内容：

“（B）高度自动驾驶车辆、自动驾驶系统或自动驾驶系统部件的厂商，同意在测试或评估结束时不销售或出租或提供销售或出租高度自动驾驶车辆、自动驾驶系统或自动驾驶系统部件，并且——

“（i）将以下内容提交给部长——

“（Ⅰ）个人、合伙企业、公司或高等教育机构的名称和联络点；

“（Ⅱ）个人、合伙企业、公司或高等教育机构的住所地址和注册地（如需要）；

“（Ⅲ）在高度自动驾驶机动车辆、自动驾驶系统或自动驾驶系统组件研发过程中用到的由个人、合伙企业、公司或高等教育机构制造的每种类型机动车的描述；以及

“（Ⅳ）个人、合伙企业、公司或高等教育机构打算在任何州进行高度自动驾驶机动车辆测试或评估的保险证明；以及

“（ii）如果适用，根据《联邦法规》第49卷第551部分确定一个为过程服务的代理人。”

第8章 向潜在购买者提供高度自动驾驶系统的信息

（a）研究——在本法案颁布之日起3年内，交通部长应充分研究确定最有效的方法和术语，以便告知消费者每一高度自动驾驶机动车或部分驾驶自动化机动车的能力和限制。部长应确定这些信息是否基于或包含国际汽车工程师学会在

《操作规程建议报告 J3016》（2016 年 9 月发布）中定义的术语，以及该描述是否应包括替代术语。

（b）规则制定——在完成（a）款中所要求的研究之后，部长须启动规则制定程序，要求厂商告知消费者任何高度自动化机动车辆或任何执行部分自动化驾驶的车辆的驾驶自动化系统或功能的能力和限制。

第 9 章　高度自动驾驶机动车咨询委员会

（a）设立——在获得拨款的情况下，交通部长应自本法案颁布之日起 6 个月内，在国家公路交通安全管理局设立高度自动驾驶机动车咨询委员会（以下简称委员会）。

（b）成员——委员会成员应当包括来自商界、学术界的代表和独立的研究人员、各州及下设机构的代表、安全专家、消费者权益支持者、工程师、劳工组织代表、环境专家、国家公路交通安全管理局代表，以及其他由部长决定的适合成员。委员会下设的任何附属委员会应由部长任命的 15 至 30 名成员组成。

（c）任期——委员会成员应由交通部长任命，任期三年。

（d）空缺——委员会中出现职位空缺，应以与最初任命该空缺职位相同的方式予以填补。职位空缺不影响委员会中的其他成员履行职责。

（e）职责和附属委员会——委员会可根据需要组成附属委员会进行信息收集活动，提供技术咨询，并向部长提出关于下列内容的最佳做法或建议——

（1）在部署自动驾驶系统方面促进残疾人社区的移动接入，以确定使用这些系统的障碍，并确保在设计这些车辆在商业中分配了解残疾人社区的需求；

（2）老年人和未得到传统公共交通服务的人群的移动接入，以及在商业中测试和分配高度自动化车辆方面的教育推广工作；

（3）自动驾驶系统测试、部署和更新的网络安全（该自动驾驶系统与供应链风险管理相关，并与信息共享和分析中心及信息共享和分析组织交互），以及用于识别和实施汽车或汽车设备召回的框架；

（4）制定一个框架，允许高度自动驾驶机动车的厂商相互之间及与国家公路交通安全管理局分享与公共街道上的任何测试或部署事件相关的，可能导致车辆损坏或乘客伤害的情况信息，并以不会使公开披露此类信息或商业机密信息产生风险的方式验证这些车辆；

（5）可能受到高度自动驾驶机动车部署影响的劳动和就业问题；

（6）部署高度自动驾驶机动车对环境的影响，以及与开发和部署高度自动驾驶机动车相关的替代燃料基础设施的开发和部署；

（7）消费者的隐私保护和高度自动驾驶机动车收集的信息的安全；

（8）高度自动驾驶机动车乘客座舱的安全性，自动驾驶系统如何对碰撞向量、整体耐撞性产生影响，以及座舱内安全气囊、安全带、多点固定式安全带、头枕和其他保护装置的使用和布置；

（9）在农村、偏远地区、山区、孤岛或未绘制地图的地区测试和部署高度自动化车辆和自动驾驶系统，以评估自然地理或人为因素或恶劣天气条件对其操作造成的限制，以提高高度自动驾驶机动车和自动驾驶系统在具有上述特征或条件的区域中使用的安全和可靠性；

（10）对高度自动驾驶机动车的独立验证和验证程序，可能有助于保障机动车安全。

（f）向国会提交报告——委员会的建议也应向众议院能源和商务委员会和参议院商业、科学和交通委员会报告。

（g）《联邦咨询委员会法》——委员会及其下设的任何附属委员会的设立和运作应符合《联邦咨询委员会法》的要求。

（h）技术援助——应委员会的请求，部长应向委员会提供部长认为履行委员会职责所需的技术援助。

（i）联邦雇员的详细情况——根据委员会的要求，部长可以在不考虑补偿的情况下，将交通部的任何人员的详细介绍提供给委员会以协助委员会履行职责。任何细节不得中断或以其他方式影响联邦雇员的公务员身份或权益。

（j）支付与开销——委员会成员应无薪工作，每位成员参加部长召集的会议可得到差旅费和每日津贴。

（k）终止——委员会及其下设附属委员会应在本法案生效 6 年后终止。

第 10 章 后座乘客警报系统

（a）概述——《美国法典》第 49 卷第六章第 301 节通过在第 30130 条（如第 5 节所述）后插入如下新条予以修改：

“第 30131 条后座乘客警报系统

“(a) 规则制定要求——自本条通过之日起 2 年内，部长应发布最终规则，要求所有总重小于 10 000 磅的载客车辆配备报警系统以提醒操作者在关闭车辆引擎后去检查后排指定座椅位置情况。

“(b) 逐步引入——根据 (a) 款发布的规则应要求从最终规则发布之日 2 年后的日历年的 9 月 1 日开始全面遵守该规则。

“(c) 定义——

就本条而言——

“(1)“载客汽车”这一术语的含义规定在第 32101 条中；及

“(2)“后排指定座椅位置”指位于前座后方的任何指定座椅位置。”

(b) 文书修订——对《美国法典》第 49 卷第六章第 301 节的修改，为在第 30130 条之后插入以下新条目：

“第 30131 条后座乘客警报系统。”

第 11 章　车前灯

(a) 安全研究计划——自本法颁布之日起 2 年内，交通部长应完成对机动车前照灯安全标准或性能要求的改进研究，以改善车前灯的性能，提高车辆整体安全性。

(b) 规则制定或报告——

(1) 规则制定——在完成第 (a) 款所要求的研究之后，部长需启动规则制定程序以修改与车前灯有关的机动车辆安全标准，如果部长确定对标准的修订符合《美国法典》第 49 卷第 30111 条第 (a) 和 (b) 款所规定的要求和考虑因素。

(2) 报告——如部长确定对第 (1) 款所述标准的修订不符合前述相应条款规定的要求和考虑因素，部长应向众议院能源和商务委员会及参议院商业、科学和交通委员会提交一份报告，说明不修改标准的原因。

第 12 章　高度自动驾驶机动车隐私保护计划

(a) 隐私保护计划——厂商不得在州际贸易中销售、许诺销售、引进或交付、进口到美国任何高度自动驾驶机动车、部分驾驶自动化机动车或自动驾驶系统，除非厂商制定了包括以下内容的隐私保护计划：

（1）一份关于收集、使用、共享和存储由高度自动驾驶机动车、部分驾驶自动化机动车或自动驾驶系统收集的车主或乘客信息的书面隐私保护政策。此类政策应包括以下内容：

（A）厂商在收集、使用、共享或存储有关车主或乘客信息方面的做法。

（B）厂商在向车主或乘客提供相关信息收集、使用、共享和存储的选择方面的做法。

（C）厂商对车主或乘客的信息在数据最小化、去标识化和保留方面的做法。

（D）厂商将其隐私保护计划扩展到与其共享此类信息的实体方面的做法。

（2）一种向车主或乘客提供隐私计划的通知的方法。

（3）如果关于车主或乘客的信息被更改或组合，导致信息不再能够合理地与其从中获取信息的高度自动驾驶机动车、部分驾驶自动化机动车或自动驾驶系统、车主或乘客相关联，厂商不需要在隐私计划中体现与该信息有关的过程或做法。

（4）如果有关乘客的信息被匿名或加密，厂商不需要在隐私计划中体现与该信息有关的过程或做法。

（b）研究——联邦贸易委员会将对高度自动驾驶机动车市场进行研究，并向众议院能源和商务委员会和参议院商业、科学和交通委员会提交报告，报告包括对如下问题的审查：

（1）生态系统中的哪些主体可以访问车主和乘客的数据信息。

（2）在高度自动驾驶机动车市场中，哪些主体具有隐私保护计划。

（3）上述隐私保护计划中有哪些关于车主或乘客数据的收集、使用、共享和存储的条款和说明。

（4）上述隐私计划向消费者披露了哪些内容。

（5）在车辆被出售、出租或租用，或者被新的车主或乘客使用之前，使用哪些方法可以从车辆内任何数据存储系统（关键安全或操作系统除外）中删除车主或乘客的信息。

（c）联邦贸易委员会执行——

违反（a）款应被视为《联邦贸易委员会法》第5条（a）（1）款中所指的不公平或欺诈的行为或做法（《美国法典》第15章第45条第（a）（1）款）。联邦贸易委员会应以同样的方式、手段、管辖、权利和义务来执行本条，如同《联邦贸易委员会法》中的所有适用条款和规定都被纳入成为该法案的一部分。

（d）生效期——本条款应自颁布之日起180日后生效，并仅适用于高度自动驾驶机动车或部分驾驶自动化机动车，或自本条生效后首次引入的自动驾驶系统。

第13章　定义

（a）《美国法典》第49卷的修正——

《美国法典》第49卷第30102条修正为——

（1）在（a）款中——

（A）将原（1）至（13）款重新指定为第（2），（3），（4），（5），（8），（9），（10），（11），（12），（13），（15），（16），和（17）款；

（B）在第（2）款（按照重新指定）之前插入下列内容：

"（1）"自动驾驶系统"是指能够持续地集体执行整个动态驾驶任务的硬件和软件，无论该系统是否限于特定的操作设计领域"；

（C）在第（5）款（按照重新指定）之后插入下列内容：

"（6）"动态驾驶任务"是指在道路交通中操作车辆所需的所有实时操作和策略功能，不包括行程规划、目的地和道路点的选择等战略功能，但包括——

"（A）通过转向装置控制车辆横向运动；

"（B）通过加速和减速控制车辆纵向运动；

"（C）通过对象和事件探测、识别、分类和响应准备来监控驾驶环境；

"（D）对象和事件响应执行；

"（E）机动规划；及

"（F）通过照明、信号和手势增加醒目性。

"（7）"高度自动驾驶机动车"——

“（A）指装备有自动驾驶系统的机动车辆；并且

“（B）不包括商业机动车辆（如第 31101 条中所定义）”；

（D）在第（13）款（按照重新指定）之后插入下列内容：

“（14）“操作设计领域”是指给定的驾驶自动化系统或其特征被设计为实现功能的特定条件”；及

（E）在结尾添加如下内容：

“（18）“部分驾驶自动化机动车”不包括商业机动车辆（如第 31101 条所定义）”；及

（2）在结尾添加如下内容：

“（c）某些定义的修订——

“（1）如果国际汽车工程师学会（或其继任组织）修改《操作规程建议报告 J3016》中（a）款的第（1），（6）或（14）中规定的任何术语的定义，应将该修改通知部长。部长应在联邦公告上发布通知，告知公众新的定义，除非在收到新定义的通知之日起 90 天内，且在对新定义公开征询意见后，通知国际汽车工程师学会（或其继任组织）该新定义不符合机动车辆的安全需要，或与本章的目的不符。如果部长如前所述通知国际汽车工程师学会（或其继任组织），则第（a）款中的现有定义继续有效。

“（2）如果部长没有拒绝第（1）款中所述的国际汽车工程师学会（或其继任组织）修改的定义，其应立即对必要的部长条例和标准作出符合条件的修正。修改后的定义应符合本章的目的。第 5 卷第 553 条中的要求不适用于上述任何修订。

“（3）根据第 5 卷第 553 条，部长可更新（a）款第（1），（6）或（14）中的任何定义，如果部长认定关于高度自动驾驶机动车的重大变化情况已经影响到机动车辆安全，那么定义需要更新以反映这种变化情况。”

（b）本法案中的定义——

如本法所用——

（1）“自动驾驶系统”一词具有《美国法典》第 49 卷第 30102 条第（a）款中该术语的含义，但须按照本条第（c）款对该术语定义作出修改；

（2）“高度自动驾驶机动车”一词具有《美国法典》第49卷第30102条第（a）款中该术语的含义，无需按照本条第（c）款对该术语定义作出修改；并且

（3）“部分驾驶自动化机动车”一词具有《美国法典》第49卷第30102条第（a）款中该术语的含义，无需按照本条第（c）款对该术语定义作出修改。

于2017年9月6日在众议院通过

证明：KAREN L. HAAS，书记员。

第二节　亚利桑那州[①]

修订《亚利桑那州修订法规》第28–101条、第28–661条、第28–662条、第28–663条、第28–664条、第28–665条、第28–666条、第28–907条、第28–909条、第28–941条、第28–956条、第28–957条、第28–957.01条、第28–966条、第28–2157条和第28–3315条；通过增加第31章修订《亚利桑那州修订法规》第28编；关于机动车辆。

由亚利桑那州立法机关颁布：

第1条　将《亚利桑那州修订法规》第28–101条修改为：

28–101. 定义

在本章中，除非上下文另有要求：

1.“酒精”是指任何含有任何形式酒精的物质，包括乙醇、甲醇、丙炔醇和异丙炔醇。

2.“酒精浓度”如果用百分比表示，是指：

（a）每百毫升血液中所含酒精的克数。

① 本节法案基于亚利桑那州于2021年3月通过的《自动驾驶（Autonomous Vehicles）修正法案》（Chapter 117，House Bill 2813）所翻译。由于亚利桑那州于2022年州立法会发布的法案（Chapter 256，Senate Bill 1333）修订了该修正法案所涉及的部分定义，本节将涉及修订的相关定义进行了相应更新。

（b）每 210 升呼吸中所含酒精的克数。

3.“全地形车辆”是指下列任何一种车辆：

（a）满足以下所有条件的机动车辆：

（i）主要用于非高速公路的全地形休闲出行。

（ii）宽度不超过 50 英寸。

（iii）空载重量不超过 1 200 磅。

（iv）使用三个或三个以上非高速公路轮胎出行。

（v）在公路上行驶。

（b）满足以下所有条件的休闲越野车辆：

（i）主要用于非高速公路的全地形休闲出行。

（ii）宽度不超过 80 英寸。

（iii）空载重量不超过 2 500 磅。

（iv）使用四个或四个以上非高速公路轮胎出行。

（v）使用方向盘控制方向。

（vi）有翻车保护结构。

（vii）有乘员保持系统。

4.“授权紧急车辆”是指下列任何一种车辆：

（a）消防队车辆。

（b）警车。

（c）经主管部门或地方当局指定或授权的市政部门或公共服务公司的救护车或紧急车辆。

（d）其他经主管部门全权授权并符合该部门所规定责任保险要求的救护车、消防车和救援车。

5.“摩托车”是指驾驶员与乘客乘坐在全封闭或者部分封闭的座位区域内，座位区域设有侧倾保持架，为每名乘员配备安全带，有防抱死制动装置，通过方向盘和踏板进行控制的三轮摩托车。

6.“自动驾驶系统”是指无论是否限于特定的操作设计领域，都能够共同持续执行全部动态驾驶任务的硬件与软件。

7.“汽车回收商”是指从事购买或收购机动车业务的经营者，其目的仅为拆解、销售或者以其他方式处理零部件或附件，并在一个日历年度内从 6 辆以上汽车上拆卸零部件进行转售。

8.“自动驾驶车辆”是指装有自动驾驶系统的机动车。

9.“航空燃料”是指为了有效和高效地操纵内燃机用于航空器，而专门制造和调配的，由特定的碳氢化合物的混合物组成的所有可燃液体，但不包括喷气飞机和涡轮驱动的航空器的燃料。

10.“自行车”是指以人力推动，人可以乘坐的装置，包括竞赛轮椅，并具有下列任一特征的装置：

（a）两个串联式车轮，且任一车轮直径大于16英寸。

（b）三个与地面接触的车轮，且任一车轮直径大于16英寸。

11.“委员会”是指交通委员会。

12.“公共汽车”是指设计用于运载包括驾驶员在内的十六名以上乘客的机动车辆。

13.“商业区”是指在公路沿线六百英尺范围内有商业或工业用建筑物，与公路毗连并包括公路的区域，包括酒店、银行或办公楼、火车站以及在公路的一侧至少占据300英尺临街面，或在公路两侧总共占据至少300英尺临街面的公共建筑等。

14.“所有权证书”是指在他州或外国法域签发的表明车辆所有权的纸质或电子记录。

15.“产权证书”是指由主管部门签发的表明车辆所有权的纸质文件或电子记录。

16.“车辆组合”是指货车或牵引拖拉机、半挂车及其所牵引的任何挂车，但不包括设计用于装卸货车、挂车或半挂车的叉车。

17.“受控物质”是指根据《受控物质法》(《美国法典》第21篇第802（6）节）第102（6）条分类的物质，包括《联邦法规》第21篇第1308部分附表一至附表五所列的所有物质。

18.“定罪”是指：

（a）原审法院或经授权的行政法庭对某人违反或不遵守法律作出的未撤销的有罪判决或裁定。

（b）对为保证个人出庭而缴存的保证金或者抵押物的未撤销的没收。

（c）法院采纳的认罪答辩或不抗辩。

（d）支付罚款或诉讼费用。

19.“县公路”是指县政府建设和养护的公路。

20.“交易人”是指从事机动车、挂车或半挂车买卖或交换业务，具有固定营业场所并且已经依照第 28–4302 条支付了费用的人。

21.“部门”是指直接或通过其正式授权的官员和代理人行事的交通部门。

22.“数字网络或软件应用程序”的含义与第 28–9551 条规定的含义相同。

23.“主任”是指交通部门的主任。

24.“驾驶”是指对机动车进行操作或实际的物理控制。

25.“驾驶员”是指驾驶车辆或实际控制车辆的人。

26.“驾驶执照”是指由州签发给个人并授权其驾驶机动车的执照。

27.“动态驾驶任务”：

（a）是指在道路交通中运行车辆所需的所有实时操作和战略功能。

（b）包括：

（i）通过转向控制车辆的横向运动。

（ii）通过加速和减速控制纵向运动。

（ii）通过对象和事件的检测、识别、分类和响应准备来监控驾驶环境。

（iv）对目标和事件进行响应。

（v）策略规划。

（vi）以灯光、信号、手势增强醒目性。

（c）不包括行程安排和目的地、航点选择等战略功能。

28.“电动自行车”是指脚踏板可操作，电动机功率不超过 750 瓦，并符合下列类别之一的自行车或三轮车：

（a）“第一类电动自行车”，是指装有电动机，仅在骑行时提供助力，行驶速度达到每小时 20 英里时停止提供助力的自行车或三轮车。

（b）“第二类电动自行车”是指装有可专门用于推动自行车或三轮车的电动机，行驶速度达到每小时 20 英里时不能提供助力的自行车或三轮车。

（c）“第三类电动自行车”是指装有电动机，仅在骑行时提供助力，行驶速度达到每小时 28 英里时停止提供助力的自行车或三轮车。

29.“电动微型滑板车”是指：

（a）重量不超过 30 磅。

（b）有两个或三个车轮。

（c）有把手。

（d）有供人在骑行时站立的地板。

（e）由电动机或人力提供动力，或两者同时提供动力。

（f）无论有无人推动，在铺设的水平路面上，最高速度不超过每小时 10 英里。

30.“电动个人辅助移动装置”指具有一个轮子或两个非串联车轮和一个电动推进系统的自我平衡装置，该装置的最大速度限制在每小时 15 英里或以下，并且只设计用于运送一个人。

31.“电动立式滑板车”：

（a）指一种装置：

（i）重量不到 75 磅。

（ii）有两个或三个车轮。

（iii）有把手。

（iv）有供人在骑行时站立的地板。

（v）由电动机或人力提供动力，或两者都提供动力。

（vi）在铺设的水平路面上，无论有无人推动，最高速度不超过每小时 20 英里。

（b）不包括电动微型滑板车。

32.“证据”包括以下两种：

（a）无线电通信设备上显示的主管部门签发的驾驶证、非经营性身份证、车辆登记卡或其他部门公务记录，用以提交给执法人员、法院或行政诉讼程序。

（b）根据第 28-364 条授权的电子或数字牌照。

33.“农场”是指主要用于农业生产的土地。

34.“农用拖拉机”是指主要作为农具设计和使用，用于牵引农具的机动车辆。

35.“外国车辆”是指非在正常业务过程中由制造商或经销商或通过制造商或经销商运入本州的、未在本州登记的机动车、拖车或半挂车。

36.“全自动驾驶车辆”是指配备 SAEJ3016 标准下四级或五级功能的自动驾驶系统，并且被设计为具有以下任一功能的自动驾驶车辆：

（a）完全使用自动驾驶系统。

（b）在自动驾驶系统没有启动时由人驾驶。

37.“高尔夫球车”是指不少于三个车轮与地面接触、空载重量小于 1 800 磅、其设计和运行时速不超过 25 英里、包括驾驶员在内载客人数不超过 4 人的机动车。

38.“危险品”是指美国交通部根据《联邦法规》第 49 篇确定的材料及其混合物或溶液，或根据《联邦法规》第 42 篇第 73 部分被列为选择性制剂或毒素的任何数量的材料，该材料在商业运输中能对健康、安全和财产构成不合理的风险，并且根据本法第 14 章规定的部门安全规则的要求，需要张贴标牌或标记。

39. “人类驾驶员”是指在车辆中实时执行全部或部分动态驾驶任务或使车辆达到最低风险状态的自然人。

40. “畜牧业工具”是指主要为农业目的而设计并专门用于农业作业的车辆，包括同时符合以下条件的自行式或其他方式的工具或车辆：

（a）仅用于农业目的，包括种植或采摘棉花、苜蓿、谷物和其他农作物。

（b）仅作为拖车或自动推进装置在公路上偶尔运行或移动。在本款中“在公路上偶尔运行或移动”，是指从同一农场的一部分到另一部分之间，从一个农场到另一个农场，或者农场到修理、供应或仓储场所之间的移动。

41. “高级轿车”是指为个人或一组乘客提供预先安排的地面运输服务的机动车，预先安排的地面运输服务是指提前安排或在常规路线上或在指定地点之间运行的，包括根据合同或协议有固定服务费率或固定服务时段，由包括驾驶员在内的载客量不超过 15 人的机动车提供的地面运输服务。

42. “运送车辆”是指满足以下条件的机动车：

（a）座位数包括驾驶员在内不超过 15 人。

（b）提供按照地区之间或者地区内统一费率或者统一小时费率确定票价的旅客服务。

（c）可被独家租用或以共同乘坐的方式租用。

（d）按照如下任一规定运行：

（i）在固定路线或指定地点之间运行。

（ii）按照第 28–141 条的规定提供预先安排的地面运输服务。

（iii）根据与公共机场、经许可的商业实体或组织签订的合同，按需提供地面运输服务。

43. “地方机关”是指根据本州宪法和法律对公路行使管辖权的任何县、市或其他地方委员会或机构。

44. “制造商”是指从事机动车、挂车或半挂车制造业务的人。

45. “最低风险状态”：

（a）是指当特定行程不能或不应完成时，为了降低撞车风险，人类驾驶员或自动驾驶系统可以将车辆达到的一种状态。

（b）包括使车辆完全停止。

46.“助力车”是指装有辅助电机的自行车，不包括电动自行车、电动微型踏板车或电动立式踏板车，前提是该车辆的最大活塞排量不超过50立方厘米，在坡度小于百分之一的平坦路面上制动马力不超过一点五马力、最大时速不超过25英里。

47.“摩托车”是指具有供骑车者使用的座位或鞍座，且设计为不超过三个车轮与地面接触的机动车辆，但不包括拖拉机、电动自行车、电动微型踏板车、电动立式踏板车和助力车。

48.“机动自行车”是指摩托车，包括所有马力不超过五马力的摩托车，但不包括电动自行车、电动微型踏板车或电动立式踏板车。

49.“机动四轮车”是指符合下列条件的自行式机动车：

（a）车辆由无排放的电动马达自行推进，并可包括由乘客操作的踏板。

（b）车辆至少有4个车轮与地面接触。

（c）车辆至少可坐8名乘客，其中包括驾驶员。

（d）车辆可以在平坦的路面上仅使用电动马达，而无需踏板或乘客的协助。

（e）车辆是第28–5201条中定义的商用机动车。

（f）车辆是在根据第28–9503条签发的车辆租赁公司许可证下经营的高级轿车。

（g）车辆是由根据本篇第10章获得许可的机动车制造商制造的。

（h）车辆分别符合《联邦法规》第49篇第571.3（b）款和第571.500条中关于低速车辆的定义和标准。

50.“机动车”：

（a）指下列之一：

（i）自推进式车辆。

（ii）根据有关征收机动车燃料税的法律，指在本州公路上行驶的以机动车燃料为动力的车辆。

（b）就本款而言，不包括报废车辆、个人传送装置、个人移动货物搬运装置、电动轮椅、电动个人辅助移动装置、电动自行车、电动微型踏板车、电动立式踏板车或电动滑板：

（i）“电动滑板”是指没有把手，有马达、可供人乘坐的甲板和至少两个与地面接触的串联车轮的自动推进装置。

（ii）“电动轮椅”是指供人移动的自行移动的轮椅。

51.“车用燃料”包括通常或商业上称为或者作为汽油销售的所有产品，包括套管头汽油、天然汽油和所有易燃液体，以及为有效和高效地操作内燃机而专门制造和调和的选定的碳氢化合物的混合物。车用燃料不包括专为赛车而制造的易燃液体，亦不包括为赛车场的赛车分配和使用的可燃液体，使用第28–5601条定义的燃料、航空燃料、喷气式飞机燃料或涡轮发动机驱动的飞机的燃料，或者在通过管道运输的两种不同物质的界面产生的俗称“混合燃料”的混合物。

52.“邻里电动班车”：

（a）指符合下列所有条件的自力推进式电动机动车：

（i）该车辆无排放。

（ii）该车辆至少有4个车轮与地面接触。

（iii）该车辆能够运送至少8名乘客，包括司机。

（iv）该车辆为第28–5201条定义的商业机动车。

（v）该车辆为第28–9501条定义的出租车辆，并根据第28–9503条颁发的出租车辆公司许可证营运。

（vi）该车辆符合《联邦法规》第49篇第571.3（b）款和第571.500条分别规定的低速车辆的定义和标准。

（b）包括符合本款（a）项所规定的标准，以及经过售后市场非制造商的改装，可运送包括司机在内的最多15名乘客的车辆。

53.“邻里电动汽车”是指符合下列所有条件的自力推进式电动机动车。

（a）该车辆无排放。

（b）该车辆至少有四个车轮与地面接触。

（c）该车辆符合联邦法律规定的低速车辆的定义和标准，除非适用于联邦法律规定的例外或豁免，分别规定于《联邦法规》第49篇第571.3（b）款和第571.500条。

54“邻里无人电动汽车”是指不为人类居住而设计、规划、销售的邻里电动汽车。

55.“非本地居民”是指不是第28–2001条规定的本州居民的人。

56.“越野休闲机动车辆”是指以休闲非公路全地形行驶为主要目的，并且不在公共公路上行驶的机动车辆。越野休闲机动车辆不是指用于建筑、采矿或农业的机动车辆。

57.“操作设计领域”：

（a）指特定自动驾驶系统被专门设计以发挥功能的操作环境。

（b）包括道路类型、速度范围、环境条件，如天气或一天中的时间和其他领域限制。

58.“驾驶员”是指驾驶机动车在公路上，对机动车进行实际物理控制的人或对被机动车牵引的车辆实施控制或者驾驶的人。

59.“车主”是指：

（a）拥有车辆合法所有权的人。

（b）如果车辆是附条件出售或租赁协议的标的，有权在履行协议规定的条件时购买，财产权立即归属附条件的买受人或承租人，则为附条件的买受人或承租人。

（c）如果车辆抵押人有权占有该车辆，则为抵押人。

60.“行人”是指任何步行的人。使用电动个人辅助移动装置或手动或电动轮椅的人被视为行人，除非该手动轮椅符合自行车的条件。本款中，“电动轮椅”是指人移动时使用的自动推进轮椅。

61.“个人传送装置”：

（a）指同时具有以下两种情况的装置：

（i）为在第28–1225条所述地区运输货物和商品而制造的。

（ii）配备自动驾驶技术，包括软件和硬件，能够在人类的远程支持和监督下操作该设备。

（b）不包括个人移动货物装载装置。

62.“个人移动货物装载装置”是指具有以下特征的电子动力装置：

（a）主要在人行道和人行横道内运行，其目的是运输财产。

（b）重量小于80磅，不包括货物。

（c）最高运行速度不超过每小时12英里。

（d）配备了在财产所有者的主动监测下运输个人财产的技术，主要设计为停留在财产所有者二十五英尺的范围以内。

（e）配备了制动系统，当启动或接合时，可使个人移动货物装载装置处于受控的状态停止。

63.“动力清扫装置”是指仅在街道或公路上偶尔操作或移动的工具，设计用于通过扫帚、真空或再生空气系统从沥青混凝土或水泥混凝土表面（包括停车场、公路、街道和仓库）清除杂物、污物、碎石、垃圾或沙子的有动力或无动力的装置，以及永久安装该装置的车辆。

64.“公共交通”是指在乘客个人付费的基础上，通过交通工具在预定路线上运送旅客的运输，不包括观光车、校车、出租车以及非预定路线营运的车辆的运输。

65.“改装车辆”是指主要使用来自各种名称、型号和类型的车辆或车辆组件的新的或已使用过的车辆关键零部件组装或制造的车辆，或如果最初是用其他方法制造的，但由于拆除了车辆关键零部件或增加、替换了新的或已使用过的车辆关键零部件而发生实质性改变的车辆。本款所称“关键零部件”是指车辆整体或车身零件，其拆除、改变或替换将会掩盖车辆的特征或使车辆外观发生实质性改变。

66.“居住区”是指与不包括商业区的公路相连并包括该公路的区域，前提是公路上三百英尺或以上的财产总体上是住宅或用于商业的住宅和建筑物。

67. 在公路交通活动管制范围内使用“路权”（right-of-way）是指直接使用该公路的特权。在建造或维护交通工具及其附属设施的不动产范围内使用路权，是指通行权界线范围内的土地或土地权益。

68.“SAEJ3016”是指国际自动机工程师学会于 2018 年 6 月发布的路面运输推荐规范 J3016《道路机动车辆驾驶自动化系统相关术语分类和定义》。

69.“校车”是指符合下列条件之一、可载客十人以上的机动车：

（a）公共、政府机构或其他机构所有，用于定期接送儿童上下学。

（b）私人所有和经营，以获得定期接送儿童上下学的报酬。

70.“废金属经销商”具有第 44-1641 条中规定的相同含义。

71.“报废汽车”具有第 44-1641 条中规定的相同含义。

72.“半挂车”（Single-axle tow dolly）是指除杆架挂车、单轴牵引车以外的有动力或者无动力的车辆，设计用于载运人员或者财产，由机动车牵引，其构造使其部分重量和部分载荷依靠在另一车辆上或者由另一车辆承载。就本款而言，“杆架挂车”具有第 28-601 条中规定的相同含义。

73.“单轴牵引车”，是指由机动车牵引，专门用于运输其他机动车，被牵引机动车的前轮或者后轮安装在牵引车上，且被牵引机动车的其他车轮与地面保持接触的非车辆装置。

74.“州”是指美国的一个州和哥伦比亚特区。

75.“国道”是指被委员会接受并指定为国道并由国家维护的国道或者国道的部分。

76.“州际公路”是指无论是否实际作为国道使用，由委员会指定为修建国道地点的路权。

77.“街道”或“道路”是指开放给公众供机动车通行的路段，在每条道路两侧边界线之间的全部宽度。

78.“出租汽车”是指包括司机在内载客人数不超过 15 人，提供载客服务并符合下列条件的机动车：

（a）主要不在常规航线或者规定地点之间运营。

（b）提供当地交通服务，票价根据行驶距离确定；或根据第 28–141 条的规定提供预先安排的地面交通服务，票价预先确定。

79.“产权转移表”是指主管部门规定的将产权证书从一位所有人转移给另一位所有人的纸质或电子形式表格。

80.“驾校”是指根据本法第 8 章第 7.1 条获得许可的学校，其提供的教育课程旨在提高驾驶员的安全性和习惯，并应获得部门的批准。

81.“挂车”是指电杆挂车、单轴牵引车以外的有动力或者无动力，设计用于载运人员或者财产，由机动车牵引并且其构造不会使其任何部分的重量落在牵引车上的车辆。装有辅助前轴（通常称为小车）的半挂车被视为挂车。就本款而言，“杆架挂车”具有第 28–601 条规定的含义。

82.“运输网络公司”具有第 28–9551 条规定的相同含义。

83.“交通运输网公司车辆”具有第 28–9551 条规定的相同含义。

84.“运输网服务”具有第 28–9551 条规定的相同含义。

85.“货车”是指主要设计或用于载运除驾驶员和乘客本身以外的财产的机动车辆，包括加装了箱体、平台或者其他载运设备的机动车辆。

86.“牵引拖拉机”是指以牵引其他车辆为主要目的，其结构不用于承载除车辆部分自重和牵引载物以外的其他载荷的机动车。

87.“车辆”：

（a）是指在公路上运送或可能用来运送或牵引人员或者财产的装置。

（b）但不包括：

（i）电动自行车、电动微型踏板车、电动立式踏板车和人力移动的装置。

（ii）专用于固定轨道或轨道上的装置。

（iii）个人传送装置。

（iv）报废车辆。

（v）个人移动货物装载装置。

88.“车辆运输车”是指：

（a）能够承载货物并牵引半挂车的牵引车。

（b）具有一个推力操纵的第五轮的牵引车，能够承载货物并牵引半挂车，或具有一辆安装第五个轮子的小车的牵引车，该第五轮在两个或多个点牢固地固定在牵引车上，并能够承载货物并牵引半挂车。

第 2 条 将《亚利桑那州修订法规》第 28–661 条修改为：

28–661. 涉及死亡或人身伤害的事故；自动驾驶车辆；邻里无人电动汽车；不停车；违章；分类；吊销驾驶执照；限制驾驶特权；酒精或其他药物筛查

A. 在公共或私人财产上发生事故导致人身伤亡的驾驶人员应当：

1. 在事故现场立即停车或者在尽可能靠近事故现场的位置立即停车并立即返回事故现场。

2. 待在事故现场，直至驾驶员满足第 28–663 条的要求。

B. 如果本条 A 款所述的车辆是无人驾驶的全自动驾驶车辆或邻里无人电动汽车，如果全自动驾驶车辆或邻里无人电动汽车停在事故现场，或者停在尽可能靠近事故现场的位置并且保持停在该位置，直到第 28–663 条的要求得到满足，则满足本条的要求。

C. 如果驾驶员卷入了第 13–105 条中定义的导致死亡或严重身体伤害的事故，并且未能停车或遵守第 28–663 条的要求，则该驾驶员将被判 3 级重罪，但如果驾驶员造成了事故，则该驾驶员将被判 2 级重罪。

D. 司机在事故中造成除 13–105 条规定的死亡或者严重的身体伤害以外的伤害，并且没有停车或者不遵守第 28–663 条的要求，将被判五级重罪。

E. 任何人根据本条被定罪而被判处的刑罚，须与该人因与事故有关的任何其他定罪而被判处的其他罪名的刑罚的连续计算并适用。

F. 根据本条 C 款定罪的人，主管机关应吊销其驾驶执照或许可证和任何非居民营运特权，具体如下：

1. 造成严重身体伤害的事故，五年，不包括被监禁的时间。

2. 造成死亡的事故，十年，不包括被监禁的时间。

G. 本条 F 款第 2 款规定的吊销期开始后五年或五年以上（不包括该人被监禁的时间），当事人可向主管机关申请受限的驾驶特权。如果主管机关符合以下两项条件，主管机关可根据第 28–144 条的规定授予受限的驾驶特权：

1. 在被吊销驾驶特权期间，未因驾驶机动车辆有罪。

2. 已依照法院命令支付了全部赔偿金。

H. 主管机关应吊销根据本条 D 款定罪的人的驾驶执照或许可证和任何非居民营运特权，吊销期为三年。

I. 如果法院在证据确凿的情况下认定该人使用致醉酒类、第 13–3401 条所列任何药物、含有有毒物质的蒸汽释放物质或任何酒、药物或蒸汽释放物质的组合是导致事故的因素，法院应命令此人完成酒精或其他药物检查。

第 3 条　将《亚利桑那州修订法规》第 28–662 条修改为：

28–662. 车辆损坏事故；不停车事故；自动驾驶汽车；邻里无人电动汽车；违章；分类；吊销机动车驾驶证；酒精或其他药物筛查

A. 在公共或私人财产上仅造成由人驾驶或看管的车辆损毁事故的车辆驾驶员应当遵守以下规定：

1. 在事故现场立即停车，或者在尽可能靠近事故现场的位置立即停车，并立即返回现场。

2. 在事故现场停留，直至驾驶员满足第 28–663 条的要求。

3. 除必要外，在不妨碍交通的情况下停车。

B. 如果本条 A 款所述的第一辆车辆是无人驾驶的全自动驾驶车辆或邻里无人电动汽车，则该全自动驾驶车辆或邻里无人电动汽车满足本条要求的前提是：

1. 该车辆立即停在事故现场或尽可能靠近事故现场的位置。

2. 保持车辆停在现场或尽可能靠近现场的位置，直到第 28–663 条的要求得到满足。

3. 除必要外，在不妨碍交通的情况下停车。

C. 任何人没有停车或遵守本条，将被判 1 级轻罪。

D. 法院可命令主管部门将根据本条被定罪的人的驾驶执照或许可证及任何非居民经营特权吊销一年。如果存在合理怀疑，认为该人使用致醉酒类、第 13–3401 条中列出的任何药物、含有有毒物质的蒸汽释放物质或任何酒、药物或蒸汽释放物质的组合是导致事故的因素，作为恢复执照的条件，主管部门可以要求此人完成酒精或其他药物筛查。

第 4 条　将《亚利桑那州修订法规》第 28–663 条修改为：

28–663. 提供信息和协助的义务；自动驾驶车辆；邻里无人电动汽车；违章；

分类；酒精或其他药物筛查

A. 在公共或私人财产上发生事故导致人身伤亡或者由人驾驶、看管的车辆毁损的，驾驶员应当：

1. 提供驾驶员的姓名、住址，以及所驾驶车辆的机动车登记号码。

2. 应要求，向被碰撞的人或被碰撞车辆的驾驶员、乘车人、看管人员出示其驾驶证。

3. 对在事故中受伤的人员给予合理的帮助，包括在明显需要治疗或伤者提出要求时，安排将其运送到内科医生、外科医生或者医院接受内科或者外科治疗。

B. 如果本条 A 款所述的第一辆车辆是无人驾驶的全自动驾驶车辆或邻里无人电动汽车，在同时符合以下两个条件时，即满足本条的要求：

1. 车主或代表车主的人员立即联系执法机构以报告事故，或者全自动驾驶汽车或邻里无人电动汽车向执法机构发出了事故警报。

2. 车主、代表车主的人员、全自动驾驶汽车或邻里无人电动汽车将车主的姓名、地址和机动车登记号码提供给以下任何一方：

（a）被车辆撞到的人员。

（b）事故车辆的乘车人或看管人员。

C. 不遵守本条 A 款第 1 款或第 2 款规定的人，将被判 1 级轻罪。

D. 任何人不遵守本条 A 款第 3 款的规定，将被判 6 级重罪。如果法院在证据确凿的情况下认定该人使用致醉酒类、第 13–3401 条所列任何药物、含有有毒物质的蒸汽释放物质或任何酒、药物或蒸汽释放物质的组合是导致事故的因素，法院应命令此人完成酒精或其他药物筛查。

第 5 条　将《亚利桑那州修订法规》第 28–664 条修改为：

28–664. 撞击无人看管车辆的责任；自动驾驶汽车；邻里无人电动汽车；违章；分类

A. 在公共或私人财产上与无人看管的车辆相撞的车辆的驾驶员应立即：

1. 停车。

2. 采取以下任一做法：

（a）查找并通知该车辆的经营者或车主，告知与无人看管的车辆相撞的车辆的驾驶员和车主的姓名和地址。

（b）在被撞车辆的醒目位置，留下一份书面通知，写明造成碰撞的车辆的驾驶员和车主的姓名和地址。

B. 如果本条 A 款所述的第一辆车辆是无人驾驶的全自动驾驶车辆或邻里无人电动汽车，该全自动驾驶车辆或邻里无人电动汽车立即停车，并且车辆所有人或车主的代表提供了本条 A 款第 2 款规定的通知，则满足本条的要求。

C. 违反本条规定的人将被判 1 级轻罪。

第 6 条　将《亚利桑那州修订法规》第 28–665 条修改为：

28–665. 公路上的固定装置碰撞事故；自动驾驶车辆；邻里无人电动汽车；违章；分类

A. 事故仅造成公路上或公路上的固定装置或其他合法财产损坏的车辆驾驶员应：

1. 采取合理步骤查找并通知财产所有者或财产负责人：

（a）事故的事实。

（b）驾驶员的姓名和地址。

（c）驾驶员驾驶的机动车登记号码。

2. 应要求，出示驾驶员的驾驶证。

B. 如果本条 A 款所述车辆是无人驾驶的全自动驾驶车辆或邻里无人电动汽车，车主或其代表采取合理步骤通知财产所有者或财产负责人以下所有事项，则满足本条的要求：

1. 事故的事实。

2. 车主的姓名和地址。

3. 机动车登记号码。

C. 违反本条规定的人将被判 1 级轻罪。

第 7 条　将《亚利桑那州修订法规》第 28–666 条修改为：

28–666. 车辆事故通知；自动驾驶汽车；邻里无人电动汽车

A. 涉及造成人员伤亡事故的车辆的驾驶员应立即以最快的口头或书面通讯方式将有关意外通知下列任何一方：

1. 如果事故发生在市内，则为当地警察局。

2. 县警长的办公室。

3. 最近的公路巡逻队办公室。

B. 如果本条A款所述车辆是无人驾驶的全自动驾驶车辆或邻里无人电动汽车，本条所述的通知可由车主或代表车主的人提供。

第8条 《亚利桑那州修订法规》第28-907条修改为：

28-907. 儿童约束装置；民事处罚；豁免；通知；儿童约束基金；定义

A. 除本条H款另有规定外，任何人在本州公路上运送五岁以下儿童时不得驾驶机动车辆，除非该儿童被适当地固定在儿童约束装置中。

B. 载客10人或10人以下、1972年及以后制造的型号、根据《联邦法规》第49篇第571.208条规定的联邦机动车辆安全标准需要配备集成式腰部和肩部安全带或腰部安全带的机动车辆，其运营人应要求每名5岁以上、8岁以下，身高不超过4英尺9英寸的乘客被固定在儿童约束装置中。

C. 主管部门应根据《联邦法规》第49篇第571.213条的规定，采用本条规定的用于机动车的儿童约束装置的性能、设计和安装标准。

D. 违反本条的个人应处以50美元的民事罚款，除非该个人充分证明该机动车辆后来已安装了符合根据本条C款采用的标准的儿童约束装置，则不会被处以民事罚款。充分的证明可包括邮寄给相关法院官员的收据，证明购买或获得了儿童约束装置。执行和收取民事罚款的法院应根据第35-146条和第35-147条，将上述款项，不包括根据第12-116.01和12-116.02条征收的任何附加费，存入儿童约束基金。

E. 如果执法人员因车辆明显违反本条规定而拦下该车辆，执法人员应向驾驶员确定车内儿童的年龄和身高，以评估车内儿童是否应使用儿童约束装置。

F. 如果向警察提供的信息表明未违反本条规定，除非有其他违法行为，警察不得继续扣留车辆。因明显或实际违反本条规定而拦截车辆，不是搜查或扣押该车辆的可能原因，除非可能有其他违法行为。

G. 本条的要求或违反本条的证据，除在违反本条的司法诉讼中，不得作为证据接受。

H. 本条不适用于下列任何情况：

1. 驾驶最初制造时即缺少乘客约束装置的机动车辆的人。

2. 驾驶如41-4001条所定义的休闲机动车辆的人。

3. 驾驶商用机动车辆并持有根据本编第8章核发的现行商用驾驶执照的人。

4. 在紧急情况下必须运送儿童以获得必要医疗服务的人。

5. 驾驶一辆经授权的紧急车辆运送儿童接受医疗护理的人。

6. 使用一辆机动车辆运送一名以上八岁以下儿童的人，由于乘客区面积有限，无法为规定数量的儿童约束装置提供足够的面积，但必须满足以下两个条件：

（a）至少有一名儿童按本条的要求被约束或乘坐。

（b）考虑到乘客区域的大小和车辆载客人数，该人已根据本条规定，确保了合理情况下尽可能多的其他儿童被安置在儿童约束装置内。

I. 新生儿出院前，医院应当会同主诊医生向其父母提供本条的复印件，并提供出生社区可供使用的儿童约束装置租借或租赁项目的信息。

J. 设立儿童约束基金。该基金由依据本条规定交存的各项民事罚款和社会公众捐赠的款项构成。该基金由儿童安全部门管理。

K. 儿童安全部门应当从基金存入的金额中购买符合本条要求的儿童约束装置。责任机构要求安装儿童约束装置的，在具备条件的情况下，儿童安全部门应当向提出要求的责任机构发放。

L. 当一个人向责任机构提出申请，责任机构认定申请人因贫困无法获得儿童约束装置的，只要申请人需要运送属于本条规定的儿童，责任机构应当根据供应情况，免费借给申请人一个儿童约束装置。

M. 儿童约束基金中的金额不得超过 20 000 美元。所有超过 20 000 美元限额的款项应存入亚利桑那州公路用户收入基金，该基金根据第 28–6533 条设立。

N. 如果在启用自动驾驶系统状态的全自动驾驶车辆上发生违反本条 A 款规定的情况，该车辆上儿童的父母或监护人或其他陪同儿童的成年人可能会收到传票。

O. 在本条中：

1. “儿童约束装置”是指《联邦法规》第 49 篇第 571.213 条中定义的附加儿童约束装置、内置儿童约束装置、工厂安装的内置儿童约束装置、儿童转身约束装置或增高座椅。

2. “贫困的人”是指根据第 36–2901.01 条被定义为有资格的人。

3. “责任机构”是指有执照的医院、为家庭暴力受害者提供庇护服务的公共或私营机构、为无家可归者提供庇护服务的公共或私营机构、保健诊所。

第 9 条 《亚利桑那州修订法规》第 28–909 条修改为：

28–909. 要求的车辆束缚；例外；民事处罚

A. 用于运载10名或10名以下乘客的机动车，如果是在1972年及以后的型号中制造的，并且根据《联邦法规》第49篇第571.208条规定的联邦机动车辆安全标准，需要配备集成式腰部和肩部安全带或腰部安全带的，其前排座位上的每个乘员都应：

1. 车辆行驶时，适当调整和系紧腰部和肩部安全带。

2. 如果在乘客乘坐的位置只安装了一条腰部安全带，在车辆行驶时，适当调整和系紧腰部安全带。

B. 用于运载10名或10名以下乘客的机动车，如果是在1972年及以后的型号中制造的，并且根据《联邦法规》第49篇第571.208条规定的联邦机动车辆安全标准，需要配备集成式腰部和肩部安全带或腰部安全带的，其操作者应要求所有16岁以下的乘客：

1. 车辆行驶时，适当调整和系紧腰部和肩部安全带。

2. 如果在乘客乘坐的位置只安装了一条腰部安全带，在车辆行驶时，适当调整和系紧腰部安全带。

C. 治安官不得因在本州公路上驾驶机动车辆的人违反本条规定而实施拦截或发出传票，除非治安官有合理理由相信另有违反本州机动车辆法的行为。

D. 如果一个人根据本条规定被认定负有民事交通违法行为的责任，在决定该人是否应扣留或吊销该人的驾驶执照时，本州任何部门或机构不应考虑此种违法行为。法院不得将违反本条规定的记录摘要送交主管部门。

E. 保险人在确定机动车责任保险费率或确定该人的可保性时，不得将本条规定的民事交通违法行为视为该人的交通违法行为。保险人不得因此而取消或者拒绝续保。

F. 本条不适用于：

1. 符合第28–907条要求的儿童。

2. 持有医师或注册执业护士出具的书面声明，表明该人因医学或心理原因不能佩戴腰部和肩部安全带或安全带。

3. 美国邮政部门的信件承运人在履行信件承运人职责时。

G. 如某人被裁定对本条规定的民事交通违法行为负责，该人将被处以每次最多10美元的民事罚款。

H. 未满16周岁的乘客的父母或监护人，或陪同未满16周岁乘客的其他成年人，如果违反本条B款规定，并且发生在自动驾驶系统处于运行状态的全自动驾驶车辆上，其父母或监护人可能会收到传票。

第10条　将《亚利桑那州修订法规》第28–941条修改为：

28–941. 多光束道路照明设备配置。

除本条另有规定外，机动自行车以外的其他机动车的前照灯、辅助驾驶灯、辅助通行灯或者前照灯、行驶灯、通行灯的组合，其配置应能在投射到不同仰角的灯光分布之间作出选择，但应当符合下列要求和限制：

1. 应当有一个灯光或合成光束的最高分布区，其瞄准方式及强度足以在任何装载情况下照射到前方至少350英尺的人员和车辆。

2. 应当有一个灯光或合成光束的最低分布区，其瞄准方式及强度足以照射到前方至少100英尺的人员和车辆。在任何装载条件下，光束的高强度部分不应当射到驶近的驾驶员的眼睛。

3. 在本州注册并具有多光束道路照明设备的新机动车，除机动自行车或不能由人驾驶的完全自动驾驶车辆外，应当安装如下光束指示器：

（a）使用前照灯的最高光线分布区时亮灯，不使用时不亮。

（b）其设计和位置使其在亮灯时易被车辆的驾驶员看到，不会产生眩光。

4. 任何人在驾驶机动车时，不得在前照灯、辅助驾驶灯、辅助通行灯或者前照灯、行驶灯、通行灯的组合上或前方安装、粘贴或使用有色的透明或半透明物质或材料，妨碍、降低或干扰前照灯的能见度或效果，或改变发出的光的颜色。本款不禁止在前照灯、雾灯或辅助驾驶灯前安装透明材料。

第11条　将《亚利桑那州修订法规》第28–956条修改为：

28–956. 镜面；例外

如果机动车的构造或装载方式妨碍驾驶员从驾驶位置看到车辆尾部，则应安装两面镜子，其位置应能向驾驶员反映出距车辆尾部至少200英尺范围内的公路情况。本款不适用于不能由人驾驶的完全自动驾驶车辆。

第12条 《亚利桑那州修订法规》第28–957条修改为：

28–957. 要求的雨刷；例外

A. 机动车的挡风玻璃上应配备清除挡风玻璃上的雨、雪或其他水分的装置。该装置的构造应能由车辆驾驶员控制或操作。

B. 机动车上的雨刷应保持良好的工作状态。

C. 本款不适用于高尔夫球车或不能由人驾驶的完全自动驾驶车辆。

第 13 条 《亚利桑那州修订法规》第 28–957.01 条修订为：

28–957.01. 所需的挡风玻璃

A. 下列车辆应配备适当的挡风玻璃：

1. 乘用车，但 1998 年 6 月 17 日前制造或改装的摩托车、全地形车、高尔夫球车除外。

2. 货车或牵引拖拉机，但消防车或其他消防设备除外，无论是公有还是私有的。

B. 本条不适用于下列任何一项：

1. 畜牧业工具。

2. 最初没有安装挡风玻璃古旧的、传统的或无马的马车。

3. 不能由人驾驶的完全自动驾驶车辆。

第 14 条 将《亚利桑那州修订法规》第 28–966 条修改为：

28–966. 邻里电动汽车；邻里电动班车；机动四轮车；速度；限制；例外；邻里无人电动汽车；定义

A. 邻里电动汽车及邻里电动班车的运行速度不得超过每小时 25 英里。机动四轮自行车的运行速度不得超过每小时 15 英里。

B. 邻里电动汽车及邻里电动班车和机动四轮车不得在标示时速超过每小时 35 英里的公路上行驶。本款并不禁止邻里电动汽车、邻里电动班车或机动四轮车在十字路口横穿标示时速超过每小时 35 英里的公路。

C. 邻里电动汽车和机动四轮车应在驾驶者视线范围内有永久附着或喷漆于车辆的适用于该车辆的操作限制通知。本款不适用于不能由人驾驶的完全自动驾驶车辆。

D. 尽管有本条 B 款的规定，邻里无人电动汽车可以在标示限速为每小时 45 英里或更低的公路上行驶。本款并不禁止邻里无人电动汽车在十字路口横穿标示限速为每小时 45 英里以上的公路。

E. 在标示限速超过每小时 35 英里但不超过每小时 45 英里的公路上行驶时，邻里无人电动汽车须遵守以下限制：

1. 邻里无人电动汽车必须在右侧行驶车道上行驶，或尽可能靠近右侧路缘或公路边缘行驶，准备左转的情况除外。

2. 在有两条行车道的公路上，在可行且安全的情况下，若由于相反方向的交通或其他情况车辆无法安全通过，且邻里无人电动汽车后面紧接有五辆或更多车辆时，邻里无人电动汽车必须尽快将转向路边并受控停车，以便允许更快行驶的车辆通过。

3. 邻里无人电动汽车必须标示慢速行驶的车辆标志，该标志应符合以下条件：

（a）具有反光表面，在白天和夜间从标准汽车头灯的光线下至少 500 英尺处清晰可见。

（b）底部朝下安装在车辆尾部，高度不影响标志的可见度。

（c）保持干净和反光的状态。

4. 邻里无人电动汽车不得在主管或地方当局在其各自管辖范围内根据第 28–704 条 B 款确定并宣布最低限速超过每小时 25 英里的公路上运行。本款并不禁止邻里无人电动汽车在十字路口穿越此类公路。

5. 在公共机场航站楼范围内的道路上，不得驾驶邻里无人电动汽车，若没有公共机场所有者的明确许可，亦不得在公共机场内驾驶。

6. 邻里无人电动汽车不得运输受 1994 年危险材料运输授权法（《美国法典》第 49 编第 5101–5128 条，P.L. 103–311; 108 Stat. 1673）管制的危险材料，并且必须根据《联邦法规》第 49 篇第 172.500 条至第 172.560 条进行标牌标识。

F. 邻里无人电动汽车须遵守本法第 32 章的要求。

G. 在本条中，“公路”是指街道或道路。

第 15 条　将《亚利桑那州修订法规》第 28–2157 条修改为：

28–2157. 登记申请；例外

A. 机动车、挂车、半挂车应当按照主管部门规定或认可的格式向该部门申请登记。

B. 申请应包括：

1. 车主的名称和详细的住所地址。

2. 车辆的说明，包括序列号。

3. 如为新车，制造商或经销商销售给首次操作车辆者的日期。

4. 如车主在没有驾驶员的情况下租用或拟租用车辆，需要说明这一事实。

5. 该部门要求的其他事实。

C. 登记人员应在登记申请书的正面注明，根据第 49–542 条，登记人可能需要接受机动车排放测试要求。

D. 应申请人的要求，机动车、挂车、半挂车注册登记时，该部门应当允许申请人提供其经常使用的、位于其所居住县的邮政信箱地址。

E. 申请人应在申请书中附上所需费用及申请登记的车辆的所有权证书。如果车辆登记人员有齐全和充分的记录来准确计算车辆牌照税税额，在申请换证时可不要求申请人提供权属证书。

F. 该部门可要求亲自到场登记机动车、挂车或半挂车的申请人圆满完成该部门规定的视力筛查测试。

G. 申请邻里电动汽车或机动四轮车初始登记的人，须以书面证明第 28–966 条所规定的适用于该车辆的操作限制的通知已被永久性附着或喷涂于该车辆上，且位于驾驶者能清楚看到的位置。本款不适用于不能由人驾驶的完全自动驾驶汽车。

第 16 条 《亚利桑那州修正法规》第 28–3315 条修订为：

28–3315. 暂停、吊销或取消资格的期间；无照驾驶人；定义

A. 除本条 E 款和第 28–3312 条、第 28–3319 条和第 28–3320 条允许的情况外，主管部门不得暂停、吊销或取消驾驶执照或在公共公路上驾驶机动车的特权超过一年，从本章规定必须吊销、暂停或取消的人的定罪或判决（如有）之日起算，如果不涉及定罪，则从根据第 28–3318 条发出的通知之日起算。

B. 被吊销机动车驾驶执照或者吊销机动车驾驶特权的人，在吊销的事由消除后或者吊销期限届满后，可以依法申请恢复其机动车驾驶执照。主管部门在审查申请人在本州或其他州的驾驶记录或其他充分的证据后，能够确认下列情形的，可以恢复其机动车驾驶证：

1. 所有的撤回行为均已完成。

2. 申请人在申请前12个月内未因交通违法行为被定罪或者追究责任。

3. 具备其他法定条件。

C. 主管机关在本条B款规定的12个月期满后方可受理恢复驾驶执照的申请。

D. 恢复因涉及酒类或者其他药物被吊销机动车驾驶证的人的机动车驾驶证或者驾驶特权的，有关部门可以采纳医师、心理学家、医师助理、注册执业护士或者药物滥用咨询师在过去12个月内作出的，表明医师、心理学家、医师助理、注册执业护士或者药物滥用咨询师认为该情况不影响或者损害其安全驾驶机动车的能力的鉴定。主管机关根据本条规定恢复机动车驾驶执照或者驾驶特权时，可以凭借医师、心理学家、医师助理、注册执业护士或者药物滥用咨询师的意见。

E. 尽管有本条A款和B款的规定：

1. 按照第28–3304条第A款第1款或第11款被吊销驾驶执照或特权的个人，在三年内无权获得续期或恢复其机动车驾驶执照或特权。

2. 按照第13–1209条被吊销驾驶执照或驾驶特权的人，在法院命令的期间内，无权获得续期或恢复其机动车驾驶执照或特权。

3. 若执照、许可证或驾驶特权依照第28–661条F款被吊销，除非第28–661条F和G款另有规定，该执照、许可证或特权不得被续期或恢复。

4. 执照、许可证或驾驶特权按照第28–661条H款被吊销的个人，三年内无权获得续期或恢复其执照、许可证或特权。

F. 无证驾驶人有依法应当被暂停、吊销或者取消驾驶资格情形的，在适用于持证驾驶人的同等期限内不予受理其机动车驾驶证申请。有依法可以吊销机动车驾驶证的行为，无证驾驶人申请机动车驾驶证的，不予受理。除非申请表中有医师、心理学家、医师助理、注册执业护士、药物滥用咨询师对其生活习惯、驾驶能力等方面的鉴定，且评估者认为准予其在高速公路上驾驶机动车是安全的。

G. 一个人的执照在被暂停、撤销或取消资格期间到期，不能使暂停、撤销或取消资格失效或终止。

H. 根据第28–3306条A款第5款或第28–3314条被吊销在公共公路上驾驶机动车执照或特权的人，在吊销的原因消除后或法律规定的吊销期限届满后，如同时符合下列两个条件，可以依法申请新的执照：

1. 主管部门在审查其身体状况和驾驶能力后，认为授予其在公共公路上驾驶机动车的特权是安全的。

2. 当事人的身体状况涉及酒精或其他药物，该部门可以接受医师、心理学家、医师助理、注册执业护士、药物滥用咨询师认为该状况不影响或损害其安全驾驶机动车的能力的评估表。

I. 在本条中：

1. “医师”指根据第32卷第13章、第17章或第29章获得执照的医师。

2. “医师助理”指根据第32卷第25章获得执照的医师助理。

3. “心理学家”指根据第32卷第19.1章获得执照的心理学家。

4. “注册执业护士”：指根据第32卷第15章规定取得执业资格的注册护士。

5. “药物滥用咨询师”与第28–3005条规定的含义相同。

第17条 将《亚利桑那州修订法规》第28编通过增加第31章进行修订：

第三十一章 自动驾驶机动车

第一条 总则

28–9601. 定义

在本章中，除上下文另有解释的以外：

1. “按需自动驾驶车辆网络”：指利用数字网络或软件应用程序，将乘客连接到全自动驾驶车辆上的专门的或附加于其他车辆的客运网络，包括出租运输和有偿运输。

2. “干预请求”：指自动驾驶系统向人类驾驶员发出的通知，驾驶员应该立即开始或恢复执行部分或全部动态驾驶任务。

28–9602. 自动驾驶车辆的驾驶

A. 除非本章另有规定，无论是否有人驾驶，自动驾驶车辆都必须遵守所有适用的联邦或州的法律。

B. 任何人可以在本州公共道路上使用自动驾驶系统操作自动驾驶车辆，并有一个能够恢复部分或全部动态驾驶任务或响应干预请求（如有）的持证驾驶员。

C. 全自动驾驶车辆只有在以下两项材料均提交时才能在无人驾驶的状态下在公共道路上运行：

1. 在开始运行之前，或者如果已经开始运行，则在本条生效后60天内，向交通部和公共安全部提交执法互动计划，该计划与公共安全部 2018 年 5 月 14 日发布的执法协议中的所有内容相一致，并涉及该协议的所有内容。

2. 向交通部门确认以下内容的书面声明：

（A）当联邦法律有要求时，全自动驾驶车辆应配备符合所有适用联邦法律和联邦机动车辆安全标准的自动驾驶系统，并带有必要的认证标签，包括国家公路交通安全管理局根据适用的联邦法律授予的任何豁免。

（B）如果自动驾驶系统发生故障，导致该系统无法完成与其预期运行设计域相关的全部动态驾驶任务，全自动驾驶车辆将达到最低风险状态。

（C）全自动驾驶车辆能够遵守本州所有适用的交通和机动车安全法律，如果该车辆不遵守交通或机动车法律，为全自动驾驶车辆提交书面声明的主体可能会获得交通处罚或其他适用的处罚。

（D）全自动驾驶汽车符合本编所有适用的所有权证书、登记、牌照和保险要求。

D. 如果当事人未能提交本条 C 款规定的执法互动计划或声明，在当事人提交执法互动计划及声明之前，该部门可立即发出禁止全自动驾驶汽车在本州公共道路上行驶的停止函。

E. 当自动驾驶系统投入使用时，自动驾驶系统被视为自动驾驶车辆的驾驶员或操作员，以评估是否遵守适用的交通或机动车法律，并：

1. 视为以电子方式满足车辆驾驶人或操作人的所有身体行为要求。

2. 免于适用本编第八章的要求。

F. 尽管有任何其他法律规定，符合本章规定的全自动驾驶车辆不需要有执照的人类驾驶员驾驶。

G. 本章不禁止或限制有执照的人类驾驶员通过可让驾驶员控制全部或部分动态驾驶任务的操控装置驾驶全自动驾驶车辆。

28-9603. 公共安全部、执法规程、执法互动计划

公共安全部应与其他相关执法机构协调，维持全自动驾驶车辆执法工作协议。该协议应包括指导操作全自动车辆的人员向执法机构和其他急救人员提供信息，说明在紧急情况和交通执法情况下如何与全自动驾驶车辆互动，包括如何提供保险和报案联系信息，以及为确保全自动驾驶车辆在本州的安全运行所需的任

何其他信息。公共安全部可以在提前通知根据第 28–9602 条 c 款第 2 段提交声明的人，并提供机会让他们发表意见后，发布修订的执法协议。

28–9604. 按需自动驾驶车辆网络

按需自动驾驶车辆网络可以按照本法第 30 章第 3 条的规定运行，除非本法第 30 章第 3 条的规定就其性质而言仅合理地适用于人类驾驶员，则不适用于在登录按需自主车辆网络时启动自动驾驶系统的全自动驾驶车辆。

28–9605. 商用机动车辆

全自动驾驶车辆，即第 28–5201 条所定义的商用机动车辆，可以依照国家有关商用机动车辆运营的法律运行，但就其性质而言仅适用于人类驾驶员的规定不适用于装有自动驾驶系统的全自动驾驶车辆。

28–9606. 自动驾驶车辆、禁止收费、例外、执行

A. 县、市或镇不得对自动驾驶系统或自动驾驶车辆或操作自动驾驶车辆的人员，包括操作自动驾驶车辆以提供旅客运输、货物运输、货物交付服务或按需自动驾驶车辆网络的人员，强加任何税费、租车要求或其他要求。

B. 本节 A 款并不禁止以下两种情况：

1. 根据第 28–8421 条、28–8423 条或 28–8424 条运营公共机场的机场运营方经营公共机场的公共机构收取合理的费用，与在该机场提供类似服务的公司使用机场设施的费用一致。

2. 用于机场中转、接机或其他类似操作的指定机场。

C. 交通部和公共安全部是唯一可以实施或执行本章规定的国家机关，但任何机关都不得规定不合理或不适当负担的程序或规则。

28–9607. 交通或机动车法；自动驾驶车辆

除本章另有规定外，只要全自动驾驶车辆符合本章规定，本州交通法和机动车法不得禁止自动驾驶车辆，也不得要求驾驶员在自动驾驶系统启用的情况下驾驶全自动驾驶车辆。

28–9608. 强制执行

A. 除第 28–9602 条和本条 G 款另有规定外，本条规定了只有交通部门可以

采取的手段：

1. 因安全原因暂停、吊销、取消自动驾驶车辆的注册登记。

2. 其他基于安全原因限制自动驾驶车辆运行。

B. 如果交通部门有信息、数据或者其他证据表明自动驾驶车辆可能处于不安全机械状态并可能危及公路上的人员，交通部门可以向机动车所有人和提交第28–9602条要求的自动驾驶车辆声明的人发出提供有关信息的要求。

C. 机动车所有人或按第28–9602条要求提交声明的人应在交通部门指定的合理时间内答复根据本条B款提交的信息要求。答复可以是文件形式、与交通部的会议形式、演示形式或任何其他合理形式或形式组合。

D. 在考虑和评估了根据本条B、C款提供的所有答复后，如果交通部门根据数据、信息或其他证据确定某自动驾驶车辆不处于安全机械状态并危及高速公路上的人员，交通部门可以向车主和提交第28–9602条要求的自动驾驶汽车声明的人发送暂停注册或对自动驾驶车辆的运行施加限制的意向通知。通知应包括：

1. 交通部门做出该认定的理由及证据的说明；

2. 限期提交整改证明的说明，该证明文件应包括解释交通部门在通知中指出的问题是如何得到解决的：例如确定对自动驾驶系统所做的调整或实施的操作措施。

E. 如车主或提交了第28–9602条规定的自动驾驶车辆声明的人是暂停或限制运行意向通知的对象，且未能在规定的时间内提交本条D款所要求的证明文件，或交通部门发现该证明不真实或不准确，交通部门应通知该人及车主该自动驾驶车辆的注册已被暂停或限制。该人或车主补交证明文件的，交通部门应当在收到证明后取消暂停或限制。

F. 对交通部门的认定结果有异议的个人，可在根据本条D款发出暂停或限制运行意向通知后10天内，要求举行听证。根据本款要求举行的听证，应在提交听证申请后六十天内举行。维持交通部门决定的决定将根据第7编第12章第六条接受司法复审。

G. 本条不适用于受本编第14章限制的车辆，并且不影响本编第14章或第28–5201条中定义的商业车辆的联邦法律的适用性或执行。

2021年3月24日由州长批准。

2021年3月24日于州务卿办公室备案。

第三节 佛罗里达州

与自动驾驶车辆有关的法案；修正案316.003，F. S.；修改并提供定义；修正案316.062，F.S.，316.063，F.S.，316.065F.S.，和316.1975，F. S.；规定适用性；修正案316.303，F. S.；免除自动驾驶系统运行的车辆不得进行主动的电视或视频显示的限制；修正案316.305，F. S.；豁免驾驶自动驾驶车辆的车辆驾驶员使用无线通信设备的限制；修正案316.85，F. S.；全自动驾驶车辆不要求配备持有驾照的人类驾驶员；授权全自动驾驶车辆在本州内运行，无论车辆上是否配备人类驾驶员；要求将自动驾驶系统视同为驾驶配备自动驾驶系统的自动驾驶车辆的驾驶员；调整结构；提出对按需自动驾驶车辆网络的运行要求；提出保险要求；授权配备并启用远程遥控系统的自动驾驶车辆及全自动驾驶车辆，在无人操作的情况下运行；提出对某些法律规定的适用；就自动驾驶车辆作出统一的法律规定；提供与特定费用收取以及机场或海港指定的集结或取货地点相关的规划；修正案319.145，F. S.；修改本州自动驾驶车辆的注册要求；新增322.015，F. S.；规定适用性；修正案338.2216，F. S.；授权佛罗里达收费公路企业签订协议，为某些设施提供资金、建设和运营；修正案339.175，F.S.，339.64，F.S.，339.83F.S.，及627.0653 F. S.；调整条款使其与法案所作的修改保持一致；新增627.749, F. S.；规定定义；规定自动驾驶车辆的保险要求；修正案655.960，F. S.；保持交叉引用的一致性；规定生效日期。

由佛罗里达州立法机关颁布：

第1条　佛罗里达法令第316.003条下第（48）至（86）款和第（87）至（101）款分别重新编号为第（49）至（87）款和第（89）至（103）款。现行的第（3）款和第（89）款进行了修订，并在该条中增加了新的第（48）款和第（88）款，内容如下：

316.003 定义：本章中使用的下列词语和短语，除上下文另有要求外，应具有本条中的含义：

（3）自动驾驶系统。无论是否限于特定的运行设计域，都能够协同持续地执行自动驾驶车辆的全部动态驾驶任务的硬件和软件。其中：

（a）“自动驾驶车辆”指任何装有自动驾驶系统的车辆。

（b）“动态驾驶任务”指在特定运行设计域（如有）内，机动车在路上行驶所必需的所有实时操作和策略功能，但不包括出行计划、目的地和停留点选择等战略功能。

（c）“全自动驾驶车辆”指配备自动驾驶系统的车辆，该系统可使车辆在不需要人类操作者的情况下运行。

（d）“运行设计域”指对自动驾驶系统可以妥善运行而设计的特定操作领域的描述，包括但不限于道路类型、速度区间、一天中的天气或时间等环境条件和其他限制。

（48）按需自动驾驶车辆网络。采用软件应用等数字手段为乘客和全自动驾驶车辆提供联系的客运网络，包括租用运输和有偿运输。

（60）私人道路或机动车道。除第（82）款（b）项另有规定外，指除所有者以及所有者明示或默示许可的人外，其他人不得驾车行驶的私人的道路或场所。

（88）远程遥控系统。安装在汽车上的，可以使远程人工操作者监控或执行部分或全部动态驾驶任务的硬件和软件。其中，“远程人工操作者”是指不在装有自动驾驶系统的车辆上，但能通过远程操作或监控车辆的自然人。远程人工操作人员可能有能力使车辆执行部分或全部动态驾驶任务，或使车辆达到第319.145（2）条中规定的最低风险状态。远程人工操作者必须在美国境内，并获得美国司法管辖区的驾驶机动车辆的驾驶执照。

第 2 条　在《佛罗里达法令》第 316.062 条中增加第（5）款，内容如下：

316.062 提供信息和提供援助的责任。——

（5）本条规定不适用于装有自动驾驶系统的全自动驾驶车辆发生车祸时，车主或车主的代表已及时联系执法机构报警，或全自动驾驶车辆具有向执法机构报警的能力的情况。

第 3 条　在《佛罗里达法令》第 316.063 条中增加第（4）款，内容如下：

316.063 损坏无人看管的车辆或其他财产的责任。——

（4）本条规定不适用于装有自动驾驶系统的全自动驾驶车辆发生车祸时，车主或车主的代表已及时联系执法机构报警，或全自动驾驶车辆具有向执法机构报警的能力的情况。

第 4 条　在《佛罗里达法令》第 316.065 条中增加第（5）款，内容如下：

316.065 撞车；报告；处罚。——

（5）第（1）款不适用于装有自动驾驶系统的全自动驾驶车辆发生车祸时，车主或车主的代表已及时联系执法机构报警，或全自动驾驶车辆具有向执法机构报警的能力的情况。

第 5 条　在《佛罗里达法令》第 316.1975 条中增加第（3）款，内容如下：

316.1975 无人看管机动车。——

（3）本条不适用于在自动驾驶系统启用的情况下运行的全自动驾驶车辆。

第 6 条　将《佛罗里达法令》第 316.303 条修改为：

316.303 电视接收器。——

（1）除非车辆安装了运行中的自动驾驶系统，否则正在播放从驾驶员座椅上可以看到的移动电视广播或预先录制的视频娱乐内容的车辆禁止在本州公路上行驶。

（2）本条并不禁止使用经有关部门批准的专门用于安全或执法目的的电视型接收设备。

（3）本条不禁止使用与车辆导航系统配套使用的电子显示装置；电子显示装置指第 316.003（3）条中定义的自动驾驶车辆的驾驶员使用的电子显示装置；或第 316.003 条中定义的配备并使用驾驶员辅助卡车排程技术的车辆驾驶员使用的电子显示装置。

（4）违反本条规定为非刑事交通违章，可按第 318 章规定作为非机动车违章处罚。

第 7 条《佛罗里达法令》第 316.305 条第（3）款（b）段修正为：

316.305 无线通信设备；禁止。——

（3）

（b）第（a）款的规定不适用于符合下列情况的机动车驾驶员：

1. 作为第 322.01 条定义的获授权的急救车辆的驾驶员、执法或消防专业人员或紧急医疗服务专业人员执行公务。
2. 向执法部门报告突发、犯罪或可疑情况。

3. 接收的信息为：

a. 与机动车行驶或导航有关的；

b. 与安全有关的信息，包括紧急警报、交通警报、天气警报等；

c. 机动车主要使用的数据；或

d. 无线电广播。

4. 使用导航设备和系统。

5. 进行不需要人工输入多个字母、数字或者符号的无线人际通信，但激活、停用或发起某一功能的除外。

6. 进行不需要读取文本信息内容或功能的无线人际通信，但激活、停用、启动某一功能的除外。

7. 驾驶第 316.003（3）条中定义的启动了自动驾驶系统的自动驾驶车辆。

第 8 条 《佛罗里达法令》第 316.85 款修订为：

316.85 自动驾驶汽车；驾驶；遵守交通法规和机动车辆法规；测试。——

（1）尽管有其他法律规定，如第 316.003（3）条定义，全自动驾驶车辆不要求必须由持有驾驶证的人类驾驶员驾驶。

（2）全自动驾驶车辆可以在本州内运行，无论人类驾驶员是否实际在该车辆上。

（3）

（a）为本章之目的，除非上下文另有要求，否则自动驾驶系统在运行时，应被视为自动驾驶车辆的驾驶员，无论在自动驾驶系统启动时该车辆上是否有人类驾驶员实际在场。

（b）除非法律另有规定，本州适用的交通法规或机动车辆法规不得被解释为：

1. 禁止自动驾驶系统被视为配备了已启动的自动驾驶系统的自动驾驶车辆的驾驶员。

2. 要求持有驾驶证的人类驾驶员驾驶全自动驾驶车辆。

（4）按需自动驾驶车辆网络的运行应遵守第 627.748 条所定义的州法律有关交通运输网络公司以及运输网络公司车辆的相关规定，除非该条中的任何规定只合理地适用于人类驾驶员，不适用于在按需自动驾驶车辆网络中登录过的配备启动的自动驾驶系统的全自动驾驶车辆的运行。在按需自动驾驶车辆网络中登录的配备启动的自动驾驶系统的全自动驾驶车辆必须满足第 627.749 条中的关于保险的要求。

（5）虽有本章其他规定，配备远程操作系统的自动驾驶车辆或全自动驾驶车辆在远程操作系统启动时，可以在没有人类驾驶员在车中的情况下运行。需遵守本条规定的车辆必须满足第 319.145 条的要求，并被视为符合第 316.003（3）（c）中的定义的车辆，需遵守第 316.062（5）、316.063（4）、316.065（5）、316.1975（3）和 316.303（1）条的规定。

（6）立法机关的意图是制定在全州范围内统一管理自动驾驶车辆的法律。地方政府不得对自动驾驶系统或自动驾驶车辆或驾驶自动驾驶车辆的人员（包括但不限于以提供客运服务为目的而驾驶自动驾驶车辆的人员）施加任何税收、费用、租用车辆要求或其他要求。本款并不禁止机场或海港收取与在该机场或海港提供类似服务的公司使用机场或海港设施所收取的任何费用相一致的合理费用，也不禁止机场或海港指定在机场或海港进行集结、取货或其他类似作业的地点。

第 9 条 《佛罗里达法令》第 319.145 条修订为：

319.145 自动驾驶车辆。——

（1）在本州注册的自动驾驶车辆必须满足以下所有要求：

（a）当联邦法律有要求时：

1. 已根据《联邦法规》（C. F. R. 第 49 条第 567 部分）的规定获得符合适用的联邦机动车辆安全标准的认证。
2. 附有所需的一个或多个认证标签，包括根据适用的联邦法律给予的任何豁免。

（b）能够在遵守本州适用的交通和机动车法律的情况下进行驾驶，无论该车辆是否在启动了自动驾驶系统的情况下运行。

（2）如果该自动驾驶车辆不是完全自动驾驶的，在自动驾驶系统检测到自动驾驶系统故障的情况下，该车辆必须——

有一个系统可以安全地向车内持有驾驶证的人类驾驶员发出警告。当警报发出时，该系统必须——

要求持有驾驶证的人类驾驶员控制自动驾驶车辆或者必须达到最低风险状态。“最低风险状态”，是指合理的安全状态，例如使车辆完全停止并开启车辆的危险指示灯。

（3）如果自动驾驶车辆是完全自动驾驶的，它必须能够在自动驾驶系统发生故障，导致该系统无法执行与其预期操作设计领域相关的整个动态驾驶任务时，达到最低风险状态。

（4）在与本条规定存在不一致时，国家公路交通安全管理局颁布的联邦法规的效力高于本条。

第 10 条　增设《佛罗里达法令》第 322.015 条，内容如下：

322.015 豁免。——本章不适用于全自动驾驶车辆在自动驾驶系统启动且没有人类驾驶员的情况下运行的情况。

第 11 条　将（f）段添加到《佛罗里达法令》第 338.2216 条第（1）款，内容如下：

338.2216 佛罗里达州收费公路企业；权力和权限。——

（1）佛罗里达州高速公路公司可签订一项或多项协议，以资助、建设和运营用于推进自动和联网创新交通技术的设施，以改善道路交通安全及减少公众出行的拥堵情况。此类协议可包括授权私人实体企业在设施内销售或提供可使公众出行受益，提供额外的收入，或以其他方式推进《佛罗里达州交通法》规定的企业目标的条款。

第 12 条《佛罗里达法令》第 339.175 条第（7）款（c）段修订为：

339.175 都市区规划组织。——

（7）长期交通运输规划——都市区规划组织必须制定至少涵盖 20 年规划范围的长期交通运输规划。该规划必须包括长期和短期战略，并符合州和联邦的所有其他要求。在长期交通规划中要考虑的主要原则是：保护现有的交通基础设施；提高佛罗里达州的经济竞争力；改善出行选择以确保交通的畅通。长期交通计划必须在最大程度上与未来土地使用要素以及位于都市区规划组织管辖范围内的地方政府单位已批准的地方政府综合计划的目标、目的和政策相一致。鼓励每个都市区规划组织参与考虑整合交通和土地使用规划的策略，以实现可持续发展和减少温室气体排放。地方政府在发展完善地方政府综合计划和任何修正案中的交通要素时，必须考虑经批准的长期交通计划。长期交通计划至少必须：

（c）评估资本投资和其他必要的措施以：

1. 确保维护现有的都市区交通系统，包括对主要道路的运营、重铺、恢复和重建的要求，以及对公共交通设施的运营、维护、现代化和

重建的要求；以及

2. 最有效地利用现有的交通设施，以缓解车辆拥堵情况，改善道路交通安全，并最大限度地提高人员和货物的流动性。这些努力必须包括，但不限于，考虑基础设施和必要的技术改进，以适应车辆技术的进步，如自动驾驶系统的发展和其他发展。

在制定长期交通计划时，每个都市区规划组织必须向公众、受影响的公共机构、运输机构雇员代表、货物托运人、货物运输服务提供者、私人运输提供者、公共交通用户以及其他利益相关方的代表提供合理的机会以对长期交通计划提出意见。长期交通计划应当经都市区规划组织批准。

第 13 条　将《佛罗里达法令》第 339.64 条第（3）款（c）段和第（4）款（a）段修改为：

339.64 战略性多式联运系统计划。——

（3）

（c）该部门应与联邦、区域和地方伙伴以及行业代表协调，考虑在战略多式联运系统设施中进行必要的基础设施和技术改进，以适应车辆技术的进步，如自动驾驶系统和其他的发展。

（4）战略性多式联运系统计划应包括以下内容：

（a）需求评估，必须包括但不限于对基础设施和技术改进的考虑，以适应车辆技术的进步，如自动驾驶系统和其他的发展。

第 14 条　将《佛罗里达法令》第 339.83 条修改为：

339.83 加入联邦试点计划。——交通部长可以让佛罗里达州加入任何联邦试点计划或项目，以收集和研究数据，审查联邦或州道路交通安全、基础设施可持续性、缓解交通拥堵、运输系统效率、自动驾驶系统或容量挑战。

第 15 条　将《佛罗里达法令》第 627.0653 条第（6）款修改为：

627.0653 指定机动车设备的保险折扣。——

（6）如果被保险车辆配备了自动驾驶系统或电子车辆防撞技术，并且是工厂安装或改装的系统，且该系统符合国家公路交通安全管理局的标准，保险监管办公室可以批准对向该办公室备案的机动车保险的责任险、人身伤害保护险和碰撞险的，对费率、评级表或评级手册给予保费折扣。

第 16 条　增设《佛罗里达法令》第 627.749 条规定如下：

627.749 自动驾驶车辆；保险要求。——

（1）定义——本条中使用的术语：

（a）“自动驾驶系统”具有与第 316.003 条中规定的相同含义。

（b）“自动驾驶车辆”具有与 第 316.003（3）条中规定的相同含义。

（c）“全自动驾驶车辆”具有与第 316.003（3）条中规定的相同含义。

（d）“按需自动驾驶车辆网络”具有与第 316.003 条中规定的相同含义。

（2）保险要求。——

（a）全自动驾驶车辆在登录按需自动驾驶车辆网络或从事预先安排的驾驶时，其自动驾驶系统必须由汽车保险单承保，并且该等保险应符合下列要求：

1. 主要责任保险要涵盖至少 100 万美元的死亡、人身伤害和财产损失。
2. 人身伤害保护救济要符合第 627.730–627.7405 条规定的最低保险金额。
3. 未投保和未充分投保的车辆保险要符合第 627.727 条的规定。

（b）第（a）段的保险要求可通过以下方式满足：

1. 在登录按需自动驾驶车辆网络或从事预先安排的驾驶时，该全自动驾驶车辆在其车主投保的车辆险的保障中；
2. 按需自动驾驶车辆网络在汽车保险保障中；或
3. 第（1）、（2）项的结合

（3）附加保险要求。——

（a）仅就第 324 章规定而言，当车辆不受第（2）款的约束时，全自动驾驶车辆的车主或注册人必须提供证据，证明其有能力承担车主或注册人因使用机动车而产生的碰撞责任：

1. 在每次撞车事故中，如出现一人的身体受到伤害或死亡的情况，赔偿金额为 100 万美元。
2. 受限于事故中对一人责任的限制，在每次撞车事故中如出现两人或两人以上的身体受到伤害或死亡的情况，赔偿金额为 100 万美元。
3. 在每次撞车事故中因他人财产的损害或损毁而引致的赔偿金额为 100 万美元。

4. 对于全自动驾驶的商业车辆和非公共部门公共汽车，分别按第627.7415条和第627.742条规定的数额计算。

（b）本款于2024年1月1号废止。

第17条 《佛罗里达法令》第655.960条第（1）款修订为：

655.960 定义；ss.655.960–655.965.——在本条和ss.655.961–655.965中使用，除非上下文另有规定：

（1）“出入区”是指距离任何自动取款机50英尺范围内的铺设的任何走道或人行道。该术语不包括第316.003（82）（a）或（b）条定义的向公众开放的任何街道或公路，包括第316.003条定义的任何相邻人行道。

第18条 本法自2019年7月1日起施行。

州长于2019年6月13日批准。

于2019年6月13日提交给州务卿办公室。

第四节 爱荷华州

第1条 新条款.321.514定义

在本条和第321.515条至第321.519条中使用时，除非上下文另有规定：

1. “自动驾驶系统”指无论是否限于特定的运行设计域（如有），都能够协同持续地执行全部动态驾驶任务的硬件和软件。

2. “传统人类驾驶员”指通过手动操控车内加速、刹车、转向和变速器挡位选择输入装置驾驶机动车来操作机动车的自然人。

3. “无人驾驶车辆”指配备自动驾驶系统，能够在其运行设计域内，完成所有方面的动态驾驶任务的机动车，包括但不限于在不受传统人类驾驶员干预或者监督的情况下实现最低风险状态。

4. “动态驾驶任务”指在自动驾驶系统的特定运行设计域（如有）内，机动车在道路交通中运行所必需的所有实时操作和策略功能，但不包括出行计划、目的地和停留点选择等战略功能。

5. “最低风险状态”指当车辆的自动驾驶系统出现故障，导致车辆无法完整执行动态驾驶任务时，自动驾驶系统可能使车辆达到的合理的安全状态，包括但不限于在车辆可行的情况下将车辆移至最近的路肩，制停车辆，并打开车辆的应急信号灯。

6.“按需无人驾驶车辆网络”指采用软件应用等数字手段调度无人驾驶车辆运载人员或者货物的运输服务网络，包括第325A.1条中定义的出租运输和公共交通工具。

7.“运行设计域”指用于划定为使自动驾驶系统可以妥善运行而设计的领域的全套条件，包括但不限于高速公路类型、速度区间、一天中的天气或时间等环境条件，以及其他约束条件。

8.“配备系统的车辆”指装有自动驾驶系统的机动车辆。

第2条　新条款.321.515运行

1. 如果车辆符合以下全部条件，无人驾驶车辆可以在没有传统人类驾驶员实际出现在车辆中的情况下在本州的公共道路上运行：

a. 当自动驾驶系统出现故障导致系统无法执行规划的运行设计域（如有）的全部动态驾驶任务时，车辆可达到最低风险状态。

b. 除车辆已获政府主管部门豁免的情况外，在无人驾驶状态下，车辆应遵守本州适用于动态驾驶任务执行的交通和机动车安全法律法规。

c. 车辆已由车辆制造商认证符合所有适用的联邦机动车辆安全标准，但根据适用的联邦法律或国家公路交通安全管理局对车辆给予豁免的情况除外。

2. a. 在本州的公共公路上，当传统人类驾驶员在车内时，能够在自动驾驶系统的运行设计域内执行整个动态驾驶任务的配备系统的车辆，其操作是合法的。在此车辆驾驶期间，传统人类驾驶员应持有第321.174条规定的有效驾驶执照，并应遵守第321.20B条规定的经济责任险要求和处罚后果。传统人类驾驶员应按照制造商的要求和说明操作配备系统的车辆，并在自动驾驶系统提示的情况下恢复对车辆的手动操控。

b. 自动驾驶系统应被设计为启动后能在系统运行设计域内运行，并应遵守本州有关动态驾驶任务执行的适用的交通和机动车安全法律法规，除非该车辆已获政府主管部门豁免。

3. 除本条另有规定外，本州机动车辆法不得解释为要求传统人类驾驶员操控由自动驾驶系统操控的无人驾驶车辆。自动驾驶系统在启动时，应被视为由其完成传统人类驾驶员在执行动态驾驶任务所需的全部身体活动。

第 3 条 新条款 .321.516 保险

在配备系统的车辆被准予在本州的公共公路上驾驶前，车主应为该车辆投保经济责任险。配备系统的车辆在取得有效的经济责任险并且根据第 321.20B 条的规定取得了在车辆含经济责任险的证明后，才可在本州的公共公路上驾驶。

第 4 条 新条款 .321.517 事故

如果配备系统的车辆发生事故，该车辆应留在事故现场，操作该车辆应在可能的情况下遵守第 321.261 条至第 321.273 条中适用的规定，并且该车辆的所有人或该车辆所有人的代表应立即向执法部门报告事故。如果配备系统的车辆不能留在事故现场，或者该车辆的操作在可行的范围内不符合第 321.261 条至第 321.273 条的任何适用的规定，则该车辆的故障应归责于该车辆的所有人，该车辆的所有人可按适用的情形被控违反第 321.261 条至第 321.273 条中的规定。

第 5 条 新条款 .321.518 按需无人驾驶车辆网络

个人可运营按需无人驾驶车辆网络。按需无人驾驶车辆网络可用于人员或货物的便利运输，包括第 325 A.1 条所规定的出租运输和公共交通。按需无人驾驶车辆网络既可单独用于连接乘客与无人驾驶车辆，又可根据第 321N 章及其他适用的法律规定，作为数字网络的一部分，该等数字网络能连接乘客与提供运输服务的驾驶非无人驾驶车辆的传统人类驾驶员。

第 6 条 新条款 . 321.519 权限

1. 自动驾驶系统和配备系统的车辆，应受限于本条、第 321.514 条至第 321.518 条以及本州所有适用的交通和机动车安全法律法规的管辖。自动驾驶系统和配备系统的车辆由交通部排他地管理。交通部可采纳第 17 A 章中的规则，执行第 321.514 条至第 321.518 条以及本条的规定。

2. 除第 321.514 条至第 321.518 条所规定的要求外，州的政治区划不得对配备系统的车辆、自动驾驶系统或按需无人驾驶车辆网络的运行制定具体的要求，包括但不限于性能标准。本州的政治区划不得对配备系统的车辆、自动驾驶系统或按需无人驾驶车辆网络征税，如果此类税收与配备系统的车辆、自动驾驶系统或按需无人驾驶车辆网络的运作具体相关。

第五节　内布拉斯加州

第 1 条　如下定义适用本法第 1 条至第 11 条：

（1）自动驾驶系统，是指无论是否限于某一特定的运行设计域（如有），都能够可持续地执行全部动态驾驶任务的硬件和软件。

（2）配备自动驾驶系统的车辆，是指装有自动驾驶系统的机动车辆。

（3）传统人类驾驶员，是指通过在车内手动操作制动、加速、转向、变速器挡位选择等输入装置，以操纵机动车的人。

（4）部门，是指机动车辆部门。

（5）无人驾驶车辆，是指配备自动驾驶系统，能够在其运行设计域内，完成所有方面的动态驾驶任务，包括实现最低风险状态，且不受传统人类驾驶员干预或者监督的机动车。

（6）动态驾驶任务，是指机动车在某一特定的运行设计域（如有）内运行所必需的所有实时操作和策略功能，但不包括出行计划、目的地和停留点选择等战略功能。

（7）最低风险状态，是指配备自动驾驶系统的车辆出现系统性能相关故障，导致车辆无法执行整个动态驾驶任务时，自动驾驶系统使该车辆达到的合理安全状态，例如使车辆完全停止并启动危险灯。

（8）按需无人驾驶车辆网络，是指采用软件应用等数字手段调度无人驾驶车辆运载人员或者货物的运输服务网络，包括出租运输、有偿运输和公共交通工具；以及

（9）运行设计域，是指自动驾驶系统被设计为正确运行的特定运行领域的描述，包括但不限于道路类型、速度范围、天气和一天中的时间等环境条件，以及其他领域的限制。

第 2 条　无人驾驶车辆可以在没有传统人类驾驶员实际出现在车辆中的情况下在本州的公共道路上运行，只要车辆符合以下条件：

（1）如果自动驾驶系统发生故障，导致该系统无法在其预期运行设计域（如有）内执行全部动态驾驶任务，则该车辆能够达到最低风险状态；及

（2）在无人驾驶状态下，该车辆能够遵守本州适用的交通和机动车安全法律

法规，该等法律法规适用于动态驾驶任务的执行，包括但不限于安全通过铁路道口，但部门准予豁免的除外。部门在考虑影响铁路道口车辆运行的豁免时，应征求本州铁路公司的意见。

第3条 （1）尽管任何其他法律另有规定，在有传统人类驾驶员在场的情况下，配备自动驾驶系统的车辆能够在本州公共道路上执行全部动态驾驶任务的，即为合法。该操作应遵守《内布拉斯加州道路规则》（如适用）。此外，传统人类驾驶员应按照《机动车运营主体许可法》的要求获得执照，应继续遵守《内布拉斯加州道路规则》的规定，应操作根据制造商的要求和规格配备自动驾驶系统的车辆，并应在自动驾驶系统要求时重新获得对车辆的手动控制。

（2）在使用时，自动驾驶系统功能应设计为在符合《内布拉斯加州道路规则》的运行设计域内运行，包括但不限于，安全通过铁路道口，除非部门准予豁免。部门在考虑影响铁路道口车辆运行的豁免时，应征求本州铁路公司的意见。

第4条 配备自动驾驶系统的车辆在本州公共道路上行驶前，个人应向有关部门提交令部门满意的经济责任证明，以说明配备自动驾驶系统的车辆已投保了保险，或者提交符合《机动车安全责任法》要求的自保证明。

第5条 （1）尽管有任何其他法律规定，任何人均可操作按需无人驾驶车辆网络。

该网络可提供人员或货物的运输，包括：

（a）出租运输，包括同意全部或部分共享乘车的多乘客的运输；以及

（b）公共交通运输。

（2）按需无人驾驶车辆网络可将乘客与无人驾驶车辆连接起来，无论是以（a）完全连接，还是将（b）作为数字网络的一部分；该网络还将乘客与人类司机连接起来，后者在符合适用法律的情况下，可用非无人驾驶车辆提供运输服务。

第6条 除本法第2条另有规定外，《内布拉斯加州道路规则》不得解释为要求传统人类驾驶员驾驶自动驾驶系统控制的无人驾驶车辆，该车辆的自动驾驶系统在投入使用时，应视作传统人类驾驶员执行动态驾驶任务所需的任何身体活动。

第 7 条 发生碰撞时：

（1）配备自动驾驶系统的车辆应保持在碰撞现场，并遵守第 60–696 条至第 60–698 条的规定；以及

（2）配备自动驾驶系统的车辆的所有人，如果有能力，或配备自动驾驶系统的车辆所有人的代理人，应按照第 60–698 条的要求报告任何碰撞。

第 8 条 （1）配备自动驾驶系统的车辆和自动驾驶系统由本法第 1 条至第 11 条排他管辖。部门是唯一和排他性的可以执行本法第 1 条至第 11 条的本州机构。

（2）除本法第 1 条至第 11 条规定的要求外，本州或其任何政治机构不得对配备自动驾驶系统的车辆、自动驾驶系统或按需无人驾驶车辆网络的运行作出任何运行标准等要求。

（3）如果某项税收或其他要求专门与配备自动驾驶系统的车辆运行有关，本州或其任何政治机构不得对配备自动驾驶系统的车辆、自动驾驶系统、按需配备无人驾驶车辆网络系统的车辆实施税收或其他要求。

第 9 条 本法第 1 条至第 11 条的任何规定均不得解释为要求内布拉斯加州或其任何政治机构规划、设计、建造、维护或修改第 60–624 条规定的任何公路，以便为配备自动驾驶系统的车辆或无人驾驶车辆提供便利。

第 10 条 本法第 1 条至第 11 条的任何规定都不得解释为要求比《政治机构侵权索赔法》或《内布拉斯加州侵权索赔法》所允许的更大的赔偿责任。

第 11 条 部门有权根据《机动车所有权证明书法》和《机动车登记法》，对不符合适用的联邦机动车辆安全标准、但经国家公路交通安全局豁免的配备自动驾驶系统的车辆和无人驾驶车辆进行产权登记。

第六节 犹他州

该法案修订了关于交通法规、许可和所有权要求的条款，并增加了关于自动车辆运行的条款。

第九节 第 41–26–102.1 条制定如下：

41–26–102.1. 定义

（1）“ADS 专用车辆”是指设计为四级或五级 ADS 运行的车辆，其行程限于在 ADS 给定的操作设计域限制范围内（如有）。

（2）（a）“自动驾驶系统”或“ADS”是指能够持续地完成全部动态驾驶任务的所有硬件和软件，不论 ADS 是否限于特定的操作设计域（如有）。

（b）“自动驾驶系统”或“ADS”是专门用来描述三级、四级或五级自动化驾驶系统。

（3）“委员会”是指第 59–1–101 条定义的国家税务委员会。

（4）“传统驾驶员”是指在机动车辆上，为了驾驶车辆而手动执行下列部分或全部动作的人类驾驶员：

（a）制动；

（b）加速；

（c）转向；及

（d）变速器挡位选择输入装置。

（5）（a）“调度”是指通过使用 ADS 将装有 ADS 的车辆设置为无人驾驶运行。

（b）“调度”包括通过软件对多辆装有 ADS 并处于无人驾驶运行的机动车进行调度，该等车辆可能在一天或其他预先定义的服务期间内完成涉及接送或货物的多次行程，并可能涉及多个代理人执行与调度职能相关的各种任务。

（6）“部门”是指根据第 41–1a–106 节设立的委员会的机动车辆部门。

（7）“无人驾驶运行”是指装有 ADS 的车辆的运行，其中：

（a）没有车载用户在场；或者

（b）车载用户并非人类驾驶员或备用驾驶员

（8）“无人驾驶运行调度员”是指在无人驾驶运行中调度装有 ADS 的车辆的用户。

（9）“自动化驾驶系统”是指能够持续地执行部分或全部动态驾驶任务的硬件和软件的集合体。

（10）“自动化驾驶系统功能”是指自动化驾驶系统的特定功能。

（11）（a）“动态驾驶任务”是指机动车在道路交通中运行所需的所有实时操作和战略功能，包括：

（i）通过转向控制车辆横向运动；

（ii）通过加减速控制纵向运动；

（iii）通过对象和事件的检测、识别、分类和响应准备等手段监控行驶环境；

（iv）对象和事件响应执行；

（v）机动计划；及

（vi）通过灯光、信号、手势等方式提高醒目程度。

（b）“动态驾驶任务”不包括行程计划、目的地和航点选择等战略性功能。

（12）“接合”涉及自动化驾驶系统对车辆的操作，是指使自动化驾驶系统功能持续地执行部分或全部动态驾驶任务。

（13）“外部事件”是指驾驶环境中需要人类驾驶员或自动化驾驶系统响应的情况。

（14）“备用驾驶员”是指装有三级 ADS 车辆的用户，且为：

（a）人类驾驶员；以及

（b）准备在下列情况下操作车辆：

（i）系统故障；或者

（ii）ADS 发出干预请求。

（15）（a）“人类驾驶员”是指自然人：

（i）持有与所操作的机动车相适应的有效驾驶执照；以及

（ii）实时地执行全部或部分动态驾驶任务。

（b）“人类驾驶员”包括：

（i）传统驾驶员；以及

（ii）远程驾驶员。

（16）“五级自动驾驶系统”或“五级 ADS”是指能够在人类驾驶员能合理管理的各种条件下，持续地执行全部动态驾驶任务，以及具有应对系统故障所必需的任何操作，而不会预期人类用户会响应干预请求的一个 ADS 功能。

（17）“四级自动驾驶系统”或“四级 ADS”是指不会预期人类用户会响应干预请求的一个 ADS 功能：

（a）具有持续执行操作设计域中全部动态驾驶任务的能力；以及

（b）具有应对以下情况的任何必要操作以达到最低风险状态的能力：

（i）退出 ADS 的操作设计域；或

（ii）系统故障。

（18）“三级自动驾驶系统”或“三级 ADS”是指具备以下特征的 ADS 系统：

（a）具有持续执行操作设计域全部动态驾驶任务的能力；以及

（b）要求回退就绪用户在收到干预请求或响应系统故障后接管车辆运行。

（19）“最低风险状态”是指当给定行程不能或不应完成时，为降低撞车风险，用户或 ADS 系统可以自行使机动车达到的状态。

（20）“对象和事件的检测与响应”是指动态驾驶任务的子任务，包括以下内容：

（a）对行驶环境进行监控；以及

（b）为了完成动态驾驶任务而进行适当的应对措施。

（21）“按需自动驾驶车辆网络”是指使用软件应用程序或者其他数字手段，为运输乘客之目的，对处于自动驾驶运行中的四级或者五级 ADS 机动车进行调度或者以其他方式提前安排运输的一个运输服务网络，包括出租运输和有偿运输。

（22）“操作”与第 41–1a–102 节中定义的术语相同。

（23）“操作设计域”是指操作条件，其中为运行之目的特别设计了特定 ADS 或特征，包括：

（a）速度范围、环境、地理和时间限制；或者

（b）特定交通或者道路特征的必要存在或者缺少。

（24）“操作员”与第 41–6a–102 节中定义的术语相同。

（25）“乘客”是指在车辆的运行中不起操作作用的用户。

（26）“人”与第 41–6a–102 节中定义的术语相同。

（27）“远程驾驶员”是指不在能够手动操作车内制动、加速、转向或者变速器选择输入设备的位置上，但是操作车辆的人类驾驶员。

（28）“请求干预”是指 ADS 向回退就绪用户发出的通知，表明该回退就绪用户应当立即开始或者恢复对车辆的操作。

（29）“机动车持续运行”是指在外部事件之间或者跨事件之间，对部分或者全部的动态驾驶任务的执行，包括对外部事件的响应以及在没有外部事件的情况下继续执行部分或者全部动态驾驶任务。

（30）“系统故障”系指自动化驾驶系统或其他车辆系统的故障，使 ADS 无法持续可靠地执行其本应执行的部分动态驾驶任务，包括执行其本应执行的全部动态驾驶任务。

（31）“用户”是指：

（a）人类驾驶员；

（b）乘客；

（c）回退就绪用户；或者

（d）无人驾驶操作调度员。

第十节　制定第 41–26–103 节，内容如下：

41–26–103. 装有自动驾驶系统的机动车的运行。

（1）装有三级 ADS 的机动车可以在本州的高速公路上运行，条件是：

（a）机动车的运行，不论是由自动驾驶系统还是由人类驾驶，都遵守本州适用的交通和机动车安全法律法规，除非被豁免；

（b）当联邦法律要求时，机动车：

（i）经认证符合所有适用的机动车辆安全标准；并且

（ii）带有所要求的认证标签，包括提及根据联邦法律授予的任何豁免；

（c）当由自动驾驶系统运行时，如果发生系统故障，导致自动驾驶系统无法执行与自动驾驶系统的预期操作设计域相关的全部动态驾驶任务，自动驾驶系统将达到最低风险状态或者请求进行干预；并且

（d）机动车按照第 41–26–107 节的规定命名和登记。

（2）装有四级或五级 ADS 的机动车可以在本州的公路上无人驾驶运行，条件是：

（a）ADS 能够遵守本州适用的交通和机动车法律法规，除非获得豁免；

（b）当联邦法律要求时，机动车：

（i）已经被认证符合所有适用的联邦机动车辆安全标准和法规；并且

（ii）带有所要求的认证标签，包括提及根据联邦法律授予的任何豁免；

（c）发生系统故障，导致自动驾驶系统不能执行与自动驾驶系统的预期操作设计域相关的全部动态驾驶任务，将达到最低风险状态；并且

（d）机动车按照第 41–26–107 节的规定命名和登记。

（3）由 ADS 或远程驾驶员操作的车辆不被视为无人看管。

（4）如果交通部门或公安部门决定并通知以下任一情况，部门可撤销装有 ADS 车辆的注册登记，取消其在本州公路上行驶的权利：

（a）ADS 以不安全的方式运行；或者

（b）车辆的 ADS 正在以不安全的方式接合。

（5）如 41–1a–102 节所定义的，配备了三级、四级或五级 ADS 的特殊移动

设备，可以在公路上随意移动或运行。

（6）本章的任何内容都不禁止或限制人类驾驶员驾驶配备了 ADS 以及允许人类驾驶员执行全部或部分动态驾驶任务的控制系统的车辆。

第十一节 制定第 41–26–104 节，内容如下：

41–26–104. 许可——对装有 ADS 的车辆的合规操作责任。

为了评估是否遵守适用的交通或者机动车法律：

（1）（a）当 ADS 运行一辆机动车时，ADS 是操作者，并且应当通过电子方式满足传统驾驶员在车辆操作中被要求的所有物理行为。

（b）ADS 负责车辆的合规运行，ADS 不需要取得车辆牌照以运行车辆。

（2）（a）已接合三级 ADS 的车辆提出干预要求时，ADS 负责车辆的合规运行，直至脱离 ADS 为止。

（b）已接合四级、五级 ADS 的车辆提出干预要求时，ADS 负责车辆的合规运行，直至或除非有人类用户开始操作车辆为止。

（3）ADS 负责 ADS 专用车辆的合规运行。

第十二节 制定第 41–105 节为：

41–26–105. 装有自动驾驶系统的机动车发生交通事故后的义务。

（1）如已接合 ADS 的车辆发生交通事故：

（a）当根据 41–6a–401 要求时，装有 ADS 的车辆应当保持在事故现场，与该车辆达到第 41–26–103 节规定的最低风险状态的能力一致；并且

（b）装有 ADS 的车辆的所有人，或者车辆所有人的代表，应当根据第 4 部分第 6 a 章节“事故责任”报告任何碰撞或者碰撞事故。

（2）如果车主或者代表车主的人在撞车时不在车辆上，车主应当确保立即传达或者提供下列信息给相关人员或者治安官：

（a）车辆登记证的内容；以及

（b）车辆的保险公司名称，包括代理人或者保险公司的电话号码。

（3）该部门可以要求依据 41–6a–402 提交的事故报告包括：

（a）装有 ADS 的车辆是否发生交通事故；以及

（b）事故发生时 ADS 是否接合。

第十三节　制定第 41–26–106 节为：

41–26–106. 按需自动驾驶车辆网络。

（1）受限于本条第（2）款的规定，按需自动驾驶车辆网络只能根据管理地面交通有偿运营的州法律进行运营，包括：

（a）符合《运输网络公司登记法》第 13 编第 51 章规定的运输网络公司；

（b）第 17 B–2a–802 条规定的公共交通区；或者

（c）第 53–3–102 条定义的私人旅客运输公司。

（2）上述第（1）款规定的仅合理适用于人类驾驶员的州法律的任何规定，包括第 13–51–105（5）(b）条，不适用于属于按需使用自动驾驶车辆系统网络一部分的通过已接合的四级或者五级 ADS 运行的车辆。

第十四节 制定第 41–26–107 节，内容如下：

41–26–107. 装有自动驾驶系统的机动车的登记、所有权和保险。

（1）如果装有 ADS 的车辆的所有人是本州居民，该所有人应当根据第 1 a 章第 2 部分适当注册登记该车辆。

（2）如果装有 ADS 的车辆的所有人是本州居民，该所有人应当根据第 1 a 章第 5 部分“所有权要求”适当地授予该车辆所有权。

（3）在 ADS 可以在本州的公路上运行车辆之前，车辆的所有人应当确保车辆符合第 12 a 章《机动车所有人和驾驶人财务责任法》的规定。

第十五节　第 41–26–108 节，规定如下：

41–26–108. 控制权限。

任何地方机构、行政分区或其他实体不得禁止装有自动驾驶系统、ADS 或按需使用自动驾驶车辆系统的车辆的运行，也不得以其他方式颁布或保持有效的规则或法令，专门针对装有自动驾驶系统、ADS 或按需使用自动驾驶车辆系统的车辆的运行施加税收、费用、性能标准或其他要求，本编有规定的除外。

第七节　阿拉巴马州

第 1 条　本法案下列用语，含义如下：

（1）自动驾驶商用车辆。装有自动驾驶系统的商用车辆。

（2）自动驾驶系统。无论是否限于特定的运行设计域，都能够协同持续地执行全部动态驾驶任务的硬件和软件。

（3）商用车辆。《1975年阿拉巴马州法典》第32–9A–1条第（2）款中定义的商用车辆。

（4）传统驾驶员。通过手动操控车内刹车、加速、转向和变速器挡位选择输入装置驾驶机动车的驾驶员。

（5）动态驾驶任务。机动车在道路交通中运行所必需的所有实时操作和策略功能，但不包括出行计划、目的地和停留点选择等战略功能。

（6）最低风险状态。当车辆的自动驾驶系统出现故障，导致车辆无法完整执行动态驾驶任务时，为降低发生撞车的风险，用户或自动驾驶系统可能使车辆达到的状态。

（7）运行设计域。对于为使自动驾驶商用车辆妥善运行而设计的特定运行领域的描述，包括但不限于道路类型、速度、环境条件以及其他领域限制。

（8）远程驾驶员。不在商用车辆中，但能够完成整个动态驾驶任务的自然人。

（9）远程操作系统。安装在商用车辆上的，使远程驾驶员可以操作车辆的硬件和软件。

第2条　（a）除非本法案另有规定，自动驾驶商用车辆和远程操作系统以及对前两者的任何商业用途或操作，均仅受本法案管辖。

（b）不受限于其他法律规定，交通部是唯一的且排他的对自动驾驶商用车辆和远程操作系统执行本法案拥有管辖权的州机构。

（c）除本法案规定的要求外，本州的政治分支机构或州机构不得对远程操作系统或自动驾驶商用车辆的运营提出具体要求，包括税收或运行标准。

第3条　尽管法律有任何其他规定，只要符合以下所有条件，则自动驾驶商用车辆可以在没有传统驾驶员的情况下在本州运行：

（1）自动驾驶商用车辆能够按照适用的联邦法律以及本州的交通和机动车法律规定运行，包括但不限于与具备安全导航和通过铁路道口能力相关的适用法律。

（2）自动驾驶商用车辆根据本州法律进行注册和登记。

（3）自动驾驶商用车辆按照 49C.F.R. 第 567 部分的规定获得了认证，符合联邦机动车辆安全标准，并带有要求的认证标签，包括根据适用的联邦法律所给予的任何豁免。

（4）当出现故障导致无法执行与预期运行设计域相关的动态驾驶任务或车辆退出其运行设计领域时，自动驾驶商用车辆可达到最低风险状态。

（5）自动驾驶商用车辆已投保机动车辆责任保险，保额不低于 2 000 000 美元。

（6）自动驾驶商用车辆的登记不得解释为对于任何法律、监管规定或普通法中与所造成的任何损害或伤害责任有关的任何方面的废止或修改。

第 4 条 （a）为评估是否遵守了适用的交通或机动车辆法律（包括道路规则）之目的，自动驾驶商用车辆的车主或承租人（如果车辆是租赁的）被视为车辆的驾驶人。

（b）自动驾驶系统被认为是已获得操作车辆的许可。

第 5 条 当自动驾驶商用车辆发生事故时，如果该车辆留在事故现场，车辆、车主、代表车主的人或驾驶人立即与有关执法单位联系并告知了《1975 年阿拉巴马州法典》第 32 编第 10 章的规定的信息，则该条规定应被视为已满足。

第 6 条 （a）不受限于本法案任何其他规定，当装有远程操作系统的商用车辆由远程驾驶员操作时，该等车辆上可以没有传统驾驶员。

（b）当远程驾驶员操控商用车辆时，为了评估其是否符合适用的交通或机动车法律，包括道路规则，以及是否因违反《阿拉巴马州刑法》《1975 年阿拉巴马州法典》第 13A 条或《1975 年阿拉巴马州法典》第 32 条的规定而受到指控，远程驾驶员则被视为车辆的驾驶员。根据本条被指控的人的引渡应根据《1975 年阿拉巴马州法典》第 15 编第 9 章进行处理。

（c）远程驾驶员应当持有传统驾驶员操作车辆所要求的相应类别的驾驶证。

（d）装有远程操作系统的商用车辆发生交通事故时，如果该车辆仍留在事故现场，车主或远程驾驶员立即联系有关的执法单位并告知《1975 年阿拉巴马州法典》第 32 编第 10 章要求的信息，则该等规定应被视为已满足。

（e）如果事故涉及配备远程操作系统的商用车辆，则无论远程驾驶员实际所在的司法管辖区为何，操作车辆的远程驾驶员均应遵守《阿拉巴马州1975年法规》第32–6–49.13条的规定。根据《1975年阿拉巴马州法典》第32–5–192条的规定，远程驾驶员被视为同意对其血液、呼吸或尿液进行测试，以确定此人的酒精浓度或是否存在其他药物。如果测试是由远程驾驶员所在司法管辖区的当地执法人员合作进行的，则第32–6–49.13条第（b）部分第（1）条应被视为满足。任何测试的结果都应提供给阿拉巴马州的执法机构。

第7条 在本州注册的装有远程操作系统的商用车辆应当同时满足下列要求：

（1）该机动车应当遵守适用的联邦法律。

（2）该机动车应当按照49C.F.R.第567部分的联邦法规获得认证，符合联邦机动车辆安全标准，并带有要求的认证标签，包括根据适用的联邦法律所给予的任何豁免。

（3）无论该机动车是否由远程驾驶员操作，该机动车应当能够遵守适用的本州交通和机动车辆法律，包括但不限于与具备安全导航和通过铁路道口能力相关的适用法律。

（4）该机动车应当投保机动车辆责任保险，保额不低于2 000 000美元。

（5）当远程操作系统发生故障使远程驾驶员不能完成该车辆的全部动态驾驶任务时，该机动车应当能够达到合理的安全状态，如停止该车辆等。

第8条 本法案不应当被解释为废除、修改或取代适用于车主、经营者、制造商、零部件供应商或零售商的现行普通法或成文法中任何可能发生的责任。

第9条 本法案应在州长通过和批准后立即生效，或以其他方式成为法律。

第八节 确保美国在自动驾驶汽车技术中的领导地位：自动驾驶汽车4.0

作为世界科技领域的领导者，美国的创新和独创性已经历史性地改变了人们旅行和彼此联系的方式。在此届政府任期内，特朗普总统强调了确保美国在包括自动化车辆（AVs）在内的新兴技术方面继续保持领先地位的重要性。随着自动化车辆的发展，美国有可能再次改变交通运输的未来，同时也促进了经济增长、提高了整体生产率。如果开发得当，自动驾驶汽车有可能使道路更加安全，因为它可以减少由人类错误造成的车祸。

《确保美国在自动驾驶汽车技术中的领导地位：自动驾驶汽车 4.0》（AV4.0）的发布标志着美国创新的又一个里程碑。白宫和美国交通部（USDOT）开发出 AV4.0 为 38 个联邦部门、独立机构、委员会和总统办公厅在自动化车辆领域统一工作，为联邦机构、创新者和美国所有利益相关方提供高层次的指导。

美国交通部正在积极准备新兴技术，运用新技术，在不妨碍创新的前提下纾解公众对安全、保障和隐私的合理担忧。随着 2017 年 9 月《自动驾驶系统 2.0：安全愿景》（ADS2.0）的发布，美国交通部为工业界提供了自愿指导，以及向各国提供技术援助和最佳做法，为自动化驾驶系统的安全测试和集成提供了一条前进道路。2018 年 10 月，《为未来交通做准备：自动驾驶汽车 3.0》（AV3.0）提出了面向所有地面交通运输模式的自动化车辆创新指导原则，并描述了美国交通部解决现有障碍以实现潜在安全收益和进步的战略。

在这些努力的基础上，AV4.0 详细阐述了美国政府的 10 项原则，以保护用户和社区，促进高效市场，并促进协调的努力，以确保美国在自动驾驶方面的领导地位有一个标准化的联邦方法。它还介绍了支持自动化车辆技术发展和领导力，以及合作机会，包括联邦在自动驾驶领域的投资和为自动驾驶领域创新者提供的资源。

自动化车辆技术创新的前景是复杂和不断发展的。尽管工业界、学术界和非营利性组织正在进行重大投资并取得了成就，但仍需要进一步开发技术本身。因此，美国政府将继续评估其联邦研发的优先事项，以确保投资促进自动化车辆技术创新，而不会重复自动化车辆技术的行业努力。

交通运输的未来有着巨大的希望，可以加强美国经济，使生活更加安全和移动。美国政府期待着继续努力，以确保美国在自动化车辆技术方面处于世界领先地位。

行动纲要

美国政府致力于促进地面交通创新，以确保美国在自动化车辆（AV）技术开发和集成方面处于世界领先地位，同时优先考虑安全、安保和隐私并保障美国人享有的自由。美国政府承认在研究、开发和集成自动化车辆技术创新方面处于行业领先地位的价值。这些创新需要政府进行适当监管，以确保安全、市场开放、稀缺的公共资源的配置和公共利益的保护。实现自动化车辆的全部潜力需要行业、州、地方、部落和地区政府、学术界、非营利组织、标准制定组织（SDO）和联邦政府的利益相关者之间进行合作和信息共享。

AV4.0 代表了一个统一的姿态，为所有利益相关者通报在自动化车辆领域的合作，并概述了过去和当前联邦政府为解决这些关注领域所做的努力。AV4.0 确立了美国政府原则，包括三个核心利益，每个核心利益又包括多个子领域。

1. 保护用户和社区

（1）安全优先

（2）强调安全和网络安全

（3）确保隐私和数据安全

（4）增强流动性和无障碍性

2. 促进有效市场

（5）保持技术中立

（6）保护美国的创新和创造力

（7）实现法规现代化

3. 促进协同努力

（8）促进标准和政策的一致性

（9）确保一致的联邦方法

（10）提高交通运输系统水平效应

尽管 AV4.0 无法实际解决与自动化车辆相关的所有领域，但政府的意图是以安全和一致的方式促进和指导未来的工作，从而鼓励自动化车辆技术创新和企业家，并使公众受益。

一、自动化车辆

美国政府致力于促进地面交通创新，以确保美国在自动化车辆（AV）技术开发和集成方面处于世界领先地位，同时将安全、安保和隐私作为优先事项，并保障美国人所享有的自由。美国政府承认在研究、开发和集成自动化车辆技术创新方面处于行业领先地位的价值。这种创新需要政府进行适当的监督，以确保安全、开放市场、配置稀缺的公共资源和保护公众利益。实现自动化车辆的全部潜力需要行业、州政府、地方政府、部落和地区政府、学术界、非营利组织、标准制定组织（SDO）和联邦政府的利益相关者之间进行合作和信息共享。

本文件不试图详尽列出联邦的努力、作用或职责。相反，它概述了联邦政府过去和当前的努力，并为水上交通自动化车辆领域的创新者和企业家汇编了可用的关键资源。本文件的目的是记录美国政府与自动化车辆技术相关的投资和资源，以支持美国在自动化车辆技术和自动化车辆相关研发（R&D）方面的领先地位。

因此，此处概述的美国政府自动化车辆技术原则可能或多或少地与任何特定联邦机构的任务和责任领域保持一致。本文件的目的不是界定关注的程度，而是为在自动化车辆技术领域开展合作提供信息。

（一）自动化汽车技术的潜在利益

加大自动化车辆技术的研发力度并促进自动化车辆技术在美国地面交通系统中的广泛采用和使用具有许多潜在的好处。为美国公众带来的潜在利益可能包括：提高安全性和减少道路交通事故；提高全体公民的生活质量、获取途径和行动能力；降低能源消耗；以及改善供应链管理①。今天的先进驾驶辅助系统（ADAS）可以帮助车辆避免碰撞，从而构成未来自动驾驶系统的组成部分。这些技术的进步可以减少道路交通事故和伤亡事故，并有助于美国交通部“管理自动化车辆技术完全商业化集成的道路上的安全风险”②。

美国国家公路交通安全管理局（NHTSA）突出了安全、经济社会效益、高效便捷和能动性四个主要效益领域，③自动化车辆技术在提高道路公共安全方面也具有很大的潜在利益。NHTSA2018 年交通事故致死分析报告系统（Fatality Analysis Reporting System）报告发现，美国有 36 560 人死于交通事故。通过消除驾驶过程中的人为错误或不良人类选择（如损伤或分心）的可能性，④ADS 在

① Bill Canis,“IF10658|Autonomous Vehicles: Emerging Policy Issues”, *Congressional Research Service*, May 23, 2017, accessed February 1, 2022, https://crsreports.congress.gov/product/pdf/IF/IF 10658.

② Chao, Elaine L,“AV3.0 Rollout comments by USDOT Elaine L. Chao”, U.S.Department of Transportation, accessed July 7, 2022, https://www.transportation.gov/briefingom/av-30-rollrollout.

③ “Automated Vehicles for Safety”, Highway Traffic Security Administration, accessed July 7, 2022, https://www.nhtsa.gov/technology-innovation/automated-vehicles-safety.

④ “Automated Vehicles for Safety”, Highway Traffic Security Administration, accessed July 7, 2022, https://www.nhtsa.gov/technology-innovation/automated-vehicles-safety.

拯救生命和减轻与撞车相关的经济负担方面具有巨大的潜力。

自动化车辆技术的潜在经济和社会效益也可以是巨大的，包括提高经济生产率和效率，减少通勤时间，甚至可以在提高系统整体能源效率的同时降低传统地面交通工具对环境的影响。[①] 此外，采用自动化车辆技术还可以为目前面临交通挑战的公民提供流动性，增加他们获得工作和服务的机会，并提高他们独立生活的能力。[②]

自动化车辆在农业领域等更专业化的操作设计领域（ODD）中也有很大的提高效益的潜力。自动拖拉机和农业设备有可能使美国农民追踪多部车辆并远程监测田间作业。此外，传感器技术和软件的持续改进将使设备能够在更加复杂的环境中运行，并做出精确的观察决策，例如，仅在发现杂草时才使用除草剂。[③] 在商业货运领域，自动化车辆技术具有安全长途运输货物的潜力，这可以减少长途运输时间，提高效率。

供应链管理效率。自动化车辆技术还具有显著减少拥堵的潜力，而拥堵是货物运输的最高成本之一，并使排班技术成为可能，从而降低能源成本[④]。

考虑到 ADS 目前仍处于研发阶段，且尚未提供给消费者购买，目前关于真实情况下 ADS 的碰撞率的数据有限，NHTSA、国家监管部门和其他利益相关方仍在开发标准化的词汇和方法来评估和管理其安全性，[⑤] 但是，许多与 ADS 相关

---

① Groshen、Erica、John Paul Macduffie、Susan Helper and Charles Carson, *avworkforce*, June, 2018, accessed July 7, 2022, https://avworkforce.secureenergy.org/wp-content/uploads/2018/06/Americas-Workforce-and-the-Self-Driving-Future_Realizing-Productivity-Gains-and-Spurring-Economic-Growth.pdf.

② 更多信息请参见：NSTC,"EMERGING TECHNOLOGIES TO SUPPORT AN AGING POPULATION", *Trumpwhitehouse*, March, 2019, accessed July 7, 2022, https://trumpwhitehouse.archives.gov/wp-content/uploads/2019/03/Emerging Tech to Support Aging 2019.pdf.

③ McMahon, Karen,"Automated Farm Equipment Poised to Transform Production Practices", *Syngenta US*, accessed July 7, 2022, http://www.syngenta-us.com/thrive/research/automated-farm-equipment.html.

④ "Platooning Trucks to Cut Cost and Improve Efficiency", U.S.Department of Energy, accessed July 7, 2022, https://www.energy.gov/eere/articles/platooning-trucks-cut-cost-and-improve-efficiency.

⑤ Fraade-Blanar, Laura, Marjory S. Blumenthal, James M. Anderson, and Nidhi Kalra, Measuring"Automated Vehicle Safety: Forging a Framework. Santa Monica", CA: RAND Corporation, 2018, accessed July 7, 2022, https://www.rand.org/pubs/research_reports/RR2662.html.

的技术，如自动紧急制动、车道偏离报警、自适应巡航控制等已经被纳入常规车辆并可评估其对碰撞率的影响。

自动化车辆在日常活动中提供独立的行动能力，在促进美国老年人和残疾人的独立性、经济机会和社会福利方面具有巨大的潜力。减少与交通相关的障碍将为残疾人创造新的就业机会，并可每年从错过的医疗预约中节省数十亿美元的医疗费用。[①] 要确保自动化车辆满足所有美国人的需求，需要经过深思熟虑的包容性设计，以确保各类残疾人——视觉、听觉、认知、行动能力和其他残疾人——广泛的可用性和市场潜力。[②]

未来几十年自动化车辆的出现可能会对人们日常生活的许多领域产生重大影响。美国政府的深思熟虑和所有利益相关方前瞻性的参与——包括行业、政府、劳动力和公众——将有助于实现自动化车辆的潜力，从而提高所有美国人的生活质量，促进美国经济的增长。

（二）美国政府自动车辆技术原则

美国交通部通过《为未来交通做准备：自动驾驶汽车 3.0》[③] 制定了原则，其中包括美国交通部的原则。为了让美国公众充分收获自动化车辆技术的个人、社会和经济效益，美国国家科学技术委员会（NSTC）与车辆快速行动委员会（AV FTAC）扩展了 USDOT 的原则，采用了总共 10 条原则，以保护用户和社区，促进有效的市场，促进合作。这些原则将促进美国自动化车辆的研究、开发和整合，并指导美国政府的统一政策。

美国政府将在自动化车辆方面采取积极主动的态度，并将提供指导、最佳实践、开展研究和试验项目以及其他援助，以帮助利益相关者规划和进行必要的投

① Henry Claypool, Amitai Bin-Nun, Ph.D., Jeffrey Gerlach,“Self-Driving Cars: The Impact on People with Disabilities”, *Ruderman Family Foundation*, accessed July 7, 2022, https://rudermanfoundation.org/wp-content/uploads/2017/08/Self-Driving-Cars-The-Impact-on-People-with-Disabilities_FINAL.pdf.

② Jane Bierstedt, Aaron Gooze, Chris Grey,“Effects of Next-Generation Vehicles on Travel Demand and Highway Capacity”, *Fehr & Peers*, accessed July 7, 2022, https://issuu.com/fehrandpeers/docs/fp_think_next_gen_vehicle_white_paper_final.

③ “Preparing for the Future of Transportation: Automated Vehicles 3.0”, USDOT, accessed July 7, 2022, https://www.transportation.gov/sites/dot.gov/files/docs/policy-initiatives/automated-vehicles/320711/preparing-future-transportation-automated-vehicle-30.pdf.

资，为所有美国人创造一个充满活力和灵活的未来。美国政府还将为增强自动化车辆好处的补充性技术做好准备，如车辆与周围环境之间的通信，但任何特定方法的适用均具有场景性。

1. 保护用户和社区

自动化车辆有可能更能保障车辆运营人员和乘员、行人、自行车、摩托车等共用道路的出行人的人身安全。为实现这些利益，美国政府必须关注公众的安全、保障和隐私。

（1）安全优先

美国政府将带头推动自动化车辆技术的安全集成，应对潜在的安全风险，增强自动化车辆拯救生命的潜力，并增强公众对这些新兴技术的信心。美国政府还将执行现行法律，确保相关企业不会对自动化车辆技术的性能和局限性进行欺骗性的宣传或误导公众，包括与车辆安全或性能有关的欺骗性宣传。

（2）强调安全和网络安全

美国政府将支持设计和实施安全的自动化车辆技术，以及其所依赖的系统及其所支持的功能，以充分防范犯罪或其他恶意使用自动化车辆及其相关服务对行车安全和公共安全构成的威胁。美国政府将与自动化车辆和自动化车辆服务的开发商、制造商、集成商和服务提供商合作，确保成功预防、减轻和调查针对或开发利用自动化车辆的犯罪行为和安全威胁，同时保护隐私、公民权利和公民自由。这些努力包括制定和推广适用于交通运输系统所有数据媒介和领域的物理和网络安全标准，以及最佳实践，以阻止、检测、保护、应对和安全恢复已知和不断变化的风险。

（3）确保隐私和数据安全

随着自动化车辆技术的设计和集成，美国政府将采取全面的、基于风险的方法来保护数据安全和公众隐私。这将会包括保护驾驶员和乘客数据以及被动第三方（如自动化车辆可能收集行人的数据）的数据，以避免未经授权的访问、收集、使用或共享造成的隐私风险。

（4）增强流动性和无障碍性

美国政府支持开放道路的自由，其中包括美国人驾驶自己的汽车的自由。美国政府设想的环境将使自动化车辆与传统的手动车辆和其他道路用户并存，因此，美国政府将保护消费者做出最符合其需求的移动的选择能力。美国政府将支持增强自由性的自动化车辆技术，为消费者提供额外的选择来获得商品和服务，允许个人在适合其家庭需求的地方生活和工作，并促进包括残疾人和美国老年人在内的所有人获得安全、负担得起、无障碍和独立的行动选择。

2. 促进有效市场

自动化汽车为研发提供了一个动态领域。为了促进美国汽车技术的快速发展，美国政府将推动美国在市场上的投资和创新。

（5）保持技术中立

美国政府将采取并推动在国际上采取灵活、技术中立的政策，使公众而不是联邦政府或外国政府，能够选择最经济、最有效的交通运输解决方案。

（6）保护美国的创新和创造力

美国政府将继续推进促进增长的政策，以保护美国的经济繁荣和创新竞争力，促进新的增长引擎，并优先考虑美国在包括自动化车辆在内的所有领域的创新和创造能力。美国政府将继续通过保护和实施知识产权（专利、商标、版权和商业秘密）、技术数据和敏感的专有通信技术，促进敏感的新兴技术，并将继续努力防止其他国家以牺牲美国创新者为代价，获取不公平的优势。

（7）实现法规现代化

美国政府将更新或取消不必要地阻碍自动化汽车发展的过时法规，或不能满足关键的安全、机动性和无障碍需求的法规，以鼓励建立一个持续的管理和运行环境。通过这样做，它将促进国家、地方、部落和地区以及国际法律和法规之间的监管一致性，使自动化汽车能够在全国和国际范围内无缝地运作。当需要监管时，美国政府将在国内和国外寻求尽可能以绩效为基础、非指令性的并且不歧视美国的技术、产品或服务的规则。

3. 促进协同努力

自动化汽车涉及联邦、州、地方、部落和地区政府关注的领域，同时也直接影响到国际合作。这种复杂的治理环境为协作、便利和信息共享提供了机会。

（8）促进标准和政策的一致性

美国政府将优先参与并在国外倡导自愿协商一致的标准，以及基于证据和数据驱动的法规。美国政府将动员州、地方、部落和地区当局和行业参与推动自愿协商一致标准的制定和实施，推动支持整个交通运输系统中的自动化车辆集成，并寻求与国际伙伴协调的技术标准和监管政策。

（9）确保一致的联邦方法

美国政府将积极促进全联邦政府对自动化汽车研究、法规和政策的协调，以确保最大限度地发挥部门间资源的作用。美国政府将确保用于自动和联网汽车的研究、赠款和任何其他联邦资金机会将遵守第 13788 号行政命令（购买美国货并雇用美国人）、第 13881 号行政命令（最大限度地使用美国制造的商品、产品和材料）以及所有现行的法律、法规和行政命令，以确保美国在自动化车辆技术方面的发展和领导地位。

（10）提高交通运输系统水平效应

美国政府将重点关注提高交通运输系统水平的性能、效率和有效性，同时避免自动化汽车技术对交通运输系统水平产生负面影响。

二、支持自动汽车技术增长和领导地位的行政管理工作

政府已将自动化汽车作为“2021 财政年度行政研发预算重点”的重点。[①②]

政府通过 NSTC 和白宫科技政策办公室（OSTP）召开研讨会并公布了战略文件，以说明自动化车辆技术发展的若干基础。此外，美国政府还解决了与自动化车辆有关的一系列问题，从概念化到研发，再到商业化的支持。这里提供了这些工作的例子，以概述这些广泛的投资。

（一）先进制造业

2018 年 10 月，NSTC 发布了《美国先进制造业领导地位战略》（A Strategy for American Leadership in Advanced Manufacturing），该战略提出了政府关于美国领导工业部门的愿景，以确保国家安全和经济繁荣。[③] 先进制造业为现有产品类型提供了提高生产率和效率的承诺，并允许采用全新的生产方法。

---

① “需要进行更多的研发工作，以安全高效地将自动驾驶系统和无人机系统（UAS），包括城市空中机动飞机，纳入我们的道路和国家领空。具体而言，机构应优先开展研发工作，以降低部署自动驾驶车辆的门槛，并制定无人机的运行标准和交通管理系统”（M-18-22,2018 年 7 月）。

② “Memorandum for the Heads of Executive Department and Agencies”, Executive Office of the President, accessed July 7, 2022, https://www.whitehouse.gov/wp-content/uploads/2019/08/FY-21-RD-Budget-Priorities.pdf.

③ “Strategy for American Leadership in Advanced Manufacturing”, National Science & Technology Council, accessed July 7, 2022, https://trumpwhitehouse.archives.gov/wp-content/uploads/2018/10/Advanced-Manufacturing-Strategic-Plan-2018.pdf.

（二）人工智能和机器学习

2019年2月11日，美国总统特朗普签署了13840号行政命令《维持美国人工智能领导地位》（Maintaining American Leadership in Artificial Intelligence），该命令启动了美国人工智能倡议。该倡议通过与私营部门、学术界、公众和志同道合的国际伙伴合作和参与，实施了一项全政府的国家战略。该计划指示联邦机构采取多管齐下的方式推进人工智能，包括：促进持续的人工智能研发投资，增进对高质量网络基础设施和数据的获取，消除人工智能创新的障碍，提供教育和培训机会，帮助美国劳动力为人工智能做好准备，营造有利于美国人工智能创新的国际环境。

（三）互联汽车和频谱

2018年6月，联邦通信委员会（FCC）发布了《促进美国优势5 G技术计划》（又称《5 G快速计划》）。该计划包括三个关键部分：（1）扩大频谱进入市场；（2）更新基础设施政策；（3）实现落后法规的现代化。[①] 高速通信支持车对车（V2V）、车对物（V2X）环境数据交换。这样的数据交换允许人工智能车辆接收和提供超出其车载传感器物理范围的数据。补充自动汽车技术能力的无线技术是当前政府的优先事项[②]。

（四）STEM教育

人工智能车辆是多种互补技术的应用，包括先进制造、高速通信技术、先进计算能力、计算机视觉、先进传感器、数据科学、机器学习和人工智能。因此，科学、技术、工程、数学（STEM）和计算机科学教育在这些技术进步中起着关键作用。NSTC发布《规划成功之路：2018年12月美国STEM教育战略》（Charting a Course for Success：America's Strategy for STEM Education），在未来

① "America's 5G Future", Federal Communications Commission, accessed July 7, 2022, https://www.fcc.gov/5G.

② Michael Kratsios ,"Emerging Technologies and their Expected Impact on Non-Federal Spectrum Demand", *White House Office of Science and Technology Policy*, accessed July 7, 2022, https://www.benton.org/headlines/emerging-technologies-and-their-expected-impact-non-federal-spectrum-demand.

5年制定了联邦战略，其目标是让所有美国人终身获得优质STEM的未来教育，让美国成为STEM识字、创新和就业领域的全球领导者①。

（五）STEM劳动力

创新的进步有赖于一支充满活力、有科学素养的劳动力队伍。联邦STEM战略鼓励扩大教育者与雇主的伙伴关系，促进基于工作的学习体验，以提供强有力的、相关的方法，确保STEM学习是真实的、有吸引力的，并且学习者是有信心的。2018年7月19日，《关于建立总统的美国工人全国委员会的行政命令》成立了该委员会，旨在为总统制定与美国劳动力相关的政策和战略建议。该委员会建立在2017年6月的《扩大美国学徒制》的基础上，旨在促进第三方学徒制的发展，并优先考虑联邦机构学徒制的使用②。

（六）供应链整合

2019年5月15日，《关于保护信息和通信技术和服务供应链的行政命令》（Executive Order on Securing the Information and Communications Technology and Services Supply Chain）禁止任何受美国管辖的人对任何信息和通信技术或服务（交易）进行新的收购、进口、转让、安装、交易，或使用来自外资公司或外国人的任何产品或服务，须经商务部部长与其他部门和机构的负责人协商后确定。③

① "Charting a Course for Success: America's Strategy for STEM Education", the White House, accessed July 7, 2022, https://www.whitehouse.gov/wp-content/uploads/2018/12/STEM-Education-Strategic-Plan-2018.pdf.

② "Science & Technology Highlights: In the First Year of the Trump Administration", the White House, https://trumpwhitehouse.archives.gov/wp-content/uploads/2018/03/Administration-2017-ST-Highlights.pdf.

"Establishing the President's National Council for the American Worker", Executive Office of the President, accessed July 7, 2022, https://www.federalregister.gov/documents/2018/07/24/2018-15955/establishing-the-presidents-national-council-for-the-American-worker.

③ "Executive Order on Securing the Information and Communications Technology and Services Supply Chain", the White House, accessed July 7, 2022, https://trumpwhitehouse.archives.gov/presidential-actions/executive-order-securing-information-communications-technology-services-supply-chain/.

（七）量子信息科学

2018年9月，NSTC发布《量子信息科学国家战略纲要》，提出可视化、系统化、国家化的量子信息研发思路。[①]国会于2018年12月通过了《国家量子倡议法》，并由总统签署成为法律，除其他活动外，在NSTC内成立量子信息科学小组委员会、国家量子倡议咨询委员会等[②]。此外，咨询委员会还就国家量子方案和量子信息科学和技术的趋势和发展向总统和小组委员会提供咨询意见，2018年，[③]《国防授权法》中的额外协调和资金，强调了量子科学对经济和国家安全的影响。优化和安全是自动化车辆和量子信息科学的研发利益相互重叠的领域。比如，全球定位系统（GPS）就是量子技术（原子钟）如何给导航带来革命的例子。基于量子技术的传感器正在改变惯性导航，惯性导航是GPS的一项关键备份技术。与此同时，量子计算的发展有利于解决具有挑战性的多车辆调度和机器学习系统优化问题的新方法。最后，自动化平台的网络安全需要合适的标准，能够抵抗来自量子计算机的攻击，正如国家标准和技术研究所（NIST）网络安全框架所提示的。[④]

三、美国政府活动和合作机会

美国政府已投资于自动化车辆的基础和补充技术的开发，以推进新的科学和技术，并向将技术进步推向市场的创新者和企业家提供支持。这项持续的投资将确保在快速变化的技术环境下的公共安全，促进更高的经济生产力和更有效地利用现有资源，保护知识产权，并保障个人隐私和国家安全。

（一）美国政府在自动化车辆领域的投资

美国政府积极资助自动化车辆研发，并投资于技术开发，以促成和补充向交

① “Artificial Intelligence & Quantum Information Science R&D Summary: Fiscal Years 2020-2021”, The White House Office of Science and Technology Policy, accessed July 7, 2022, https://trumpwhitehouse.archives.gov/wp-content/uploads/2017/12/Artificial-Intelligence-Quantum-Information-Science-R-D-Summary-August-2020.pdf.

② Public Law No: 115-368 (12/21/2018) National Quantum Initiative Act.

③ “H.R.2810 - National Defense Authorization Act for Fiscal Year 2018”, 115th Congress (2017-2018), accessed July 7, 2022, https://www.congress.gov/bill/115th-congress/house-bill/2810.

④ “Cybersecurity Framework”, NIST, accessed July 7, 2022, https://www.nist.gov/cyberframework.

通系统的有效过渡，使自动驾驶汽车和传统地面车辆能够无缝和安全地运行。这些投资领域包括安全、移动、安全与网络安全、基础设施和互联互通。

1. 安全性

安全性是发展一个有效且高效纳入自动化车辆的交通系统的关键组成部分。美国政府优先考虑车辆运营商的安全性，包括低速车、摩托车、乘用车、中型车和商业车辆（CMVs），如大型卡车和公共汽车，以及车辆乘员、行人、自行车驾驶人和所有其他道路使用者。

（1）交通部

美国交通部USDOT的使命是确保美国拥有世界上最安全、最高效、最现代化的交通运输系统，从而改善从农村到城市的所有美国人和社区的生活质量，提高美国工人和企业的生产力和竞争力。作为国家道路交通系统的管理机构，联邦政府在促进自动化车辆与传统车辆、行人、自行车、摩托车和其他道路使用者一起安全有效地将自动化车辆融入现有交通运输系统方面发挥着重要作用。此外，美国交通部拥有重要的研究、监管和执法权力，以保护美国公众在自动化车辆各个方面的安全，包括制定生产、性能和操作标准，随着自动驾驶汽车的开发、测试的成熟以及集成的普遍性，支持研究来探索社会影响及互动。与地面交通运输自动化车辆最相关的主要机构有NHTSA、联邦汽车运输安全管理局（FMCSA）、联邦运输管理局（FTA）和联邦公路管理局（FHWA）：

※ NHTSA的使命是通过教育、研究、安全标准和执法活动拯救生命、防止伤害和降低道路交通事故的经济成本。NHTSA制定和实施机动车和机动车设备的安全性能标准，确定安全缺陷，并制定和交付有效的州和地方公路安全计划。

※ FMCSA的使命是减少涉及大型卡车和公共汽车的撞车、伤亡和死亡。FMCSA与行业、安全倡导者、州和地方政府合作，通过监管、教育、执法、研究和技术手段，维护国家道路安全，提高道路交通安全。

※ FTA为地方公共交通系统，包括公共汽车、地铁、轻轨、通勤铁路、电车和轮渡等提供资金和技术支持。FTA还监督安全措施，并促进下一代技术研究的发展。

※ FHWA负责管理国家公路、桥梁和隧道的建设、维护和保护。通过研究和技术援助，FHWA支持其在联邦、州和地方机构的合作伙伴加快创新，提高安全性和流动性。

（2）国家运输安全委员会

国家运输安全委员会（NTSB）的成立是为了确定某些车祸的原因，并通过应用在每次调查中发现的经验教训，防止将来发生车祸。NTSB根据获得新知识的可能性选择并优先进行公路安全调查。NTSB一直将大量资源集中在涉及自动化车辆控制系统的车祸上。NTSB调查自动化控制下的车辆的撞车事故，并从以人为中心的环境下被自动化取代的其他交通方式中汲取系统经验教训。

在可预见的未来，驾车者将有多种交通选择，包括公用自动化车辆和个人使用的自动化车辆。NTSB调查和预防车祸的工作可以提高公众信心，让公众准确地认识到失败会得到认真对待和纠正。这一信心反过来有助于支持公众更准确地理解自动化车辆技术。

NTSB还将继续倡导对自动化车辆及其构成要素的相关建议采取有力的行动，例如推广使用防撞系统，这些系统能带来已被证明的安全效益和很大的改善安全性的潜力。

2. 确保所有美国人的移动能力

行动自由是美国生活方式的基础。自动化车辆—不论是客车还是州、地方和私人交通系统—都有潜力扩大其通行范围，提高行动和出行的便利度，特别是对那些由于残疾、受伤或年龄而行动能力有限的人来说。因此，美国政府致力于确保自动化车辆系统能够为所有美国人提供独立的日常活动能力，并为所有美国人提供经济机会和总体社会福利。

（1）卫生和公共服务部

国家残疾、独立生活和康复研究所（NIDILRR）是卫生和公共服务部（HHS）中的社区生活管理局（ACL）的主要研究部门。它的使命是创造新知识并促进其有效利用，以提高残疾人在社区中开展他们所选择的活动的能力，并扩大社会能力，为残疾公民提供充分的机会和便利。

（2）内政部

内政部（DOI）中的国家公园管理局（NPS）致力于保护国家公园的自然和文化资源以及NPS的价值观，为今世后代提供享受、教育和灵感。NPS认为自动化车辆在不远的将来有可能成为关键地点的潜在移动辅助工具。自动化车辆技术的探索将促进了解自动化车辆技术如何融入NPS，未来自动化会面临哪些障碍，以及自动化如何才能更适配该机构的使命。目前，NPS正在与USDOT建立项目和技术连接，以支持有关自动化车辆的技术和规划机会的信息，支持信息收集和可能在国家公园地点进行的试点测试。

（3）司法部

美国司法部（DOJ）根据《美国残疾人法案》（ADA）实施确保残疾人平等使用私人交通系统的法规。司法部还调查其直接收到的或由 USDOT 转交的有关公共交通中残疾歧视的投诉。ADA 法规的精确适用和美国司法部的角色将取决于所涉自动化车辆的类型、由谁提供或使用，以及车辆是如何使用的。然而，选择采用自动化车辆的受保护实体需要遵守《美国残疾人法案》。

（4）交通部

USDOT 鼓励自动化车辆开发者和运营商积极与残疾人团体合作，支持侧重于不同类型残疾人士所需的一系列便利设施以及提高整体行动能力的方法的努力。①

NHTSA 有权为机动车辆适应性设备制定性能要求，并制定对残疾人改装机动车辆的豁免规定。② 此外，ADA 法规要求为包括轮椅使用者在内的残疾旅客提供无障碍、及时的公共交通服务。③FTA 致力于确保无歧视的综合交通服务，以支持 FTA 旨在提高全体美国人的社会和经济生活质量的使命。④ 此外，USDOT 的无障碍交通技术研究倡议（ATTRI）⑤ 是 USDOT 的一个联合项目，由 FHWA、FTA 和智能交通系统联合项目办公室（ITS JPO）⑥ 共同领导，并得到 NIDILRR 和其他联邦机构的支持。ATTRI 项目正在领导开发和实施革命性的应用程序，以改善所有旅行者，特别是残疾旅行者的出行选择。

（5）国家残疾人理事会

国家残疾人理事会（NCD）是一个独立的联邦机构，由总统和国会任命人

① "Accessibility", USDOT, accessed July 7, 2022, https://www.transportation.gov/accessibility.

② "Automotive Safety Issues for Persons with Disabilities", NHTSA, accessed July 7, 2022, https://one.nhtsa.gov/cars/rules/adaptive/index.html.

③ "ADA Requirements for Over-the-Road Bus Companies", FMCSA, accessed July 7, 2022, https://www.fmcsa.dot.gov/regulations/americans-disabilities-act-reporting-and-other-requirements-over-road-bus-companies .

④ "ADA Guidance", Federal Transit Administration, accessed July 7, 2022, https://www.transit.dot.gov/regulations-and-guidance/civil-rights-ada/ada-guidance.

⑤ "Accessible Transportation Technologies Research Initiative (ATTRI)", USDOT, accessed July 7, 2022, https://www.its.dot.gov/research_archives/attri/index.htm.

⑥ "Automated Vehicle Research", USDOT, accessed July 7, 2022, https://www.its.dot.gov/automated_vehicle/avr_plan.htm.

员组成。根据《美国法典》第29编第781条规定的法定任务，理事会负责审查联邦法律，对于影响残疾人的法规、计划、政策，评估这些法律、法规、计划和政策在满足残疾人个人需求方面的有效性，并就如何更好地促进美国残疾人机会平等、经济自给自足、独立生活、融入社会各方面的问题向总统、国会、联邦机构官员和其他联邦机构提出建议。

NCD在其2015年的出版物《自动驾驶汽车：绘制技术革命的地图》中就自动驾驶系统对残疾人的优势提出了政策建议。该报告探讨了汽车技术的新兴革命及其对残疾人的承诺，以及残疾社区面临的障碍。

（6）美国无障碍委员会

美国无障碍委员会是一个独立的联邦机构，通过领导无障碍设计和无障碍指南和标准的制定，促进残疾人平等。尽管无障碍委员会没有制定自动化车辆领域的规则的权力，但该机构主办了美国交通部USDOT和劳工部DOL关于确保残疾人无障碍自动化车辆的相关问题的介绍演示，并提供了技术援助。此外，该委员会还设立了一个前沿委员会，负责就自动化车辆的许多方面与合作伙伴进行接触，并发布了《2018年第508条最终规则》，以便于获取美国政府采购和使用的技术。

3. 基础研究

美国政府促进自动化车辆的研究、开发和集成，并支持许多正在进行的和未来的联邦投资。推进自动化车辆的创新和扩大自动化车辆在日常生活中的潜在作用需要深思熟虑和有效的设计、研究、演示、测试和验证。许多联邦机构开展或支持了自动化车辆和辅助技术的学术研究。

（1）农业部

美国农业部（USDA）开展与农业生产和加工有关的自动化车辆研究。研究领域包括无人驾驶地面车辆（UGV）、自动转向设备。美国农业部积极参与了许多自动化车辆、精准农业和作物育种的配套技术和工具的设计和开发，如传感器开发、照明系统、语音响应系统、预测建模、人工智能/机器学习、快速反应控制系统、机器人技术、大数据分析以及最佳管理实践决策支持工具。

美国农业部的研究包括专注于开发自动化车辆工具和系统，以减少牧场作业中管理动物所需的劳动力。

机器人技术是另一个主要研究领域。这些研究的大部分资金来自美国农业部国家食品和农业研究所（NIFA）对国家机器人计划 2.0. 的贡献[①]，这些以机器人为中心的项目包括精确授粉、精确放牧、精确果园收获、精确除草剂应用、牲畜健康监测、植物表型分析和农业应用中的人类－机器人合作网络。

位于亚利桑那州 Maricopa 的美国农业部农业研究服务处（ARS）旱地农业研究中心（ALARC）正在为新一代自动高间隙拖拉机装备一系列传感器，用于作物田间特性分析。该技术将取代人类驾驶的传感器平台，该平台的任务是同时分析小麦的多种性状。

（2）国防部

自动化在国防部（DoD）军事任务中扮演着重要角色，其在未来军事任务中的角色可能会随着技术的不断发展而扩大。国防部用于军事目的的研发也为民用自动化车辆的研发做出了贡献。自动化在国防部内部的角色不是直接取代人类，而是以多种方式扩展和补充人类的能力。国防部在自主性方面的投资集中在开发系统，以便于在动态环境中执行复杂的军事任务，同时兼顾战斗人员的参与。自动化投资的增加将增强联合作战人员在危险和退化环境中的能力，提高行动速度，并提供超越人类能力的可扩展性。自动化不是单线程研发计划，而是一个小型程序和演示的集合。

国防部正在寻求先进的技术开发计划以及其他几项基础研究。比如，自动化地面再补给计划还调查了通过应用为无人系统开发的各种传感和自主技术改善载人平台的操作。这些技术包括机动和战术行为算法、驾驶员辅助技术、自主工具包、遥控操作、高级导航和规划、车辆自我保护、本地态势感知、高级感知、车辆和行人安全、主动安全以及机器人指挥和控制。

国防部正在为自主平台改进传感器和网络技术做出广泛的努力。这包括通过改进 GPS 和由量子科学的进步驱动的惯性导航系统来改善相对导航。这还包括主动和被动传感的新方法，如改进的光探测和测距（LIDAR）和传感器阵列，以提高态势感知能力。

另一个例子中，战斗车辆机器人（Combat Vehicle Robotics，CoVeR）项目研究、设计和开发了支持陆军战斗编队的多领域组合机器人和自动化系统能力的可扩展集成技术。它还与产业、大学和其他政府机构合作，调查、研究和评估地面

① “National Robotics Initiative 2.0, Ubiquitous Collaborative Robots (NSF 18-518)”，NSF and the U.S. Department of Agriculture National Institute of Food and Agriculture (USDA/NIFA)，accessed July 7, 2022, https://www.nsf.gov/funding/pgm_summ.jsp?pims_id=505241.

车辆技术的军事和商业应用。车辆移动研究（Research in Vehicle Mobility）项目正在致力于开发人类认知模型，以表现行为动力学的行为，与半自动机器人系统中的控制算法并肩工作，参与极端的移动场景，从而取代对人类在回路评估中的需要。

国防部的目标是到2030年部署一个联合部队架构，该架构将完全集成机器人和自动化系统，补充和扩充载人系统和部队，以试图抵御来自多个领域的敌人的威胁。但是，人类必须留在这个体系循环中，发挥监督作用，并有能力在必要时激活或停用系统。国防部正在开发多个车辆演示项目，以支持其2030年联合部队架构目标，并改进国防部的非战术车辆（NTV）机动选择。例子包括：

※ **高机动性多用途轮式车辆（HMMWV）自主性**：这项工作将开发对现有HMMWV平台进行成本效益高的升级，从而实现线控驾驶。将车辆控制从机械连杆转换为电子驱动，将能够连接到计算机进行自主操作，以及处理、通信和存储诊断/传感器数据，以用于定位和维护功能。

※ **非公路自主**：这项工作将着眼于当前陆军地面自主架构之上的非公路自主执行。这项工作的重点是开发新的路径规划和感知技术，旨在提高机器人战斗车辆（RCV）和其他平台的非公路无人驾驶机动系统的可靠性和性能。

※ **动态环境中的态势感知**：这项研究调查和建立嵌入式智能地面机器人系统所需的组件，以实现对动态、高度非结构化环境的理解，从而支持在给定多模态感官输入的情况下进行时空推理。

※ **NTV自动航天飞行员**：海军陆战队设施司令部（MCICOM）和陆军总部正迈尔斯－亨德森联合基地赞助为期3个月的自动非战术穿梭机试点。这项由行业主导的试点项目为陆军工程研究和发展中心（ERDC）提供了一个机会，以跟踪执行者，为未来在其他军事设施上创建自动化航天项目创造机会。

（3）能源部

美国能源部（DOE）的能效移动系统项目正在开展基础研究，以了解互联和自动化车辆技术对交通运输“系统级别”的影响。能源部研究人员正在创建和使用基于代理的大规模模型来模拟当前和未来的移动性技术和服务，包括交通网络公司（TNCs）、公共交通系统以及其他货运和人员运输模式。这些模型将使用户更好地理解增加诸如自动驾驶技术的二阶和三阶影响（如空载的自动驾驶里程或土地利用和开发的新模式所导致的交通拥堵），或者比较不同技术的全系统影响

（如 SAE 第 4 级和第 5 级自动驾驶的交通流影响①，个人拥有的自动驾驶与车队拥有的自动驾驶移动服务相比的拥堵影响）。

能源部还利用其独特的高性能计算（HPC）②和国家实验室的人工智能能力来开发利用自动驾驶车辆或连接来预测和减少或防止拥堵的方法。该项目正在利用洛杉矶和查塔努加都会区的道路和车辆数据进行。尽管仍处于早期阶段，随着更多来自自动驾驶车辆的数据变得可用，以及高性能计算能力的提高，它将越来越有可能优化交通流，并降低成本。

能源部还在研究如何从根本上扩展计算能力，这可能是在真实世界中安全运行 SAE 第 5 级自动化车辆的消费者可接受的软件包。考虑到必要的计算能力以及汽车的尺寸、重量和功率约束，基础计算机系统的能源效率、性能和成本都需要大幅改善。

由于交通运输占美国能源消耗的近三分之一，自动驾驶车辆等技术可以减少与驾驶有关的能源消耗，在美国的能源未来中扮演着重要角色。能源部在自动驾驶车辆方面的作用在于开发技术、工具和见解，旨在提高整体交通运输系统的可负担性、有效性和能源效率。美国能源部领导着多机构 21 世纪货车合作项目③（21 CTP）。该项目合作伙伴包括国防部、交通部、环保署（EPA）和能源部，以及行业合作伙伴。这一无资金支持的研究合作伙伴关系侧重于四个技术重点领域的竞争前信息交流：内燃机、电气化动力系统、运营效率和安全。自动驾驶车辆和相关移动技术是 21 CTP 货运运营效率和安全技术团队的关键部分。美国能源部还资助了“超级拖车 II（SuperCark II initiative）”计划④。这是一个在 2016 财年启动的具有竞争力的融资机会，旨在开发创新的、低成本高效率的技术，使 8 级卡车的货运效率提高一倍。自动化和连通性是被选定用于分摊费用的财政援助奖

① JENNIFER SHUTTLEWORTH,“SAE Standards News: J3016 automated driving graphic update”, SAE International, January 7, 2019, accessed July 7, 2022, https://www.sae.org/news/2019/01/sae-updates-j3016-automated-driving-graphic.

② “High Performance Computing”, U.S.Department of Energy, accessed July 7, 2022, https://www.energy.gov/science/high-performance-computing.

③ “21st Century Truck Partnership”, U.S.Department of Energy, accessed July 7, 2022, https://www.energy.gov/eere/vehicles/21st-century-truck-partnership.

④ “Energy Department Announces $137 Million Investment in Commercial and Passenger Vehicle Efficiency”, U.S.Department of Energy, accessed July 7, 2022, https://www.energy.gov/articles/energy-department-announces-137-million-investment-commercial-and-passenger-vehicle.

的五个小组正在考虑的技术之一。

关于个人使用的自动车辆系统的开发，美国能源部车辆技术办公室（VTO）和美国能源部先进研究项目（ARPA–E）[①] 就自用车辆开发提供了多项成本分摊资助，重点是自动化和联网车辆以及高效的流动性。VTO 最近还发布了一份用于移动性研究的资助机会公告（约 700 万美元），其中包括了自动驾驶车辆的项目 [②]。

ARPA–E's NEXTCAR[③]（"用于联网和自动驾驶公路车辆的下一代能源技术"）计划在 2016 财年为 11 个项目提供约 3 200 万美元的资金，通过改善车辆动力学和动力系统控制，利用互联和自动驾驶技术提高车辆燃油效率。

2019 年美国能源部将在 NEXTCAR 进展的基础上，采用 NEXTCAR AV 算法，用于 SAE 第 4 级自动化车辆。该项目还将实施基于基础设施的解决方案，将计算任务从车辆上卸载到路边设备，以便在交叉口集中进行感知处理，任何连接的车辆都可以使用。本项目的目标是使系统级能耗降低 15%。

2019 年能源部的第二个财政援助将为自动驾驶汽车开发深度学习算法，使混合公路交通（人类驾驶和自动驾驶汽车）顺畅，仅通过 5% 的自动化车辆渗透率，使全系统能耗降低 10%。2018 年，美国能源部为 18 个项目提供了 2 600 万美元以上的奖金，这些项目将把关键的利益相关者聚集在一起建立伙伴关系，通过现实世界的测试（评价 / 评估）和验证，提供关于移动服务和解决方案的影响的数据。这项工作的数据、分析和见解将填补关键的信息空白，满足移动性研究需求，以及最大限度地提高能源效率和承受能力，为近期和长期交通规划提供信息。

2018 年，美国能源部提供了 500 万美元的财政资助奖，以展示 8 级卡车平台的实际应用，为商用自动化车辆技术的实际应用找出剩余障碍。国防部美国陆军未来司令部是其中一个项目的主要参与者。这是在能源部和 FHWA 多年合作的实验工作基础上进行的，证明了重型货车排程的能力和节能效果。

2017 年，VTO 将资金授予弗吉尼亚理工大学交通研究所（VTTI）、加州大学河滨分校和克莱姆森大学开展评估联网和自动驾驶车辆的节能效益的研究。克

① "Homepage", arpa-e, accessed on July 2022, https://arpa-e.energy.gov/.

② "DOE Announces $59 Million and 43 projects to Accelerate Advanced Vehicle Technologies Research", U.S.Department of Energy, accessed July 7, 2022, https://www.energy.gov/articles/doe-announces-59-million-and-43-projects-accelerate-advanced-vehicle-technologies-research.

③ "Next-Generation Energy Technologies for Connected and Automated On-Road Vehicles", arpa-e, accessed on July 2022, https://arpa-e.energy.gov/?q=arpa-e-programs/nextcar.

莱姆森大学（Clemson University）项目正在开发预期和预测自动化车辆控制算法，并构建一种新型汽车回路试验台，以证明人工驾驶车辆能实现10%的节能效果，其中包括自动驾驶和人类驾驶的车辆。

（4）卫生与公共服务部

位于卡内基梅隆大学的NIDILRR康复工程研究中心正在研究潜在的参考设计和车辆内部概念，以促进和便利残疾人使用自动驾驶车辆。该中心进行研发以了解自动化车辆如何帮助解决残疾人在旅行第一英里或最后一英里遇到的交通障碍。

NIDILRR在纽约州立大学布法罗分校开展的优化无障碍公共交通系统的研究项目正在为乘坐公交车和辅助交通工具的轮椅使用者提供创新的安全保障系统的新知识。该项目包括研究为自动交通工具中的轮椅使用者引入自动安全保障系统的效果。为了给研发过程提供社区意见，NIDILRR的社区生活政策康复研究和培训中心从残疾人和其他关键利益攸关方收集数据，为未来研究无障碍和全自动车辆的标准/架构开发工作提供参考。

美国国家职业安全与健康研究所（NIOSH）2019—2023财年战略计划，优先考虑对卡车、公共汽车和出租车司机的自动驾驶汽车的健康影响进行研究。它还优先考虑研究与自动化可能带来的新工作相关的伤害风险，以及自动化的潜在压力和疲劳后果。

NIOSH正在进行基于模拟器的研究，将为重型卡车上使用的自动化传感器和驾驶者–车辆接口的能力提出建议（例如传感器及时发出警告以使驾驶员能够安全地重新控制车辆所需的最短时间）。

（5）国土安全部

国土安全部（DHS）科学和技术局对一系列与自动化车辆相关的技术进行研发，重点是了解其潜在用途和弱点①。DHS自动化车辆研发的例子包括运行自动化车辆测试台、全球导航卫星系统的欺骗保护、评估自动化车辆系统性能的分析以及在自动化系统中使用人工智能和机器学习。

研究的例子包括：

※ 美国国土安全部系统工程和发展研究所（HSSEDI）是一个联邦资助的研发中心（FFRDC），致力于开发和评估自动化车辆技术的开放架构平台。

① “Technology Scouting”, U.S.Department of homeland Security, accessed July 7, 2022, https://www.dhs.gov/science-and-technology/technology-foraging.

其目的是提供一种环境来展示多智能体自治、网络安全挑战和适用于未来潜在的网络化和无人驾驶系统的通信架构。这一努力将开发下一代自动化车辆测试台。

※ 由于对自动化车辆定位、导航和定时的需求只会随着自动化车辆的出现而增加，美国国土安全部的 HSSEDI FFRDC 正在研究全球导航卫星系统的防欺诈方案。

※ 主动安全和驾驶员辅助系统有可能拯救生命和避免事故，但对其系统的使用和安全性能仍然知之甚少。美国国土安全部的 HSSEDI FFRDC 正在研究评估自动化车辆系统性能的分析方法。

（6）司法部

美国司法部国家司法研究所（NIJ）向普渡大学拨款 5 万美元，用于识别自动化车辆系统对网络威胁的漏洞，并制定应对这些威胁的措施。NIJ 还向兰德公司提供资金，与警察执行研究论坛（PERF）在 2019 年 7 月举办自动化车辆研讨会。该研讨会强调并探讨了执法部门已经或将要面临的涉及自动化车辆的具体公共安全场景，包括警察与特定个体车辆的常规互动（如交通堵塞、事故报告），以及可能需要与大量车辆同时互动的小型或大规模紧急情况（如绕道、疏散）。

（7）交通部

美国交通部的几个模态管理局正在开展一系列与地面运输自动化车辆系统相关的研究和示范项目。

FHWA① 是：

※ 调查不同的道路 / 自动驾驶场景，重点关注使自动化车辆系统交换数据以成功导航具有挑战性的道路场景。

※ 开发新的建模和仿真能力，分析联网车辆和自动化车辆（CAV）对公路系统的影响，包括开发新的与车辆融合的交通仿真算法，开展案例研究分析 CAV 技术对交通流量和运营的影响。

※ 研究修订《统一交通控制设备手册》（MUTCD）。新版将提出更新的技术条款，反映技术进步和运营实践，吸收最新趋势和创新，并为正在形成的 ADS 打下基础。

※ 通过每年 6 000 万美元的先进交通和拥堵管理技术部署（ATCMTD）计划

① 译者注：FHWA（Federal Highway Administration）联邦公路管理局。

提供资助。《修复美国地面交通法案》(FAST Act)设立了ATCMTD，以提供竞争性赠款，用于开发先进交通技术的大规模安装和运营的示范部署地点，以提高安全性、效率、系统性能和基础设施的投资回报。

FMCSA[①]的范围是：

※ 研究提高对人为因素的认识，针对驾驶员准备状态、人机界面(HMI)、先进技术适应、在车之外与其他人沟通等特定领域。

※ 研究关键项目的安全性能，如传感器、刹车和轮胎在AV CMV运营、卡车排队、应急响应和路边检查中的安全性能。

※ 开展研究以确保CMV行业有足够的装备和能力预防或应对网络威胁。

FTA[②]是：

※ 针对涉及乘客、公交运营商和其他公交用户的高度优先交通自动化使用案例评估用户接受程度和人为因素，设计考虑因素，在演示中应用和进行实际研究，并识别和研究由于感知到的安全问题或对技术的不信任而与完全无人驾驶运营相关的潜在客户接受问题。

※ 根据早期的研究结果和示范结果，制定可能与公交自动化投资相关的联邦资助计划的非约束性指引。

※ 研究制定适用于公交公司的可操作性的参考指南，涵盖车辆维护；人力和培训问题；客户沟通；保持乘客体验的一致性；以及公交服务规划等关键过渡领域。

※ 探讨自动驾驶技术和能力从轻型车和商用车到公交车的潜在迁移性。[③]

※ 根据FTA战略交通自动化研究(STAR)计划的规定，在真实的交通环境中，按用例类别组织开展一系列7项示范[④]。这些示范将为研究技术问题、

---

① 译者注：FMSCA(Federal Motor Carrier Safety Administration)联邦运输安全管理局。

② 译者注：FTA(Federal Transit Administration)联邦交通管理局。

③ Ahmad Nasser,"Transit Bus Automation Project:Transferability of Automation Technologies Final Report", Federal Transit Administration, September, 2018, accessed July 7, 2022, https://www.transit.dot.gov/sites/fta.dot.gov/files/docs/research-innovation/118161/transit-bus-automation-project-transferability-automation-technologies-final-report-fta-report-no.pdf.

④ Federal Transit Administration,"Strategic Transit Automation Research Plan", Federal Transit Administration, January, 2018, accessed July 7, 2022, https://www.transit.dot.gov/sites/fta.dot.gov/files/docs/research-innovation/114661/strategic-transit-automation-research-report-no-0116_0.pdf.

用户接受问题、运营和维护成本以及制度问题提供试验台，并进一步评估标准开发需求，以确保互操作性。

NHTSA 的范围是：

※ 研究非有意性监管壁垒。从历史上看，联邦机动车辆安全标准（FMVSS）一直基于人操作车辆的概念。随着 ADS 的引入，驾驶任务日益转移到车辆上。人类驾驶员的缺席为汽车制造商设计新的汽车结构创造了机会，这些新的汽车结构可以取消驾驶控制，改变座位配置，并为乘客建立新的互动界面。

※ 国家公路交通管理局公布了非约束性指引，以支持汽车业和其他主要利益攸关方考虑和设计自动驾驶系统测试和安全集成的最佳做法，以及对各国的技术援助和对立法机构的最佳做法[①]。

※ 研究替代性指标和安全评估模型。这项研究将确定方法、指标和工具，用于评估 ADS 在系统层面上避免碰撞的性能，包括相对于系统的 ODD 和规定的物体和事件检测与响应（OEDR）能力的系统性能和行为，并探讨 ADS 实现的功能性能和安全效益。研究还将评估 ADS 正常驾驶能力的可行性和方法。动态驾驶任务（以前由人类驾驶员承担）作为行为能力或动作，可以按照评估人类驾驶员的方式进行测量和测试，以确保驾驶能力。

※ 功能安全和 ADS 子系统的研究。ADS 的安全运行和可靠的性能是公众接受和成功集成未来 ADS 的关键。随着动态驾驶任务从人类驾驶员转移到 ADS 上，人类感知和认知功能实质上是通过一系列集成的硬件和软件子系统将其下放到机器上。因此，评估 ADS 子系统及其构建块组件的功能安全性的方法和工具是必要的。

※ 研究替代车辆设计中的乘员保护[②]。汽车碰撞力学和乘员约束系统不受车辆自动化的直接影响。但是，乘员行为和增强的传感器系统将影响车辆在发生碰撞时的安全优先级。

① “U.S. DOT releases new Automated Driving Systems guidance”, National Highway Traffic Safety Administration, accessed on July 7, 2022, https://www.nhtsa.gov/press-releases/us-dot-releases-new-automated-driving-systems-guidance, accessed on July 2022.

② “Crashworthiness”, National Highway Traffic Safety Administration, accessed on July 7, 2022, https://www.nhtsa.gov/research-data/crashworthiness.

※ 研究ADS车辆的人为因素，例如，在设计上既可以由驾驶员又可以由ADS操作的车辆（例如双模式），涉及驾驶员和ADS之间在某些情况下的控制交接。在SAE3级ADS，驾驶员是否准备好恢复控制是安全的关键。驾驶员与ADS的接触受多种因素的影响，包括人机界面、驾驶员的经验和系统培训，以及其他影响行为反应的特定环境因素。

※ 研究ADS车辆中的无障碍性考虑。ADS车辆预计将提供以前残疾人所没有的移动选择，而不管其认知、身体状况，甚至是状况程度如何。相关研究已经启动，以探索残疾人的信息需求，以及如何在人机界面（HMI）中有效地实现这些需求。

※ 开展网络安全研究，通过关注有可能受到网络攻击的车辆无线和有线的入口点，促进网络安全的分层方法。车辆网络安全的分层方法降低了车辆网络攻击成功的可能性，并减轻了成功入侵的潜在后果。NHTSA发布了汽车工业改善汽车网络安全的非约束性指南①，目前正在努力更新。

交通部长办公室（OST）宣布：

※ 联邦拨款6 000万美元，用于一个竞争性赠款计划，授予8名ADS示范项目的获奖者②。

※ 计划中的包容性设计挑战③将为设计解决方案以实现无障碍自动化车辆的创新者提供高达500万美元的现金奖励。USDOT的目标是售后改装件的可用性并降低其成本，以改善目前车辆的无障碍性，促进未来自动化车辆的发展。

（8）美国国家航空航天局

虽然美国国家航空航天局（NASA）的任务与空间和航空有关，但是为了完成这一任务，NASA正在开发和完善一系列与地面自动化车辆有关的技术。这

---

① Cem Hatipoglu,"CYBERSECURITY BEST PRACTICES FOR MODERN VEHICLES, *National Highway Traffic Safety Administration*, October, 2016, accessed on July 2020, http:///www.nhtsa.gov/sites/nhtsa.dot.gov/files/documents/sae2017chatipoglu_0.pdf.

② USDOT,"Automated Driving System Demonstration Grants", September 18, 2019, accessed July 7, 2022, https://www.transportation.gov/av/grants.

③ "Accessibility,"U.S. Department of Transportation, accessed July 7, 2022, https://www.transportation.gov/accessibility.

些技术主要由“机器人和自动系统”技术路线图描述。[①] NASA 在这一领域的投资包括传感（sensing）和感知（perception）、移动性、操纵、人机系统集成（human-system integration）、系统级自主（system-level autonomy）、自主交会对接（autonomous rendezvous and docking）和系统工程方面的工作。自主性（包括系统性和子系统级）、认知和机器学习是跨越所有子领域的不可分割的部分，包括对象、事件和活动识别；机器人导航；灵巧操纵（dexterous manipulation）；意图识别和反应；以及交会和对接。

NASA 开发和部署了各种操作员接口，用于远程监控和监管空间机器人，包括在不确定环境中自主驾驶的行星漫游车。这些接口，如 NASA 的开源工程“远程和虚拟探索可视化环境（VERVE）”，用于对机器人传感器数据、遥测和远程环境进行可视化处理，以及交互式处理突发事件和异常情况。许多自动化车辆企业正在开发类似的系统，以支持对自动化车辆服务（快递、出租车等）的监控。

NASA 的技术投资（包括内部项目和外部奖励）可以使用 TechPort 软件系统进行跟踪和分析。TechPort 是一个基于网络的、公开的软件系统，是 NASA 的集成技术数据源。[②] 研究产品归档于 NASA 技术报告服务器（NTRS），该服务器提供对 NASA 创建或资助的科学和技术信息（STI）的访问，包括会议论文（conference papers）、期刊文章、会议论文（meeting papers）、专利、研究报告、图像、电影和技术视频。[③] 可预见的应用于航空、航天和行星探索之外的技术包括开发更高分辨率的 3D 距离成像传感器，使自动化车辆感知周围的地形，基于地图的地面车辆导航位置估计，自然和人造物体识别算法，改进的路径和优化技术，以及自适应的自主表面导航系统。

（9）美国国家科学基金会

美国国家科学基金会（NSF）通过计算机和信息科学与工程（CISE）、工程（ENG）以及社会、行为科学和经济科学（SBE）等各种方案，支持自动化车辆的开发，分析引入目前交通系统的潜在好处和挑战。

NSF 资助了传感（sensing）、推理（reasoning）和行为（acting）这三大类领

① NASA,“2015 NASA Technology Roadmaps”, NASA, March 13, 2021, accessed July 7, 2022, https://www.nasa.gov/offices/oct/home/roadmaps.

② “Techport”, NASA, accessed July 7, 2022, https://techport.nasa.gov.

③ “NTRS”, NASA, accessed July 7, 2022, https:///ntrs.nasa.gov/.

域的基础研究：

※ 传感基础研究可包括改进计算机视觉、雷达、LIDAR、测绘等感知方式以及传感器融合等。

※ 推理分析的基础研究可包括实时机器学习、感知和定位、不确定环境下控制的安全性保障和约束条件下的多目标优化等。

※ 动作行为的基础研究可包括确保自动化车辆人员以及其他道路使用者的安全，如自行车和行人、轨迹规划、车辆动力学、模型预测控制和混合控制等。

此外，NSF 还资助了基础研究和研讨会，以解决自动化车辆之间的通信问题、围绕采用自动化车辆的社会问题，以及未来包含地面自动化车辆的交通系统等问题。作为 NSF 在通信、基础设施和人为因素等领域广泛基础研究的一部分，NSF 资助了以下领域的基础研究和研讨会：

※ 通信包括 V2V 和 V2I 通信的频谱研究。

※ 自动化车辆系统的安全。

※ 人类对与自动化车辆共享道路的反应如何有助于促进对自动化技术的信任。

※ 用户隐私与自动化车辆共享服务体系结构的关系。

※ 自动卡车的出现如何影响卡车运输工人和美国经济。

※ 对目前被驾驶占用时间的重利用如何提高经济生产率和工人的福祉。

（10）美国邮政局

美国邮政局 USPS 运营着美国最大的民用机构车队，拥有超过 200 000 辆车辆。自动化车辆的使用为美国邮政局提供了一个提高运营效率、加强邮政工作人员和公众安全的机会。USPS 使用先进技术来提高效率是 20 世纪 70 年代早期重建的该组织 的 USPS 章程的一部分。USPS 正在进行三个自动化车辆演示项目：

※ **自动农村运载工具（Zippy）项目：**[①] 该项目与密歇根大学联合创建了一个原型，以确定自动化车辆的当前能力和价值。

① USPSOIG,"Autonomous Vehicles for the Postal Service", Office of Inspector General, October 2, 2017, accessed July 7, 2022, https://www.uspsoig.gov/sites/default/files/document-library-files/2017/RARC-WP-18-001.pdf.

※ **自动车辆能力的信息请求（RFI）**：[①] USPS发布了一份关于先进的自动运载工具方案的RFI，以提高生产力，并评估当前的自动化车辆能力和单个传感器技术。USPS收到了大量的回应，并正在对其车辆的自动化技术进行有针对性的研究。除研究项目外，USPS将探索与行业领导者的合作伙伴关系，利用其庞大的车队，每天以典型的低速行驶到每家每户，为国家运送邮件。

※ **自动化半卡车（Automated-Truck）**：这是一个自动牵引车－拖车的概念验证方案，在美国西南部主要配送中心之间的规定路线上运行（安全工程师和司机在场）。USPS最近完成了一个试点项目，其中包括5次往返于德克萨斯州达拉斯和亚利桑那州凤凰城。所有的自动行程都准时或提前到达各自的设施。

4. 安全和网络安全

安全和网络安全对于发展一个安全和有效地结合自动车辆的运输系统至关重要。高度的连通性和自动化程度增加了对车辆控制系统和敏感信息的保护的需要。此外，大多数的自动化车辆制造商都表示，他们的车辆将使用电动马达，因此需要接入电网并通过充电设备连接。考虑到车辆和更广泛的关键基础设施的关键技术的潜在增长，美国政府致力于提供一个安全的自动化车辆环境。

（1）能源部

能源部通过其国家实验室拥有深厚的网络安全专业知识。到目前为止，与车辆相关的网络安全研究集中在插电式电动汽车以及车辆、充电设备、建筑物和电网之间的互联上。但是，桑迪亚国家实验室正在进行包括自动化车辆在内的更全面的车辆网络威胁评估，以了解是否需要进一步的研究。

（2）国土安全部

国土安全部的网络安全和基础设施安全局（CISA）也拥有深厚的网络安全专业知识，并领导着保卫关键基础设施不受当今威胁的国家工作，同时与各级政府和私营部门的合作伙伴合作，以防范未来不断变化的风险。CISA的综合运营中心为联邦政府、州、地方、部落和地区政府、私营部门和国际合作伙伴提供全天候网络态势感知、分析、事故响应和网络防御能力。CISA提供网络安全工具、事件响应服务和评估能力，以保障支持联邦文职部门和机构基本运行的网络安

① accessed July 7, 2022, https://www.fbo.gov/spg/USPS/SSP/PhPMSC/RFI-USPS-AVC/listing.html.

全。CISA 利用私营和公共部门之间值得信赖的伙伴关系，协调安全和复原力工作，并向联邦利益相关方以及全国范围内的基础设施所有者和运营者提供培训、技术援助和评估。CISA 通过国家风险管理中心（NRMC）提供美国关键基础设施安全风险合并分析。

（3）司法部

司法部的工作重点是实施联邦法律，确保公共安全和维护国家安全。美国司法部在纳入交通运输系统方面的安全和网络安全利益包括：

※ **网络执法**：参与自动化车辆运营和通信的计算机系统使车辆成为美国国内或国际犯罪分子的潜在攻击目标。司法部调查和起诉利用计算机系统的犯罪行为，并与跨部门、国家和地方以及国际合作伙伴合作，以减少对网络空间的公共安全和国家安全的威胁。因此，自动化车辆计算机系统应采取充分的网络安全措施，打击网络犯罪分子对司法部及其执法合作伙伴至关重要。同样重要的是，这些系统中调查犯罪所需的数据在得到适当的授权后可供执法人员使用。

※ **供应链安全**：为降低外国对手对自动化车辆等敏感技术的供应链风险，美国司法部与 NHTSA 通过美国外国投资委员会（CFIUS）对美国企业的外资收购提案进行评估。

※ **最佳执法实践的研究与开发**：在司法部内，NIJ 是研究将技术应用于刑事司法和刑事司法目的的联邦机构。NIJ 不仅资助有关自动化车辆对执法的影响的研究，还致力于评估和传播保护警官安全、免受自动化车辆威胁的最佳做法。此外，NIJ 还与国家、地方、部落和地区执法合作伙伴合作，以确定其与自动化车辆相关的运营要求，并与执法技术开发商、制造商和供应商进行互动，以满足这些要求。

※ **联邦执法部门对自动车辆的使用**：未来，司法部内部的执法机构可能会寻求利用自动化车辆技术来提高执法能力，同时更好地保证执法人员的安全，潜在地降低成本，并确保隐私、公民权利和公民自由得到保护。

（4）交通部

《国家交通和机动车安全法案》[①] 为 NHTSA 提供了对机动车和机动车设备的广泛权力。国会设立这一广泛权力的目的是减少车辆碰撞导致的交通事故、死亡

①《美国法典》第 49 卷第 301 章（“安全法案”）(49 U.S.C. chapter 301) (“Safety Act”)

和伤害。[①]NHTSA权力的三个关键部分是其制定和建立安全标准的能力，禁止使符合安全标准的车辆或机动车设备不能使用的规定，以及采取行动保护公众免受对机动车安全构成不合理风险的违规行为和缺陷的影响。NHTSA拥有广泛的权力，使得NHTSA在不断变化的技术进步（包括与网络安全有关的技术进步）面前保持灵活和快速反应能力。

尽管“数据安全”和“隐私”是车辆和网络安全方面的重要考虑因素，但软件漏洞和其他可能导致机动车或机动车设备发生撞车或安全退化的威胁或风险是NHTSA主要关注的问题。NHTSA已经建立了涉及安全关键系统事件的车辆网络安全响应流程。在重大事件期间，协调工作将通过国家网络安全和通信集成中心（NCCIC）进行，NHTSA将发挥信息/咨询作用，履行其在《安全法》（the Safety Act）项下的法定责任。

虽然网络安全是NHTSA的一个关键问题，但最终解决网络安全问题的重点必须是行业，行业必须是该领域的主要推动者和领导者。NHTSA还采取了其他几个具体步骤，为可能发生的影响安全的汽车网络事故做好准备。为了鼓励行业直面这一新出现的问题，NHTSA发布了不具有约束力的最佳实践。[②]此外，2015年，汽车行业成立了汽车信息共享和分析中心[③]（Auto-ISAC），作为行业领导的信息交换中心，以分享网络安全信息。Auto-ISAC是少数几个在行业事故前成立的ISAC之一。2016年7月，汽车信息共享和分析中心向公众发布了自己的一套最佳实践。

虽然一般消费者隐私是NHTSA的一个重要的次级关注点，但NHTSA与联邦贸易委员会（FTC）合作，后者对与机动车安全无关的隐私问题拥有首要管辖权。

（5）国家标准与技术研究所

NIST国家杰出网络安全中心[④]（NCCoE）开展研究，以加快部署和使用安全

---

① 《美国法典》§30101（U.S.C. § 30101）

② Cem Hatipoglu,“Cybersecurity Best Practices for Modern Vehicles”,*National Highway Traffic Safety Administration*, October, 2016, accessed July 7, 2022, https://www.nhtsa.gov/sites/nhtsa.dot.gov/files/documents/sae2017chatipoglu_0.pdf.

③ “AUTOMOTIVE INFORMATION SHARING AND ANALYSIS CENTER”, Auto-ISAC, accessed July 7, 2022, https://www.automotiveisac.com.

④ National Institute of Standards and Technology. National Cybersecurity Center of Excellence. http://www.nccoe.nist.gov/.

的、基于标准的风险管理解决方案。NCCoE是行业组织、政府机构和学术机构合作解决企业最紧迫的网络安全问题的一个合作枢纽。自动化车辆开发者、汽车制造商、零部件供应商以及支持交通运输的所有利益相关者，都有责任遵循最佳实践和行业标准，对自动化车辆设计、集成、测试和部署过程中的网络风险进行管理。联邦政府将为自动化车辆网络安全利益相关者推广NIST网络安全框架（NIST Network Cybersecurity Framework），该框架已经成为在行业内实现网络安全的事实上的共同措施。①

NIST起草的《安全物联网设备的核心网络安全特征基线：物联网设备制造商的起点》② 旨在帮助物联网设备制造商了解客户所面临的网络安全风险。许多物联网设备都是云计算、移动计算、嵌入式系统、大数据、低价硬件和其他技术进步融合的结果。物联网设备可以为以前不具备这些功能的设备提供计算功能、数据存储和网络连接，从而实现设备的新效率和技术能力，如远程访问以进行监控、配置和故障排除。③ 该文件草案界定了网络安全功能的核心基线，任何制造商都可以自愿为其生产的物联网设备采用这些功能，并提供了关于如何识别和实施最适合客户的功能的信息。这份文件可以作为自动化车辆创新者的资源，以更好地了解客户所面临的网络安全风险，并提供了可用于自动化车辆设备中嵌入潜在物联网设备的网络安全功能的核心基线。

（6）国家安全委员会

国家安全委员会④ 与各部门和机构一起，使总统能够规划和执行综合国家安全战略，以保护美国公民和国土，同时优先考虑国家利益和价值观。国家安全战

---

① "CYBERSECURITY FRAMEWORK", NIST, accessed July 7, 2022, http://www.nist.gov/cyberframework.

② Michael Fagen,"Core Cybersecurity Feature Baseline For Securable IoT Devices", *National Institute of Standards and Technology*, July 31, 2019, accessed July 7, 2022, http://nvlpubs.nist.gov/nistpubs/ir/2019/NIST.IR.8259-draft.pdf.

③ Katie Boeckl,"Considerations for Managing Internet of Things (IoT) Cybersecurity and Privacy Risks" ,*National Institute of Standards and Technology,* June 15, 2019, accessed July 7, 2022, http://nvlpubs.nist.gov/nistpubs/ir/2019/NIST.IR.8228.pdf.

④ "National Security Council", THT WHITE HOUSE, accessed July 7, 2022, http://whitehouse.gov/nsc/.

略的依据是《国家安全战略》（2017）[①] 及其四大支柱：（1）保护美国人民、国土和美国生活方式；（2）促进美国繁荣；（3）以实力维护和平；（4）提升美国的影响力。美国政府将优先考虑交通部门作为减少网络风险活动的七个部门之一。美国政府将优先考虑对经济增长和安全至关重要的新兴技术，如自动化车辆设备技术。美国政府还将促进和保护其国家安全创新基地。国家安全创新基地被定义为美国的知识、能力和人员网络，可以将想法转化为创新，将发现转化为成功的商业产品和公司，并保护和改善美国的生活方式。

5. 基础设施

在整个美国政府，许多机构投资不同的基础设施研发，这将使美国的企业家精神和创新成为可能。本研究探索利用现有基础设施和探索新基础设施，以最大限度地发挥自动化车辆的潜力。

（1）能源部

能源部的国家实验室拥有世界上速度最快的 HPC 设施，并拥有人工智能和大数据分析方面的专长。能源部开发了高性能计算基础设施，用于建模和模拟感知、规划和控制的自动化车辆软件。能源部在这一领域与自动化相关的工作主要有两个：（i）优化运输系统以减少拥堵和提高吞吐量，以及（ii）开发改进的 AI 或自动化车辆所需的计算。

作为这一计算基础设施的应用，橡树岭国家实验室正在与汽车制造商紧密合作，使用先进的人工智能软件，如多节点深度学习进化神经网络（MENNDL）[②]，以缩短开发时间，提高感知、规划和控制的自动化车辆软件的性能。

“美国能源部交通运输加速研究系统建模[③]（SMART Mobility）国家实验室联盟”于 2016 年成立，以产生对移动未来的新知识、新见解和新理解。该联盟正在开发建模和仿真工具，其规模从车辆 / 乘客层面到城市 / 区域层面，并纳入了新兴的移动技术和服务。建模工作包括使用 UrbanSimw 和 EVI–Pro，通过基于区域智能体的模型（POLARIS 和 BEAM）迭代闭环模拟，估算土地用途变化和充电

① Donald J. Trump,“National Security Strategy of the Unite State of America”, *TRUMPWHITE-HOUSE*, December 18, accessed July 7, 2022, http://www.whitehouse.gov/wp-content/uploads/2017/12/NSS-Final-12-18-2017-0905.pdf.

② “MENNDL”, OAKRIDGE National Laboratory, accessed July 7, 2022, http://www.ornl.gov/dition/csmd/projects/multinode-evoltionary-neural-nets-deep-learningning-menndl.

③ “SMART Mobility”,U.S. Department of Energy, accessed July 7, 2022, http://www.energy.gov/eere/vehicles/Energy efficiencyent-mobility-systems.

基础设施需求；通过基于代理的模型按照出行方式和时间点提供出行时间、成本、距离等信息，模拟未来的人口流动、就业、电动汽车市场渗透率和充电需求。

学术界、地方政府和交通规划人员以及其他联邦机构可以使用该建模工具从能源消耗、可承受性、时间和便利性、机会获得性等方面了解未来交通情景的结果。SMART Mobility 项目于 2019 财务年度年底完成一期工程，届时将提供一整套完善的建模仿真工具，这些工具结合起来，能够全面模拟大城市圈当前和潜在未来状态。一系列新的移动性技术和服务将被纳入其中，包括不同级别和效率的自动化。

（2）交通部

FHWA 负责管理国家公路、桥梁和隧道的建设、维护和保护。通过研究和技术援助，[①] FHWA 支持其在联邦、州和地方机构的合作伙伴加快创新并改善安全性和移动能力。FHWA 通过其 MUTCD 促进交通控制设备的统一。

截至 2019 年初，全国各地规划或部署的联网车辆部署有 89 辆，[②] 且数量正在快速增长。基于《FHWA 全国对话》所提供的部分见解，FHWA 将促进国家道路自动化一体化准备战略的制定。该战略将确定一个灵活的规划框架，以明确国家与地方交通运输部门之间以及与 ADS 开发商之间的协调规划框架。

FHWA 与 FMCSA 合作，与三个团队签署协议，以制定详细的卡车排实地测试方案。实地测试将采集车辆、环境和驾驶员的有关技术和运行数据，以评估卡车排对交通运输系统的安全性、效率和机动性影响。此外，FHWA 正在开展研究，以更好地了解卡车排可能对道路基础设施（如人行道和桥梁）的影响。

FHWA 与 ITS JPO 协调支持针对自动化车辆的工作区数据交换[③]（WZDx）计划。准确、实时的工作区域等道路动态信息能够帮助自动化车辆安全、高效地导航。WZDx 计划旨在为其他数据集的发展奠定基础，这些数据集将促进自动化车辆集成到美国道路系统中。

6. 频谱与连通性

随着自动化车辆在美国道路上越来越普遍，获得频谱合作和连接可能变得越

---

① “Federal Highway Administration”, U.S.Department of Transportation, accessed July 7, 2022, http://highways.dot.gov/research-and-develop/research-programs.

② “Interactive Connected Vehicle Deployment Map”, U.S.Department of Transportation, accessed July 7 2022, http://www.transportation.gov/sites/dot.gov/files/docs/research-and-technologies/345996/cv-deployment-locationsusamapnodetails-2.pdf.

③ “Work Zone Data Exchange (WZDx) Specification”, GitHub, accessed on July 2022, http://github.com/usdot-jpo-ode/jpo-wzdx/blob/master/README.md.

来越重要。因此，美国政府将重点放在这一重要频谱的使用和管理上。

（1）能源部

由美国能源部赞助的研究表明，除了安全方面的好处，连通性也是减少道路拥堵的重要手段。交通拥堵增加了燃料消耗，给企业带来了巨大的经济成本，造成了消费者延误，增加了排放，并助长了伤亡情况。连通性还使车辆在一系列设置下更有效地行驶——包括高速公路、主干道、合流时以及十字路口——节省了大量的燃料/能源。这些好处需要改善技术，如具有很高的带宽和低延迟的车辆之间和车辆与基础设施之间的连接。

（2）国土安全部

2019 年 7 月，国土安全部的 CISA 发布了一份风险和恢复说明，概述了美国采用 5G 所带来的风险。[①] 它强调了一系列风险管理缓解措施，包括确保 5G 应用和服务的强大安全能力。

（3）交通部

USDOT 正在与包括州政府和地方政府、车辆和设备制造商以及学术界在内的公共和私人合作伙伴合作，以推进互联车辆的开发和实施。ITS JPO 正在与 USDOT 的模态管理部门合作，以协调和促进互联车辆技术的进步。实践中，测试互联车辆技术和应用方面已经取得了重大进展。USDOT 的互联车辆安全试验项目[②]提供了大量有价值的数据，以说明这些技术、应用和系统是如何在日常驾驶活动中运行。USDOT 强烈支持保留运输安全应用程序使其在 5.9 GHz 安全频段[③]中发挥作用。

（4）联邦通信委员会和国家电信和信息管理局

联邦通信委员会（FCC）与商务部（DOC）下属的国家电信和信息管理局（NTIA）就影响联邦政府用户的频谱问题进行合作。联邦通信委员会是美国通信法律、法规和技术创新的主要权威机构，负责管理对现代经济几乎所有方面都至关重要的电磁波（即无线电波）。NTIA 是主要负责就电信和信息政策问题向总统

① CISA,"OVERVIEW OF RISKS INTRODUCED BY 5G ADOPTION IN THE UNITED STATES", *Cyber+Infrastructure*, July 31, 2019, accessed July 7, 2022, https://www.cisa.gov/sites/default/files/publications/19_0731_cisa_5th-generation-mobile-networks-overview_0.pdf.

② "Interactive Connected Vehicle Deployment Map", U.S.Department of Transportation, accessed July 7 2022,http://www.transportation.gov/sites/dot.gov/files/docs/research-and-technologies/345996/cv-deployment-locationsusamapnodetails-2.pdf.

③ "The Safety Band #SafetyBand", U.S.Department of Transportation, accessed July 7, 2022, http://www.transportation.gov/content/safety-band.

提供建议的行政执行机构。NTIA 的项目和决策主要集中在推动美国宽带互联网接入和采用，推进所有用户的频谱使用，并确保互联网仍然是持续创新和经济增长的引擎。

许多对实现车辆基础功能、增值功能和驾驶员舒适性至关重要的技术都需要频谱接入功能。比如，这些设备包括雷达和用于安全以及驾驶员辅助功能的数据传输；用于导航的全球定位系统；收费标签、轮胎气压监视器、车库门开启装置和钥匙开关；帮助定位和找回车辆的被盗车辆回收系统；以及提供娱乐和机舱内连接的无线电（卫星和地面）和蓝牙 /Wi–Fi 连接。

如今的汽车采用了范围广泛、数量不断增加的频谱依赖技术。它们必须有能力集成多种服务和设备，以最有效地运行，并提供驾驶员需要的功能和特性。FCC 特别感兴趣的领域包括雷达技术（例如 76–81 GHz 频段的车载应用）、车对车和车载基础设施的通信协议以及普适的地面 5G 系统实现的日益广泛的网络连接。FCC 通过其统一的频谱管理政策和规则，创造了一个允许开发和部署包括车载通信技术在内的通信技术的环境，同时让创新者创造和集成这些技术。

FCC 的重点是防止竞争性使用者之间的有害干扰，同时建立灵活的规则，使创新设备和服务得以开发和部署。这一核心原则非常适合快速发展的自动化车辆技术领域。我们预计，技术和应用开发者将越来越多地利用 FCC 提供的不同频谱授权机制——无论是通过许可方式分配给特定用户，还是无需特定许可的公众使用，还是两者的组合。FCC 将继续努力确保其政策推广现代频谱管理方法，为所有创新者提供最大的灵活性，包括那些致力于在美国推广自动化车辆的创新者。

NTIA 的电信科学研究所（ITS）工作人员通过在 3GPP 工作组会议和国际或国内环境下的全体会议，观察 C–V2X 和 5G 通信技术规范的开发活动，以确定每项投入如何影响运输。这包括识别由于工作组进行的技术创新而导致的技术规范的重大转变。3GPP 关注的 5G 用例主要针对远程驾驶、自动驾驶、传感和排程。

（5）国家标准与技术研究所

NIST 隶属于商务部，通过推进计量科学、标准和技术，以提高经济安全和生活质量的方式提升产业竞争力。国家先进频谱和通信测试网络（National Advanced Spectrum and Communications Test Network，NASCTN）是一个多机构的合作组织，由 NIST 领导，负责组织一个由联邦、学术和商用测试设施组成的全国性网络，以提供开发和部署频谱共享技术所需的测试、建模和分析，并为未来的频谱政策提供信息和法规。NASCTN 的任务是提供稳健的测试过程和可验证的测量数据，以增加联邦机构和非联邦频谱用户对频谱的访问。

NIST 还从事与自动化车辆相关的计量研究，包括开发测量技术、测试协议、校准服务、建模和仿真技术，这些技术将有助于预测和测试某些连接方面，如信号传播、无线共存和天线性能，以及在拥挤的无线电波中最大限度地减少无线电干扰。这些工具对于联网车辆、道路基础设施和中央控制中心之间的可靠通信至关重要，从而保障联网车辆安全性。

7. 经济和劳动力研究

作为美国政府在推进自动化车辆创新和技术方面的补充，DOC（美国商务部）、HHS（美国卫生与公共服务部）、DOL（美国劳工部）和 USDOT（美国交通部）正在合作支持自动化车辆技术对（专业司机）劳动力的影响的研究。①

美国劳工部 DOL 中的劳动统计局（BLS）目前正在进行一项文献综述，总结关于工作场所劳动力和资本之间的相互作用以及自动化、数字化和人工智能等新技术如何发挥影响的经济理论。这一综述将成为制定一个全面的需要测量的结构清单的基础，以使研究人员能够确定这些新技术对劳动力的影响。

FTA 正在研究与自动化车辆相关的经济和劳动力相关因素，包括：

※ 分析公共汽车运营的非驾驶任务（如公交站场运营管理）中与劳动和劳动力有关的相关因素。

※ 研究自动化相关系统和产品的可用性和成本，尤其是美国国内巴士市场。

※ 开发公交机构可以用来评估投资公交自动化的商业案例的方法和工具。

※ 研究自动化相关变化对公交服务模式的潜在影响，如使用小型车辆增加点对点服务的增长。

（二）美国政府在自动化车辆领域的扶持活动

美国政府正在积极开展一系列监管和非监管活动，使自动化车辆得以采用，其总体目标是促进将自动化车辆技术安全充分地纳入国家地面运输系统。这将有助于实现自动化车辆技术在提高公共安全、提高系统效率和促进经济活力方面的巨大潜力。

---

① USDOT,"Impact of Automated Vehicle Technologies on Workforce", U.S.Department of Transportation, January 15, 2021, accessed July 7, 2022, http://www.transportation.gov/av/workforce.

1. 促进与政府的合作

（1）与非联邦利益相关者的联系

联邦政府使用联邦公报[①]，使公民和社区更容易地了解监管过程和参与政府决策。作为上述活动的一部分，许多联邦机构还对州、地方、部落和地区政府、工业和其他领域的利益攸关方进行了接触。这些外联活动通常是与多个联邦实体合作进行的。

比如，通过一系列的听证会和在线对话（大部分与美国交通部 USDOT 共同主办），DOL 的残疾人就业政策办公室（ODEP）聘请了联邦机构、学术研究人员、原始设备制造商（OEM）、跨国公司、州立法者和残疾人权益倡导者，就联邦政府在确保自动化车辆一旦部署后就可供移动、感官和认知障碍者使用方面的作用展开了一场对话。这些活动和会议的数据将用于制定联邦和州的政策建议。

美国能源部的智能移动实验室联盟（SMART Mobile Lab Consortium）召集了一个外部执行咨询委员会，成员涵盖了对自动化车辆有影响的行业，包括制造、运输、交付、移动、监管、技术、学术界和非政府组织。委员会向智能移动实验室联盟提供咨询意见，对联盟的研究组合提供反馈，对行业需求和趋势提出建议，并就提高智能移动实验室联盟研发的质量、相关性和影响力提出建议。

美国交通部领导了许多公共活动，并发布了关于自动化车辆主题的各种公共公告，以确保尽可能广泛地接触非联邦利益相关者。这些公共活动[②]和公告[③]在美国交通部的自动化车辆中心的网页上汇编。[④]

美国交通部支持行业努力确保公众能够获得关于 ADAS 和 ADS 的准确和明确的信息，并且鼓励大家安全使用和采用。2019 年 7 月，美国交通部召集了一组不同的利益相关者[⑤]，讨论了与自动化车辆有关的专业术语、宣传描述以及它如何影响消费者对自动化车辆技术的看法等问题。此外，在 2019 年 7 月举行的

① "Homepage", Federal Gegister, accessed July 7, 2022, http://www.federalregister.gov/.

② USDOT,"Automated Vehicle Events", *U.S.Department of Transportation*, February 28, 2019, accessed July 7, 2022, http://www.transportation.gov/av/events.

③ "Publicnotices", U.S.Department of Transportation, accessed July 7, 2022, http://www.transportation.gov/publicnotices.

④ "USDOT Automated Vehicles Activities", U.S. .Department of Transportation, accessed July 7, 2022, http://www.transportation.gov/Av.

⑤ "Automated Vehicle Communications", U.S.Department of Transportation, accessed July 7, 2022, http://www.transportation.gov/av/Communications

自动化车辆研讨会期间，还举行了一个小组讨论会，主题是让公共安全界放心使用先进车辆技术[①]。

城市和地方社区管理着自动化车辆，并将运行大部分交通系统。他们一直关心应如何为这项新技术做准备。美国环保署和能源部一直在与这些社区合作，以了解他们的需求，并开发工具和提供信息，以帮助他们考虑自动化车辆运营增加对环境的潜在影响。

联邦贸易委员会FTC和美国国家公路交通安全管理局NHTSA在2017年联合主办了一次公共研讨会[②]，探讨与自动化车辆相关的隐私和安全问题。联邦贸易委员会工作人员发表了一份文件，总结了全天研讨会上小组成员讨论的重要主题。

2019年6月，NIST与美国交通部USDOT合作，举办了一个关于ADS装备[③]的车辆安全测量共识方法的研讨会。该研讨会的目标是确定和制定自动化车辆决策安全标准，审查现有或拟议的制定安全要求和安全测量方法的方法，找出差距和主要挑战，并探索取得进展的机会，包括确定应该考虑的替代方法。研讨会报告[④]可在NIST特刊1900–320上找到。

（2）跨联邦协调

除了与非联邦利益相关者合作外，一些机构还牵头开展了旨在促进机构间协调和开发联邦统一的自动化车辆方法的活动。例如，美国总务管理局（GSA）政府政策办公室通过各种委员会和理事会促进机构间合作，包括联邦车队政策委员

① “Automated Vehicle Communications”, U.S.Department of Transportation, accessed July 7, 2022, http://www.transportation.gov/av/Communications.

② FTC and NHTSA,“FTC, NHTSA Workshop to Focus on Privacy, Security Issues Related to Connected Cars”, June 27, 2017, accessed July 7, 2022, https://www.ftc.gov/news-events/news/press-releases/2017/06/ftc-nhtsa-workshop-focus-privacy-security-issues-related-connected-cars.

③ NIST,“Consensus Safety Measurement Methodologies for ADS-Equipped Vehicles”, National Institute of Standards and Technology, November 13, 2019, accessed July 7, 2022, https://www.nist.gov/news-events/events/2019/06/consensus-safety-measurement-methodologies-ads-equipped-vehicles.

④ “Workshop Report: Consensus Safety Measurement Methodologies for Automated Driving System-Equipped Vehicles”, Christopher Greer, Edward Griffor, David Wollman, accessed July 7, 2022, https://nvlpubs.nist.gov/nistpubs/SpecialPublications/NIST.SP.1900-320.pdf.

会[①]（FEDFLEET）。FEDFLEET 提供了一种机制，用于协调联邦车辆管理项目和政策，以及分析现行和拟议中的法律、法规、行政命令和国际协定的影响。该委员会由经营联邦机动车辆车队的联邦机构的代表组成。

2. 自愿共识标准和其他指引

美国政府将促进自愿共识标准，以此作为一种机制，鼓励增加投资，并更快地为市场带来性价比高的创新。自愿共识标准可通过测试方案进行验证，并由私营部门评定计划支持，且对创新的快速步伐提供灵活性和响应性方案。此外，许多 SDO 利用现有流程，允许行业参与自愿共识标准的制定和发展。

（1）卫生和公共服务部

在其他自愿制定标准方面，NIOSH 还参加了由美国安全专业人员协会（ASSP）和美国安全理事会召开的分委员会，该委员会制定了美国国家标准协会（ANSI）/ASSP Z15.3 技术报告《部分和全自动化机动车运行安全管理规范》[②]。该报告旨在帮助组织制定政策、程序和管理流程，以控制自动化驾驶车辆的运行风险。

（2）国土安全部

在另一项联邦合作中，2019 年 3 月，国土安全部美国海关和边境保护局（CBP）撰写了六个汽车网络安全威胁场景，其将被纳入美国交通部 Volpe Center 即将发布的《政府车队经理中型和重型卡车网络安全最佳实践指南》，以适用于自动化车辆。CBP 还通过参与政府网络安全车辆指导委员会和商用卡车网络安全工作组与美国交通部开展合作。

（3）交通部

2017 年，NHTSA 通过《自动化驾驶系统 2.0：安全愿景》（AV2.0）提供了自愿指导。ADS2.0[③] 经过修订和精简，强调指南的自愿性——无合规要求或强制执行机制。ADS2.0 主要针对 SAE 三级及以上自动驾驶系统的新操作指南。此外，ADS2.0 明确，评估不需要联邦政府批准，也不需要因等待期推迟测试或部署。

① "Federal Fleet Policy Council (FEDFLEET)", U.S. General Services Administration, accessed July 7, 2022, https://www.gsa.gov/policy-regulations/policy/vehicle-management-policy/federal-fleet-policy-council-fedfleet?gsaredirect=fedfleetenroll.

② "Automated Vehicles: Addressing Challenges and Opportunities", American Society of Safety Professionals, accessed July 7, 2022, https://www.assp.org/news-and-articles/automated-vehicles-addressing-challenges-and-opportunities.

③ "Automated Driving Systems 2.0: A vision for safety", NHTSA, accessed July 7,2022, https://www.nhtsa.gov/sites/nhtsa.gov/files/documents/13069a-ads2.0_090617_v9a_tag.pdf.

ADS2.0 还对优先安全要素进行了修订，重点涉及 12 个方面，以便在近期可以实施。涉及隐私、伦理考虑、注册和除碰撞数据外的数据共享等因素仍然很重要，有待进一步讨论和研究。

2018 年，美国交通部通过《为未来交通做准备：自动驾驶汽车 3.0》（AV3.0）①提供了进一步的自愿指南。AV3.0 是由全国范围内广泛的利益相关方参与开发并在 ADS2.0 的基础上发展而来的，其范围进一步扩大到所有地面道路交通运输系统。AV3.0 主要围绕三个方面构建：一是推进多式联运安全；二是减少政策不确定性；三是概述与美国交通部的合作流程。

美国交通部的 Volpe 国家交通运输系统中心和 NCCoE 与三家互联汽车（CV）试点（怀俄明州、纽约州和佛罗里达州）和密歇根大学交通研究所（UMTRI）合作开发 CV 试点网络安全框架，并进行隐私风险分析。这包括将 NIST 隐私风险评估方法（PRAM）应用于 UMTRI 的 Ann Arbor 连接车辆测试环境（AACVTE）的研究实施。这项研究的结果是《2018 网络安全框架概要》②。

（4）国家标准与技术研究所

NIST 支持在自愿性共识标准、符合性评估和相关工具中开发和使用测量科学。这项工作使 ADS 的开发、部署和保证成为可能。NIST 的网络物理系统计划（NIST's Cyber–Physical Systems Program）正在开发测量自动化车辆可信性（安全性、安全性恢复力、可靠性和隐私）的方法，以支持 ADS 的性能测量。其目标是完善现有的车辆可信性验证方法——比如支持装备 ADS 的车辆的新建模和仿真能力。

3. 监管机构和自动驾驶车辆

（1）交通部

USDOT 的模态管理部门负责监管自动化车辆的各个方面。更多细节请参阅上面的安全性及安全与网络安全章节。

（2）总务管理局

GSA 负责制定联邦机动车辆管理条例，发布联邦车队运营指南，并提供关

① "Preparing for the Future of Transportation: Automated Vehicles 3.0", USDOT, accessed July 7,2022, https://www.transportation.gov/av/3.

② "Appling NIST CSF To a CV Deployment——Transportation Research Board Annual Meeting 2018", USDOT, accessed July 7,2022, https://www.its.dot.gov/presentations/trb2018/TRB_NIST_CSF_Project.pdf.

于联邦车队管理的报告。在 2018 财年[①]估计有 644 545 辆非战术车辆。联邦车队管理条例包括有关机构获取、使用和处置机动车的要求，并涵盖从家庭到工作的运输等要求。GSA 政府政策办公室（OGP）也发布了帮助机构有效管理其车队的指导意见。指导意见包括车队管理的各个方面，如车队管理信息系统，以及确定代理车队最优规模的方法。GSA OGP 将考虑出台如何将自动化车辆整合到联邦车队中的指导意见。

（3）管理和预算办公室

信息和管理事务办公室（OIRA）[②]是由国会在管理和预算办公室（OMB）内设立的联邦办公室，OMB 是总统办公厅内的一个机构。OIRA 审查包括 USDOT 在内的联邦机构根据第 12866 号行政命令提出的草案和最终规章。OIRA 还审查联邦机构根据《减少文书工作量法案》向公众收集的信息，并制定政府在信息政策、隐私、统计和科学政策等方面的政策并监督执行情况。

4. 税收、贸易和知识产权

（1）关于自动化车辆研究的税收优惠

为确保美国在自动化车辆技术方面的领先地位和增长，美国政府为自动化车辆创新者和企业家在美国进行自动化车辆研究与开发提供有吸引力的税收优惠政策。

（2）财政部

美国财政部和国税局（IRS）通过发布现行联邦所得税法优惠政策的管理规定和其他指导，促进自动化车辆行业的创新。纳税人可以立即支出研究和开发活动的费用，这些活动具有实验性质，目的是在开发或改进产品时消除不确定性。该活动可能包括开发专利和发明，以提高自动化车辆的燃油效率或提高驾驶员使用自动化车辆的体验。此外，符合条件的还可享受最高 20% 的用于研究与开发活动的联邦所得税抵免。纳税人在 2017 年 9 月 27 日后至 2023 年 1 月 1 日前购置的符合规定的经营性用房，也可即时列支成本。此外，自动化车辆创新企业购置新的或使用过的生产设备、运营或租赁的自动化车辆设备、计算机软硬件，可以直接列支。考虑到自动化车辆企业初期营业支出可能大于营业收入，税法允许

① “Federal Fleet Report (FFR)”, U.S. General Services Administration, accessed July 7,2022, https://www.gsa.gov/policy-regulations/policy/vehicle-management-policy/federal-fleet-report-ffr.

② “Information and Regulatory Affairs-OIRA Pages”, The White House, accessed July 7, 2022, https://www.whitehouse.gov/omb/information-regulatory-affairs/.

结转净经营亏损，以抵消未来几年产生的80%的应税收入。净经营亏损无限期结转至以后年度，确保了公司的营业费用的效益在公司产生利润时能够正常使用。纳税人可以在企业开始运营的那一年立即支出最多5 000美元（每一类）的启动和组织成本。从超过5万美元的启动和组织成本中减除5 000美元；剩余的费用可以在180个月内扣除。启动成本包括与创造交易的活跃业务有关、建立调查或取得业务的活跃交易有关的款项。组织成本包括企业或合伙企业的组建费用。

税收优惠可用于促进国内制造业出口，包括自动化车辆。美国公司在2018至2025年纳税年度将其直接从境外取得的无形所得（FDII）按37.5%的税率扣减（之后减为21.875%）。FDII扣减类似于“创新箱”税制度，目的是激励美国公司在维持美国业务和无形资产的同时向国外市场出口更多货物和服务。FDII扣减适用于所有超过有形资产固定回报的所有出口相关收入，以激励美国的所有出口经营。“国内国际销售公司利息收入”（IC–DISC）可用于抵消对国外销售在美国制造或生产的有形商品征收的联邦企业所得税。IC–DISC只有在分配给股东时才会征税，对符合条件的股息一般适用20%的税率。与FDII扣减规定不同，IC–DISC规则要求美国在制造或生产所售商品方面有所成就，因此这一制度特别鼓励了美国用于出口的生产活动。

（3）与自动化车辆有关的贸易促进

美国政府将确保美国自动化车辆创新者可以公平地进入国外市场。美国政府将在国内外寻求尽可能基于性能和非指令性的规则，平等对待美国的技术、产品或服务。

（4）国务院

美国经济和商务事务局是国务院在经济交往、国际贸易、运输和电信政策以及商业宣传方面的牵头部门。在自动化车辆国际贸易促进方面，国务院经济和商务事务局的任务是通过支持美国的海外商业，促进美国的繁荣和其他国家利益；通过经济透明度、问责制和可持续性促进善政；以及促进包容性经济增长和繁荣。

（5）交通部

美国交通部国际运输和贸易办公室在国际多式联运和贸易政策和倡议方面提供部门领导，包括技术援助和合作项目，以及贸易便利化和倡导活动。该办公室为交通部长提供信息和分析，以协助制定国际运输政策和履行其他国际责任。这些措施包括与外国同行交换技术信息；促进开放和自由化的全球运输市场；减少运输部门的技术性贸易壁垒；以及解决由其他国家标准和法规造成的市场准入问题。该办公室还代表交通部参加全球运输组织和贸易论坛。该办公室将深入分析并提出政策建议，以解决新出现和正在发生的国际运输问题；咨询交通部的运行机构，并就涉及运输的国际贸易协定条款的谈判或实施提出自己的立场。

（6）国际贸易管理局

美国商务部下属的国际贸易管理局（ITA）促进美国非农业服务和货物的出口。ITA 正在与美国监管机构和行业合作，与外国合作伙伴开展合作，以达到趋同的技术规范和要求，从而实现美国持续贸易出口，由于监管差异会不必要地提高成本，因此同时也限制了道路车辆贸易。ITA 发现，如果在初始开发之前就开始工作，在投资之前弥合分歧，则更容易达成趋同的标准和法规。ITA 还可以与小型技术开发商合作，既找到外国买家，又帮助保护知识产权。

（7）贸易和制造业政策办公室

贸易和制造业政策办公室（OTMP）是根据 2017 年总统办公厅（EOP）的行政命令设立的[①],OTMP 的主要职责之一是支持美国在国内生产产品，特别是先进技术产品，如自动化车辆。这可以通过多种政策选择实现，包括贸易政策和政府采购计划（如“购买美国货”优惠计划）。OTMP 特别关注经济和国家安全问题的关联，并与国防部和其他机构就国防采购政策进行密切合作，其中可能包括对具有关键国防影响的产能的采购承诺和贷款担保。

（8）美国贸易代表办公室

美国贸易代表办公室（USTR）[②] 负责制定和协调美国的国际贸易、商品和直接投资政策，并监督与其他国家的贸易谈判。

美国贸易代表在交通运输自动化领域的作用是酌情与贸易伙伴进行接触，使美国开发和美国生产的交通运输自动化相关技术、车辆和服务在国外获得公平、互惠的市场准入。这包括对美国与交通运输自动化相关的知识产权进行国际保护，并与贸易伙伴合作，在国外营造监管环境，使其不歧视美国的技术、产品或服务。

① “Presidential Executive Order on Establishment of Office of Trade and Manufacturing Policy”, The White House, accessed July 7,2022, https://trumpwhitehouse.archives.gov/presidential-actions/presidential-executive-order-establishment-office-trade-manufacturing-policy/.

② “Homepage”, Office of the United States Trade Representative, accessed July 7, 2022, https://ustr.gov.

（9）知识产权保护

美国政府将继续通过知识产权保护和执法，即专利、商标、版权和商业秘密、技术数据和敏感专有通信，促进敏感新兴技术，并将继续努力防止其他国家以牺牲美国创新者为代价，获取不公平的优势。

（10）美国知识产权执法协调办公室

美国知识产权执法协调办公室（IPEC）[①]设在总统办公厅，负责协调和制定促进创新和创造力的政策和战略，确保针对所有形式的知识产权在国内外得到有效的保护和执法。与其他关键技术一样，自动化车辆技术对知识产权的依赖性很大，包括专利、商业秘密、正版软件和商标商品等。美国要想成功地采用这项技术，美国创新者的知识产权和美国公众的安全都需要得到保护。建立和维护安全的自动化车辆技术供应链对于保护安全和知识产权至关重要。

（11）司法部

司法部通过其刑事庭下设的计算机犯罪与知识产权科（CCIPS）及国家安全科，在全球范围内执行打击知识产权犯罪（包括涉及自动化车辆技术的知识产权犯罪）的国家战略。司法部律师通过与其他政府部门、私营部门、学术机构及外国同行的合作，预防和查处知识产权犯罪。这些律师致力于改善国内和国际基础设施（法律、技术和运营基础设施），以最有效地追捕罪犯。他们还定期开展复杂的调查，解决新兴计算机和电信技术带来的独特的法律和调查问题；对案件提起诉讼；为其他检察官提供诉讼支持；培训联邦、州和地方执法人员；对立法提出意见和建议；发起和参与国际上对计算机和知识产权犯罪的打击。

（12）美国专利商标局

美国专利商标局（USPTO）是负责颁发专利和商标注册的联邦机构。[②]该机构的使命是促进国内外的创新、竞争力和经济增长。它通过三方面的努力实现这一目标：

---

① “IPEC Annual Intellectual Property Report to Congress”, accessed July 7,2022, https://www.whitehouse.gov/briefing-room/statements-releases/2022/04/08/ipec-annual-intellectual-property-report-to-congress/.

② 美国专利商标局通过其可搜索的数据库提供专利和商标信息，这些数据库以及其他有用的信息可以在以下网址找到：http://www.uspto.gov/learning-and-resources/inventors-entrepreneurs-resources，访问时间：2022 年 7 月 30 日。为了方便检索专利文献，对它们进行了索引或分类。对于自动化车辆，最相关的国际分类标准是：B60W、B60T、G01S、G05D 和 G08G。

（1）高质量、及时地完成专利和商标申请的审查；

（2）指导国内外知识产权政策；

（3）开展国际知识产权信息和教育服务。

自动化车辆领域的创新者和企业家应该关注 USPTO，因为获得专利、商标或两者兼而有之，不仅有助于赋予他们重要的法律权利，还有助于维护美国的技术优势，而这是美国当前和未来在自动化车辆技术上的竞争力的关键。特别是，专利授予发明者一项财产权，提供排除他人在美国“制造、使用、许诺销售或销售”发明，或将受专利保护的发明进口到美国的专属权利。一般来说，发明的专利权有效期为 20 年，从向美国提出申请之日开始计算。商标是在货物贸易中使用的词语、名称、符号或图案，用以表明商品的来源，并将其与其他商品区分开来。商标权的使用可以阻止他人使用容易混淆的近似标识，但不能阻止他人以明显不同的标识制造相同的商品或销售相同的商品或服务。用于州际或国外商业的商标可以向 USPTO 注册。美国专利和商标向世界各地的申请人开放，并在美国境内提供上述权利。

5. 环境质量

美国政府将重点关注提高运输系统效率的机会，同时避免自动化车辆技术对交通运输系统的环境造成负面影响。

（1）环境质量委员会

环境质量委员会（CEQ）[①]是由《国家环境政策法案》（NEPA）设立的，是隶属于总统办公厅的联邦机构。CEQ 通过法规和指南来监督 NEPA 的实施。与自动化车辆相关的技术和基础设施的开发和实施可能需要联邦许可或其他引发 NEPA 分析的授权。环境质量委员会将支持联邦机构承担与自动化车辆有关的项目的 NEPA 程序。

CEQ 还设有联邦可持续发展办公室[②]（OFS），负责协调整个联邦政府的政策，以促进联邦运作中的能源和环境可持续性。OFS 执行第 13834 号行政命令，该命令指示联邦机构管理其运作，以优化能源和环境性能，减少浪费，并降低包括车辆在内的成本。为满足国家石油减排的法定要求，优化效率，一些机构决定

① “Council on Environmental Quality”, The White House, accessed July 7, 2022, https://www.whitehouse.gov/ceq/.

② “Homepage”, Office of the Federal Chief Sustainability Officer, accessed July 7, 2022, https://www.sustainability.gov/.

实施车载信息技术和电动车基础设施，对其车队进行管理。与自动化车辆相关的技术和基础设施的开发和实施需要考虑到联邦车队中现有的远程信息技术和电动汽车的使用，以确保协调和互操作性。OFS 协助决定使用自动化车辆技术的联邦机构，以提高效率、优化性能、消除不必要的资源使用和保护环境的方式，满足其与车辆有关的法定要求。

（2）环境保护局

作为联邦政府清洁空气和其他环境项目的主要监管机构，环境保护局负责制定规则和政策以确保实现其公共卫生目标。例如，所有在美国销售的车辆在投放市场之前，必须获得 EPA 合格证书。汽车生产企业必须在各种运行条件和检测程序中证明其符合环保要求。

ADS 技术的引入可能会修改这些车辆在需要更新测试条件下的运行方式，以提供完整的环境概况。环境保护局 EPA 的国家车辆和燃料排放实验室已经开始监测、测量和评估 ADS 和 ADAS 车辆技术的改进和创新，以便政策行动能够针对 ADS 和 ADAS 的性能，影响燃料经济性（由国家公路交通安全管理局监管）、能源消耗、尾气排放和车辆活动概况，并掌握最新的、最佳的技术信息。

EPA 提供联邦政府的官方测量测试，包括尾气排放、燃油经济性和消费者信息。随着自动化车辆产品投放市场，这些测试必须对 ADS 和 ADAS 准确地核算，这可能意味着需要开发和使用专门的测试方法。环境保护局将适时更新车辆测试法规，以解决可能出现的独特的自动化车辆操作问题。随着数据的公布，环境保护局还将在汽车性能模型和政策工具中纳入与 ADS 和 ADAS 系统性能相关的、在排放和能源消耗方面减少的好处以及增加的弊端。

6. 竞争、隐私和市场透明度

随着自动化车辆技术的设计和集成，美国政府将确保数据安全和公众隐私。美国政府将执行现行法律，以确保企业不会对自动化车辆技术或上市交易的自动化车辆技术公司进行欺骗性的宣传或误导公众。

（1）司法部

司法部是负责促进和保护竞争、造福美国消费者的行政部门。司法部执行反垄断法，以确保创新技术（如与自动化车辆相关的）市场是动态的、竞争性和无串通的。比如，司法部负责起诉刑事反垄断行为，如操纵价格、操纵投标和市场分配协议，这些行为没有任何经济效益，并损害动态市场中的竞争和创新。此外，司法部还与业界互动，包括反垄断执法在促进标准制定方面的创新的作用，强调开放、平衡和竞争的过程。司法部的执法所带来的自由市场竞争将支持新兴市场的自动汽车创新和消费者福利。

（2）美国联邦贸易委员会

联邦贸易委员会是美国主要的消费者保护机构。联邦贸易委员会执行《联邦贸易委员会法》第 5 条，15 U.S.C. §45，该条禁止在商业中或影响商业的不公平的或欺骗性的行为或做法。在自动化车辆环境下，例如，联邦贸易委员会可以适用第 5 条的权力，对自动化车辆或其组成部分系统的性能或限制提出欺骗性主张的公司采取行动。联邦贸易委员会还可以使用第 5 条的权力，对在涉及自动驾驶汽车或联网汽车收集、使用或维护的消费者数据中采用欺骗性主张或有不充分隐私或安全措施的公司采取行动。联邦贸易委员会采取多种措施保护消费者权益，包括发布报告或举办研讨会等政策举措，以及消费者和企业教育工作，以保护消费者。

（3）美国证券交易委员会

美国证券交易委员会（SEC）的使命是保护投资者，维持公平、有序和高效的市场，并促进资本形成。管理美国证券业的法律法规来源于一个简单明了的概念：所有投资者，不论是大型机构还是个人，在购买某项投资之前，只要持有该证券，都应该有机会了解有关投资的某些基本事实。为实现这一点，证监会要求上市公司（如公开交易的自动化车辆技术公司）向社会公众披露有意义的财务和其他方面的信息。

这为所有投资者提供了一个共同的知识库，供他们自己判断是否买入、卖出或持有某一特定证券。只有不断提供及时、全面和准确的信息，人们才能做出稳健的投资决策。证券交易委员会（SEC）监督证券界的主要参与者，包括证券交易所、证券经纪人和交易商、投资顾问和共同基金。在此，证券交易委员会主要关注的是促进与市场有关的重要信息披露、维护公平交易和防范欺诈。SEC 在这些领域能否取得成效的关键是其执法权限。证监会可能追究的典型违规行为包括内幕交易、会计欺诈、提供关于证券及其发行公司的虚假或误导性信息。

（三）美国政府为自动驾驶汽车部门创新者提供的资源

美国政府的作用是创造一个环境，使创新者能够不断重复使用新技术，以满足市场需求。因此，美国政府具有可及性的资源支持自动化车辆创新者。

1. 联邦实验室试验台和技术转让

利用联邦政府在研发方面的投资促进社会福利，必然需要将联邦资金创造的技术转移到开放市场。联邦技术转让联盟（FLC）是一个由300多个联邦实验室、机构和研究中心组成的全国性网络，旨在促进商业化最佳实践战略和机会，加速联邦技术从实验室进入市场[①]。FLC的使命是推广、教育和促进其成员实验室和机构之间的联邦技术转让（T2），使它们能够实现商业化目标，并用新的创新技术创造社会和经济影响。FLC不断发展的服务项目之一是技术焦点领域（TFA）计划。TFA每年都会关注一项特定的技术，以满足公众的需求，并支持联邦实验室的研究和技术转让任务以及政府范围内的经济发展目标。TFA for Automated Systems（AS）计划旨在通过培养联邦实验室和创新者之间的有价值的联系，促进商业化活动。通过TFA AS计划，FLC为创新者提供一个专门的在线平台，用于识别自动化车辆相关的联邦实验室技术、知识产权、计划和专业知识。该计划为创新者提供了一条途径，帮助他们获得联邦资源以及建立T2关系和协议以加快其研发速度所需的联系渠道。

2. 小企业管理资源

美国小企业管理局（SBA）帮助美国人创办、建立和发展企业。它通过一系列融资机制提供获得资本的机会，为新创业者和已建立的小企业提供免费咨询和低成本培训，为获得与联邦机构和部门的合同提供便利，并代表小企业与政府决策者进行磋商。SBA为企业的规划、开办、管理和发展提供详细的指南[②]，这些办事处还可以针对特定的地方情况提供帮助[③]。

SBA为小企业创新研究（SBIR）和小企业技术转让（STTR）计划[④]提供政策指导和领导，协调11个联邦机构和部门，帮助创新的小企业满足联邦研发需求并使这些创新商业化。SBA通过外联、培训资源和帮助企业家与当地资源连接，帮助有兴趣在联邦政府范围内寻求SBIR/STTR机会的小型企业。

SBA提供各种各样的课程，旨在帮助企业家研究、计划和将想法转化为商业活动。[⑤]培训包括“新兴领袖倡议”，这是一项强化计划，为那些在美国服务水

---

① “Find license-ready technologies”, *Federallabs*, accessed July 7, 2022, http://federallabs.org/flc-business.

② “SBA Business Guide”, U.S. Small Business Administration, accessed July 7, 2022, https://www.sba.gov/business-guide.

③ “SBA Local Assistance”, U.S. Small Business Administration, accessed July 7, 2022, https://www.sba.gov/local-assistance.

④ “Homepage”, Small Business Innovation Research, accessed July 7, 2022, http://www.sbir.gov.

⑤ “SBA Learning Platform”, U.S. Small Business Administration, accessed July 7, 2022, https://www.sba.gov/learning-center.

平低下的城市中创造就业机会的成长型公司做好准备，为小企业的高管提供免费的创业教育和培训。① NSF I–CorpsTM 计划使科学家和工程师将他们的注意力扩展到大学实验室之外，并扩大 NSF 资助的基础研究项目的经济和社会利益，让这些项目随时准备走向商业化。

3. 美国专利商标局的发明家和企业家资源

USPTO 运营的一个网站② 可以链接到与保护知识产权相关的资源，确保创新者了解如何和何时注册他们的知识产权。提供知识产权生命周期的信息和法律资源，以使创新者能够最好地保护他们的努力。

4. USAspending.gov

USAspending.gov③ 是美国政府支出数据的官方来源。它的任务是向美国公众展示美国政府每年的支出和如何使用这些资金。人们可以从国会拨款中跟踪资金流从联邦机构流向地方社区和企业的方向。自动化车辆创新者和企业家可以将其作为一种资源，以确定潜在的美国政府资助机会。

5. 额外的美国政府资源

自动化车辆创新者和企业家可获得的所有其他已知的美国政府自动化车辆相关资源的列表可在原文附录 A 中找到。如果自动化车辆创新者和企业家对美国政府内部的特定部门有特定疑惑，可在原文附录 B 中找到联系列表。

四、结语

白宫 OSTP 鼓励美国在自动化车辆技术上成为全球领先者的未来。美国政府为自动化车辆创新者和企业家提供一个理想的环境以开发和集成自动化车辆技术，同时优先考虑用户和社区的安全、保障和隐私；促进有效的市场；促进全国范围内的协调研究工作。在准备新兴和创新自动化车辆技术的过程中，美国政府将提供政策、指导和最佳实践；开展适当的研究和试点项目；并提供必要的协助，以帮助为所有美国人规划和投资一个充满活力和灵活的未来。

---

① “SBA initiatives”, U.S. Small Business Administration, accessed July 7, 2022, https://www.sba.gov/about-sba/organization/sba-initiatives#section-header-14.

② “Inventor and entrepreneur resources”, USPTO, accessed July 7, 2022, https://www.uspto.gov/learning-and-resources/inventors-entrepreneurs-resources.

③ “USAspending”, U.S. government, accessed July 7, 2022, https://www.usaspending.gov/#/.

第九节　为未来交通做准备：自动驾驶汽车 3.0

一、简介

《为未来交通做准备：自动驾驶汽车 3.0》（以下简称 AV3.0）是发展灵活、负责任的多模式自动化架构的一个里程碑。它介绍了指导原则并描述了交通部解决安全创新和进步方面障碍的战略。AV3.0 还就重要的政策问题向公众和利益攸关方传达部门的议程，并确定跨模式合作的机会。交通部的目标是跟上这些快速发展的技术，使美国在安全自动化技术方面保持全球领先地位。

AV3.0 推进了美国交通部的承诺，即支持安全、可靠、高效和具有成本效益的自动化集成到更广泛的多式联运地面运输系统中。AV3.0 建立在《自动驾驶系统 2.0：安全愿景》中提供的自愿指导之上，但不能取代 ADS2.0。自动化技术是日新月异的新技术。实现安全改进的正确方法始于关注消除不必要的障碍和发布自愿的指导，而不是扼杀创新的规章制度。在 AV3.0 中，美国交通部的地面运输运营管理部门首次联合发布了一份关于自动化的部门政策声明。

二、主要内容

（一）确定自动驾驶车辆六项原则

1. 将安全放在首位
2. 保持技术中立
3. 使法规现代化
4. 鼓励一致的监管和运营环境
5. 为自动化做好积极准备
6. 保护和增进美国人的自由

（二）定义自动化级别

0 级无自动化

1 级驾驶员辅助

2 级部分自动化

3 级有条件的自动化

4 级高度自动化

5 级全自动化

（三）自动化与安全

美国的地面运输系统提供了巨大的流动性好处，包括广泛的就业机会，商品和服务。它还将美国许多偏远地区与更大的经济体连接起来。然而，这些好处伴随着重大的安全挑战，机动车撞车事故仍然是导致死亡的主要原因。传统的安全计划和政策使得道路旅行比过去更加安全，但是还有很大的空间来降低交通死亡率和受伤率。准确检测、识别、预测和响应所有运输系统使用者的行动的自动化车辆可以在运输安全方面带来突破性的收益。与人类驾驶员不同，自动化技术不容易分心、疲劳或醉酒驾驶，这些都是造成地面交通事故死亡的重要原因。

AV3.0 保持了美国交通部对安全的主要关注，同时将讨论扩展到其他方面和地面运输方式。AV3.0 引入了一个全面的，多模式的方法来安全地集成自动化。只有通过合作，公共部门和私营部门才能提高自动化技术的安全性、安全感和可获得性，并解决公众关心的问题。

（四）自动化中的角色

联邦政府、州政府和地方政府以及私营企业的传统角色非常适合解决自动化问题。联邦政府负责监管车辆和车辆设备的安全性能以及它们在州际商业中的活动，而各州和地方政府则在发放驾驶执照、制定道路规则以及制定侵权责任和保险政策方面发挥主导作用。私营企业仍然是交通研究投资和商业技术发展的主要来源。非必要时，各级政府不应阻碍这种创新。交通部依靠合作伙伴发挥各自的作用，同时继续鼓励公开对话和频繁参与。

1. 联邦政府和自动化

作为国家道路交通系统的管理者，联邦政府发挥了重要作用，确保自动化车辆能够与传统车辆、行人、骑自行车者、摩托车者和其他道路使用者安全有效地融入现有的交通系统。

（1）将安全性集成到地面运输自动化中

每个运营管理部门都有自己的权限来改善国家运输系统的安全性。确保自动化车辆的安全不仅取决于技术的验证，如硬件、软件和部件，而且还取决于适当的操作规则，如道路条件和紧急响应协议。

国家公路交通安全管理局将联邦安全标准应用于安装自动调度系统的车辆和设备的性能。这可能会引发有关优先原则和未来联邦、州和地方力量互补组合的问题。国家公路交通安全管理局认识到，技术变革的步伐加快，特别是在开发安装自动调度系统的车辆使用的软件方面，需要采取新的方法来制定联邦机动车辆安全标准。自动化车辆技术的创新步伐与冗长的规则制定程序以及高度规范化和特定功能或设计特定的安全标准不相容。未来的汽车安全标准将需要变得更加灵活和反应灵敏，技术中立，性能导向，以适应快速的技术创新。

随着自动化引入新的政策问题，联邦汽车运输安全局将与（i）工业界、州政府和其他合作伙伴合作，进一步加强装有自动调度系统的商用车辆的安全运行，以及（ii）执法人员、检查官员和前线救助人员创造新的技术和协议。联邦汽车运输安全管理局还与国家和私人利益相关者紧密合作，制定和执行与商用机动车的检查、维护和修理有关的安全标准。同时联邦汽车运输安全管理局正在广泛考虑是否以及如何修改现有法规，以适应在商用机动车中引入自动调度系统。

联邦公路管理局与主要的利益相关者协会和从业者团体合作，正在进行研究和设备试验，以全面改进说明书，并更好地了解新兴自动车辆技术的具体需求。将现有临时批准的设备、实验和其他已确定的改变纳入更新的《统一交通控制设备手册》（MUTCD），将有助于人类和新兴的自动化车辆解读道路情况。

新的公共交通机构安全计划（PTASP）要求交通运输机构在制定各自的安全计划时纳入安全管理系统（SMS）政策和程序。新的公共交通机构安全计划（PTASP）通过要求公共交通机构建立适当的安全目标，对公共交通机构提出了可扩展和灵活的要求：识别安全风险和危害，并制定计划以减轻这些风险；制定和实施一个过程来监控和衡量他们的安全表现；并通过培训和沟通进行安全宣传。

（2）联邦政府在自动化研究中的作用

美国交通部的研究集中在三个关键领域：

A. 消除创新的障碍。美国交通部确定并制定策略，消除不必要的创新障碍，特别是现有规章制度产生的障碍。为了确定和评估解决方案，美国交通部利用研究建立安全基线；支持规则制定的成本收益分析；开发和实施使政府更加灵活的程序（例如，更新豁免内容和豁免程序，以支持新技术的测试和部署）；并支持制定自愿标准，使自动化能够安全地集成。

B. 评估技术的影响，特别是安全方面的影响。美国交通部对自动化对安全、基础设施条件和性能、移动性以及美国经济竞争力的影响进行了评估和验证。该部门采用了多种方法，包括模拟、建模、现场和道路测试。该部门还开发创新的方法，以支持更广泛的交通团体评估影响。

C. 解决市场失灵和满足其他迫切的公共需求。用于研究的公共投资通常是有保证的，以支持潜在有益的发展。

（3）美国交通部在主要交叉政策问题中的角色

A. 合作自动化和连通性。连通性使车辆、基础设施和其他道路使用者之间的通信成为可能。

B. 试点测试及试验场地。美国交通部支持并鼓励在全国范围内测试和开发自动化技术，尽可能减少安全的障碍。

C. 网络安全。交通系统越来越复杂，综合功能越来越先进。运输系统也比以往任何时候都更加依赖多种连通途径来交流和交换数据，它们依赖商品技术来实现功能、成本和营销目标。地面运输是一个广泛的经济部门，在发生重大网络事件时，需要各级政府和私营部门之间协调，并采取统一办法。美国交通部将与美国司法部、美国商务部及其国家标准和技术研究所、联邦贸易委员会、联邦通信委员会、美国国土安全部、行业专家以及其他公共机构密切合作，处理网络漏洞并控制与自动化技术和数据有关的网络风险。

D. 隐私。美国交通部十分重视消费者隐私，并与联邦贸易委员会——负责保护消费者隐私和个人信息的主要联邦机构——密切合作，保护消费者信息，并提供与消费者隐私有关的资源。

2. 州，地方，部落政府和自动化

（1）州立法机构和州公路安全官员的最佳实践

州立法机构参与美国交通部的立法技术援助，鼓励州立法机关定期参与美国交通部有关多式联运自动化的立法活动。

国家公路安全官员应当关注测试车辆的驾驶员培训和许可程序。各州可以考虑对在不同地点操作测试车辆的测试驾驶员设置最低要求。自动化移动服务提供商正在探索使用自动化交通工具技术运送人员和货物的模式。各州可能会考虑识别和解决使用自动化车辆技术提供移动性服务的公司所特有的问题。这些问题可能包括未成年人、残疾人和老年人的拥挤或其他交通问题。

（2）基础设施所有者和运营商的考虑

美国交通部为基础设施所有者和运营商提供并持续更新以下事项：支持公共道路上自动化车辆的安全测试和操作；从测试和试点中学习，以支持公路系统的准备工作；完善组织能力，为社区中的自动化车辆做准备；确定数据需求和交换数据的机会；与利益相关者合作，审查现有的统一车辆代码；支持场景开发和自动化运输规划。

（3）州商业车辆执法机构的考虑

美国交通部建议负责执行商用车辆运营规则和条例的州机构考虑以下事项：应监测当前的监管活动，包括联邦汽车运输安全管理局的监管指导——包括即将发布的拟议法规命令制订通知——并考虑是否需要修订州内机动车运营商的安全规定以符合联邦政府关于配备自动调度系统的商业机动车。确保州内和州际商用车辆法规的兼容性对于保持机动车运营商安全援助计划的资助资格至关重要。与此同时，继续应用路边检查程序。

（4）公共部门、运输业和利益相关者的考虑

美国交通部在开发、演示、部署和评估公交车自动化时，为公共部门运输业利益相关者（例如运输机构）提供了以下几点考量：

A. 基于需求的实现。运输机构应该考虑将自动化作为解决特定需求和解决特定问题的一种手段；

B. 现实的期望。公共交通运营商在实施公交自动化项目和示范时应该建立现实的期望；

C. 劳动力和劳工。运输机构应该认识到新兴的劳动力需求和要求，确定新的未来职业道路，并在这个新的高科技环境中进行继任规划；

D. 完整的街道。交通机构在规划和部署交通自动化时，应该寻求并与当地合作伙伴一起审查完整的街道政策和实践；

E. 无障碍设施。至关重要的是，所有考虑在税收服务中使用自动交通工具的机构都要确保残疾人的无障碍环境；

F. 参与和教育。为了充分利用自动交通工具的好处，交通运营商、乘客和其他道路用户必须理解并完全适应这项技术。

（5）地方政府的考虑

美国交通部建议地方政府在制定地方政策时考虑以下因素：促进当地街道上

自动化车辆的安全测试和操作；了解自动化可能提供的短期机会；考虑土地的使用，包括限制空间，将会受到怎样的影响；考虑交通拥堵增加的可能性，以及如何管理它。与公民接触，地方政府处于一个理想的位置，与公民互动，解决他们的关切，并确保自动化支持当地的需求。这种参与可能包括与自动化车辆测试相关的公共活动，教育论坛，以及公共规划和愿景会。

（6）州、地方和部落在交通部门网络安全中的作用

州、地方和部落政府面临着独特的网络安全威胁，这些威胁可能会危及关键基础设施。随着威胁的演变，关键决策者应该有一个有效和灵活的安全计划，以评估和管理风险，包括评估技术、关键设施、参与人员和安全流程。

3. 私营部门和自动化

只有通过合作，公共部门和私营部门才能改善自动化技术的安全性、安全感和可获得性，解决公众关注的问题，并为未来的劳动力做好准备。以下各节概述了私营部门将发挥重要作用的几个关键领域：

（1）通过自愿安全评估来证明自动调度系统的安全性对于促进公众接受和采用至关重要。参与开发和测试自动化技术的实体不仅在安装自动调度系统的车辆安全保障方面发挥重要作用，而且在如何实现安全的透明度方面也发挥重要作用。

（2）在商用车辆运营中纳入新的自动化安全方法。美国交通部建议，汽车运营商的所有者和经营者在探索在其车队中采用先进的驾驶辅助功能和自动调度系统时，应考虑以下几点：

A. 系统知识。汽车承运商应了解这些系统的能力和局限性，汽车运营商还应该向设备制造商询问这些系统的性能和局限性。

B. 系统功能。汽车运营商应确保司机辅助系统或自动调度系统正常工作，然后再激活这些系统。

C. 系统培训。汽车运输公司应实施一项培训计划，使车队经理、维修人员和司机熟悉设备及其运行方式，包括在发生自动调度系统故障时应遵循的程序。

D. 设备维护。汽车运营商应了解司机辅助系统或自动调度系统的维护要求，以确保安全和最佳运行。

E. 信息交换。汽车运营商应该保存它正在使用的系统的记录、提供的训练以及这些车辆的操作信息。

F. 安全检查。汽车运营商应该准备好与路边和其他安全检查的司机辅助系统和自动调度系统进行互动和合作。这包括响应执法指示，解决任何已识别的机械或软件故障，实施设备的安全关闭程序，以及演示系统功能。

（3）发展安全和无障碍的公共交通巴士及其应用。美国交通部在开发、演示、部署和评估公交自动化时，为私营公交行业的利益相关者提供了以下考虑因素：无障碍设施；人为因素；测试。

（4）向公众提供信息。公众需要准确的自动化信息源，以便更好地理解技术，使他们能够安全地使用它，并就其集成做出明智的决定。

（5）考虑美国残疾成年人的出行模式。自动化车辆和其他辅助技术可为不能驾驶的残疾人提供大量行动能力方面的帮助。

（6）考虑所有可能的地面运输条件和不同的道路景观。

（7）与所有潜在的用户群体合作，将通用设计原则纳入其中。美国交通部鼓励开发人员和部署人员与残疾人社区积极合作，支持关注不同类型残疾人所需的一系列便利设施的努力，以及设法改善整体行动能力。

（8）预测人为因素和驾驶员参与问题。在测试期间可以通过使用车内驾驶员参与监控系统、设置第二名测试驾驶员或其他方法来建立公众信任。开发自动调度系统技术的实体可以与联邦机构和适当的组织分享有关用户界面技术和设计测试的信息。

（9）确定自愿性数据交换的机会。自愿数据交换可以帮助改善自动调度系统的安全性和操作性，并促进行业最佳实践、自愿标准和其他有用工具的发展。

（10）致力于自愿的，基于共识的，以绩效为导向的技术标准的发展。自愿标准具有灵活性，能够对创新的快速步伐作出反应，能够鼓励投资，更快地将具有成本效益的创新推向市场，而且可以通过私营部门的合格评定和测试协议加以验证。

（11）采用网络安全最佳实践。自动调度系统开发人员、汽车制造商、零部件供应商和所有支持运输的利益相关者有责任遵循最佳实践和行业标准，在自动调度系统的设计、集成、测试和部署中管理网络风险。

（12）与前线救助人员和公共安全官员保持联系。为了确保公共安全，急救人员和公共安全官员需要有办法在紧急情况下与自动化车辆互动。

（五）前方的道路

1. 自动化实施策略

让利益相关者和公众作为召集者和领导者参与解决自动化带来的问题，并为他们提供机会，表达他们对自动化未来的关注、期望和问题，为未来的研究和政策制定提供信息。美国交通部还将努力利用学术界、工业界、公共部门机构和研究机构的知识和经验提供最佳做法和政策考虑，以支持利益攸关方更好地了解自动化、自动化如何影响其作用和责任，以及如何最好地将自动化车辆纳入现有和未来的运输网络。

2. 安全风险管理阶段沿着全面商业一体化的道路

除了满足监管或法定要求，美国交通部计划，实体测试和最终部署自动调度技术将采用行业最佳做法、共识标准和自愿指导的结合，以控制技术开发的不同阶段的安全风险。其中包括：扩展自动调度系统道路测试；限制完全自动调度系统的部署；保持与美国交通部合作。

3. 未来

A. 美国国家公路交通安全管理局将就现有的机动车监管障碍和其他不必要的障碍征求意见，这些障碍妨碍了自动调度系统的引入和行业自我认证。

B. 联邦汽车运输安全管理局正在制定完善自动调度技术的政策建议。通过公开听证会，该机构希望收集有关设计、开发、测试和集成自动调度系统装备的商业机动车的信息。

C. 联邦运输管理局正在投入大量研究资源，以支持交通自动化创新解决方案的商业化。作为这项研究的一部分，联邦运输管理局将评估潜在的监管和其他不必要的障碍。

D. 联邦公路管理局将通过其全国对话和其他努力，继续与利益攸关方合作，解决道路基础设施为支持装有自动调度系统的车辆做好准备的问题。

三、结论

在过去的一个世纪里，机动车极大促进了商品、服务、就业机会的流动。它们还帮助将美国许多最偏远、最与世隔绝的地区与更大的经济体联系起来。随着 AV3.0 的出现，美国交通部承认现有法规需要进行现代化改革，并考虑新的方式来完成使命。交通部会与政府、业界和公众的伙伴和利益相关者合作，提供指引，并且乐于汲取其经验。美国交通部会与业界建立伙伴关系，自愿制定基于共识的标准，并在必要时保留非规定性的、基于性能的规定。交通部将努力评估和尽量减少可能的危害，并在全国范围内推广自动化技术。

美国交通部看到了自动化技术的光明前景，也看到了它将美国地面运输系统变得更好的巨大潜力。未来，所有交通方式的安全性、机动性和经济竞争力都将得到提高。

第十节　自动驾驶系统 2.0：安全愿景

一、简介

在这份文件中，国家公路交通安全管理局提供了一个自动化车辆技术安全的非监管方法。

（一）文件第一部分自动驾驶系统自愿指引支持汽车业及其他主要利益相关者考虑和设计自动驾驶系统测试和安全部署的最佳做法。它包含 12 个优先考虑的安全设计因素，包括车辆网络安全、人机界面、耐撞性、消费者教育和培训以及碰撞后的自动驾驶系统行为。

（二）文件第二部分提供了立法机关的最佳实践，其中包含了与安全相关的共同要素和关于自动驾驶系统的重要元素，各州应考虑将其纳入立法。此外，该部分还为州公路安全官员提供了最佳做法以供参考，为各州制定 ADS 在公共道路上安全运营的程序和条件提供了框架。它包括一些方面的考虑：申请和许可测试、注册和所有权、与公共安全官员的合作、责任和保险。自愿指引和最佳实践部分共同支持业界、政府官员、安全倡导者和公众。当美国和世界通过自动驾驶系统拥抱机动车运输的技术进步时，安全必须保持在最优先的位置。

二、主要内容

（一）自愿指引

1. 概述

美国交通部和国家公路交通安全管理局致力于通过部署创新的救生技术来实现无碰撞道路的时代。最近汽车事故的负面趋势激增表明，美国迫切需要开发和部署能够大幅减少道路上伤亡人数的救生技术。美国国家公路交通安全管理局认为，自动驾驶系统，包括那些完全无需考虑司机的系统，有可能会显著改善美国的道路安全问题。自愿指引包含 12 个优先安全设计因素。这些因素是根据交通研究委员会、大学和国家公路交通安全管理局研究选定的。每个因素都包含可用于实现这些安全目标的具体安全目标和方法。鼓励实体在其系统的设计中考虑每个安全因素，并有一个自我记录的过程来评估、测试和验证。随着自动驾驶技术的快速发展，没有单一的标准可以用来衡量一个实体考虑安全设计因素的方法。每个实体在为其系统开发最佳方法以适当降低与其方法相关的安全风险时，都可以自由发挥创造性和创新性。

2. 范围和目的

国家公路交通安全管理局通过这一自愿指引，支持那些正在设计自动驾驶系统以便在美国公共道路上使用的实体。这包括传统的车辆制造商以及参与制造、设计、供应、测试、销售、运营或部署自动驾驶系统的其他实体，包括设备设计者和供应商；为任何配备自动化设备的车辆进行测试、商业销售和/或在公共道路上使用；运输公司；自动化车队运营商；"无人驾驶"出租车公司；以及提供自动驾驶技术服务的任何其他个人或实体。

本自愿指引适用于国家公路交通安全管理局管辖范围内的机动车辆和机动车设备的设计，包括低速车辆、摩托车、客车、中型车辆和大型卡车和公共汽车等重型机动车辆，主要针对配备自动化 3 级到 5 级自动驾驶系统的车辆。

自愿指引的目的是帮助自动驾驶系统的设计者在使用他们自己的、行业的和其他最佳实践之前分析、识别和解决安全问题。它概述了 12 个安全因素，国家公路交通安全管理局认为这些因素代表了整个行业的共识，通常被认为是在公共道路上开发、测试和部署自动驾驶系统时需要考虑和处理的最突出的设计因素。

3. 自动驾驶安全因素

（1）系统安全

鼓励实体遵循基于系统工程方法的稳健设计和验证流程，以设计没有不合理安全风险的自动驾驶系统为目标。整个程序应采用和遵守行业标准，并共同涵盖整个系统的操作设计范畴（即操作参数和限制）。鼓励各实体采用自愿性指南、最佳做法、设计原则和标准。设计和验证过程还应考虑在整个车辆设计中纳入危险分析和安全风险评估，并酌情纳入更广泛的运输生态系统。

（2）操作设计领域

鼓励实体界定并记录其车辆经测试或部署在公共道路上使用的每个自动驾驶系统的操作设计领域，并记录评估、测试和验证自动驾驶系统功能的流程和程序，使用规定的操作设计领域。操作设计领域应该描述给定的自动驾驶系统或特性在何种特定条件下才能发挥作用，并给出设计自动驾驶系统的地点（如道路类型和速度）和时间（在什么条件下，如白天/晚上，天气限制等）的定义。

（3）对象与事件的检测与响应

对象和事件的检测和响应是指驱动程序或自动驾驶系统检测到与直接驱动任务相关的任何情况，以及对这种情况实施适当的驱动程序或系统响应。为了达到本指引的目的，自动驾驶系统负责执行对象和事件检测和响应，而对象与事件的检测与响应是在其定义的操作设计领域进行参与和操作。鼓励实体具有对其自动驾驶系统的检测和响应能力进行评估、测试和验证的文件化过程。当在其操作设计领域内操作时，自动驾驶系统的对象与事件的检测与响应功能预计能够检测和响应其他车辆（其进出行驶路径）、行人、自行车、动物和可能影响车辆安全操作的物体。

（4）后备计划（最低风险状态）

当遇到问题或自动驾驶系统无法安全运行时，鼓励实体制定制度化地过渡到最低风险状态的过程。在道路上运行的自动驾驶系统应该能够检测到自动驾驶系统已经出现故障，正在降级状态下运行，或者在操作设计领域之外运行。此外，自动驾驶系统应该能够通知人类驾驶员此类事件，使驾驶员能够重新获得对车辆的适当控制，或允许自动驾驶系统独立地返回到最低风险状态。

（5）验证方法

鉴于不同自动化功能的范围、技术和能力差异很大，鼓励实体开发验证方法，以适当减轻与自动驾驶系统方法相关的安全风险。测试应该证明自动驾驶系统在正常运行期间的行为能力，自动驾驶系统在避免碰撞前提下的表现，以及与自动驾驶系统的操作设计领域相关的后备策略的表现。

为了演示在公共道路上部署自动驾驶系统的预期性能，测试方法可能包括模拟、测试跟踪和路上测试的组合。在进行道路测试之前，鼓励各实体考虑在多大程度上可能需要进行模拟和跟踪测试。测试可以由实体本身进行，但也可以由独立的第三方进行。

（6）人机界面

车辆与驾驶员之间的交互作用，通常被称为“人机界面”，在汽车设计过程中一直扮演着重要的角色。随着自动驾驶系统承担驾驶功能，这种交互引入了新的复杂性，部分原因是在某些情况下，车辆必须能够准确地向人类驾驶员传递有关意图和车辆性能的信息。

鼓励各实体考虑在司机可能参与驾驶任务的情况，纳入司机参与监测是否合理和适当，以便评估司机对完成全面驾驶任务的认识和准备情况。与此同时还鼓励实体考虑并记录评估、测试和验证车辆人机界面设计的过程。应该考虑到人类驾驶员、操作员、使用者以及与自动驾驶系统可能有交互作用的外部参与者，包括其他车辆（包括传统车辆和自动驾驶系统）、摩托车手、自行车手和行人。人机界面设计还应考虑传递与可能遇到的各种相互作用有关的自动驾驶系统运行状态信息的必要性，以及如何传递这些信息。

（7）汽车网络安全

鼓励各实体遵循以系统工程方法为基础的强有力的产品开发流程，尽量减少网络安全威胁和脆弱性造成的安全风险。这个过程应该包括对每一个 ADS、正在集成的整体车辆设计，以及在适用的情况下对更广泛的运输生态系统进行系统而持续的风险评估。鼓励各实体按照网上车辆实体系统的既定最佳做法设计 ADS。鼓励各实体考虑国家标准和技术研究所、国家公路交通安全管理局、美国国际汽车工程师协会和其他相关组织发布的自愿指南、最佳做法和设计原则。

（8）耐撞性

耐撞性要兼顾乘客保护与兼容性。鉴于安装了自动驾驶系统的车辆和没有安装自动驾驶系统的车辆将共同长期在公共道路上行驶，各实体仍需考虑未安装 ADS 的车辆撞上安装了自动驾驶系统的车辆的可能情况，以及在这种情况下如何最好地保护车辆乘客。无论是自动驾驶系统操作车辆还是人类驾驶车辆，乘员保护系统在发生碰撞时都应保持其预期的性能水平。

鉴于存在易受伤害的道路使用者和其他车辆类型相互作用的可能性，用于提供产品或服务或其他无人驾驶用途的自动驾驶系统应考虑适当的车辆碰撞兼容性。

（9）事故后自动驾驶行为

从事测试或部署的实体应该考虑在发生崩溃后立即将自动驾驶系统恢复到安全状态的方法。根据事故的严重程度，应考虑采取诸如关闭燃油泵、移除动力、将车辆移至离开道路的安全位置（或可用的最安全位置）、断开电源以及其他任何有助于自动驾驶系统的行动。如果与操作中心、碰撞通知中心或车辆通信技术存在的通信，则鼓励通信和共享相关数据，以帮助减少碰撞造成的损害。

此外，鼓励实体在 ADS 重新投入使用之前，准备好便于维护和修理的文件。这样的文件可能会确定必要的设备和过程，以确保自动驾驶系统在维修后的安全运行。

（10）数据记录

从事故数据中学习是自动驾驶系统安全的核心组成部分。这种类型的学习最重要的是适当的碰撞重建。因此，鼓励从事测试或部署的实体建立一个文档化的过程，用于测试、验证和收集与发生故障、退化或故障有关的必要数据，以便用于确定崩溃的原因。数据应该被收集用于道路测试和使用，并且鼓励实体采用自愿的指导，最佳实践，设计原则和标准，同样，鼓励这些组织积极参与讨论，并在必要和适当时定期更新标准。

（11）消费者教育及培训

教育和培训对于提高自动驾驶系统部署期间的安全性至关重要。因此，我们鼓励企业开发、记录和维护员工、经销商、经销商和消费者的教育和培训计划，以解决自动驾驶系统在使用和运营方面与目前公众拥有和运营的传统车辆的预期差异。这样的程序应该考虑为目标用户提供必要的理解水平，以适当、有效和尽可能安全的方式利用这些技术。

（12）联邦、州和地方法律

鼓励各实体记录他们打算如何在其车辆和 ADS 的设计中考虑到所有适用的联邦、州和地方法律。为了测试目的，一个实体可以依靠自动驾驶系统测试驱动程序或其他机制来管理遵守适用法律的情况。

在某些安全关键的情况下，人类驾驶员可能会暂时违反某些国家机动车驾驶法规。根据预期，自动驾驶系统有能力安全地处理这些可预见的事件；鼓励实体建立独立评估、测试和验证这些看似合理的场景的文件化过程。鉴于法律法规将不可避免地随着时间的推移而改变，实体应该考虑开发程序来更新和调整自动驾驶系统，以满足新的或修改后的法律要求。

4. 自愿安全自评估

参与自动驾驶系统测试和部署的实体可以通过发布自愿安全自评估，展示如何通过行业最佳实践、自己的最佳实践或其他适当方法解决自愿指引中包含的安全要素。

自愿安全自评估旨在向公众（特别是国家和消费者）证明实体是：（1）考虑

自动驾驶系统的安全方面;(2)与交通部沟通协作;(3)鼓励自建自动驾驶系统行业安全规范;(4)通过透明的测试和部署自动驾驶系统,建立公众的信任、接受度和信心。这也让公司有机会展示他们的安全方法,而不需要公开专有知识产权。

鼓励各实体在自愿安全自评估中就自愿指引规定的每个安全因素作出确认,说明下列事项之一:(1)这个安全因素是在产品开发过程中考虑的主题特征;(2)此安全因素不适用于主题产品开发工作。国家公路交通安全管理局设想,自愿安全自评估将包含关于各实体如何利用自愿指引和其自身程序处理自愿指引中确定的适用安全要素的简明信息。

(二)对各州的技术援助

1. 概述

美国交通部下属的国家公路交通安全管理局已做好准备,协助各州应对SAE 3级及以上自动驾驶系统在公共道路上的安全集成所面临的挑战。鉴于在公共道路上行驶的车辆同时受到联邦和州的管辖,而各州也开始对自动驾驶系统进行监管,国家公路交通安全管理局制定了这一条款。它旨在阐明和界定联邦和州在自动驾驶系统监管中的作用,并制定一个框架,各州在编写围绕自动驾驶系统的法律法规时可以使用,确保建立一个一致、统一的国家框架。

2. 联邦和州的监管角色

考虑到州在自动驾驶系统方面的活动,以及国家公路交通安全管理局在联邦的活动,必须界定联邦和州对机动车辆运营的监管责任。自动驾驶系统的一般责任范围应该基本上保持不变。国家公路交通安全管理局负责监管机动车辆和机动车辆设备,州负责监管人类驾驶员和机动车辆操作的大多数其他方面。

3. 立法机关的最佳做法

当各州采取行动确保其管辖范围内道路使用者的安全时,国家公路交通安全管理局不断监测和审查,以随时了解各州立法情况。国家公路交通安全管理局建议在制定自动驾驶系统立法时考虑以下与安全相关的最佳实践:

A. 提供一个“技术中立”的环境。各州不应将自动驾驶系统测试或部署仅限于汽车制造商,从而给竞争和创新带来不必要的负担。

B. 提供许可证和注册程序。各州负责驾驶执照和车辆登记程序。

C. 为公共安全官员提供报告和通信方法。州可以采取措施通过报告和通信机制来监督安全自动驾驶系统的运作，这样实体可以与公共安全机构协调。

4. 州公路安全官员的最佳实践

各州对减少交通事故以及由此造成的死亡、受伤和其管辖范围内所有道路使用者的财产损失负有普遍责任。各州利用这一权力建立和维护公路安全方案，包括：驾驶员教育和测试；许可证；行人安全；执法；车辆登记和检查；交通管制；公路设计和维护；防撞、调查和记录保存；以及紧急服务。以下各小节描述了一个框架，供寻求技术援助的州制定将 ADS 引入公共道路的程序和条件。

（1）行政层面：各州可能希望考虑在行政层面上开展新的监督活动，以支持与自动驾驶系统相关的角色和活动。国家公路交通安全管理局并不期望州一定要建立任何特定的新实体来支持 ADS 的活动。但是，如果州认为这些实体有用，州可以决定建立其中的一些实体。

A. 考虑确定一个牵头机构负责审议任何自动驾驶系统测试；

B. 考虑设立一个由指定牵头机构发起的管辖性自动驾驶系统技术委员会，其成员包括州长办公室、机动车管理局以及交通管理局的代表等；

C. 为鼓励公开沟通，指定牵头机构可选择向本州自动化安全技术委员会通报实体在本州进行测试的请求以及机构对公司的答复情况；

D. 为了实施政策和法规的框架，指定的牵头机构可以采取措施使用或建立法定权威；

E. 考虑开发一个内部流程，包括实体在其州内进行测试的应用程序；

F. 考虑建立一个发放测试自动驾驶系统车辆许可证的内部流程。

（2）实体申请在公共道路上测试 ADS：对于那些已经有测试车辆申请程序的州，以下是在公共道路上测试自动驾驶系统的应用程序的考虑因素。

A. 各州可以要求一个实体向该州的指定牵头机构提交申请。在多个实体参与自动驾驶系统测试的情况下，应该考虑申请提交的程序；

B. 各州可要求各实体提供资料，以确保准确保存记录；

C. 将实体的安全和合规计划纳入系统可以为州提供更多的安全保证；

D. 以保险文书、保证书或自我保险证明的形式列入证据，证明该实体有能力履行对自动驾驶系统造成的人身伤害、死亡或财产损害的一项或多项损害赔偿判决，可为州提供更多的安全保障；

E. 纳入向雇员、承包商或实体指定为自动驾驶系统测试操作员的其他用户提供的培训摘要，可以为州提供更多的安全保证。

（3）允许实体在公共道路上测试自动驾驶：对于准许测试车辆的州，以下是准许在公共道路上进行自动驾驶系统测试的考虑因素。

A. 为了更好的公共安全，建议一个州的牵头机构在回应该实体的测试申请之前让执法机构参与进来；

B. 如果该实体未能遵守州保险或驾驶员要求，则应暂停测试；

C. 牵头机构可以要求更多的信息或者要求实体在批准之前修改其申请；

D. 如果该州要求提出申请，它应该考虑向实体发出通知，表示允许在该州测试 ADS。一个州可以选择要求该实体的测试车辆携带一份许可证明的副本，以便在这些车辆中测试自动驾驶系统；

E. 自动驾驶系统测试驾驶员和操作的具体考虑因素：对于测试车辆，测试驾驶员应遵守所有的交通规则，并根据州的情况报告碰撞事故；

F. 注册和所有权的考虑因素：为消费者使用和操作而部署的自动驾驶系统的识别和记录的具体考虑因素。考虑在产权和注册上识别自动驾驶系统。这适用于所有的自动驾驶系统，或者只适用于那些不需要人工驾驶就可以操作的自动驾驶系统。如果车辆在销售后已经大幅升级，考虑要求通知自动驾驶系统升级；

G. 与公共安全官员合作：公共安全官员开始了解车辆和需求时的一般考虑。各州可考虑结合在其管辖范围内部署自动驾驶系统，对公共安全官员进行培训，以增进其对自动驾驶系统运作和潜在互动的了解；

H. 责任与保险：事故发生时州责任的初步考虑，以及司机、实体和自动驾驶系统的保险。各州可以开始考虑分配侵权责任的规则和法律。

三、结论

公众对自动驾驶系统发展的信任和信心有可能促进或抑制自动驾驶系统在公共道路上的测试和部署。美国国家公路交通安全管理局致力于支持这些新兴和进化的技术进步的安全性，这些技术进步有可能显著提高道路安全性。自愿指引，强调 12 个优先安全要素，其相关的自愿安全自评估提供了公众的保证，安全仍然是美国国家公路交通安全管理局的首要任务。

最佳实践部分强化了国家公路交通安全管理局协助各州应对现在和未来关键年份面临的自动驾驶系统挑战的意愿。本文件将定期更新，以反映技术进步、公共道路上自动驾驶系统的增加，以及在联邦和州的层面上可能发生的任何监管行动或法律变化。国家公路交通安全管理局鼓励联邦、州、地方政府和私营部门随着技术的发展进行合作和交流，该机构将继续协调所有利益攸关方之间的对话。我们可以共同利用所学到的经验教训，进行任何必要的修正，以防止或减轻意外后果或安全风险，并安全和有效地提高美国的流动性。

第十一节　自动驾驶汽车综合计划

内容提要

《自动驾驶汽车综合计划》（综合计划）将指引美国交通部推进以安全为核心的各项工作，为未来交通做好准备。基于《确保美国在自动驾驶汽车技术中的领导地位：自动驾驶汽车 4.0》（AV4.0）中所述的原则，该计划确立了实现自动驾驶系统愿景的三个目标：

1. 促进合作和透明度——美国交通部将促进其合作伙伴和利益相关方（包括公众）获得关于自动驾驶系统能力和局限性的清晰可靠的信息。

2. 使监管环境更加现代化——美国交通部将使监管环境现代化，以消除对汽车设计、功能和运营模式创新不必要的障碍，并将开发以安全为重点的框架和工具，以评估自动驾驶系统技术的安全性能。

3. 为交通系统做好准备——美国交通部将与利益相关方合作，开展安全评估和自动驾驶系统集成所需的基础研究和示范活动，同时努力提高交通系统的安全性、效率和使用便利性。

这三个目标均讨论了各自关键目标，以及交通部在为未来做准备的同时，为解决优先事项而采取的相关措施，包括《关于自动驾驶系统安全框架拟定的预先通知》[①]，该框架将构建一个定义、评估和保障自动驾驶系统安全性的安全框架，同时能够更有效地将各类安全创新和新颖设计引入商业领域。该计划还包括一组现实案例，将美国交通部的自动驾驶系统集成框架与新兴技术应用融合。交通部将定期审查其开展的各类活动和计划，以反映新的技术和行业发展，消除不必要的或重复的举措，使投资流向新兴重点领域。

综合计划的制定源于利益相关者的广泛参与，以及美国交通部运营管理部门

① NHTSA,"Comments on Framework for Automated Driving System Safety", *Regulations*, March 31, 2021,accessed February 3, 2022, https://www.regulations.gov/docket/NHTSA-2020-0106.

和交通部长办公室为理解和应对自动驾驶系统带来的机遇和挑战所做的持续努力。该计划旨在反映交通部对安全、交通运输系统效率以及人员和货物流动性的重点关注。

交通部制定该综合计划文件的初衷，是为了帮助利益相关方理解整个交通部关于自动驾驶系统的相关举措，并回应政府问责局和国会提出的建议。

缩略语

ACE	商用自动驾驶汽车评估
ADS	自动驾驶系统
AIM	加快创新出行
ANPRM	法规制定提案预告
AV	自动驾驶汽车
AV TEST	自动驾驶汽车透明度和参与安全测试计划倡议
CAT	协作式自动化运输
CDA	协作式自动驾驶
CMV	商用车辆
DDT	动态驾驶任务
FHWA	联邦公路管理局
FMCSA	联邦汽车运输安全管理局
FMCSR	联邦汽车安全条例
FMVSS	联邦机动车辆安全标准
FTA	联邦运输管理局
GAO	政府问责局
ITS JPO	智能交通系统联合计划办公室
LSV	低速车辆
MARAD	海事管理局
MUTCD	统一交通控制设备手册
NHTSA	国家公路交通安全管理局
NPA	拟议修正案通知
NPRM	法规制定提案通知
ODD	操作设计领域
OST	交通部长办公室

续表

PARTS	交通安全分析研究伙伴关系
PHMSA	管道和危险材料安全管理局
PoC	概念验证
RFC	征求意见稿
RFI	信息征询书
TSMO	交通系统管理与运营
U.S.DOT	交通部
VOICE	虚拟开放创新协作安全环境
VSSA	自愿安全自评估

一、什么是综合计划？

《自动驾驶汽车综合计划》（“综合计划”）描述了美国交通部将自动驾驶系统[①]安全地整合到地面运输系统中所做的努力，阐释了交通部关于自动驾驶系统的目标，确定了为实现这些目标正在采取的行动，并用实例说明这些部门行动如何与新兴的自动驾驶系统应用相关联。

自动驾驶系统技术的发展正沿着多条路径进行，未来自动驾驶应用和车辆将采取何种形式仍然存在很大的不确定性。即使该行业在过去十年中取得了进步，但迄今为止，美国还没有可供购买的装有自动驾驶系统的车辆。该技术仍在开发中，大规模部署装备自动驾驶系统车辆的时间仍然不确定。

综合计划满足了明确的短期需求，同时为长期变革奠定了基础。该计划并不试图预测装备自动驾驶系统车辆的未来形式或它们可能提供的服务。交通部将定期审查其开展的各类活动和计划，以反映新的技术和行业发展，消除不必要的或重复的举措，使投资流向新兴重点领域。

交通部制定该综合计划的初衷，是为了帮助利益相关方理解整个交通部关于自动驾驶系统的相关举措，并回应政府问责局和国会提出的建议：“应制定一个

① 自动驾驶系统被定义为能够持续执行整个驾驶任务的系统，无论其是否被限制在一个特定的操作设计领域；该术语专门用来描述美国汽车工程师学会（SAE）L3、L4 或 L5 级自动驾驶系统。See SAE,“Taxonomy and Definitions for Terms Related to Driving Automation Systems for On-Road Motor Vehicles”, *SAE INTERNATIONAL*, April 30, 2021, accessed June 1, 2022, https://www.sae.org/standards/content/j3016_202104.

全面的计划，以更好地管理与自动驾驶有关的交通部举措。”①②③

（一）该计划是如何制定的？

综合计划建立在美国交通部运营管理部门和交通部长办公室多年工作的基础上，旨在了解现状，确定需求，制定目标，并实施推广、研究和监管现代化等活动。

新技术对美国交通部及其合作伙伴，包括其他联邦机构，州和地方政府，协会、行业和安全倡导者提出了重要问题。来自利益相关方的广泛意见是制定综合计划的关键。

美国交通部为利益相关方的参与提供了几种途径，包括线下活动和线上活动、公开意见征集会，以及联邦政府公报通知征求意见等。在规划交通部的研究和政策活动时，这些机制收集的意见都得到了充分的考量。

综合计划建立在美国政府自动驾驶汽车相关的核心原则基础上，在《确保美国在自动驾驶汽车技术中的领导地位：自动驾驶 4.0》（AV4.0）中有概述，并在下文中也进行了总结。

（二）综合计划涵盖了哪些内容？

综合计划介绍了交通部正在采取的有关实现和监督自动驾驶系统整合到地面交通系统的安全性相关的关键行动。除了与地面运输的交界点（例如港口或铁路平交道口）外，该计划不涉及航空、海运或铁路运输领域的自动驾驶。

以下部分讨论了美国交通部对自动驾驶系统的愿景、期望和具体目标，并举例说明了如何实现每个目标。该计划的其余部分展示了综合计划如何解决正在开发及测试的一系列自动驾驶系统用例，并描述了交通部如何与利益相关方合作实施该计划。

---

① GAO,“Automated Vehicles: Comprehensive Plan Could Help DOT Address Challenges，November 30, 2017,accessed June 1, 2018, https://www.gao.gov/products/gao-18-132.

② Washington,“House of Representatives”, *Congress Record*, March 22, 2018, accessed June 1, 2022, https://www.congress.gov/crec/2018/03/22/CREC-2018-03-22-bk3.pdf.

③ 在《2018 年综合拨款法案》中，国会向交通部提供了 50 万美元的资金，以支持综合计划的制定。

（三）美国政府自动驾驶汽车技术原则

原则一：保护用户和社区

自动驾驶汽车能够改善车辆操作员、乘客、行人、骑行者、摩托车驾驶员和其他道路交通参与者的人身安全。为实现这些目标，我们必须关注公众的安全、防护和隐私。

1. 安全优先

美国政府将主导推进自动驾驶技术安全集成，解决潜在的安全风险，提高自动驾驶汽车的救生潜力，并加强公众对这些新兴技术的信心。美国政府还将执行现行法律，以确保相关法律实体不会在自动驾驶汽车技术的性能和局限性方面做出虚假陈述或误导公众，包括与车辆安全或性能有关的虚假陈述。

2. 强调驾驶安全和网络安全

美国政府将支持安全的自动驾驶汽车技术的设计和应用，支持它们所依赖的系统，充分支持拓展保护国家安全和公共安全不受犯罪或其他恶意使用自动驾驶汽车和相关服务的威胁的功能。美国政府将与自动驾驶汽车开发商、制造商、集成商和服务提供商合作，在保护隐私、公民权利和公民自由的同时，确保成功防范、化解和调查针对或开发利用自动驾驶汽车进行的各类犯罪行为和安全威胁。这些努力包括制定和推广物理标准和网络安全标准，以及在交通运输系统的所有数据媒介和领域中，防范、威慑、保护、应对这些已知的、不断变化的风险，并进行从变化风险中安全恢复的最佳实践。

3. 确保隐私和数据安全

在自动驾驶技术设计和集成的过程中，美国政府将采用一种以整体为基础的风险防范方法来保护数据安全和公众隐私，包括保护驾驶员和乘客的数据，以及被动的第三方数据（例如自动驾驶汽车可能收集的行人的数据）免受诸如未经授权的访问、收集、使用或分享等带来的隐私风险。

4. 提升出行服务及便利使用

美国政府支持开放道路的自由，其中包括美国人驾驶自己车辆的自由。美国政府期待的环境是自动驾驶汽车与传统的手动驾驶汽车及其他道路使用者一起运行。因此，美国政府将保护消费者做出最适合其出行需求选择的能力。美国政府将支持提升自由便利的自动驾驶汽车技术，使个人可以在符合家庭需要的场所居住和办公，并为所有人包括残障人士和老年人提供安全、经济、无障碍和独立的出行选择。

原则二：促进有效市场

自动驾驶车辆为研究和开发提供了不断变革的领域。为促进自动驾驶汽车基础技术的快速开发，美国政府将努力促进美国市场投资和创新。

5. 保持技术中立

美国政府将在国际范围内采用并促进灵活的技术中立政策，使公众而非联邦政府或外国政府选择最经济有效的出行方案。

6. 保持美国的创新和创造力

美国政府将继续推进促进增长的政策，以保护美国的经济繁荣和创新竞争力，促进新的增长引擎，并优先考虑美国在所有领域（包括自动驾驶汽车领域）的创新和创造能力。美国政府将继续通过保护和执行知识产权（即专利、商标、版权和商业秘密）来推动敏感的新兴技术、技术数据和敏感的专有通信的发展，并将继续努力防止其他国家以牺牲美国创新者的利益为代价获得不公平的优势。

7. 法规现代化

美国政府将修订或废止过时的法规，这些法规不必要地阻碍了自动驾驶的发展，或不能解决关键的安全性、出行和可及性的需求，以促进法规及其运行环境的统一。在此过程中，法规现代化将促进国家、地方、部落和区域以及国际法规之间的一致性，从而使自动驾驶汽车能够在国内和国际上畅通运行。当需要法规时，美国政府将尽可能地制定适用于国内外的基于性能而非强制性的规则，并且这些规则不歧视美国的技术、产品或服务。

原则三：促进协作

自动驾驶汽车涉及联邦、州、地方、部落和区域政府所关注的领域，同时也直接影响着国际合作。这种复杂的治理环境为协作、便利和信息共享提供了机遇。

8. 推广统一的标准和政策

美国政府将优先参与并在国际层面倡导自愿共识标准和基于证据和数据驱动的法规。美国政府将与州、地方、部落和区域政府以及业界合作，共同促进自愿共识标准的制定和实施，推动支持自动驾驶汽车融入整个交通运输系统的政策，并寻求与国际合作伙伴建立一致的技术标准和监管政策。

9. 确保联邦方针的一致性

美国政府将在整个联邦政府中积极推动自动驾驶研究、法规和政策的协调，以确保最大限度地发挥部门间资源的作用。美国政府将确保所有联邦资金和拨款用在刀刃上，用于网联自动驾驶汽车的研究、任何符合第 13788 号决议（买美国货、雇美国人）和第 13881 号决议（最大限度地利用美国制造的商品、产品和原材料）以及所有现行法律、法规和行政命令的其他联邦资助条件，以确保美国在自动驾驶汽车技术领域的发展和领先地位。

10. 改善交通运输系统层面效果

美国政府将重点关注提高交通运输系统层面的性能、效率和效用的机会，同时避免自动驾驶汽车技术对交通运输系统层面产生负面影响。

二、美国交通部将如何实现其自动驾驶系统的愿景？

美国交通部对自动驾驶系统的愿景是：优先考虑安全性，同时为未来交通做好准备。

安全是美国交通部的最高优先事项。如果能够安全地开发和部署自动驾驶系统，就可以有效避免或减少大量因驾驶员操作、判断失误或其他人为因素导致的撞车事故。① 安全集成始于积极主动地识别、评估和管理与自动驾驶系统相关的潜在安全风险，从而实现预期的效益。

交通运输系统的效率及人员和货物的流动性也是交通部任务的核心。如果谨慎地集成自动驾驶系统，将对所有用户的出行和运营效率产生积极影响。例如，部署成熟的自动驾驶系统可以减少与事故有关的延误，或支持残障人士的独立出行。相反，自动驾驶系统的潜在负面结果包括由于需求诱导和不公平服务而导致的交通拥堵加剧。交通部正在积极开展研究，以了解和减轻这些可能的负面结果。

为实现其自动驾驶系统的愿景，美国交通部制定了三大目标：

1. 促进合作和透明度——美国交通部将促进其合作伙伴和利益相关方（包括公众）获得关于自动驾驶系统能力和局限性的清晰可靠的信息。

2. 使监管环境更加现代化——美国交通部将使监管环境现代化，以消除对汽车设计、功能和运营模式创新的无意的和不必要的障碍，并将开发以安全为重点

① S. Singh,"Critical Reasons for Crashes Investigated in the National Motor Vehicle Crash Causation Survey", National Highway Traffic Safety Administration, February, 2015, accessed June 1, 2022, https://crashstats.nhtsa.dot.gov/APi/public/ViewPublication/812115.

的框架和工具，以评估自动驾驶系统技术的安全性能。

3. 准备交通运输系统——美国交通部将与利益相关方合作，开展安全评估和自动驾驶系统集成所需的基础研究和示范活动，同时努力提高交通系统的安全性、效率和使用便利性。

以下各节将介绍交通部如何将这些目标转化为行动。一些行动是相对独立且能够很快得到执行的；另一些则是复杂且具有更长时间跨度的。

（一）目标1：促进合作和透明度

获得关于自动驾驶系统能力和局限性的清晰可靠的信息，有助于安全测试、开发和最终部署自动驾驶系统。通过确保所有人都能获得关键信息的透明度来促进新技术的安全集成和采用。美国交通部将使用针对各类不同受众量身定做的工具，如案例研究、指南、技术报告、面向公众的在线平台以及线下和线上活动，以确保在与各级利益相关方接触时保持持续、透明的沟通。交通部通过与利益相关方的定期接触、发布自愿性指南以及信息共享来提高透明度。这些活动的例子如下。

1. 目标：与利益相关方共同监测新趋势、新问题和新需求

协作式自动化运输联盟（联邦公路管理局）：协作式自动化运输联盟是由美国国家公路和运输官员协会、美国智能交通协会和交通工程师协会共同发起的，并作为联邦、州和地方政府官员、学术界、工业界及其相关协会的合作协调中心，以解决与在全国范围内部署网联汽车和自动驾驶汽车有关的关键方案和技术问题。[①]

公路自动化全国对话（联邦公路管理局）：联邦公路管理局在全国各地举办了一系列会议，以促进信息共享，解决关键问题，并支持交通运输领域安全、高效地将自动驾驶汽车纳入道路网络。全国对话期间收到的意见为联邦公路管理局的研究、政策和方案提供了信息。[②]

公交自动化实践社区（联邦运输管理局）：联邦运输管理局的公交自动化实践社区定期召集公交机构和其他获得交通部资金支持开展试点或示范自动驾驶公交项目的单位。实践社区旨在培育一个具有创新精神的、开拓性的机构社区，以

---

① "Cooperative Automated Transportation (CAT) Coalition", National Operations Center of Excellence, accessed July7, 2022, https://transportationops.org/CATCoalition.

② FHWA,"National Dialogue on Highway Automation", Office of Operations, August 7, 2020, accessed July, 2020, https://ops.fhwa.dot.gov/automationdialogue/.

推进公交自动化程度和美国公交运营方面的潜力。

2. 目标：为产业提供指导、提升透明度并采用最佳实践

《自动化驾驶系统 2.0：安全愿景》（AV2.0）（美国交通部 / 国家公路交通安全管理局）：AV2.0 提供自愿性指南，以帮助自动驾驶系统开发人员在部署前利用他们自己的、业界的和其他最佳实践来分析、确定和解决安全问题。AV2.0 概述了 12 个安全要素，交通部认为这些要素代表了整个业界的共识，是在公共道路上开发、测试和部署自动驾驶系统时需要考虑和解决的最突出的设计问题。①

《为未来交通做准备：自动驾驶汽车 3.0》（AV3.0）（美国交通部）：AV3.0 以 AV2.0 为基础提供多式联运的方法，并将自动驾驶汽车安全地融入美国更广泛的地面交通运输系统中。②

《确保美国在自动驾驶汽车技术中的领导地位：自动驾驶汽车 4.0》（AV4.0）（美国交通部）：AV4.0 展现了美国政府致力于成为全球地面运输自动驾驶汽车创新引领者的态度，安全可靠地在全国及全球范围内落实自动驾驶技术。③

3. 目标：促进信息共享

自愿安全自评估（国家公路交通安全管理局）：开发和测试自动驾驶汽车的法律实体向公众通报它们如何优先考虑安全问题的自愿机制。④

自动驾驶汽车透明度和参与安全测试计划倡议（国家公路交通安全管理局）：自动驾驶汽车透明度和参与安全测试计划倡议为国家公路交通安全管理局、各州、地方政府和利益相关方提供了一系列研讨会，以讨论在公共道路上对自动驾驶汽车进行安全测试问题。

国家公路交通安全管理局于 2020 年 6 月与各州、地方政府和整个自动驾驶

① NHTSA,"Automated Driving Systems 2.0: A Vision for Safety", *National Highway Traffic Safety Administration*, September, 2017, accessed July 7, 2022, https://www.nhtsa.gov/sites/nhtsa.gov/files/documents/13069a-ads2.0_090617_v9a_tag.pdf.

② USDOT,"Preparing for the Future of Transportation: Automated Vehicles 3.0", *U.S. Department of Transportation*, December 13, 2019, accessed July 7, 2022, https://www.transportation.gov/av/3.

③ USDOT, NSTC,"Ensuring American Leadership in Automated Vehicle Technologies: Automated Vehicles 4.0", *U.S. Department of Transportation*, January, 2020, accessed July 7, 2022, https://www.transportation.gov/sites/dot.gov/files/2020-02/EnsuringAmericanLeadershipAVTech4.pdf.

④ NHTSA,"Voluntary Safety Self-Assessment", *National Highway Traffic Safety Administration*, September, 2017, accessed July 7, 2022, https://www.nhtsa.gov/automated-driving-systems/voluntary-safety-self-assessment.

汽车领域的公司共同发起了自动驾驶汽车透明度和参与安全测试计划倡议。该倡议的目标是为公众提供直接和便捷的途径，获取有关配备自动驾驶系统汽车的测试信息，包括各州提供的关于活动、立法、法规、地方参与道路自动驾驶汽车的信息，以及由开发和测试自动驾驶汽车的公司提供的信息。这些信息预计将提高公众对道路测试活动的认识，指导自动驾驶汽车的开发和测试。此外，国家公路交通安全管理局正在通过自动驾驶汽车透明度和参与安全测试计划倡议网络试点工具提高公众的认识。国家公路交通安全管理局正与政府和私人利益相关方合作，以促进美国自动驾驶技术的安全开发、测试、集成，并开展相关认知教育。

公交自动化市场评估：联邦运输管理局制定并定期更新本报告，以描述该行业的现状，包括自动公交技术的可用性、功能和局限性。①

新兴的自动化城市货运配送概念实践状况扫描（智能交通系统联合计划办公室）：该报告描述了该行业现状，以增进对商用自动驾驶汽车概念和行业活动的理解，发现新问题，并向利益相关方展示客观的调查结果。②

（二）目标 2：现代化的监管环境

美国交通部负责监管机动车辆、机动车辆设备和商用车辆运营的安全。这一安全任务仍然是交通部的最高优先事项，因为交通部正在寻求采取适当的监管方法来监管装有自动驾驶系统的车辆的安全性。美国交通部目前有数项正在进行和计划中的与自动驾驶系统相关的规则制定，其中一些规则侧重于消除不必要和无意的监管障碍，而另一些规则则讨论了何时以及如何监管自动驾驶系统的性能。其中许多规则制定涉及国家公路交通安全管理局管辖范围内的事项，还有一项规则侧重于联邦汽车运输安全管理局管辖范围内的问题。下文将会讨论这些规则。

（三）目标 2A：简化部署路径

豁免是安全推动研究、测试和示范项目以及商业化部署的关键短期工具，美国交通部将在时机成熟并符合所有适用法律要求的适当情况下继续行使这些权力。

---

① FTA, USDOT,"Transit Bus Automation Market Assessment", *U.S. Department of Transportation*, October, 2019, accessed July 7, 2022, https://www.transit.dot.gov/sites/fta.dot.gov/files/docs/research-innovation/134451/transit-bus-automation-market-assessment-fta-report-no0144.pdf.

② Cregger, J., Machek, E., Behan, M., Epstein, A., Lennertz, T., Shaw, J. and Dopart, K.,"Emerging Automated Urban Freight Delivery Concepts: State of the Practice Scan",ROASP, November 20, 2020, accessed January 12, 2022, https://rosap.ntl.bts.gov/view/dot/53938.

国家公路交通安全管理局授予豁免《联邦机动车辆安全标准》的权力为测试或示范包括自动驾驶系统在内的一系列新技术提供了灵活性，[①]并允许对不符合《联邦机动车辆安全标准》的车辆进行有限的商业部署[②]，只要证明其安全水平与符合标准的车辆相当。

联邦汽车运输安全管理局还可通过豁免为那些使用配备ADS的商业车辆（CMV）但未完全遵守《联邦汽车安全条例》的机动车承运人提供监管方面的救济，只要他们证明豁免也能达到同等的安全水平。[③]

一般而言，《联邦机动车辆安全标准》的豁免在时间、汽车数量以及在某些情况下的地点上都有限制；豁免并不是为了允许大量汽车无限期地违规。[④]正如国家公路交通安全管理局于2020年2月批准的豁免申请（如下所述）所示，豁免可以成为短期内的一种有用工具，用以实现安全测试和有限部署一些装有自动驾驶系统的新型概念汽车。为了进一步提高这些能力，美国交通部正在努力简化和修订豁免申请的处理程序。

1. 目标：发布符合规范的豁免

授予装有自动驾驶系统的低速车辆的临时豁免（国家公路交通安全管理局）： 2020年2月，国家公路交通安全管理局批准了Nuro临时豁免《联邦机动车辆安全标准》第500号“低速车辆”中的某些要求（案卷编号：NHTSA–2019–0017）。[⑤]国家公路交通安全管理局就授予这一豁免规定了一些条款和条件，以促进适当的监督。

2. 目标：简化豁免的行政程序

法规制定提案通知：为国内制造商研究、示范和其他目的扩大临时豁免计划（国家公路交通安全管理局）： 该法规制定提案通知提出了一项新的规定，允许国

① 49 U.S.C§30114

② 49 U.S.C§30113

③ 49 U.S.C§§31315(b) and 31136(e)，49 CFR part 381，subpart C

④ NHTSA, Understanding NHTSA's Regulatory Tools: Instructions, Practical Guidance, and Assistance for Entities Seeking to Employ NHTSA's Regulatory Tools", *National Highway Traffic Safety Administration*, October 17, 2017, accessed July 7, 2022, https://www.nhtsa.gov/sites/nhtsa.gov/files/documents/understanding_nhtsas_current_regulatory_tools-tag.pdf.

⑤ NHTSA,"Nuro, Inc.; Grant of Temporary Exemption for a Low-Speed Vehicle with an Automated Driving System", *Federal Register*, February 11, 2020, accessed July 7, 2022, https://www.federalregister.gov/documents/2020/02/11/2020-02668/nuro-inc-grant-of-temporary-exemption-for-a-low-speed-vehicle-with-an-automated-driving-system.

内法律实体为研究、调查、示范、培训、竞技赛车、表演或展示等目的而申请豁免在公共道路上驾驶不合规车辆，但不包括销售或租赁。

法规制定提案通知：更新临时豁免程序（国家公路交通安全管理局）：这一行动将就如何促进交通部审议豁免申请的方式征求意见，以便在确保适当的安全水平的同时，更有效地使用有限的、降低风险的创新安全技术。国家公路交通安全管理局将寻求简化临时豁免程序，明确针对机构所期待的事项。

（四）目标 2B：修订现有法规以消除不必要的障碍

通过制定法规，美国交通部已经认识到，现有法规可能无意地、不必要地阻碍新型汽车设计的引入，这些新型汽车设计能够与某些配备自动驾驶系统的汽车及其运行模式相匹配。

这些障碍可能影响不具备人工驾驶手段（例如方向盘、刹车和油门踏板）的自动驾驶系统专用车辆，以及配备自动驾驶系统的，可能提供座椅或其他具有多种模式的系统（例如可旋转的前排座椅）的车辆。

配备自动驾驶系统的新型商用机动车运行模式可能会受到现行《联邦汽车安全条例》的类似影响。

1. 目标：开展规则制定和研究，以支持修订现行《联邦机动车辆安全标准》，消除对采用自动驾驶系统新型车辆设计和功能的无意和不必要的障碍。

2018 年 1 月，国家公路交通安全管理局在联邦公报上发布通知，对现有的监管障碍征询意见，这些监管障碍可能会阻碍配备自动驾驶系统汽车的引入和认证，特别是那些不具备人工控制且不会对安全产生不利影响的汽车。为回应各方意见，结合国家公路交通安全管理局自己的研究，国家公路交通安全管理局开始制定若干规则，包括下文讨论的规则。

法规制定提案通知：自动驾驶系统乘员保护（国家公路交通安全管理局）：通过 2020 年 3 月发布的这一行动计划，国家公路交通安全管理局建议修订防撞法规，以促进无驾驶员控制的机动车的认证。①

法规制定提案预告：消除自动驾驶系统的监管障碍（国家公路交通安全管理局）：通过发布于 2019 年 5 月的法规制定提案预告，国家公路交通安全管理局就

① NHTSA,"Occupant Protection for Automated Driving Systems", *Federal Register*, March 30, 2020, accessed July 7, 2022, https://www.federalregister.gov/documents/2020/03/30/2020-05886/occupant-protection-for-automated-driving-systems.

该机构的《联邦机动车辆安全标准》中的现有机动车监管障碍征求意见，这些监管障碍通常与配备自动驾驶系统的车辆相伴而生。[①]

法规制定提案预告：针对自动驾驶系统汽车警报、指示器和警告的考虑（国家公路交通安全管理局）：通过这一行动，国家公路交通安全管理局将就修订《联邦机动车辆安全标准》征求意见，以解决未配备传统驾驶员控制系统的车辆中安全通讯（警报、指示器和警告）的适用性和适当性。

法规制定提案预告：配备自动驾驶系统的无乘客运载车辆（国家公路交通安全管理局）：通过这一行动，国家公路交通安全管理局将就修订法规征求意见，以促进无乘客舱的机动车认证。

法规制定提案预告：配备自动驾驶系统的专用机动车辆（国家公路交通安全管理局）：国家公路交通安全管理局将就制定针对配备自动驾驶系统的特种机动车辆类型的监管要求广泛征求意见。

通知说明（国家公路交通安全管理局）：2020 年 12 月，国家公路交通安全管理局发布了一份通知，重新确立了国家公路交通安全管理局的立场，即《联邦机动车辆安全标准》测试条件和程序确立了国家公路交通安全管理局可以用来评估符合适用《联邦机动车辆安全标准》的合规性的方法，但不要求制造商使用《联邦机动车辆安全标准》中的测试条件和程序测试车辆的性能以证明其车辆符合标准，或确保其车辆的设计能按照所有测试条件和程序得到测试。[②]该通知更正了 2016 年致谷歌公司的释义函中的陈述，该陈述暗示除非车辆经过设计以使国家公路交通安全管理局能够使用所有适用的《联邦机动车辆安全标准》测试程序来验证，否则制造商无法有效证明其符合《联邦机动车辆安全标准》的合规性。该先前的解释未考虑针对特定设计的测试程序，例如要求油箱加注到一定的百分比，事实上这将使电动汽车无法通过合规认证。

2. 目标：修改现行《联邦汽车安全条例》、消除在州际贸易中配备自动驾驶

① NHTSA,“Removing Regulatory Barriers for Vehicles With Automated Driving Systems”, *Federal Register*, May 28, 2019, accessed July 7, 2022, https://www.federalregister.gov/documents/2019/05/28/2019-11032/removing-regulatory-barriers-for-vehicles-with-automated-driving-systems.

② NHTSA,“Notice Regarding the Applicability of NHTSA FMVSS Test Procedures to Certifying Manufacturers”, *Federal Register*, December 21, 2020, accessed July 7, 2022, https://www.federalregister.gov/documents/2020/12/21/2020-28107/notice-regarding-the-applicability-of-nhtsa-fmvss-test-procedures-to-certifying-manufacturers.

系统的商用机动车辆的不必要障碍

法规制定提案通知：配备自动驾驶系统的商用机动车辆的安全集成（联邦汽车运输安全管理局）：联邦汽车运输安全管理局正在探索对《联邦汽车安全条例》的某些修订，以确保将配备自动驾驶系统的商用机动车辆安全地引入美国的道路。法规制定提案通知将提议对商用机动车辆的运营、检查、维修和保养规范进行修改，旨在优先考虑安全保障、促进创新并为装备自动驾驶系统的商用车辆制定一致的监管方法，明确人工操作员和自动驾驶系统之间的差异。

（五）目标 2C：对自动驾驶系统进行适当的安全监督

对自动驾驶系统技术部署的监管可能需要使用新的方法来评估安全性能和风险管理。美国交通部正在探索安全保障的新方法，并研究评估自动驾驶系统技术安全性的创新模型和工具。

目标：探索安全保障的新方法，并研究评估自动驾驶系统技术安全性的模型和工具

法规制定提案预告：自动驾驶系统安全框架（国家公路交通安全管理局）：通过 2020 年 11 月发布的此项预告，国家公路交通安全管理局需要对可能创建的安全框架征询意见。该框架将提供一种客观定义、评估和管理自动驾驶系统安全的手段。该机构设想该框架将与以下内容相结合：一种或多种治理机制以落实工程处理措施，并促进适当的机构安全监督。

自愿性技术标准：交通部鼓励并参与自愿性共识标准的制定。这些标准是各行业合作伙伴支持技术开发和互操作性的现有机制。

（六）目标 3：为交通系统做好准备

采用自动驾驶系统的车辆可能会给美国的道路带来新的挑战。交通部正在采取行动，以使自动驾驶系统的集成在提高移动性的同时不降低国家地面交通系统的运行效率。美国交通部也在为自动驾驶系统寻求机会，以扩大受众，包括残疾人和美国老年人，使得该等人群也能获得安全、可负担、方便和独立的移动选择。

美国交通部通过寻求专家意见、外部支持以及行政资助以进行试点项目及测试。这些测试项目专注于研究功能性安全、安全的 CMV 操作、人为因素、网络安全、基础设施、操作性和其他主题。未来的研究将取决于国会拨款、技术发展和利益相关者的反馈。

1. 目标：开展有针对性的技术研究

商用自动驾驶汽车评估（ACE）项目（联邦汽车运输安全管理局）：商用自动驾驶汽车评估项目利用一个由三辆牵引半挂车组成的车队进行测试和演示，以便能够对具体的ADS案例进行研究，包括：路边检查和执法；港口拖运；应急反应和卡车碰撞后调查；工作区域以及国际边界过境点。

自动驾驶系统（ADS）操作行为和交通规则信息（FHWA）：这项研究评估了现有的交通法规及其对采用ADS的车辆的适用性。它将确定在开发交通规则数据库方面的需求。

工作区数据交换演示（ITS JPO）：这项研究方案的目的是提高公众在常规和非常规环境下的安全性，通过跨管辖区域的数据共享以提高采用ADS车辆的安全性。[①]

港口合作驾驶自动化拖运卡车开发和测试（MARAD/FMCSA/ITS JPO）：港口合作驾驶自动化拖运卡车开发和测试倡议是在港口进行的一个ADS演示项目，以展示自动卡车在港口或仓库的中转区排队场景下的优势。该项目将展示互联车辆和自动化车辆技术应用，包括在底盘和集装箱的装卸、海关检查站通道、闸口通道和短途拖运场景下的运用。

2. 目标：为以ADS为重点的演示、试点和部署提供资金

自动驾驶系统演示款项支持（交通部长办公室）：2019年9月18日，交通部长赵小兰（Elaine L. Chao）宣布向美国7个州的8个项目提供近6 000万美元的联邦款项支持资金，作为ADS演示款项支持计划的一部分。该计划为“高度自动化车辆研发计划”提供资金，以支持ADS和其他驾驶自动化系统和技术的规划、研究和演示。

综合移动创新（IMI）资金（联邦运输管理局）：综合移动创新（IMI）资金项目的主要目的是资助下述项目，包括公交自动化、按需移动和移动支付集成，这些项目展示了创新和有效的方法实践、合作伙伴关系和技术，以提高公共交通效率，提升质量，促进安全，改善出行者体验。

加速创新出行（AIM）倡议（联邦运输管理局）：AIM倡议强调了FTA的持续承诺，以支持和推进交通运输行业的创新。FTA提供AIM相关挑战款项支

① USDOT,“Work Zone Data Exchange (WZDx)”, *U.S. Department of Transportation*, December, 2021, accessed July 7, 2022, https://www.transportation.gov/av/data/wzdx#:~:%20text=%20WZDx%20%20Demonstration%20%20Grants&%20text=%20This%20%20is%20.

持，以鼓励交通运输机构尝试前瞻性的服务模式和解决方案，例如交通运输自动化。①

包容性设计挑战：该挑战寻求创新的设计解决方案，使存在身体、感官和认知障碍的人能够通过经历两个阶段的竞赛，在使用装有 ADS 的车辆的情况下，获得高达 500 万美元的奖金。

3. 目标：更新基础设施标准以反映 ADS 技术

《统一交通控制设备手册》（MUTCD）更新（FHWA）：FHWA 正在评估 MUTCD，以确定装有 ADS 的车辆以及其他交通被考虑在内。该项评估包括调查是否有广阔范围的交通控制设备的标准化和一致性，尤其是车道标线和标志牌，这些均有利于支持装有 ADS 的车辆与道路基础设施之间的安全互动。2020 年 12 月，FHWA 发布了一份拟议修正案通知（NPA），以收集意见并解决这些问题。

三、美国交通部的行动如何支持 ADS 的发展？

美国各地许多公司都在积极开发并测试 ADS 技术。虽然某些安装了 ADS 的车辆在测试时，在限定区域内没有操作员在场，目前在公共道路上进行的大多数 ADS 测试都涉及由安全驾驶员来监控车辆运行情况。如前所述，目前美国还没有安装有 ADS 的车辆可供购买，大多数参与测试的车辆还只是原型车。

尽管 ADS 的功能和应用在车辆的设计和预期目的上仍然存在很大的差异，但美国交通部综合规划探讨了五个案例，用以说明其如何处理 ADS 技术、车辆和运营环境的不同方面。相关案例提供了以下框架以了解美国交通部活动与当前 ADS 行业发展的关系。但需要注意的是，基于当前 ADS 测试的公开信息，对每个案例进行的概括性描述并不是穷尽式的。它们并不旨在描述或代表美国交通部对任何特定公司或系统的认可。相反，它们反映了 ADS 系统的共同特征和功能。此外，这些案例并不代表所有当前或潜在的安装了 ADS 的车辆或运营模型的完整图景，而仅是一组说明性示例。

在每个案例总结之后，相关的美国交通部行动和活动的规划均被列出。因为

① FHWA,"National Standards for Traffic Control Devices; the Manual on Uniform Traffic Control Devices for Streets and Highways; Revision", *Federal Register*, December 14, 2020, accessed July 7, 2022, https://www.federalregister.gov/documents/2020/12/14/2020-26789/national-standards-for-traffic-control-devices-the-manual-on-uniform-traffic-control-devices-for.

美国交通部通常处理复合问题，而不是任何特定的 ADS 案例或技术，因此相关活动一般能够被适用于多种场景中。例如，最近发布的《拟议规则制定预先通知：自动驾驶系统安全框架》就广泛地涉及 ADS。本节中的示例说明了美国交通部行动在哪些方面与某些 ADS 车辆或服务特征尤其相关。

（一）无人驾驶的低速车辆

无人驾驶的低速车辆代表了 ADS 的一个新兴应用。开发这些车辆的公司可能会与第三方建立合作关系——例如，与杂货商或餐馆合作，为合作公司的客户提供配送服务。客户可以从自动配送车辆上取回他们所购买的物品。与其他车辆类别必须满足一系列 FMVSS 要求不同，这些车辆只需要满足 FMVSS No.500“低速车辆（LSV）”的要求，这对部署设置的监管障碍要少得多。因此，制造商可以通过设计符合要求的车辆或寻求豁免来实现这一要求，这与 NHTSA 最近授予 Nuro（85 FR 7826，2020 年 2 月 11 日）的相关批准的做法类似。

目前正在开发并针对这一应用进行部署的车辆配备了 4 级 ADS（根据 SAEJ3016）。要被认定为 LSV，车辆的最大速度必须限制在 25 英里 / 小时，车辆总重量等级（GVWR）必须小于 3 000 磅。因此，许多正在开发的车辆的操作设计域（ODD）通常仅限于限速较低的社区道路（即不包括公路），并且通常仅限于良好的天气条件。可以预见，相关用途可能会随着时间的推移而扩大；例如，提高车辆的最大速度能力，但车辆速度或重量的变化意味着车辆可能不再是“低速车辆”，并且需要符合 FMVSS 的全套要求。

1. 美国交通部针对这一案例开展的活动

使用不符合 FMVSS 要求的车辆的制造商，例如那些没有手动驾驶控制装置的车辆，必须寻求相关豁免程序。例如，2020 年 2 月，NHTSA 批准了 Nuro 提出的临时豁免某些 FMVSS 的请求，从长远来看，对法规本身的修改可以进一步支持部署。NHTSA 计划在关于消除自动驾驶系统障碍的规则制定中考虑了这一问题，以及未来关于配备自动驾驶系统的无人驾驶运载车辆的 ANPRM。这两项规则制定解决了目前已知的在联邦层面阻碍这一案例商业化的非预期障碍。

ITS JPO 正在赞助对新兴的自动货物交付应用和技术的探索性研究，包括低速无人驾驶汽车的货物交付行为，通过试点项目和早期部署项目记录当前的行业活动。

2. 示例特征

运行环境：低速道路、城市和郊区

速度：最高 25 英里 / 小时

自动控制（SAE 级别）：4 级或 5 级

应用：货物交付和运输

（二）有条件的乘用车自动化驾驶

能够实现有条件的驾驶自动化的乘用车是现有的个人所有权模式（即个人所有而非为车队服务）中 ADS 的潜在应用。在这一应用场景中，ADS 将能够在特定的条件下执行完整的动态驾驶任务（DDT），并且当系统要求时，驾驶员将随时可以收回控制权。只有少数公司表示有兴趣继续开发这一案例，尤其是在低风险的驾驶环境中，例如走走停停的低速交通环境中。

开发和测试在交通堵塞场景下的 ADS 的公司声称他们正在寻求一种解决方案，以满足通勤者的需求，在这种情况下，交通可能处于相对拥挤的状态，ADS 允许驾驶员不对车辆进行控制并从事其他活动，直到系统达到设计性能上的限制，再将 DDT 的控制权交还给驾驶员。如果驾驶员无法在公司指定的合理时间内重新驾驶，则系统会将车辆安全地自动停止。

这种类型的 ADS 应用需要驾驶员手动驾驶，因此，车辆在设计上需要满足所有适用的 FMVSS。在目前的 FMVSS 下，公司可以通过设计符合要求的车辆来部署这类车辆。

1. 美国交通部针对这一案例开展的活动

研究人员将继续研究能够帮助驾驶员意识清醒地安全接过驾驶任务的方法。NHTSA 的人为因素研究正在研究与这一目标相关的主题，从协助驾驶员对 ADS 的功能增强理解，到确定从自动驾驶到驾驶员驾驶的最佳过渡方式。例如，当 ADS 系统发生故障时，需要将控制权移交给驾驶员，或者可以达到最低风险状态。目前的目标是识别驾驶员重新掌握控制权所需的信息，旨在确保驾驶员可以快速成功地重新获得控制，以及研究出显示这些信息的方法。接管流程的一部分将涉及车辆内警告或通知。另一项研究目前正在探索警告或通知所需的时间长度，即安全地恢复完全手动驾驶所需的时间，当然，在不同的驾驶情况和场景下，所需的时间也会有所不同。

2. 示例特征

操作环境：不同操作环境，可在城市和公路环境中操作

速度：所有正常车辆操作速度，包括低速和高速

自动控制（SAE 级别）：3 级

应用：附条件的存在乘客的自动驾驶车辆

（三）乘用车自动驾驶系统

消费者可购买专门制造的无手动驾驶控制的专用 ADS 车辆，或作为专用车队的一部分，该等车辆能够提供随需应变的移动服务。该车辆将在当天气和道路条件适合安全操作时，在地理围栏区域行驶。车辆将完全由自动驾驶系统控制，而不受驾驶员控制。该车辆可通过电信网络向能够远程操作该车辆的远程地点发送操作信息。

1. 美国交通部针对这一案例开展的活动

制造不符合 FMVSS 的车辆的制造商，如无手动驾驶控制的车辆，必须寻求豁免程序。例如，在 2020 年 2 月，NHTSA 批准了 Nuro 提出的临时豁免某些 FMVSS 要求的请求，并制定了条款和条件，以便利 NHTSA 的监督。

对法规本身的修改可以促进系统部署，而无需豁免程序。NHTSA 制定规则消除自动驾驶系统的障碍，旨在消除不必要的和意外的障碍，同时保持现有标准中规定的安全水平。同时，NHTSA 正在开展活动，以建立对于 ADS 安全的监管及监管框架。该框架将客观地定义、评估和管理 ADS 性能的安全性，同时确保必要的灵活性，以实现进一步的创新。

2. 示例特征

操作环境：不同操作环境，可在城市和公路环境中操作

速度：所有正常车辆操作速度，包括低速和高速

自动控制（SAE 级别）：4 级

应用：存在乘客的自动驾驶

（四）自动化卡车运输

一些自动卡车运输公司正在开发专门用于 CMV 的 4 级 ADS 系统，用于从出口到出口或匝道到匝道存在 ODD 限制的有限通行的公路路段。具体存在以下细分应用：

配备 ADS 的 CMV 可以在其车内无人类操作者的情况下操作 ODD，如有必要，可以在其他环境中由人操作。另外，一些公司希望探索一种“中心到中心”的操作模式，将配备 ADS 的 4 级 CMV 的行程延长为由装货地点至收货客户目

的地。

在任何相关细分应用场景中，ADS将控制CMV高速行驶可跨州的长距离。这些车辆可能既配置了ADS也配置了手动控制系统，因此保留了传统的手动控制系统及客舱配置。

许多公司已经公开宣布其开发和测试具有自动驾驶功能的商用机动车的企图，投资者包括传统卡车制造商和供应商，以及科技公司、初创企业和风险投资公司。此外，一些公司已经在收费服务中测试配备ADS的CMV和运营模型，包括在加利福尼亚、亚利桑那、佐治亚州和德克萨斯州的线路上。

在配备ADS的CMV方面，FMCSA将继续行使其现有的法定监管，管理在州际运营的汽车承运人的安全，CMV驾驶员的资格和安全以及商业卡车和汽车大巴的安全运营。FMCSA保留在自动系统妨碍安全操作的情况下采取执法行动的权力。FMCSA先前声明，该机构的法规将不再假定CMV驾驶员始终是人类，或者在商用车辆运行期间必须有人类在车上。目前，没有法规专门针对4级和5级，包括在设备、维修和保养等关键领域的规定。

1. 美国交通部针对这一案例开展的活动

在AV3.0中，美国交通部澄清，FMCSA的法规将不再假定CMV驾驶员始终是人类，或者在商用车辆运行期间必须有人类在车上。

2019年7月，FMCSA发布了一份ANPRM，就几个关键法规的相关问题征求意见以更好地理解其规则的变化，以及如何能够解释人类操作员和ADS之间的显著差异。这些问题集中在以下主题：对人类驾驶员的要求；商业驾驶执照背书；服务时间规则；医疗资格；被打扰的驾驶情况；安全驾驶、检查、维修和维护；路边检查；以及网络安全。FMCSA正在制定一项NPRM，该NPRM将出台相关规则，为汽车承运人提供一个统一的监管框架，用于在州际贸易中部署配备4级和5级ADS的CMV。

FMCSA计划与配备ADS的CMV开发商、卡车制造商、汽车承运人、行业协会和其他相关利益相关方举办一系列合作会议，以促进制定基于行业的、关于配备ADS的CMV运营的共识标准。

交通部已向重点关注配备ADS的CMV的项目提供了ADS示范款项支持。

FMCSA已启动其ACE计划，开展ADS性能研究。

交通部正在积极研究ADS对美国长途卡车运输劳动力的潜在影响。

2. 示例特征

操作环境：存在限速的公路

速度：高速

自动控制（SAE 级别）：4 级

应用：长途货物运输

（五）低速客运班车

低速客运班车是自动驾驶系统的另一个新兴应用。开发这类车辆的公司可与其他公司、州政府、地方政府、高校或其他机构合作，为企业客户、州或城市居民、学生或社区群众提供出行选择以及娱乐休闲活动等服务（尤其是开始一英里和最后一英里的运输选择）。不同于其他类型汽车必须完全符合《联邦机动车辆安全标准》，低速客运班车仅需符合《联邦机动车辆安全标准》“低速车辆”（No.500）的要求，因此低速客运班车面临的部署监管将更少。所以，制造商可以通过设计符合要求的车辆或寻求监管豁免来部署这些车辆。

目前正在开发和部署的低速客运班车配备了 L4 的自动驾驶系统（根据 SAE J3016）。若要被视为低速车辆，车辆的最高速度必须在 25 英里 / 小时以内，并且汽车总重量小于 3 000 磅。因此，许多开发中的这类车辆的运行设计域一般仅限于限速较低的街区道路（即非高速公路）和良好的天气状况。部分（但不是全部）低速客运班车属于低速车辆。可以预见，它们的应用范围随着时间的推移还可能扩大。例如，通过提高车辆的最高速度能力或增加车辆的重量，可以扩大应用范围。当然，这也意味着它们可能不再是低速车辆，并且需要符合《联邦机动车辆安全标准》的全部要求。

1. 美国交通部针对这一案例开展的活动

联邦运输管理局正在通过为示范项目提供资金，如“综合交通创新示范”和“加速创新交通方案”，探索公交系统的自动化、分析数据结果、向运输社区提供外展服务，持续分享学到的知识。

2. 示例特征

运行环境：时速不高于 25 英里 / 小时的道路

速度：最高 25 英里 / 小时

自动控制级别（SAE 级别）：4 级

应用：客运

四、美国交通部如何就自动驾驶系统与利益相关方合作?

自动驾驶系统集成影响了多个行业和机构，美国交通部致力于与利益相关方持续接触。美国交通部通过信息调查和评论、聆听会议、圆桌会议和研讨会以及教育和外联等方式，从不同利益相关方获得信息，并定期将反馈纳入研究和规划过程。本章概述了与政府、行业和国际合作伙伴相关的关键举措，下图总结了自2017年ADS2.0发布以来美国交通部与利益相关方的外联活动。

（一）政府间合作

2019年，美国交通部和白宫制定了AV4.0，以协调38个联邦部门、独立机构、委员会和总统办公厅的自动驾驶汽车活动。这一里程碑式的文件阐明了美国政府提高自动驾驶汽车效益的方法，并提供了政府间合作的框架，重点是在安全、出行、网络安全、基础设施和网联等领域的投资。

（二）国际合作

在制定促进和指导自动驾驶汽车测试应用的原则和公共政策方面，美国交通部处于全球领导地位。美国交通部在各种双边和多边论坛上与世界各地的合作伙伴进行接触，如联合国欧洲经济委员会全球道路交通安全论坛和世界车辆法规协调论坛、七国集团自动和联网驾驶专家组、车辆增强安全国际技术峰会、美国汽车工程协会、SAE世界大会、国际消费类电子产品展览会和ITS世界大会等。美国交通部也在合作开展研究测试，以推广美国有关安全标准制定以及监管政策和程序的最佳实践。预计这些活动将证明美国以科学和数据为基础的监管体系能够产生最完善的安全标准，从而提高经济竞争力，改善美国工业进入外国市场的机会，并减少贸易壁垒。

（三）公众参与

美国交通部与公众分享自动驾驶汽车安全互动议题内容。这些信息通过广泛的通信工具分享，包括常见问题、概况介绍、会议记录和论文；网络研讨会、专题小组和会议；技术支持；以及信息和教育活动。

美国交通部自动驾驶公开征询活动（部分）

活动	年份	联邦登记册请求
九月：自动驾驶汽车透明度和参与安全测试计划倡议测试跟踪工具启动活动 七月：自动驾驶汽车透明度和参与安全测试计划虚拟活动：州和地方政府 六月：自动驾驶汽车透明度和参与安全测试计划倡议启动活动 六月："包容性设计挑战"信息网络研讨会 五月：通过访问工作区虚拟活动保障工作人员和驾驶员的安全	2020	十二月：联邦公路管理局《统一交通控制设备手册》法规制定提案通知 十一月：国家公路交通安全管理局关于自动驾驶系统安全框架的法规制定提案预告 四月：AV4.0 征求意见稿完结 一月："包容性设计挑战"信息征询书完结
十一月：国家公路交通安全管理局研究公开会议 十月：访问与出行全民峰会 三月：自动驾驶汽车员工活动	2019	
十一月：联邦公路管理局达拉斯全国对话 十月：联邦公路管理局凤凰城全国对话 九月：联邦公路管理局芝加哥全国对话 八月：联邦公路管理局西雅图全国对话 七月：联邦汽车运输安全管理局关于联邦汽车安全条例可能阻碍自动驾驶系统在商用车运营中安全集成的通知 六月：联邦公路管理局底特律全国对话 六月：联邦公路管理局费城全国对话 六月：联邦汽车运输安全管理局关于联邦汽车安全条例可能会阻碍自动驾驶系统在商用汽车运营中安全集成的聆讯会议 三月：AV3.0：公众听取峰会 三月：国家公路交通安全管理局关于消除自动驾驶系统车辆监管障碍的通知	2018	十二月：AV3.0 征求意见稿完结 十二月：国家公路交通安全管理局法规制定提案预告：高度或完全自动驾驶汽车合作研究试点项目 十一月：自动驾驶员工议程完结 五月：联邦汽车运输安全管理局关于联邦汽车安全条例征求意见稿可能成为在公共道路上进行安全测试和部署配备自动驾驶系统的商用机动车的障碍 五月：联邦铁路管理局关于铁路行业自动化的信息征询书 五月：管道和危险材料安全管理局关于地面运输模式下在自动驾驶汽车环境中安全运输危险材料监管难题的信息征询书 三月：国家公路交通安全管理局关于消除自动驾驶系统监管障碍的征求意见稿 三月：联邦公路管理局关于将自动驾驶系统整合到公路运输系统的信息征询书 三月：联邦运输管理局关于自动驾驶公交研究计划的征求意见稿 三月：联邦运输管理局关于消除公交自动化障碍的征求意见稿
十二月：自动驾驶汽车安全数据圆桌会议 十一月：关于自动驾驶系统 2.0：安全愿景的通知 十月：自动驾驶系统：自愿性安全自我评估公共研讨会	2017	

五、为未来交通做准备：美国交通部研究亮点

CARMA 和协作式自动驾驶

CARMA 是一个由联邦公路管理局发起的用于协作式自动驾驶研究和开发的开源代码平台。协作式自动驾驶使车辆、基础设施设备和道路使用者（如行人和骑自行车的人）之间的通信成为可能。联邦公路管理局的协作式自动驾驶研究重点是自动驾驶汽车与道路基础设施之间的协作，以提高安全性和运营效率。

CARMA 是使用开源软件设计的，旨在与任何车辆、硬件或控制系统协同工作。CARMA 能够实现协作式自动驾驶功能的研发，并支持交通系统管理与运营。

联邦公路管理局还将使用 CARMA 测试交通系统管理与运营用例，以说明其安全和出行影响以实现快速原型设计、早期标准制定和实施。通过与联邦公路管理局合作，联邦汽车运输安全管理局还将在其测试商用车辆上使用 CARMA，以进行与执法相关的互动测试，如路边检查。

CARMA 是联邦公路管理局、联邦汽车运输安全管理局、海事管理局、智能交通系统联合计划办公室和 Volpe 国家交通系统中心共同努力的结果。CARMA 协作组织支持该平台的应用，该组织由不断壮大的平台用户、潜在用户和其他利益相关方组成，包括政府机构、工业界和学术界。协作组织旨在推动协作式自动驾驶的研究和开发，并鼓励业界采用协作式自动驾驶的方案和功能。

1. 虚拟开放创新协作安全环境（VOICES）安全概念认证（PoC）

VOICES PoC 将是一个分布式的虚拟平台，将支持参与实体（包括联邦和地方政府在内的公共部门、私营部门和学术机构）等利益相关方的虚拟协作。在一个受知识产权保护的虚拟协作环境中，对协作式自动驾驶原型应用程序进行研究和互操作性测试。

作为第一个用例，VOICES PoC 将专注于 SAE J3216《与道路机动车辆协作式自动驾驶相关的术语分类和定义》中定义的协作式自动驾驶系统、研究和协作式自动驾驶系统应用的互操作性分布式测试。

2. 交通安全分析研究伙伴关系（PARTS）

PARTS 是指政府 / 行业伙伴关系，合作伙伴之间自愿分享和分析与安全相关的数据和信息，帮助及早发现汽车技术中与安全相关的问题，并针对这些问

题制定有效的缓解和改进措施。随着装有自动驾驶系统的汽车被引入交通系统，PARTS将预先准备进行装有自动驾驶系统的汽车的安全分析。

六、下一步是什么？

自动驾驶系统有可能显著提高所有出行者的安全性和机动性。美国交通部（DOT）将继续探索这一创新技术的好处，采取将安全放在首位、直接从利益相关者的反馈和交通部的研究中获得信息、保持技术中立的方法。

自动驾驶系统和车辆技术在未来将继续发展和进步。围绕ADS及其可能如何影响出行者、公共机构和更广泛的交通系统，仍然存在巨大的不确定性。这种不确定性给规划过程带来了挑战，需要一种战略性和灵活性的方法。除了关于技术进步的未知因素，交通部还必须考虑资金可获得性、未来研究成果以及可能影响计划实施的更广泛的社会需求和趋势方面的潜在变化。

美国交通部的综合计划是迭代的，并且足够灵活，以适应ADS可能出现的新挑战和新机遇。交通部将与利益相关者协商，定期审查其方法，并做出调整，以反映技术和新兴行业发展的现状。通过建立强大的合作、研究和部署框架，交通部已经建立了以协调多模式的方法应对不确定性的基础。

美国相信，通过共同努力，自动驾驶系统将为交通系统做出贡献，以保障出行公众的安全，为所有人提供机动性选择，并促进经济增长。

第二章　英　国

第一节　2018 年自动及电动汽车法案

2018年第18章

本法案对自动汽车和电动汽车做出规定。

由女王至高无上的权威颁布，在上议院神职议员和世俗议员以及下议院的建议和同意下，并在本届议会的授权下，制定如下：

第一部分　自动汽车：保险人等的责任

1. 国务大臣列出自动汽车清单

（1）国务大臣必须编制并及时更新所有下列机动车辆的清单：

（a）国务大臣认为，至少在某些环境或情况下，其系设计或改装为能够实现安全的自动驾驶的车辆；以及

（b）至少在某些环境或情况下，其能在英国的道路或其他公共场所被合法地用于自动驾驶。

（2）清单中可能以下列方式标明车辆：

（a）按类型；

（b）参照《1994 年车辆管制及登记法令》第 22 条制定的规定所发布的登记文件中记录的信息；或

（c）其他方式。

（3）国务大臣必须在首次编制以及每次修订清单时公布清单。

（4）在本部分中，“自动汽车”是指根据本条所列出的车辆。

2. 由自动汽车造成事故时保险人等的责任

（1）保险人应对下列情形下造成的损害承担责任：

（a）自动汽车在英国的道路或其他公共场所自动驾驶所造成的事故；

（b）该车辆事故发生时已经投保；以及

（c）被保险人或其他人因意外事故而遭受损害；

（2）车辆所有人应对下列情形下造成的损害承担责任：

（a）自动汽车在英国的道路或其他公共场所自动驾驶所造成的事故；

（b）该车辆事故发生时未投保；

（c）《1988 年道路交通法》第 143 条（机动车辆使用者需投保第三者责任险）的规定由于如下原因而不能适用——

由于适用该法第 144 条第（2）款（公共机构等的豁免），或

由于该车辆为政府公务部门服务；以及

（d）有人因该事故而遭受损害。

（3）在本部分中，“损害”是指人员死亡或人身伤害，以及除下列情况外的任何财产损害——

（a）该自动汽车；

（b）在该车辆内或车辆上或其所牵引的任何拖车内或车上（不论是否连结）为租金或酬劳而载运的货物；或

（c）由以下主体保管或控制的财产——被保险人（如第（1）款适用），或事故发生时自动驾驶车辆的控制人（如第（2）款适用）。

（4）就涉及自动汽车的任何一次事故造成或引起的财产损害，保险人或机动车辆所有人在本条下所负法律责任限于《1988 年道路交通法》第 145 条第（4）款（b）项（财产损害强制保险的限额）当时所规定的限额。

（5）本条有效性受限于第 3 条的约束。

（6）除第 4 条另有规定外，不得以保险单条款或任何其他方式限制或排除保险人或机动车辆所有人在本条下的责任。

（7）本条施加给保险人或机动车辆所有人的责任，不影响任何其他人就该事故承担责任。

3. 混合过失等

（1）当满足下列条件时，受害方就事故向保险人或车辆所有人以外的人

提出的事故索赔的赔偿金额将因适用《1945 年法律改革（混合过失）法》之规定而相应减少。

（2）保险人或车辆所有人根据第 2 条就事故对任何人（“受损害方”）负有法律责任，包括事故或由此引起的损害在一定程度上是由受损害方造成的，如事故完全是由于该车辆控制人的过失而使该车辆在不适宜自动驾驶的情形下自动驾驶，则保险人或车辆所有人无须根据第 2 条对该车辆控制人负赔偿责任。

4. 因未经授权的软件修改或未更新软件而导致的事故

（1）自动汽车的保险单，可以免除或限制保险人根据第 2 条第（1）款对被保险人因以下原因而发生的事故所负的责任——

（a）由被保险人或他人在被保险人知情的情况下对软件进行保险单所禁止的修改；

（b）或未能安装对安全攸关的软件更新，且被保险人明知或合理应知这些软件是安全攸关的。

（2）但就非保单持有人的被保险人所受损害的责任，第（1）款（a）项仅适用于在事故发生时，该人明知并从事被保险单禁止的软件修改的情境。

（3）本条第（4）款适用于保险人根据第 2 条第（1）款向未根据有关保险单投保之人，因事故所蒙受之损害所支付的金额。

（4）如事故是由以下原因直接导致的，保险人支付的金额可在保险单所规定的范围内向该人追偿：

（a）由被保险人或他人在被保险人知情的情况下所作的、保险单所禁止的软件修改；

（b）或未能安装被保险人明知或应知的安全攸关的软件更新。

（5）但就从非保单持有人的被保险人处的追偿，第（4）款（a）项仅适用于在事故发生时，被保险人明知并从事被保险单所禁止的软件修改的情境。

（6）就本条而言——

（a）“软件修改”和“软件更新”，就自动汽车而言，系（分别）指对车辆软件的修改和更新；

（b）如果不安装软件更新将使得使用该车辆是不安全的，则该软件更新是“安全攸关的”。

5. 保险人等向事故责任者索赔的权利

（1）发生以下情形时，就事故对受损害方（定义见下）负有责任的任何其他人员对保险人或车辆所有人负有相同的责任：

（a）根据第 2 条规定，由保险人或车辆所有人对因事故而遭受损害的人（“受损害方”）承担责任；

（b）且保险人或车辆所有人就事故对受损害方应负的责任（包括任何未规定于第 2 条的责任）的金额已确定。

（2）就本条而言，保险人或车辆所有人的责任金额在以下事件发生时确定：

（a）通过一项法院判决或判令；

（b）通过一项仲裁程序或仲裁作出的裁决；或

（c）通过一项可强制执行的协议。

（3）若保险人或车辆所有人在本条下获得的追偿金额超过该人同意或被命令向受损害方支付的金额（代表利息的任何部分金额不计入），保险人或车辆所有人应对受损害方就该等差额承担法律责任。

（4）本条不允许保险人或车辆所有人与受损害方（在他们之间），向任何人追偿超过此人对受损害方应负的责任金额。

（5）为下列目的，保险人或车辆所有人依据本条享有的诉讼权利在本条第（1）款第（b）项提及的金额确定时产生：

（a）《1980 年时效法令》第 10A 条（保险人等就自动驾驶车辆起诉的特殊时效），或

（b）《1973 年诉讼时效（苏格兰）法》第 18ZC 条（本条下的诉讼）。

6. 法规的适用

（1）任何人根据第 2 条应承担法律责任的任何损害，应被视为由下列原因造成的——

（a）就《1976 年致命事故法》而言，由于该人的不当行为、疏忽或违约；

（b）就《2011 年损害赔偿（苏格兰）法》（asp7）第 3 条至第 6 条（死者亲属的权利）而言，由于该人的作为或不作为；

（c）就《1982 年司法行政法》第 2 部分（人身伤害等的赔偿，例如苏格兰）而言，由于引起该人承担损害赔偿责任的作为或不

作为。

（2）就本法案第 2 条而言，《1976 年先天残疾（民事责任）法》（“1976 年法案”）第 1 条具有以下法律效力——

（a）如某人发生以下情形，则如同该人就因自动汽车自动驾驶所造成的事故向儿童负责；

（i）根据第 2 条之规定，就该事故对该儿童之父母所造成的任何影响负有法律责任，或

（ii）需就该事故导致该儿童父母（任一方）蒙受的损害（如有）负赔偿责任；

（b）如同根据《1976 年法案》第 1 条，本部分有关第 2 条项下责任之规定适用于因上文（a）款所引起之法律责任；

（c）如同《1976 年法案》第 1 条第（6）款（责任免除）不适用。

（3）为第 3 条第（1）款之目的，在根据本法案第 2 条的规定，自动汽车的行为是损害赔偿责任人之过失引起的情况下，适用《1945 年法律改革（混合过失）法》和《1976 年致命事故法》第 5 条（混合过失）。

（4）第 2 条项下的责任应被视为侵权责任，或在苏格兰，被视为对就某事项授予法院司法管辖权之法令的违反。

（5）依据第 5 条之规定有权向某人提起追偿的保险人或车辆所有人，无权依据《1978 年民事责任（分担）法案》或《1940 年法律改革（其他规定）（苏格兰）法案》第 3 条之规定，向该人提起追偿。

7. 国务大臣关于本部分之适用情况之报告

（1）国务大臣必须准备一份报告，评估以下内容——

（a）第 1 条之影响及效力；

（b）本法之规定确保有能力安全地自动驾驶的车辆能获得适当保险或其他安排的程度。

（2）该报告必须在根据第 1 条之规定首次公布后的两年内提交议会。

8. 解释

（1）就本部分而言——

（a）如果车辆以不受人类控制，且不需要按人类监控的模式运行，则该车辆正在“自动驾驶”；

（b）如果有关于在英国的道路或其他公共场所使用该车辆的生效保险单且该保险单符合《1988 年道路交通法》第 145 条条件，则该车辆“已投保”。

（2）在本部分——

“自动汽车”具有第 1 条第（4）项中所规定的含义，“损害”具有第 2 条第（3）项中所规定的含义；

“被保险人”，就被保险车辆而言，指任何对该车辆的使用受相关保单承保的人；

“保险人”，就被保险车辆而言，是指该车辆保险单下的承保人；

“道路”与《1988 年道路交通法》（见该法第 192 条第（1）项）具有相同的含义。

（3）在本部分——

（a）当提及某一事故时，包括两个或两个以上有因果关系的事故；

（b）当提及由自动汽车引起之事故时，亦包括部分系由自动汽车引起之事故。

第二部分　电动汽车：充电

引　言

9. 定义

（1）就本部分而言——

（a）“充电桩”是指用来给可由蓄电池产生的电力驱动的车辆充电（或释放储存在该等车辆中的电力）的装置；

（b）“加氢站”是指用来给可由氢气产生的电力驱动的车辆添加氢气的装置；

（c）充电桩或加氢站如供公众成员使用，则为“公共充电桩或加氢站”。

（2）在本部分——

“经营者”，就公共充电桩或加氢站而言，具有法规所规定的含义；

“规定”指法规的规定；

“车辆”是指旨在或改装以在道路上使用的车辆。

要求和禁止事项

10. 公共充电桩及加氢站：接入、标准和连接

（1）法规可对公共充电桩或加氢站的经营者就以下事项提出要求：

（a）支付方式或其他得以获取公共充电桩或加氢站的使用的途径；

（b）公共充电桩或加氢站的性能、维护和可用性；

（c）公共充电桩或加氢站提供车辆连接该等站点方式的部件（“连接部件”）。

（2）根据第（1）条（a）款制定的法规可要求经营者——

（a）提供规定的付款或验证方法以供公众获取使用公共充电桩或加氢站的途径；

（b）为实现法规规定的要求而相互合作（例如，共享设施或信息）；

（c）为达到此种要求而采取规定的步骤（例如，向指定的人提供信息）。

（3）举例而言，根据第（1）款（b）项制定的法规可要求公共充电桩或加氢站的经营者确保该站点符合法规要求（其中可能包括技术规范）。

（4）举例而言，根据第（1）款（c）项制定的法规可要求公共充电桩或加氢站的经营者确保其连接部件符合法规要求（其中可能包括连接部件或任何有关设备的技术规范）。

11. 大型燃料零售商等：供应公共充电桩或加氢站

（1）法规可对大型燃料零售商等就供应公共充电桩或加氢站有关的以下事项提出要求：

（a）符合规定描述的大型燃料零售商；或

（b）符合规定描述的服务区运营商。

（2）举例而言，根据第（1）款制定的法规可以——

（a）要求大型燃料零售商或服务区运营商提供公共充电桩或加氢站；

（b）要求公共充电桩或加氢站应在规定时间可供使用；

（c）要求提供与公共充电桩或加氢站有关的法规规定的服务或设施。

（3）在本条中，“大型燃料零售商”和“服务区运营商”具有法规所规定的含义。

12. 应市长的要求，根据第 11 条第（1）款（a）项制定法规的义务

（1）在下列情况下，国务大臣必须考虑就全部或部分相关地区制定第 11 条第（1）款（a）项的规定：

（a）相关地区的市长提出制定该等法规的要求；

（b）条件1至3得到满足；且

（c）国务大臣认为市长在提出要求之前已遵守任何规定。

（2）“第11条第（1）款（a）项规定”指根据第11条第（1）项，对第11条第（1）款（a）项下的大型燃料零售商施加要求的法规。

（3）条件1是，在提出制定法规的请求之前，国务大臣确信，市长——

（a）已公布将制定与全部或部分相关地区有关的第11条第（1）款（a）项规定的提议；

（b）已就公开的提议咨询——

（i）管辖范围相关地区内的每一地方当局，或如制定第11条第（1）款（a）项规定的要求仅涉及部分相关地区，则位于该区域内的每一地方当局；

（ii）可能会受到法规（如制定）要求约束的人士；及

（iii）市长认为适当的其他人士。

（4）条件2是市长已向国务大臣提交了对第（3）款（b）项所述咨询之答复摘要。

（5）条件3是根据第11条第（3）款的规定，就“大型燃料零售商”的含义作出了规定。

（6）如果国务大臣决定不应市长的要求制定第11条第（1）款（a）项规定，国务大臣必须将决定及其理由告知市长。

（7）就本条而言——

（a）“相关地区”系指联合政府地区或大伦敦地区；

（b）相关地区的市长是——

（i）如果是联合政府地区，系指该地区根据2009年法案第107A（2）条选出的市长；

（ii）就大伦敦地区而言，系指伦敦市长。

（8）在本条中——

“2009年法案”系指《2009年地方民主、经济发展和建设法案》；

“联合政府”系指根据2009年法案第103条第（1）款设立的联合政府；

“大型燃料零售商”具有与第11条所述的相同的含义。

“地方当局”系指—

（a）区议会；

（b）郡议会；或

（c）伦敦自治区议会。

13. 公共充电桩或加氢站的用户信息

（1）法规可要求公共充电桩或加氢站的经营者提供与该等站点有关的指定信息。

（2）根据第（1）款规定的与公共充电桩或加氢站有关的信息，系指国务大臣认为对该站点的使用者或潜在使用者可能有用的信息，例如——

（a）该站点的地点和营业时间；

（b）可用的充电或加氢选项；

（c）获取使用该站点的途径的费用；

（d）付款方式或其他得以使用该站点的方式；

（e）连接该站点的方式；

（f）该站点是否处于工作状态；以及

（g）该站点是否在使用中。

（3）法规可以就以下内容作出规定：

（a）何时、如何、向谁以及以何种形式提供信息；

（b）站点提供的信息不受使用和披露限制。

（4）法规可以在规定的期限内生效。

14. 与充电桩有关的数据传输

（1）法规可以作出规定，以确保充电桩数据不断传送给规定的主体或具有规定含义的人群。

（2）“充电桩数据”指与充电桩有关的规定信息（可能包括能源消耗消息和地理信息）。

（3）根据第（1）款制定的法规可以就以下主体提出要求——

（a）向公众成员提供充电桩供其使用的运营商；以及

（b）就未在第（a）项中提及的充电桩，指规定的主体或具有规定含义的人群（限于第（4）款的约定）。

（4）根据第（1）款制定的法规不得对住宅所有人或占用人施加要求。

（5）根据第（1）款制定的法规可以就何时、如何、以何种形式传输充电桩数据作出规定。

15. 智能充电桩

（1）法规可以规定，除非充电桩符合规定的要求，否则任何人不得出售或安装充电桩。

（2）根据第（1）款施加的要求包括与充电桩的技术规范有关的要求，举例而言，包括充电桩的以下功能：

（a）接收和处理规定主体提供的信息；

（b）对第（a）款所述的信息作出反应（例如，调整充电或放电的比率）；

（c）向规定主体传递信息（包括地理信息）；

（d）监测和记录能源消耗；

（e）遵守与安全有关的要求；

（f）实现能源效率；以及

（g）被远程访问。

（3）根据第（1）款制定的法规也可以就出售或安装充电桩有关的必须满足的要求作出规定。

（4）在本条中——

（a）“出售”包括出租、出借或给予；

（b）凡提及规定主体，应包括——

（i）具有规定含义的人；以及

（ii）由一个或多个规定主体操作的装置。

总则和补充

16. 执行

（1）本条制定的法规可以就违反法规施加的要求或禁令作出强制执行相关规定。

（2）举例而言，根据第（1）款制定的法规可：

（a）包含判断是否存在未遵守某项要求或禁令的行为的规定；

（b）规定施加罚款（并将该罚款缴纳到统一基金）；

（c）规定作出罚款应遵循的程序；

（d）规定罚款数额；

(e) 规定罚款的执行程序;

(f) 规定有权对所处罚款提出上诉;

(g) 规定国务大臣或规定主体有权以法规之目的作出决定。

(3) 第(2)款(a)项所指的规定包括:

(a) 授权指定主体根据法规进入任何土地的规定;

(b) 由指定主体对任何物品进行的检查或测试的规定,举例而言,该等检查或测试包括:

(i) 文件或其他物品的制作;

(ii) 信息提供;

(iii) 制作照片或副本;以及

(iv) 为检查或测试目的而移走任何物品,并在合理的期限内保留该物品。

17. 例外条款

(1) 本条规定可以对法规施加的任何要求或禁令创设例外情形。

(2) 可以对具有规定含义的人群或设备创设例外情形。

(3) 国务大臣可以作出决定,以说明本部分规定的要求或禁令不适用于该等决定中规定的人员或设备。

(4) 国务大臣必须公布其根据第(3)款作出的决定。

18. 法规

(1) 本部分规定的法规——

(a) 可以根据不同的目的或不同的地区作出不同的规定;

(b) 可以作出补充性的、附带性的、过渡性的或后果性的规定。

(2) 根据本部分规定制定法规的权力可由国务大臣根据法定文书行使。

(3) 国务大臣在依据本部分制定法规之前,必须咨询其认为适当的人员。

(4) 受限于第(7)款之规定,就以下情形,该文件的草案必须提交议会并经各院决议批准,方能制定:

(a) 包含本部分规定的法定文书;以及

(b) 该法规中的任何条款系根据本部分某规定制定的首批规范;

(5) 除非将法定文书草案提交议会并经各院决议通过,否则不得制定载有如下内容的法定文书:

(a) 含第 11 条(大型燃料零售商等)规定的法定文书;以及

（b）对“大型燃料零售商”或“服务区运营商”的定义进行修订的法规。

（6）议会任一议院有权通过决议废止包含本部分法规的法定文书，但前提是，该等法规均不是——

（a）根据本部分某规定制定的首批规范；或者

（b）适用第（5）款的法规。

（7）议会任一议院有权通过决议废止仅包含根据下述内容制定的法规的法定文书：

（a）第 10 条第（3）款或第（4）款（对公共充电站或加氢站或其连接部件的规定要求）；或者

（b）第 15 条（对充电桩的规定要求）。

（8）除本款规定外，如某项包含第 11 条第（1）款（a）项规定有关内容的法定文书草案，根据任何议院的现行命令被视为混合文书的，则该草案在该院的后续进程中应视同其并非混合文书。

（9）在第（8）款中，“第 11 条第（1）款（a）项规定有关内容”指根据第 12 条（应市长的要求，根据第 11 条第（1）款（a）项制定法规的义务）制定的第 11 条第（1）款（a）项下的法规。

19. 国务大臣关于本法规实施情况的报告

（1）国务大臣须就每一报告期准备一份报告，评估以下内容：

（a）根据本部分制定的法规的影响和效力；

（b）在随后的报告期内，根据本部分制定法规的必要性。

（2）每一份报告须在报告所涉报告期结束后提交议会。

（3）首个报告期为两年，自本法规通过之日起算。

（4）在首个报告期结束之后的每 12 个月为一个报告期。

第三部分　其他及一般规定

20. 次要及相应修订

（1）附表（次要及相应修订）具有效力。

（2）国务大臣可依据法规对本法案制定的任何条款作出相应规定。

（3）本条规定的制定法规的权力应通过法定文书行使。

（4）根据本条制定的法规可对通过或制定于本法案之前或通过或制定于同

一届会议的任何法令进行修订。

（5）未经提交议会并经各院决议通过，不得制定载有本条法规内容的、修改主要法规的法定文书草案。

（6）议会任一议院有权通过决议废止包含本条法规的法定文书，但前提是该等法定文书不包含对主要法规的修改。

（7）在本条中——

“修订”包括废除或撤销；

“主要法规”是指——

（a）议会法案；

（b）苏格兰议会法案；

（c）威尔士国民议会法案或办法；

（d）北爱尔兰立法文件。

21. 生效

（1）本法案自国务大臣依据法规指定之日起生效。

（2）本条第（1）款不适用于本法案下列条款（自本法案通过之日起生效）——

（a）第20条第（2）款至第（7）款；

（b）本条；

（c）第22条和第23条。

（3）根据本条制定法规的权力应通过法定文书来行使。

（4）本条下的法规——

（a）可以根据不同目的或不同地区指定不同的日期；

（b）可以制定过渡性、临时性或保留性规定。

22. 范围

（1）第一部分适用至英格兰、威尔士和苏格兰。

（2）第二部分适用至英格兰、威尔士、苏格兰和北爱尔兰。

（3）附表所作的修订与其修订的条款具有相同的适用范围。

23. 简称

本法案可被引用为《2018年自动及电动汽车法案》。

附表　次要及相应修订

《1973 年诉讼时效（苏格兰）法》（c.52）

1. 在《1973 年诉讼时效（苏格兰）法》第 17 条（针对未致死人身伤害诉讼）第（1）款之后加入——

“（1A）本条不适用于就适用第 18ZA 条的人身损害主张赔偿的诉讼。”

2. 在《1973 年诉讼时效（苏格兰）法》第 18 条（因人身伤害致死的诉讼）第（1）款之后加入——

“（1A）本条不适用于就适用第 18ZA 条的人身损害或死亡主张赔偿的诉讼。”

3. 在该条之后加入——

“18ZA《2018 年自动及电动汽车法案》第 2 条下的诉讼

（1）本条适用于根据《2018 年法案》第 2 条（由自动汽车造成事故时保险人等的责任）提起的损害赔偿诉讼。

（2）自下列时点起计的 3 年期限届满后不得提起诉讼：

（a）在该条第（1）款或第（2）款（视具体情况适用）提及的事故发生之日，或

（b）在第（3）款适用的情形下，遭受损害的人首次知悉第（4）款提及的事实之日（如该日期相较更晚）。

（3）如请求的损害赔偿包含人身伤害（无论是原告或任何其他人）损害赔偿，本款适用。

（4）该等事实包括——

（a）所涉及的伤害是重大的；

（b）该伤害全部或部分归咎于自动车辆自动驾驶造成的事故；以及

（c）该车辆的保险人（如系根据《2018 年法案》第 2 条第（1）款提起的诉讼）或该车辆所有人的身份（如系根据《2018 年法案》第 2 条第（2）款提起的诉讼）。

（5）在第（4）款中使用的为《2018 年法案》第一部分之目的而定义的表述，具有与其在《2018 年法案》第一部分中相同的含义。

（6）在计算上述第（2）款规定的期间时，遭受伤害的人由于年幼或心智不健全而处于无行为能力的任何时间将不予计入。

（7）如在事故中受伤的主体在上述第（2）款规定的期间届满前死亡，则该诉讼应自以下时点起计的3年期限届满前提起——

（a）该主体的死亡日期，或

（b）在第（3）款适用的前提下，原告首次知悉第（4）款提及的事实之日（如该日期相较更晚）。

（8）如在事故中受伤的主体未能在第（2）款规定的期间届满前提起诉讼，且该主体随后死于相关事故中遭受的伤害，其他相关主体不得就该等伤害或死亡提起诉讼。

（9）如在事故中受伤的主体死亡，且拟提起诉讼的人是死者的亲属，则第（10）款适用。

（10）在计算第（7）款规定的期间时，任何亲属由于年幼或心智不健全而处于无行为能力的任何时间将不予计入。

（11）在本条中——

"2018年法案"系指《2018年自动及电动汽车法案》；

"亲属"具有与《2011年损害赔偿（苏格兰）法》下相同的含义。

18ZB 第18ZA条：时效期间的延长

（1）除非第18条ZA款另有规定，第（2）款适用于特定主体有权提起的、赔偿请求不限于财产损害或灭失的诉讼。

（2）尽管有前述条款的规定，法院有权出于公平考虑，允许该主体提起诉讼。

18ZC 根据《2018年自动及电动汽车法案》第5条采取的行动

（1）第（2）款适用于，保险人或车辆所有人根据《2018年自动及电动汽车法案》第5条（保险人等向事故责任者索赔的权利），向任何人提起诉讼。

（2）该诉讼不得在（根据该条第（5）款规定的）起诉权形成之日起2年期限届满后提起。"

4. 在《1973年诉讼时效（苏格兰）法》第19CA条（时效期间的中断：仲裁）第（1）款"18（2），"后加入"18ZA（2）或（7），18ZC（2）"。

5. 在《1973年诉讼时效（苏格兰）法》第19F条（时效期间的延长：跨境调解）第（1）款"18"后加入"18ZA，18ZC，"。

6. 在《1973年诉讼时效（苏格兰）法》第22条（对第2部分的解释和补充

条款）第（2）款中

（a）将“或 18A”替换为“，18A 或 18ZA”；

（b）在“前述第 18A 条”后加入“或前述第 18ZA 条第（3）款或第（7）款”。

7. 在该法案附表 1（根据第 6 条规定受 5 年诉讼时效影响的义务）第 2 段（g）项之后加入——

“（ga）因《2018 年自动及电动汽车法案》第 2 条项下的责任（由自动汽车造成事故时保险人等的责任）引起的任何赔偿义务。”

《1980 年时效法令》（c.58）

8. 在《1980 年时效法令》第 9 条（依法可赔金额的诉讼时效）第（2）款中，在“第 10 条”之后加入“或第 10A 条”。

9. 在《1980 年时效法令》第 10 条之后加入——

“10A 保险人等就自动汽车起诉的特殊时效

（1）保险人或车辆所有人根据《2018 年自动及电动汽车法案》第 5 条，有权对任何人提起的诉讼，不得在起诉权产生之日（根据该条第（5）款）起 2 年期限届满后提起。

（2）第（1）款中提及的诉讼应适用本法令第 32 条、第 33A 款和第 35 条，但为本条之目的，本法令第 2 部分和第 3 部分（第 37 条和第 38 条除外）不适用。”

10. 在《1980 年时效法令》第 11 条前的斜体标题“人身伤害或死亡”之后加入“等”。

11. 在《1980 年时效法令》第 11A 款之后加入——

“11B 针对自动汽车保险人等提起的诉讼

（1）本法令前述条款规定的时限均不适用于根据《2018 年自动及电动汽车法案》第 2 条（由自动汽车造成事故时保险人等的责任）提起的损害赔偿诉讼。

但是，本款不影响本法令第 5A 条的适用。

（2）自下列时点起计的 3 年期限届满后，不得根据《2018 年自动及电动汽车法案》第 2 条第（1）款向保险人提起损害赔偿诉讼（包括被保险人依据保险合同，就保险人根据该法条需承担的义务提起的诉讼）：

（a）该款所指的事故发生之日；或

（b）在下述第（3）款适用之情形下，知悉受损害人之日（如该日期相较更晚）。

（3）本款适用的前提为所请求的损害赔偿包含人身伤害（无论对请求人或任何其他人）导致的赔偿。

（4）自下列时点起计的3年期限届满后，不得根据《2018年自动及电动汽车法案》第2条第（2）款向车辆所有人提起损害赔偿诉讼：

（a）该款所指的事故发生之日；或

（b）在适用第（3）款的情形下，知悉受损害人之日（如该日期相较更晚）。

（5）如在事故中受伤的主体在上述第（2）款或第（4）款提及的期限届满前死亡，根据《1934年法律改革法（其他规定）》第1条的规定，为其财产之利益而存续的诉讼事由的适用时限为3年，自下列时点起计——

（a）死亡日；或

（b）在适用第（3）款的情形下，遗产代理人知悉之日（如该日期相较更晚）。

（6）如有不止一位遗产代理人，且他们知悉有关事实的日期不同，则上述第（5）（b）条应被理解为系指该等日期中最早的时点。

（7）本条中“遗产代理人”具有同《1980年时效法令》第11条下相同的含义。

12. 在《1980年时效法令》第12条（根据致命事故立法起诉的特殊时效）第（1）款中的“或11A”替换为“，11A或11B”。

13.（1）《1980年时效法令》第14条（为第11条和第12条之目的，对知悉之日的定义）作如下修正。

（2）在标题中，将“第11条和第12条”替换为“第11条至第12条”。

（3）在第（1）款中，将“（1A）款”替换为“（1A）款和（1B）款”。

（4）在第（1A）款之后加入——

“（1B）在本法第11B条和第12条中，只要该条适用于根据《2018年自动及电动汽车法案》（“2018年法案”）第6条第（1）款（a）项提起的诉讼（自动汽车导致的死亡），则提及的某人的知悉之日系指该人首次知道以下事实的日期：

（a）所涉伤害是严重的；以及

（b）所涉伤害全部或部分归咎于自动汽车自动驾驶时所引起的事故；以及

（c）车辆保险人（如系根据2018年法案第2条第（1）款提起的诉讼）或车辆所有人（如系根据2018年法案第2条第（2）款提起的诉讼）的身份。

在本条中使用的、为2018年法案第1部分之目的定义的用语，具有与其在2018年法案第1部分下相同的含义。”

14. 在《1980年时效法令》第28条（无行为能力情形下时效期间的延长）第（6）款“第11条”之后加入“，11B”。

15.（1）对《1980年时效法令》第32条（隐瞒等情况下诉讼时效的延长）作如下修正。

（2）在第（1）款中，将“及（4A）”替换为“，（4A）及（4B）”。

（3）在第（4A）款后加入——

“（4B）上述第（1）款不适用于本法第11B条第（2）款或第11B条第（4）款规定的时效期间，也不适用根据本法第12条第（1）款所适用的期限。”

16.（1）对《1980年时效法令》第33条（酌情排除诉讼时限）作如下修正。

（2）在第（1）款第（a）段中，将“或11A”替换为“，11A，11B”。

（3）在第（1A）款后加入——

“（1B）当所主张的损害赔偿仅限于任何财产灭失或损害时，法院不得根据本条拒绝将任何法规适用于根据《2018年自动及电动汽车法案》第2条提起的诉讼。”

（4）在第（2）款和第（4）款中，将“或第11A条第（4）款”替换为“，第11A条第（4）款或第11B条第（2）款或第（4）款”。

（5）在第（3）（b）款中，在“第11A条”后加入“，根据第11B条”。

（6）在第（8）款中，将“或11A”替换为“，11A或11B”。

《1988年道路交通法》（c.52）

17. 在《1988年道路交通法》第143条（机动车辆使用者需投保第三者责任险）第（1）款后加入——

“（1A）本部分在适用于自动汽车时——

（a）上述第（1）条中的第（a）款和第（b）款省略“或有关第三方风险的担保”后的其他部分有效；

（b）本部分在省略第146条和第147条第（2）款后有效；

（c）本法中对担保或担保证明的任何引用均不适用。”

18. 在《1988年道路交通法》第144条（第三者责任险等要求的例外）第（1）款中，在“不适用于车辆”后加入“，自动汽车除外，”。

19.（1）《1988 年道路交通法》第 145 条（有关保险单的要求）修订如下：

（2）在第（3）款之后加入——

“（3A）就自动汽车而言，保险单还须规定，保险人根据《2018 年自动及电动汽车法案》第 2 条第（1）款（由自动汽车造成事故时保险人等的责任）对被保险人所承担的义务为保险单规定的义务。

在本款中，“被保险人”是指对该车辆在英国的道路或公共场所的使用受保险单承保的人。

（3）在第（4）款末尾加入——

“如果所涉车辆是自动汽车，第（a）款不适用。”

20. 在《1988 年道路交通法》第 161 条（解释）第（1）款的适当位置加入——

“自动汽车”是指根据《2018 年自动及电动汽车法案》第 1 条由国务大臣列出的车辆。”

21. 在《1988 年道路交通法》第 162 条（第 6 部分索引）中，在表格的适当位置加入——

“自动汽车；第 161 条第（1）款”。

第二节 智能网联车辆的关键原则

简 介

随着车辆变得更加智能，汽车行业的网络安全正成为一个越来越令人担忧的问题。无论我们是把汽车变成 Wi-Fi 连接的热点，还是为它们配备数百万行代码以创设完全自动的车辆，汽车都比以往更容易受到黑客攻击和数据盗窃。至关重要的是，参与制造供应链的各方，从设计师、工程师，到零售商、高级管理人员，都应有一套一致的准则来支持这个全球产业。交通部（DfT[①]）与国家基础设施保护中心（CPNI）一起，制定了以下关键原则，供整个汽车行业、网联自动车辆（CAV）和智能交通系统（ITS）生态圈及其供应链使用。

① 英国交通部全称为“Department for transport”，根据原文缩写为“DfT”。

主要内容

一、智能交通系统（ITS）& 网联自动车辆（CAV）系统安全原则

原则 1：组织性安全由董事会层面确定、管理和促进。

1.1 制定与组织更广泛的使命和目标相一致的安全计划。

1.2 在董事会层面对产品和系统安全（物理、人员和网络）承担个人责任，并在整个组织中进行适当和明确的授权。

1.3 增强安全意识并开展安全培训以使“安全文化”深入人心，确保个体理解他们在 ITS/CAV 系统安全中担任的角色和责任。

1.4 所有新的设计都应包含安全设计。在开发安全的 ITS/CAV 系统时须遵循安全设计原则，且所有安全方面（物理、人员和网络）都必须被整合到产品和服务的开发过程中。

原则 2：安全风险（包括供应链特有的安全风险）应得到适当和相称的评估和管理。

2.1 组织必须对当前和相关的威胁以及工程实践有一定认知及了解，以降低此等威胁在其工程项目中产生的影响。

2.2 与适当的第三方合作，以提高组织的危险意识并制定适当的应对计划。

2.3 组织内部有安全风险评估和管理程序，并制定有对安全风险（包括网络安全风险）识别、分类、优先排序以及处理的恰当流程。

2.4 通过设计、规范和采购实践以识别和管理，供应链、分包商和服务提供商的特有安全风险和 / 或围绕供应链、分包商和服务提供商的安全风险。

原则 3：组织需要建立产品售后服务和事故响应机制，以确保系统在其生命周期内的安全性。

3.1 组织应制定包含任何必要的售后支持服务在内的计划，以确保其系统在整个生命周期内是安全的。

3.2 制定事故响应机制。组织应制定如何应对安全攸关资产、非安全攸关资产和系统故障的潜在危害，以及如何将受影响的系统恢复到安全可靠状态的方案。

3.3 拥有可识别关键漏洞的系统，以及能以相称的方式减轻该等漏洞影响的适当系统。

3.4 组织须确保它们的系统能够支持数据取证并恢复在法庭上具有强证明力的、唯一可识别的数据以确定任何网络安全事件或其他事件的原因。

二、智能交通系统（ITS）& 网联自动车辆（CAV）的系统设计原则

原则 4：所有的组织，包括分包商、供应商和潜在的第三方，应共同努力以提高系统的安全性。

4.1 包括供应商和第三方在内的组织必须为其流程和产品安全（物理、人员和网络）提供保证，如通过独立的验证或认证等。

4.2 确定和验证供应链中所有供应品的真实性和来源是可行的。

4.3 各组织应共同制定系统如何安全可靠地与外部设备、连接点（包括整个生态系统）、服务（包括维修保养）、操作或控制中心进行交互的方案。该方案可能包括认可行业标准和数据要求。

4.4 组织应识别和管理其外部依赖性。当传感器数据或外部数据的准确性或可用性对自动化功能至关重要时，必须采取辅助措施以降低对外部数据的依赖程度。

原则 5：系统的设计采用纵深防御的方法。

5.1 系统的安全性不应依赖于单点故障、不透明的安全性或当系统受到损害时，任何不能及时调整的项目。

5.2 安全架构应采用纵深防御和分段技术，通过如监测、警报、隔离存储、减少受攻击面（如开放的互联网端口）、信任层 / 边界和其他安全协议的补充控制措施减轻风险。

5.3 必须基于整个系统进行设计控制，以调节跨信任边界的交易。该等设计控制包括最小访问原则、单向数据控制、全磁盘加密和尽量减少共享数据存储。

5.4 包含云端服务器的、能访问特定系统的远程和后台系统应具有适当程度的保护和监控以防止未经授权的访问。

原则 6：对所有软件的整个生命周期进行安全性管理。

6.1 组织应采用安全的编码实践来相称地管理来自软件（包括现有代码库）中已知和未知漏洞的风险。管理、审计及测试代码的系统已经就绪。

6.2 必须能够确定所有软件、固件及其配置的状态，包括所有软件组件的版本、更改和配置数据。

6.3 可以安全可靠地更新软件，并在软件损坏时将其恢复到已知的良好状态。

6.4 软件采用开放式设计实践，并尽可能使用经同行评审的代码。源代码可在适当情境下共享。

原则 7：数据的存储和传输是安全且可控的。

7.1 数据在存储和传输时必须足够安全（保密且完整），以便只有预期的接收

者或系统功能能够接收和 / 或访问它。传入的通信仅在验证后方可视为安全。

7.2 可识别个人的数据必须得到适当的管理。这包括：存储的数据（包括 ITS 系统 /CAV 系统开启和关闭时）；传输的数据；如何使用这些数据以及数据所有者对该等过程的控制。在可行的情况下，发送到其他系统的该等数据应经过处理。

7.3 用户可以删除系统中及被连接的系统中的敏感数据，如可识别个人的数据。

原则 8：该系统旨在抵御攻击，并在实施防御措施或传感器失效时做出适当响应。

8.1 该系统必须在保证其主要功能可用的同时，承受通过其外部和内部接口袭来的破坏、无效或恶意的数据或命令（包括对传感器的欺骗或干扰）。

8.2 当系统的安全攸关的功能失效或停止工作时，该系统应配有自动防故障装置且该装置是可恢复的。该等系统机制须与风险相称。如果非安全攸关的功能发生故障，系统须能够做出适当响应。

结　论

智能交通系统（ITS）& 网联自动车辆（CAV）的系统安全要遵循以下原则：（1）组织性安全由董事会层面确定、管理和促进；（2）安全风险（包括供应链特有的安全风险）应得到适当和相称的评估和管理；（3）组织需要建立产品售后服务和事故响应机制，以确保系统在其生命周期内的安全性。

智能交通系统（ITS）& 网联自动车辆（CAV）的系统设计要遵循以下原则：（1）所有的组织，包括分包商、供应商和潜在的第三方，应共同努力以提高系统的安全性；（2）系统的设计采用纵深防御的方法；（3）对所有软件的整个生命周期进行安全性管理；（4）数据的存储和传输是安全且可控的；（5）该系统旨在抵御攻击，并在实施防御措施或传感器失效时做出适当响应。

第三节　无人驾驶汽车之路：自动驾驶技术法规详细审查

概　要

一、背景

无人驾驶汽车和其他自动化交通工具为人们提供了很多潜在的好处并会极大

地改善我们的生活。

1. 无人驾驶技术能让驾驶更简单，提高人们的移动效率，提高交通安全，减少排放和拥堵，为经济、环境和社会带来诸多好处。

2. 同步发展的很多技术为无人驾驶技术的完善创造了机会。车辆自动化技术在中短期内的发展将使 DfT 进一步接近汽车完全“无人驾驶”的最终场景。

3. 下一步的设计内容为，让司机能自主选择是否自行驾驶车辆。

4. 目前的状况是，就大部分机动车辆而言，由无人驾驶系统完全替代司机是一个长远的目标。

二、方法

这次研究旨在让英国始终处于技术发展的前沿，并最终实现无人驾驶的目标。

1. DfT 吸取了国际经验和利益相关方的意见，并与内部专家意见相结合，以为本报告中的方案提供信息支持。

2. DfT 调查了北美、欧洲、日本和中国的方案，听取了包括自动驾驶和保险业、法律专业机构、技术机构以及道路使用者群体等各利益相关方的意见。

3. DfT 的方法还包括审查英国现有的法规和立法，以检查它们与自动车辆技术的兼容性。主要考虑如下三个方面：自动化汽车技术的测试、高水平自动化汽车的批量生产与市场化以及完全自动化汽车的问世。

三、研究发现

在英国，无人驾驶汽车能够在公共道路上合法测试，英国可以成为开发自动驾驶技术的全球领先地点。根据 DfT 对现有立法的研究，英国的法律和监管框架并不构成在公共道路上测试驾驶汽车的障碍。在英国可以对自动化技术进行实地测试，前提是有测试驾驶员在场并负责车辆的安全操作；并且车辆的使用符合《1988 年道路交通法》。

相较而言，北美只有四个州允许自动驾驶汽车的测试，欧洲只有德国和瑞典制定了相关法规。

四、下一步的行动计划

（一）政府将在 2015 年春季发布一套行为准则

1. 这次研究的主要行动是促使政府发布行为准则并制定明确的指导方针。该行为准则将与相关利益相关者合作制定，并于 2015 年春季发布。

2. 与其他国家（尤其是美国）所遵循的监管方法相比，行为准则将更快地完成制定，对那些希望从事检测的企业来说，该准则更灵活也更简单。这将有助于保障英国在这一重要技术发展的前沿地位，同时保证技术安全。

3. 实施违反行为准则指导下的行为将被认为构成过失。反映其他道路使用者示范做法的行为准则预期将对责任判定产生很大影响。

4. 行为准则将被定期审查以保证它紧跟实践需求并已结合测试经验。

（二）政府将在 2017 年前审查和修订国内法规，以使其适应无人驾驶技术

法律法规的架构需要从多个方面审查和改善：

1. 明确责任。在自动驾驶汽车发生碰撞时，需要更加明确刑事和民事责任。在目前的法律框架下，这些问题将由法院在个案中根据具体情况处理。DfT 将致力于在立法中提供额外清晰的明确的界定，为分配刑事和民事责任提供合理依据。

2. 修订车辆使用的法规。需要修改现有的车辆使用和维护的法规，以允许在没有测试驾驶员的情况下使用自动化技术，并确保正确维护该技术。

3. 促进安全。政府将考虑要求自动汽车的“驾驶员”标准高于传统驾驶员，完善现有的监管框架，以确保自动驾驶汽车技术免受可能的网络威胁。

（三）政府将加强国际联络以于 2018 年底前修订国际法规

1. 花费数年左右的时间，对批量生产车辆在销售前必须遵守的欧洲标准以及 ISO 标准进行修订。

2. 鼓励在国家层面进行测试以获得无人驾驶技术的第一手经验。

3. 政府将与国际伙伴在车辆标准方面继续保持合作，以确保车辆制造商将无人驾驶技术推入市场前，可以就相关国家法规进行必要的修订。

五、总结

英国在发展自动驾驶技术并将其推入市场方面有独特的优势：

1. 政府拟采取弱监管的方法来测试和开发这些技术——如本报告所述。

2. 政府可促进长距离和大面积的公共道路测试。

3. 英国拥有欧洲最具挑战性和多样化的交通、道路和气候条件。

在这次研究中，政府已经提出了下一步计划，表明其将继续保证法规及监管架构对自动驾驶技术的进一步发展及批量生产的支持。

第一部分　背景介绍

一、简介

无人驾驶和自动汽车技术的出现提供了巨大的机会。它将使驾驶更轻松，改

善道路安全，减少尾气排放并有效缓解拥堵。全自动车辆还将改善那些无法或不愿驾驶的人的出行，提高他们的生活质量。

政府认识到无人驾驶和自动汽车将带来巨大好处。因此，它正致力于对无人驾驶技术的开发和引入。早在2013年，作为国家基础设施计划的一部分，政府承诺审查立法和监管框架，以便在英国道路上试用无人驾驶汽车。Dft提出了相关制度，以使高度和全自动车辆能够在英国道路上测试。且大部分与无人驾驶或自动汽车测试相关的立法规定适用于整个英国，在后续的立法修订过程中也需要意识到该等修订将对英国的不同地区产生影响。

二、定义

重要的是要清楚术语，因为“无人驾驶汽车”可以有不同的解释。真正的无人驾驶或“完全自动驾驶”汽车意味着不需要驾驶员在场。然而，大多数评论人士并不认为，至少在21世纪20年代之前，能够在所有情况下在公共道路上完全自动驾驶的车辆能面世。

在完全自动驾驶技术实现之前，自动驾驶汽车将先行问世，并在某些时候仍需要驾驶员手动控制的情况下，完成越来越多的自动驾驶旅程。

各种技术的同时发展带来了这个机会。例如，一些目前正在生产的车辆采用了自适应巡航控制和车道保持技术，可以在高速公路、主要a型道路和拥堵的交通中自动控制一段时间的加速、制动和转向。自动泊车系统允许车辆完全自由地平行或反向泊车。中短期内，汽车自动化技术的发展将使我们更接近完全“无人驾驶”汽车的最终场景。

三、国际环境

北美是第一个立法允许测试自动驾驶汽车的国家，但仅有四个州具体实施。据报道，北美有15项与自动驾驶相关的法案遭到拒绝。

1. 美国国家公路交通安全管理局（NHTSA）发布了一份初步政策声明，建议各州此时不要授权公众使用自动驾驶汽车技术。

2. 在欧洲和全球其他地方，立法者正在考虑如何满足自动驾驶技术的开发以及道路测试需求。与英国不同，许多国家发现《维也纳公约》是引进自动驾驶技术的障碍。尽管整个欧洲都开展了许多研究项目，但许多地方（例如哥德堡）都对进行自动驾驶技术测试的边界或道路作出限制或要求取得特定许可。

3. 亚洲国家渴望更新国际法规及欧洲法规，以进一步发展自动驾驶技术。在道路上测试自动汽车已经成为可能，一些国家会对自动驾驶技术测试区域作出限定并对车辆牌照和驾驶执照有特殊要求。

第二部分　研究的主要内容

一、驾驶员测试与许可

（一）现状

1. 任何在道路上驾驶机动车的人都必须持有有效的驾驶执照。驾驶执照只能授予满足特定居住要求并满足《1988 年道路交通法》第 89 规定的条件之一的人，最常见的是他们已通过规定的能力测试。

2. 欧盟所有成员国都相互承认驾驶执照。

（二）自动驾驶技术的测试

1. 在现行立法中，持有完全 B 类（汽车）驾驶执照且不受限制的人有权驾驶任何汽车。现有立法没有涉及高度或全自动车辆。在驾驶执照方面，我们没有发现任何法律会阻碍在公共道路上测试高度自动化的车辆，前提是测试的驾驶员持有适当类别的执照。

2. 为了在自动车辆的公共道路测试期间提高安全性，我们期望测试驾驶员将始终监督车辆，并做好准备以能够在必要时控制车辆。测试驾驶员必须持有测试车辆的适当类别的执照。

3. 监督自动车辆于公共道路测试的测试驾驶员将需要超过常规车辆驾驶员的技能，譬如他们需精确地理解自动驾驶技术的潜在限制、熟悉汽车性能。

4. 测试驾驶员应接受过额外的培训，以确保他们了解试验车辆的自动系统是如何运行的。

5. 测试机构应根据测试驾驶员的经验和专业知识对其进行评级，以为每一种测试选出最合适的驾驶员。

（三）高度自动化汽车的生产和销售

1. 对于驾驶员可能选择以高度甚至完全自动化的模式运行，也可能在其他时间按常规模式驾驶的汽车，仍然需要获得完整的许可证。

2. 驾驶员需要完全熟悉在自动模式和手动模式间切换的方法，在该领域可以采取统一标准的措施。

3. 在以下两种情况下，驾驶员需要收回对汽车的控制权：（1）当汽车系统主动告知驾驶员应收回控制权时；（2）当汽车系统运行不正常且需要控制时。

4. 车辆的设计应使得其能够通过自我诊断，在认为车辆存在故障时告知驾驶员，并在驾驶员没有恢复控制的情况下，安全地制动该车辆。

（四）全自动汽车的生产和销售

1.《1988 年道路交通法》第 87 条规定，只有拥有授权驾驶该级别自动汽车的执照的人才能驾驶该类车辆。

2. 如果车辆的设计允许驾驶员选择手动控制车辆，或者在自动系统出现故障时接管车辆的控制，则应要求驾驶员持有正式驾驶执照，因为执法机关可能难以确定车辆是自动操作还是手动操作。

行动：考虑对高度自动化汽车和全自动化汽车的所有者和使用者的现有许可要求是否合理。

二、驾驶行为

（一）现状

1. 现行法律基于这样的假设，即当车辆在道路上使用时，该车辆的驾驶员是自然人，此人已经或应该控制车辆的方向和移动。没有明确要求车辆必须有驾驶员，因为在起草《1988 年道路交通法》和其他类似立法时，理所当然地认为会有人类驾驶员在场。在自动驾驶的情况下，建议人类驾驶员仍然对车辆的驾驶方式负责似乎是不合理的，因为他们甚至可能不知道道路环境或其他道路使用者的存在。

2. 我们的目标是确保只有在安全的情况下才能使用自动车辆。如果车辆中不再有符合驾驶员资格的人，自动车辆以至少安全和可靠的方式使用，并符合所有适用的法律要求。

3. 因此，在自动车辆向公众销售之前，政府可能有必要提供一些指导，说明高度自动化车辆和全自动化车辆在自动模式下的安全运行的具体规制方式并落实为法律文件。

（二）自动化车辆技术的测试

1. 在公共道路上测试自动化程度高的车辆时，必须在现有法律框架内进行，测试必须符合所有现行法律。

2. 政府部门应明确规定，在测试阶段，测试驾驶员可以控制车辆。车辆存在危险或可能造成伤害时，驾驶员需要能够越过任何自动化系统并控制汽车。

3. 当车辆手动操作时，测试驾驶员负有同传统驾驶员一样的义务，并且随时可以行使或接管对车辆运动和方向的主动控制。

4. 重要的是自动驾驶汽车可以得到全面测试，它可以在被监控的情况下行驶，同时确保驾驶员、乘客和其他道路使用者的安全。

5. 与传统车辆的驾驶员相比，高度自动化车辆的测试驾驶员需要额外的技能、高度警觉的监管职责，可能不需要其进行太多的身体干预，但在精神上可能高度紧张。

行动：明确测试驾驶员（以及他们所代表的测试组织）将对测试车辆在公共道路上的安全操作负责。

（三）高度自动化车辆的生产和销售

当此类车辆以自动驾驶模式运行时，需要详细考虑碰撞的责任和刑事处罚，特别是目前强加给司机的责任。需要立法明确驾驶员、车主和制造商之间就自动车辆使用的责任，以及在受伤或损坏情况下的适当处罚。

行动：审查驾驶员和制造商之间的刑事和民事责任分配，并在必要时修改适当的法律。

高度自动化的车辆自动驾驶需要明确构成驾驶员之行为的标准。

行动：分析有关车辆使用的现行法规，以确保自动驾驶车辆的使用和维护方式符合《1988年道路交通法》。

根据现行法例，判断自动驾驶汽车的驾驶标准与普通驾驶员的标准相同——即能够胜任和谨慎的人类驾驶员的标准。然而，以自主模式运行的车辆能够使用各种传感器和控制系统来实现更高标准的车辆控制。因此，对自动驾驶汽车提出更高的驾驶标准可能是合适的。

行动：考虑是否对自动驾驶模式下的运行车辆，提出比传统驾驶员更高的驾驶标准。

（四）全自动汽车的生产和销售

当全自动车辆可用时，将会出现与高度自动化车辆类似的考虑。由于此类车辆能在没有驾驶员干预的情况下行驶，因此必须考虑是否需要对用户能力、技能或健康状况提出具体标准。

行动：需要在全自动车辆上市前，审查对车辆使用者现有限制的适用性。

三、其他道路用户

（一）简介

1. 必须考虑自动化汽车对各种道路使用者造成的影响及就各种道路使用者的

应对方式。

2.《公路法规》强调所有的道路使用者都要遵守该法。该法旨在确保不同的道路使用者共同以安全的方式使用道路。目前,《公路法规》没有关于自动驾驶汽车的规定，但配备驾驶员辅助技术和部分自动化技术的车辆的驾驶员应当了解《公路法规》，并以合理谨慎、考虑道路上其他道路使用者（包括自动驾驶车辆）的方式驾驶自动车辆。自动驾驶车辆的自动化操作必须确保其能够按照《公路法规》的要求对其他道路使用者和道路环境做出反应。

3. 其他道路使用者的不当行为:（1）如通过车顶标志或特殊车牌标识自动车辆，则会便于试图做出不当行为的道路使用者专门针对自动驾驶汽车实施不适当的行为;（2）不应在自动驾驶汽车测试时，给予其他的道路使用者通知或以任何方式影响他们。原因是为保证测试的准确性，须确保其他道路使用者的行为不会与其于正常情形下有任何不同。

4. 要考虑自动驾驶汽车如何应对不同的信号、识别其他道路使用者（如骑马者）的存在和信号。自动驾驶车辆需被设计为尽可能降低缺少眼神交流带来的风险。

（二）自动化车辆技术的测试

1. 坐在驾驶座上的自动化车辆测试人员，应该以一种最小化分散其他道路使用者注意力的风险的方式行事。试验车辆中的其他乘客应避免引起过度注意。

2. 测试驾驶员应确保对其他道路使用者，尤其是更易受伤的道路使用者给予适当的关注。车辆自身在这方面的能力不得在公共道路上进行测试，除非测试人员非常确信该自动化系统将满足在封闭道路和测试轨道上测试的所有要求。

3. 测试中的自动车辆不要以易于与其他车辆区分的方式进行标记。

4. 在测试期间需要可观察到自动车辆和所有其他道路使用者之间的互动，并且在制定未来政策时考虑这些信息。

5. 如负责测试的人员认为确有必要，其可以在进行任何测试之前向其他道路使用者提供信息和指导，这将取决于当地公路管理部门的意见、测试所用道路的性质、汽车能力及外形等因素。

行动：建议进行测试的人员向公众提供他们的测试信息，作为其风险管理流程的一部分，同时应考虑当地公路管理部门等利益相关者的意见。

（三）高度自动化车辆的生产和销售

1. 测试阶段需要确定自动汽车如何成功和安全地与所有其他类型的道路使用

者之间的互动问题。

2. 安装在高度自动化车辆上的自动化技术需要足够谨慎，尤其是在弱势道路使用者周围，以确保弱势道路使用者的安全得到维护或改善。同时，自动驾驶汽车的设计必须避免过度阻碍其他道路使用者。高度自动化车辆的开发必须采取必要的机动措施，例如以安全谨慎的方式超越行驶较慢的车辆或易受攻击的道路使用者；不应鼓励用户通过执行不安全的操作来尝试接管控制以加快进度。

3. 主管部门需要仔细监控引入高度自动化车辆后对其他道路使用者的影响，并可能需要为车辆制造商、驾驶员和警察制定指南。

4.《公路法规》可能需要适时更新，以包含高度自动化车辆在公路上的使用。

行动：确定是否应制定有关自动化车辆的规定并将其纳入《公路法规》，以指导道路使用者与这些车辆的互动。

（四）全自动汽车的生产和销售

1. 全自动车辆不一定会安装任何手动驾驶控制装置。

2. 全自动车辆可以在没有任何乘员的情况下运行，也可以被不能驾驶手动控制车辆的人用作交通工具。

3. 主管机关需要仔细监测这些发展对其他道路使用者的影响。

四、产品责任

（一）简介

任何向消费者提供产品的企业都有责任确保这些产品是安全的。任何因不安全产品而受伤或遭受个人损失的人都有权起诉生产和提供该产品的公司。在某些情况下，不安全产品的制造商和供应商也可能要为自己的行为承担刑事责任。如果发现因产品故障而发生碰撞，车辆制造商应面临法律诉讼并承担责任。法院需要审查有关车辆故障和驾驶员行为的证据，并确定是否涉及制造商的责任。

有关责任的问题经常被认为是引入自动驾驶汽车技术的重大障碍，对现有情况的分析表明，责任问题不应阻止自动驾驶汽车在公共道路上进行试验。

（二）背景

1. 如果“有缺陷的产品”导致死亡、人身伤害或私人财产损坏（超过 275 英镑），受害方有权依据《1987 年消费者保护法》（“《消费者保护法》”）针对制造商（和进口商）提起法律诉讼程序；且该法令不将受害方证明制造商存在过失作为起诉前提。

2.《消费者保护法》中“产品”的定义范围广泛，足以包括机动车辆。因此，该法案对被发现存在缺陷的自动驾驶汽车的制造商和进口商施加了严格责任。

3. 车辆制造商的标准做法是监控其产品的安全性。如果发现特定问题，则在与 DVSA 讨论后，进行“安全召回”。

4.《消费者保护法》实施了 1985 年欧洲产品责任指令，消费者得以与整个欧盟受到同等保护，并且所有在欧盟运营的企业都受相同规则的约束。因此英国在适用和修改其关于产品责任的国内立法方面受到限制，因为它不能脱离由欧盟统一规则创建的制度。

（三）责任判定

1. 在大多数道路交通碰撞中，有一系列不同的人或机构可能承担或分担责任：

1.1 车辆驾驶员；

1.2 车主；

1.3 车辆操作员；

1.4 汽车制造商；

1.5 车辆供应商 / 进口商；

1.6 服务供应商；

1.7 数据提供者。

2. 根据具体的情况，以上每一方都可能被认定负有一定份额的民事（或在某些情况下刑事）责任。

（四）潜在的产品责任索赔

1.《消费者保护法》将缺陷产品定义为产品安全性不符合人们通常有权期望的产品。原告必须证明产品的缺陷造成了伤害，但没有必要进一步说明造成缺陷的原因。

2. 根据该法案，法院将考虑所有情况以研究人们通常有权期待什么。

3. 产品的缺陷包括生产缺陷、设计缺陷、未能警告等。

4. 制造缺陷：指由于制造过程导致产品偏离其预期设计和不符合其精确预期规格的缺陷，制造缺陷还可能包括软件相关问题。

5. 设计缺陷：指原始设计本身的缺陷。这意味着产品完全按照设计制造，但设计本身存在缺陷。

6. 未能警告：车辆生产企业有义务对产品的安全隐患和安全使用方式进行警示。半自动化或高度自动化的操作模式可能需要更明确和详细的警告，并确保此类警告能在引起消费者的注意和被消费者理解方面承担更大的责任。

（五）潜在的产品责任抗辩

1. 除了原告必须证明才能成功提出产品索赔责任的要求之外，制造商针对产品索赔责任拥有多项抗辩。《消费者保护法》中列举的，与车辆和车辆部件制造商最相关的是：

1.1 缺陷可归因于遵守如国内或欧洲法律的强制性要求；

1.2 被告在任何时候都未提供过产品；

1.3 产品进入流通时不存在缺陷；

1.4 就零部件产品责任进行的抗辩，可包括该缺陷本质上属于车辆缺陷或完全归因于车辆本身的设计或车辆制造商给零部件制造商的说明；

1.5 就"最新技术"的辩护，即当时科学和技术知识状况并不能期望生产与所涉产品相同描述的产品的生产商发现该缺陷（《消费者保护法》第 4（1）（e）条）或将产品投入流通时的科学技术知识状况不足以发现缺陷的存在（《欧洲产品责任指令》第 7（e）条）。由于关于自动驾驶汽车的技术和理解可能会随着时间的推移而迅速发展和改进，因此在考虑制造商对汽车技术潜在缺陷的责任问题时，本项辩护便特别重要。

2. 混合过失及其他方过失：在考虑判给原告损害赔偿金时，应考虑混合过失。混合过失是指法院考虑到原告自身存在就损害的发生缺乏谨慎的情况，因此在原告和被告之间分配损害责任。在任何情况下，法院都需要考虑驾驶员或车辆乘员是否充分意识到发生碰撞的可能性，并考虑他们避免碰撞的能力。

3. 滥用车辆：车辆制造商可以在法庭上争辩说车辆被滥用，因此不应认定车辆存在缺陷。《消费者保护法》规定法院在评估车辆是否存在缺陷时应考虑以下事项："该产品的营销方式和目的、构造、与该产品有关的任何标志的使用以及关于产品的做或不做任何事情的说明或警告"。

（六）原告的潜在困难

由于所涉技术的复杂性，原告可能需要提供专家证据。

（七）自动驾驶技术的测试

《消费者保护法》规定的责任不适用于测试高度自动化车辆的相关情形，因为这些车辆可能仍是车辆制造商或测试组织的财产。如在自动化车辆测试过程中发生碰撞，测试驾驶员、车辆制造商和车辆操作员都可能被追究潜在责任。

行动：

1. 规定数据记录的要求。如果发生事故或碰撞，这些数据应以某种格式提供给有关当局，使他们能够对导致该事件的情况进行分析。

2. 要求自动驾驶技术的测试由一位准备完毕且能实施控制的适当合格的测试驾驶员进行。

3. 要求测试驾驶员获得负责测试的组织授权，并应接受该组织提供的有关安全使用自动化车辆的培训。

（八）高度自动化车辆的生产和销售

1. 自动驾驶模式下车辆安全操作的责任归于车辆制造商。

2. 当自动化车辆不满足自动驾驶条件时，它们将提醒驾驶员恢复手动控制。一旦正确恢复手动控制，车辆安全操作的责任将转移到驾驶员身上。

3. DfT 的意见是，驾驶员自愿恢复对自动化车辆的手动控制时，车辆安全操作的责任转移至驾驶员是合理的。汽车制造商不应设计一种未经驾驶员同意而试图切换回手动控制的系统。如果由于某种原因驾驶员拒绝恢复手动控制，车辆的自动化系统需要设计为确保其可以安全制动。

（九）全自动汽车的生产和销售

1. 在全自动汽车中，可能没有可供乘客手动控制的控制器，但该等车辆可能仍有“紧急停止”按钮。该等乘客是否应就事故发生承担至少某种形式的经济责任（亦可以保险方式转嫁风险），仍有待进一步讨论。

2. 在公共道路上使用全自动车辆需要进一步的全面研究和新的立法，以解决乘客对车辆责任的承担等一系列基本问题。

五、新汽车标准

（一）背景

1. 所有道路车辆都必须符合安全和环境标准。标准应因车辆类别而异，最终由各个国家和国际机构制定。大多数新车在注册前都要经过欧盟汽车型式认证程序。型式认证是指政府机构签发证明文件，证明车辆或车辆系列符合法律要求的安全和环境标准。

2. 鉴于汽车制造商需要在公共道路上测试他们正在开发的新车型的原型车辆，因此欧洲立法允许未经型式认证下就原型车辆进行的注册。英国亦采纳这种规则，DVLA 允许原型车辆注册，前提是原型车辆仍处于进行测试的制造商的控制下，并且是专门为测试或试验而设计的。

（二）自动化驾驶技术的测试

旨在用于测试高度自动化的原型车辆，由于车辆制造商或改装商保留对其所进行的任何测试的控制和监督，因此该等汽车可以在英国进行原型车辆注册。

（三）高度自动化车辆的生产和销售

1. 高度自动化的车辆进入公开市场或作商用需要取得型式认证。

2. 高度自动化的车辆可以符合型式认证条件，但不符合联合国条例第79条的认证条件，该条例不允许车辆在速度超过10公里/小时的情况下实施“自动指令转向”（或自动转向）。此外，联合国条例第13条也对“自动指令制动”提出了一些检查要求。

3. 需要就警告音或警示语等事项作出标准化处理，以通知驾驶员收回车辆控制权。

4. 制造商正在开发可为无驾驶员的低速驾驶提供完全或接近完全自动化操控的应用程序。该等车辆的测试需要由驾驶员配合完成，但现有立法允许向公众生产和销售无驾驶员情况下以该应用程序控制的车辆。因此，修订立法以确认额外的保护措施是否有必要。

行动：

1. 确认修改立法的必要性，以明确允许自动化车辆无驾驶员时自动驾驶的情形，以及规定额外保障措施的必要性。

2. 通过欧盟和联合国欧洲经济委员会与国际社会合作，审查车辆型式认证框架及其详细技术标准，以确保该等规范对自动汽车的适用性。

3. 检查是否需要标准化驾驶员重新控制自动车辆时的警告符号和警告系统。

（四）全自动汽车的生产和销售

对于全自动汽车，问题与高度自动化车辆高度类似，有必要在国际层面上进一步详细分析型式认证及具体要求对全自动汽车的适用性。

六、车辆适行性及保养

（一）引言

所有的汽车都必须具有适行性。这意味着它们不得处于危及驾驶员或其他道路使用者的状态。许多国家都有一系列对汽车适行性的规定。这些规定会详细说明要求车辆需要保持的技术特征、限制，并规定车辆在不良条件下运行或超出特定参数行驶时的违法行为和处罚。

在英国，有独立的规定明确了大多数种类的汽车的测试要求。超过三年车龄的车要接受 MOT 测试，即每年由私人或地方当局控制的车厂进行的年度适行性测试。

为测试或试验而设计和制造的原型车辆在必要时可以免除某些适行性要求，所有车辆都受《1986 年道路车辆（建设和使用）条例》第 100 条的约束，不得处于不安全或不符合标准的状态。

（二）自动驾驶技术的测试

1. 接受测试的自动车辆必须符合适用于所有原型车辆的现有适行性规定。接受测试或试验的车辆可适用特殊类型法规下的特定豁免。进行测试的人员应仔细检查适用条款，以检查合规性以及是否需要豁免。

2. 一辆使用了三年以上的高度自动化的测试车辆也需要每年进行一次 MOT 测试。

（三）高度自动化车辆的生产和销售

1. 欧盟型式认证标准需要更新以涵盖新技术和车辆能力，并且这些将适用于更新的道路适行性要求。

2. 型式认证标准的制定应确保车辆内自动系统的性能能够在年度 MOT 测试中轻松且以较低的成本通过。

3. 根据故障的确切性质，高度自动化的车辆有可能在自动化系统有缺陷的情况下仍能够由驾驶员以手动模式驾驶。

4. 目前的 MOT 测试可能不够完善，无法满足高度自动化车辆或全自动汽车的要求，因此可能需要在适当的时候建立一个基于新型式的测试和认证系统。

行动：

1. 随着时间的推移审查现有的适行性测试流程和立法，以确保它们仍然适用于高度自动化车辆。

2. 确保驾驶员知悉自动驾驶技术的故障，并考虑仅允许驾驶员以“手动模式”继续使用车辆。

（四）全自动汽车的生产和销售

1. 除上述高度自动化车辆的问题之外，由于全自动汽车可能没有手动控制装置，因此会出现许多其他问题。

2. 全自动车辆的系统可能存在一定程度的冗余和重复，可能需要设置自动禁用要求，以防止在某些系统失灵时全自动车辆无视车主意愿，继续处于运行状态。

（五）高度和全自动车辆的长期的适行性问题

欧盟的立法要求车辆制造商承诺，在非歧视性的基础上向官方经销商和独立维修商提供维修信息，并且必须在网站上公示某些最低限度的信息。

行动：随着该技术的发展，不断就便于车主维修和适当的车辆使用寿命等问题进行研究。

七、车辆的安全使用

（一）简介

车辆的安全使用义务作为一般义务规定于《1988 年道路交通法》第 40A 条，并于《1986 年道路车辆（建设和使用）条例》第 100 条中得到进一步阐述，并在该等法规以及《1989 年道路车辆照明条例》中被规定于若干条款。

（二）车辆不能在危险的情况下使用

1. 一般义务：车辆不得在危险状态下使用

1.1《1988 年道路交通法》第 40A 条规定，“在车辆的状况、用途、乘客或负载可能存在对他人造成伤害的危险的情况下使用或允许使用车辆”是犯罪行为。本条通常被援引于不存在更明确的违法行为但仍然认为车辆的使用涉及对任何人造成伤害的危险的情况。本罪是指“使用”车辆，也包括“导致或允许”他人使用车辆的行为。

1.2《1986 年道路车辆（建设和使用）条例》第 100 条的规定大致相似。

2.《1986 年道路车辆（建设和使用）条例》下的具体义务。

2.1 有许多具体要求或禁令，如车辆必须尽可能靠近车道边缘停放、避免不必要的尾气排放以及噪音的义务等。

2.2 原则上，车辆的负责人应承担违反具体义务的责任，除非其能合理地预期车辆会自动遵守各项规则，如车辆制造商安装系统，防止自动车辆实施任何会违法犯罪的操作。

2.3 部分法规的措辞相当宽泛，以适用于导致或允许采取某种违法行为的人，或管理车辆的人，而不限于驾驶员。该等法规需要进一步修订，以明确其是否适用于自动汽车。

3.《1989 年道路车辆照明条例》下的具体义务

3.1 许多与车辆照明系统相关的义务适用于驾驶员，旨在确保使用适当的照明，使其他人可以看到车辆，这些义务包含于《1989 年道路车辆照明条例》第 24 至 27 条中。

3.2 这些要求表述为“任何人不得使用、导致或允许使用车辆”，因此适用范围广于驾驶员，足以适用于高度自动化车辆，但在全自动汽车的情境下会存在适用问题。

（三）自动驾驶技术的测试

1. 安全使用车辆的一般义务

1.1 自动车辆在上路使用前，须拥有通过恰当安全测试的证据。

1.2 政府应起草指导规则和规定，就车辆测试程序、安全使用车辆的定义等作出更具体的规定。

行动：更明确地界定在自动驾驶车辆测试中“安全使用车辆”的内涵。

2. 具体的义务

在测试期间，自动车辆仍将有一名人员监督测试，该人员能够在出现故障时，选择或基于必要控制车辆的运动和方向。该人有责任确保上述相关具体义务得到遵守。

结论：

2.1 监督自动驾驶汽车测试的试驾员应确保其遵守所有现行义务。

2.2 在第 110 条法规被修改允许之前，测试一辆能够通过手持设备遥控的车辆应该远离公共公路。

（四）高度自动化车辆的生产和销售

1. 需要新的安全法规或指南。如果安全要求与车辆设计相关，则应将其纳入车辆型式认证系统。如果它们与车辆使用有关，则也可以纳入型式认证系统，或者将它们作为车辆使用者的义务；

2. 未来车辆制造商有义务设计车辆控制软件，例如确保车辆正确停放、不会停在会阻碍交通的地方、夜间打开前照灯等。可能还需要修改相关的附属立法，以确保车辆使用者负有最终责任，确保车辆的使用方式不违反法律要求。

行动：根据从自动车辆测试中获得的证据和经验，审查现有的车辆使用要求。考虑如何将其纳入欧盟汽车型式认证要求和国内的“使用”法规。

（五）全自动汽车的生产和销售

1. 在汽车完全自动驾驶阶段，相关的负责人必须保证能遵守所有的一般义务和特殊义务。

2. 车辆可能需要进行全面编程，以遵守法律规定的所有具体义务。

3. 拥有车辆的人也有必要确保在必要时更新软件，以符合相关法规。

4. 鉴于不同国家/地区的使用规则不同，需要对国内立法进行一些协调和调整，以获得欧盟范围内的经认可的标准。可以向自动车辆提供未在整个欧盟协调一致的应履行的义务信息，以便车辆可以根据其地理位置适用该管辖区的规则，并调整其行为。

八、车辆税、登记和许可

（一）自动化车辆技术的测试

1. 在登记过程中，高度自动化车辆的登记是无阻碍的，这建立在可以提供所有要求的文件的基础上，包括型式认证证书。根据现行法规，车辆为了能够实现自动化操作系统进行的更改都不需要通知 DVLA。

2. 原型车（参见第 8 章）被禁止对外公众出售，而这些原型车辆可以通过自动首次登记和许可计划或使用相关的 V55 表格进行登记。车辆必须以制造商的名义注册。

（二）高度自动化车辆的生产和销售

当自动驾驶车辆开始生产和销售时，可能需要在车辆登记簿上具体记录其自动驾驶能力。这可以通过在记录中添加一个标记来完成，以表明车辆的类型和税收等级。这种记录将需要改变登记系统，DVLA 需要提前考虑这些改变。

行动：要考虑在车辆登记册上记录自动化状态的相对收益和成本。

（三）全自动汽车的生产和销售

如上所述，对记录这些车辆的 DVLA 计算机系统进行更改需要综合考虑和计划。更重要的是，可能还需要对登记册进行更全面地调整。

九、道路基础设施标准

（一）道路运营商职责

道路运营商（例如高速公路或交通当局）需要承担法律责任，包括（但不限于）维护高速公路的责任。这属于《1980 年公路法》（“HA1980”）第 41 条的约定。另外两项关键职责包括确保车辆可以在其辖区的交通网络上有效行驶，以及促进其他交通网络上的车辆行驶（《2004 年交通管理法》第 16 条）。

（二）路标、交通标志和信号

有效的交通管理和对交通规则的良好遵守依赖于路标、交通标志和交通信号控制的相关规定。

目前，道路使用者从各种来源获取信息。在后视镜和摄像头监控系统和传感器的协助下，驾驶员负责检查道路环境。许多汽车制造商已经为他们的车辆配备了识别道路标记和标志的摄像头，以告知道路使用者限速和其他禁令、法规和警告。

（三）车载信息与协作系统

1. 越来越多的实时数据和其他信息以不同的形式提供给道路使用者。这包括通过卫星导航系统、集成显示面板或个人“智能设备”向驾驶员显示的数字地图信息。这些系统现在允许用户共享实时信息，例如拥堵、道路封闭和天气状况。

2. 未来有可能形成汽车与汽车、汽车与基础设施相连的合作式综合交通系统。

3. 目前有许多标准和协议来鼓励道路运营商和高速公路当局与地图提供商联系，以提供正确和最新的地图规定。

4. 使用外部信息源进行自动化决策而不是驾驶员做出判断可能会产生责任问题，这些责任可能会扩展到向驾驶员提供建议或为自动驾驶汽车的决策提供信息的信息提供者或系统供应商。

5. 自动驾驶汽车的测试应该有助于检查和了解围绕潜在技术、政策和责任问题的进一步讨论。尽管如此，与传统汽车的人类驾驶员相比，自动驾驶汽车可能拥有更广泛的潜在信息来源。

（四）自动化车辆技术的测试

1. 在自动驾驶汽车的测试阶段，驾驶员始终对车辆的安全操作负责。这包括合法安全地进行基础设施导航、遵守交通法规以及对道路布局、交通标志和信号做出响应的责任。

2. 测试期间不需要定制道路基础设施。在这种情况下，根据《1980 年公路管理局条例》第 41 条，公路当局在履行其职责时所要求的谨慎程度与目前所要求的标准应是相似的。尽管如此，我们建议计划进行此类测试的组织在进行测试前，首先通知、咨询并寻求相关当局的建议，因为相关道路的特殊情况可能期望公路当局提供比通常更高水平的维护和保养。

3. 自动驾驶汽车的测试将是地方公路当局了解未来汽车发展道路的宝贵机会。这可能会改善安全和交通流量，同时优化道路网络使用效率。

4. 任何被认为支持测试所必需的特定基础设施要求，包括交通标志，都需要与负责道路的有关当局达成一致，并被视为测试活动成本的一部分。

行动：明确计划进行自动车辆测试的机构应在开始测试前咨询有关公路当局。

（五）自动化车辆的生产和销售

1. 遵守道路规则和规定的能力将成为自动驾驶汽车安全合法运行的重要

因素。

2. 政府将与道路管理机构、基础设施提供商和车辆制造商一起考虑，不断提升路旁基础设施的需求和标准，以便能够在公共道路上销售和运营自动化车辆。

3. 政府将继续在欧洲和国际层面参与制定和引入自动驾驶汽车相关的法规、标准和规范。

4. 考虑到基础设施的交付及使用周期，政府与道路运营商、车辆制造商和其他利益相关者一起，根据包括自动驾驶汽车技术发展在内的战略和技术趋势，不断审查道路基础设施设计标准和长期道路政策。

行动：

1. 不断检验为增加路旁基础设施而制订的标准和规定，使自动车辆能在公共道路上销售和运作。

2. 政府应继续在欧洲及国际层面参与制定与发展及引进自动驾驶车辆有关的规例、标准及规定。

3. 政府与道路营运者、车辆制造商及其他利益相关方合作，根据战略和技术趋势（包括自动车辆技术的发展），不断检验道路基础设施设计标准和长期道路政策。

十、保险

（一）欧盟的要求

欧盟汽车保险法包含在指令 2009/103/EC（“汽车保险指令（Motor Insurance Directive）”）中。该指令要求在欧盟使用的所有车辆都必须投保第三方责任险，并设定了人身伤害和财产损失保险的最低门槛。

（二）现行英国法

1. 汽车保险指令在英国根据《1988 年道路交通法》第 VI 部分实施。该法第 143 条要求在道路或公共场所使用车辆的人拥有所使用车辆的保险单。任何人不得在没有有效保险的情况下使用或允许其他人使用车辆。自 2011 年 6 月连续保险执行政策（CIE）实施以来，每辆车都必须在保险单上具体命名。作为替代方案，第 144 条还允许通过向最高法院提供存款来应对索赔。

2.《1988 年道路交通法》第 145 条要求保险单必须涵盖因使用车辆而导致被保险人可能遭受的第三方伤害或财产损失的责任。人身伤害保险必须是无限的，财产损失保险必须高达 100 万英镑。

3. 伤害或损害的责任是民法问题。如果一个人由于另一个人的疏忽而遭受伤害或财产损失，他们有权从过错人那里获得旨在恢复原状的赔偿。索赔通常由保险公司代表保单持有人处理，并且绝大多数索赔都是庭外和解的。最终，由法院决定无法以其他方式解决的责任或索赔金额问题。除少数例外情况外，保险公司必须支付法院裁判的、对其保单持有人作出的任何赔偿。

（三）自动化车辆技术的测试

1.《1988 年道路交通法》中关于持有保险的要求将在车辆测试期间适用。进行测试的制造商或公司要么自己使用车辆，因此需要投保，要么对其测试驾驶员承担替代责任。尽管预期这些车辆将作为允许驾驶员在自主模式下进行其他活动的产品向公众销售，但出于测试的目的，测试驾驶员必须持续监控道路环境，并保持警惕，随时准备恢复控制。测试驾驶员应始终全面负责车辆的安全运行，并同样需要投保。

2. 鉴于测试的性质，测试此类车辆的公司应从现有市场获得适当的保险。英国保险公司在为创新企业提供公司保险方面处于世界领先地位，比如自动化车辆测试。

（四）高度自动化车辆的生产和销售

1. 如果高度自动化车辆的用户选择保持对车辆的手动控制，适用当前的民事责任，《1988 年道路交通法》将要求用户为此类车辆购买或确保有适当的保险。

2. 在高度自动化的车辆向公众销售之前，需要进一步澄清责任在制造商、车辆用户和驾驶员之间如何以及何时转移，特别是在自动模式和手动控制之间切换时。要审查现有立法并根据操作模式明确责任如何在驾驶员和车辆制造商之间转移。

3. 当自动驾驶汽车上市时，它们很可能会配备事件数据记录器。该技术将指示车辆在发生碰撞时是自动运行还是手动控制。它还将记录在碰撞发生前多久操作模式发生了变化。该数据将成为关于所发生事件的令人信服的材料来源，并且必须提供给相关当局以确定责任和保险责任。如果车辆发生事故，如果车辆是自动驾驶的，制造商将承担责任。

4. 最终救济基金。欧盟汽车保险指令的一个重点是确保车辆碰撞事故受害者获得赔偿。该指令规定，每个成员国都必须设立一项基金，以在未投保或下落不明的司机造成未投保碰撞事故的情况下赔偿受害者。类似地，英国也有这样一个由英国汽车保险公司征收的费用支付的最终救济基金。

行动：检验现有立法并结合操作模式明确责任如何在驾驶员和车辆制造商之

间转移。

（五）全自动汽车的生产和销售

1. 全自动车辆的出现将引发更多关于保险的问题。例如，没有安装驾驶员控制装置的全自动车辆的用户是否仍然需要保险。如果车辆是私人拥有的，那么车主可能仍然希望购买防盗保险，但可能只有车辆制造商需要购买第三方责任险。

2. 此外，安装了手动驾驶控制装置的全自动车辆的用户是否均有义务购买保险，即使他们无意采取手动控制，也是一个问题。

行动：立法机构需要与保险业合作，制定管理高度自动化和全自动化车辆保险的规范，并就自动化车辆计划与欧盟合作。

十一、数据保护和隐私

在可以识别个人身份的情况下，对自动驾驶汽车收集的数据进行的任何处理都应遵守数据保护规则。这体现在 1995 年 10 月 24 日欧洲议会和理事会关于在个人数据处理和此类数据自由流动方面保护个人的指令 95/46/EC 中。

（一）事件或碰撞的数据记录器

1. 定义

1.1 事故数据记录器是一个车载事件记录器。万一发生事故（或事件），在事故发生之前、期间和之后记录有关车辆速度、加速度、制动使用等的数据。这些数据随后可以从事故数据记录器中下载，用于分析事故发生时车辆的驾驶情况。这些信息可以用于科学、技术和法律目的。

2. 安全影响

2.1 根据由欧盟委员会资助的 VERONICA（基于智能碰撞评估的车辆事件记录）项目，当驾驶员意识到事故数据记录器的存在时，其行为会得到改善，因此可能降低事故的风险和严重程度。

2.2 此外，VERONICA 发现 EDR 可用作一种有价值的研究工具，用于监控或验证新的安全技术、记录撞击速度并分析存储的数据以进行事故重建。

3. 技术要求

3.1 VERONICA 项目推荐的技术要求包括至少三个碰撞事件的存储容量，这些碰撞事件会导致有害或严重的后果。这些要求还提出，OBD 连接器可用于下载 EDR 记录的数据，且如出于安全目的，制造商可以记录与事件相关的其他数据。

3.2 VERONICA 项目建议欧洲应该在记录的频繁度、准确性、结果等方面设定比美国更高的要求。重要的是，不仅车辆制造商可以下载数据，其他人也可以在获得车主许可或合法需要的情况下下载数据，例如正式授权的执法机构。

（二）自动化车辆技术的测试

1. 在自动化车辆的测试阶段，开发和实施该技术的人员需要确保该技术符合现有数据保护要求。

2. 由于测试过程中获得的大量数据对安全和开发非常有价值，因此安装某种形式的车辆数据记录器很可能成为标准要求。如果在测试过程中发生碰撞，重要的是能够保留数据以便后续分析确定事件发生的原因。该数据应可以清楚地辨别自动车辆系统和测试驾驶员的行为。

3. 在美国，NHTSA 建议 EDR 收集的数据应受到安全标准的限制以保持其完整性，并应制定最佳的行为准则以充分保护车主和运营商的隐私。内华达州规定自动驾驶汽车应捕获在冲突发生前 30 秒的数据并以只读形式存储，且此类数据必须在冲突发生之日后保存三年。

4. 以上提到的数据保护立法意味着需要考虑存储数据记录器中数据的安全和适当的使用。在驾驶配备数据记录器的车辆前，让试驾人员知道将收集哪些数据以及这些数据的用途也很重要。

（三）高度自动化车辆的生产和销售

1. 在大规模生产的车辆上安装 EDR 将有助于在发生碰撞时确定责任。一个至关重要的信息是碰撞时驾驶员或车辆是否处于控制之中。事故发生前驾驶员或车辆行为的数据将有助于划分保险责任、刑事责任和产品责任。因此，在高度自动化的车辆上安装 EDR 是有充分理由的。

2. 除非发生碰撞或类似事件，否则数据将会被持续记录在无法访问的易失性存储器中。

3. 公众可能会认为，除非发生碰撞，否则不应提供此类数据。而制造商和保险公司则认为其有合法的利益以获得经匿名化处理的该种数据，且这些数据不仅限于碰撞前的短时间内。保险公司对此的回应是：他们渴望获得经匿名化处理的此类数据，以帮助计算风险和保险费，而制造商渴望获得数据，以更好地了解他们的车辆在碰撞中的性能，最终帮助提高车辆安全性。

行动：还需要制定自动化车辆数据记录标准，并就隐私问题与利益相关方合作。

（四）全自动汽车的生产和销售

为了更有效地确定责任，全自动车辆有可能被强制要求使用电子记录系统以及摄像机记录设备。由于这些车辆在大部分或所有时间都将自动运行，因此车辆制造商很可能希望利用 EDR 记录碰撞发生时的证据。

十二、盗窃和网络安全

（一）车辆盗窃

1. 如今，车辆的安全性要求是依据欧盟汽车型式认证规则，在新车销售和首次注册前的评估下建立的。所有新车都必须符合联合国规定第 116 条（禁止未经授权使用机动车辆）的规定，即车辆需配备机械防盗装置（实际上通常是转向锁，如果不打开它驾驶员就无法转向）和一个电子防盗器。

2. 1998 年防盗器的推出是为了应对 20 世纪 90 年代不断增加的汽车犯罪。因为规避防盗器需要专业设备和专业知识，汽车犯罪的情况得到缓解。此外，汽车保险维修研究中心等组织也努力鼓励或激励制造商在法规规定的最低限度外采取额外安保措施。

3. 传统的“机械”钥匙转变为通过电子方式打开车辆，即“无钥匙进入”，通过无线电频率通信解锁车门（无论是通过遥控钥匙控制还是仅仅通过接近车辆）。

4. 在集体豁免的保护下，欧洲制定了“维修权”规定。ECRegulation715/2007 要求制造商以与特许经销商相同的方式为独立车库提供维修和维护信息（RMI）的访问权限。这导致制造商在防止安全漏洞的措施方面存在混乱和模糊的情况。

（二）网络安全

1. 伴随着电子控制和自动化操作能力水平的提高，在车辆中引入更大范围的连接网络可能会导致更复杂的安全问题。

2. 过去，车辆通常采用机械连接的油门和转向控制装置以及液压操作的制动器。现代车辆具有“线控”油门控制。2014 年，第一辆配备“线控转向”系统的汽车上市。配备这个系统的车辆会根据电信号进行加速、制动和转向。

3. 汽车制造商也开始推出“联网汽车”。这些车辆能够连接到互联网以及其他车辆和周边基础设施的车辆，而越来越多地使用电子控制系统和网络连接也增加了恶意干扰的可能性。

4. 如遥控钥匙、无钥匙访问、蓝牙连接、Wi-Fi 和移动互联网连接等汽车功能，甚至轮胎压力监测系统，理论上都可被允许访问车辆控制系统，并使其易受到恶意干预。此类特性被称为“攻击表面”。

5. 汽车制造商设计安全攸关的电子控制系统，以确保它们的“安全”。例如，在发生故障时，电子制动系统仍然允许完全手动制动。市场上的第一个线控转向系统保留了传统的机械转向柱，该转向柱在电子系统出现故障时会起到作用。

6. 汽车制造商应确保他们的车辆坚固耐用，并且可以抵御网络攻击和其他恶意干扰。车辆制造商将需要继续确保他们的电子系统没有意外漏洞，并且能够抵御最新的网络犯罪技术。

7. 联合国规定第 116 条（UNRegulation116）旨在确保车辆制造商采取措施禁止未经授权的使用。如果认为需要进一步监管以确保制造商充分解决网络安全问题，则该规定可能需要更新。

8. 提供车辆可能收集的数据，例如 GPS 数据和摄像头记录，也可能发生未经授权提取有关车辆运动或其位置信息的情形。这将对隐私问题产生影响，并可能促进犯罪活动。

（三）自动化车辆技术的测试

将测试车辆防御黑客攻击或其他恶意干扰的能力作为测试的条件之一。提供测试车辆的制造商需要确保所有原型自动控制器和其他车辆系统具有适当的安全等级。除此之外，此类安全措施还应确保车辆继续满足所有关于防止未经授权使用的现有要求。

行动：与制造商和利益相关方联络，以确保参与测试的自动车辆获得适当的保护，免受未经授权的进入、控制或干扰。

（四）高度自动化车辆的生产和销售

1. 随着网联水平的提高，高度自动化的车辆可能会带来新的或更高的黑客或其他恶意干扰的风险。

2. 监管机构需要仔细考虑应以何种形式的监管来解决这一问题，在促进市场繁荣的同时将负担降至最低。制造商应该意识到需要确保他们的产品能够应对这些挑战。

行动：考虑如何制定现有的监管框架，以确保自动驾驶和网联汽车技术免受可能的网络威胁。

（五）全自动汽车的生产和销售

能够完全自主运行的全自动车辆可能在更大程度上依赖于网络连接。有些还可能缺乏由车内人手动控制的设施。因此，上文概述的安全和安保问题变得更加重要。车辆制造商应该意识到这一点，并相应地设计他们的系统。政府应保持关注，留意是否需要进行监管干预以确保公众安全。

十三、咨询答复摘要

2014年8月4日至9月19日举行了一次咨询。该咨询引出了一些关于在公共道路上测试具有高度自动安全系统的汽车时可能需要解决的监管或其他问题，以及为了维护道路安全并在引进这种新技术时提供适当保障、需要新的法规等。

法规和制度

1. 利益相关者对原型高度自动化车辆是否符合现有的型式批准或制定法规的反应不一。但他们的普遍共识是，随着高度自动化车辆的发展，可能需要修改一些法规。这包括：

1.1《1968年维也纳公约》的第8条（Article 8 of the Vienna Convention 1968）。

1.2《1986年道路车辆（建设和使用）条例》第104和第109条（Road Vehicle（Construction and Use）Regulations 104 and 109）。

1.3 联合国规定的第13H条与第79条（UN Regulation 13H and 79）。

1.4《1988年道路交通法》的第41D条（Road Traffic Act 1988 Section 41D）。

2. 利益相关者建议制定的新规定包括：

2.1 明确驾驶员需要多少操作刺激相关系统才能重新获得车辆控制。

2.2 明确对传感器和控制技术进行现场评估的要求。

2.3 对车辆的软件、网络安全、网络和外部通信进行监管。

2.4 控制数据的收集、保存、访问和分析以在发生碰撞时判断责任承担的法规。

2.5 要求所有高度自动化的车辆强制安装高级紧急制动（AEB），并考虑在未来安装其他新兴的自动化安全系统以供监管。

第三部分　为无人驾驶汽车开辟道路

一、具体内容

（一）自动化汽车的测试

1. 拟对高度自动化车辆进行测试的组织需要遵守所有现有法律。

2.《1988年道路交通法》（The Road Traffic Act 1988）和《1986年道路车辆（建造和使用）条例》（Road Vehicle（Construction and Use）Regulations 1986）都要求在公共道路上使用的车辆处于安全状态。

3. 现有立法假设驾驶员始终在车辆内并对其行为负责。驾驶员原则上应对车辆的行为及其后果负责，除非车辆系统发生故障。在该等情况下，车辆制造商、维修商或维修商应根据产品责任法承担责任。

（二）在测试期间提高安全性的选项

在通过公共道路测试开发高度自动化车辆的过程中，公共安全至关重要。主要责任必须由组织和进行测试的人承担。然而，政府也可以发挥重要作用。本次审查考虑了政府可以采取的几种可能方法：

1. 车辆认证：为自动驾驶车辆创建测试和认证系统。

2. 许可制度：建立允许测试的许可制度。

3. 行为准则：以政府希望组织遵循的最佳行为准则的形式发布指南。

4. 不作为：允许在没有进一步指导或行动的情况下在公共道路上测试自动驾驶汽车。

（三）测试期间提高安全性的选项比较

1. 在促进新技术的研发方面，重要的是确保在保障公共安全和让社会从科技进步中受益之间取得适当的平衡。就自动驾驶汽车技术而言，这项技术上市后最重要的收益应当是道路安全的显著改善。

2. 为确保安全，于原型测试阶段实施过于严格或耗时的要求致使提高安全性技术的开发和引入被推迟，可能会对车辆安全造成总体性的不良影响。

3. 引入难以修改、过时或不合适的规定可能迫使技术发展走上次优的道路，则同样将对车辆安全产生负面影响。

4. 可以使用四个选择标准来评估政府应采取的最合适的方法：

4.1 安全性；

4.2 实施时间；

4.3 易于更新；

4.4 成本和资源影响。

5. 因此，制定一套行为准则，列出在自动驾驶汽车技术的公共道路测试期间应遵循的一系列建议，似乎是最好的选择。

（四）行为准则的实施

基于此分析，DfT 的主要建议是，政府应尽快开始草拟自动驾驶汽车技术的公共道路测试行为准则。

为被更广泛的主体接受，政府应与相关方合作制定前述行为准则。应仔细考虑其他国家的强制性条件和美国各州的立法，以及安全和行业机构的指导和建议。

（五）批量生产与向公众销售自动化汽车

1. 汽车标准

1.1 根据高度自动化系统的性质，它不太可能完全符合欧洲现行的车辆型式认证规则。因此需要修改欧洲法规，该等修订预计将涵盖安全、安保和数据记录要求方面的标准。

1.2 在高度自动化和全自动化的车辆无法依据欧洲法律获得批准的前提下，可以使用国内立法批准。

1.3 由于目前显然不存在适用于高度自动化和全自动化车辆的标准，修订国内立法似乎为时过早。该等规则宜在欧洲或国际层面创建。当国际标准草案接近成熟时，有可能允许个别国家基于该等草案在国家内部进行批准实施，以使得车辆更快地投入使用，而不必等国际标准草案被正式采纳。

2. 其他规定

2.1 修改部分现行国内制度是可取的，主要是为了界定驾驶员和受控车辆间的界限，并明确各自的责任和潜在责任。

2.2 对于全自动车辆，负责车辆驾驶的人员不是司机，其有时可能远离车辆而非在车上，因此制造商需要承担更多责任，以确保车辆不违反任何规定。此外，汽车所有者可能需要就汽车的正确维护等承担额外的责任。

二、行动计划

（一）促进安全测试的计划

1. 该行为准则将涉及驾驶员行为、其他道路使用者、产品责任和车辆安全使用等章节中确定的若干个人行为。政府将与主要利益相关者和其他利益相关方合作制定该准则，以参考他们提出的意见并从他们的专业知识中受益。

2. 行为准则还将借鉴来自世界各地的最佳实践。这将包括就其他国家的强制性规范、美国各州引入的法案的分析，以及安全和行业机构的指导和建议。

（二）修订国内立法的行动

1. 为满足高度自动化车辆的生产和营销，需采取许多改变国内立法的行动。

2. 涵盖驾驶员行为和保险章节的立法可能需要修改，以适应驾驶员已将控制权委托给车辆并且不再专注于驾驶任务的情况。这项工作需要考虑如果该车辆随后发生碰撞，将如何确定责任。

3. 有关车辆安全使用的章节可能需要更改次级立法，以确定车辆负责人在未驾驶车辆的情形下，实施某些被禁止行为的责任程度。

（三）修正国际立法的行动

需要在安全、人体工程学、事件数据记录和安全领域的类型批准标准的制定上采取国际行动。鉴于需要开展国际合作，无法为这项工作确定准确的时间表，但政府间一旦就主要目标达成一致，就应尽快启动。

（四）其他行动

1. 应考虑修订现有驾驶证件许可规定的必要性，这可能包括更改驾驶考试，以提高驾驶员对高度自动化车辆的认识。该等工作应在获得关于自动化车辆的若干经验后、自动化车辆被允许大规模生产前进行。

2. 应不断审查与保险情况有关的产品责任法潜在问题。如果认为有关产品责任的顾虑不必要地推迟了高度和全自动车辆的引入，从而导致未能带来预期的安全改进，则应考虑修订相关立法。

（五）结论

此次审查确定了政府需要采取的一系列共 31 项具体行动，以促进高度自动和全自动车辆的测试、开发和最终营销。

三、总结

（一）发现

1. 主要结论是：现有的法律和监管框架不是在公共道路上测试高度自动化车辆的障碍。如今在英国可以对自动化技术进行实路测试，前提是有测试驾驶员在场并负责车辆的安全操作，且车辆的使用符合各项关于道路交通的法律规定。

2. 在其他许多国家，目前的立法似乎并不允许这种测试。那些已允许自动驾驶汽车测试的国家通常只允许在有限的地理区域内测试，并要求测试的人申请许可证。美国有四个州立法允许测试自动驾驶汽车，但有 15 个州否决了与自动驾驶相关的法案。

3. 因此，英国似乎在这方面具有独特的地位，可以成为全球开发自动化驾驶技术的优选地点。自动化驾驶技术相关测试不限于测试专用轨道或某些地理区域，不需要获得证书或许可证，在购买保险的情况下也不需要提供保证金。

（二）行动计划

1. 主管部门将以行为准则的形式发布非条例式指南实现监管。该准则将在利益相关者的意见下制定，以确保其了解现有的最佳实践和经验。行为准则将是制造商、测试组织及其测试驾驶员对自动驾驶汽车进行测试时的应达到的标准。

2. 此外，政府将着手修订国家和国际立法，以促进高度和全自动车辆的生产和营销。

（三）结论

英国在帮助研发自动驾驶汽车技术并将其推向市场方面具有独特的优势。政府正在通过制定行为准则等方式，采取一种柔性的、非监管的方法来测试和开发该等技术。这将促进自动驾驶汽车技术于公共道路上进行远距离、大范围的测试。

第三章　欧　盟

第一节　自动驾驶汽车许可豁免程序指南

一、本指南的目的和范围

2018 年 5 月 17 日，欧盟委员会通过了自动和互联移动（CAM）发展战略。作为整体战略的一部分，欧盟委员会宣布将于 2018 年与各成员国合作制定相关指南，以统一欧盟机动车辆批准豁免程序，本指南在此背景下出台。

在统一的欧盟豁免程序被制定之前，自动驾驶技术，由于未被涵盖于欧盟车辆规则之中，通过欧盟豁免的程序为：各成员国在自身国家安全评估的基础上给予特别批准，其他成员国通过委员会决定认可该批准。得到该特别批准的车辆型号，才能与其他欧盟批准的车辆型号一样在欧盟市场中投放。

本指南的目的是统一各成员国对自动驾驶汽车特别批准的标准，简化相关批准的互认流程，并确保透明的公平竞争。

根据 CAM 发展战略提出的工作重点，本指南的重点将是在一定驾驶情况下（SAE 三级和四级——见下图）能够自动驾驶的汽车，这些汽车已经在测试阶段，有望在 2020 年实现商业应用。

	驾驶员监控下驾驶			无需驾驶员监控驾驶		
	手眼驾驶		短时间内无需驾驶	短时间内无需驾驶	无需手眼控制	无需手眼控制
驾驶员角色	驾驶员始终控制纵向及横向方向	驾驶员始终控制纵向或横向方向	驾驶员始终需要监控驾驶系统	驾驶员无需一直监控驾驶系统；驾驶员需要时刻保持能够操控系统的状态	在特定驾驶场景下无需驾驶员	无需驾驶员
自动驾驶系统角色		纵向或横向方向由系统控制	系统在特定场景下可以控制纵向及横向方向	系统在特定场景下可以控制纵向及横向方向；系统存在自动驾驶局限并要求驾驶员在充足的时间裕度内恢复对驾驶器的控制	系统能够在特定驾驶情景下自动处理所有情况	系统能够在行驶过程中自动处理所有情况。无需驾驶员
自动化程度	0	1	2	3	4	5
	仅需驾驶员	协助下驾驶		部分自动化	高度自动化	完全自动化
已经上市				2020—2030 商业化		

图　自动化水平的高低（来源：汽车工业协会）

本欧盟豁免程序原则上仅适用于批量系列生产的型号。对于产量较低的车型或原型车，请参考其他豁免程序（例如国家单独批准以及国家小型系列批准程序）。

二、程序

（根据 2007/46/EC 号指令第 20 条和（欧盟）第 858/2018 号条例第 39 条）

1. 制造商应向成员国的型号审批部门提出申请。

制造商应提交的文件详见附件 1。

2. 成员国可对所寻求的豁免所涵盖的某一类型的车辆给予临时批准，该临时批准仅在其境内有效，但须毫不迟延地以包含以下内容的文件通知委员会和其他成员国：

（a）需说明相关技术或概念导致整车不符合相关要求的原因：哪些系统、部件和独立的技术元件符合法规要求，哪些不符合。还应考虑自动驾驶功能的车辆的不同系统之间的相互作用。

（b）有关安全、环保考虑及采取措施的说明。本指南应作为型号审批部门评估自动驾驶功能的依据。作为备选方案，委员会和成员国可以同意将修订草案作为欧盟或联合国欧洲经委会有关要求的基础。

（c）对测试结果的说明，包括其结果，证明与申请豁免的要求相比，至少能确保达到同等水平的安全和环境保护。

3. 委员会应通过执行法案（在机动车技术委员会中表决），决定是否允许成员国对该类型的车辆给予欧共体型号认证（将临时认证转变为欧共体认证）。委员会的决定应以本指南为基础，应明确指出许可所涉及的功能及许可的依据。该决定应予以公布。

根据风险评估情况和未来可能出台的统一要求，许可的有效性可以在时间上（最短为 36 个月）或数量上加以限制。如许可有效期届至后，尚无正式监管法案出台，委员会可通过决定延长豁免许可的有效期。

4. 在委员会作出决定之前，其他成员国可选择是否在其领土上认可本条第 2 款所述的临时批准。

5. 基于型号审批部门提供的说明新的车辆型号与已获豁免的车辆型号之间差异的简化后的文档，委员会可以决定扩大已获豁免的范围。

三、安全要求

（一）自动驾驶模式下的系统性能

1. 当处于自动驾驶模式（“自动驾驶领域”“OD”）时，自动驾驶的车辆应在自动驾驶且可合理预期的情况下自行驱动并替换驾驶员执行所有驾驶任务。

2. 车辆在自动驾驶模式下，不得造成可合理预见、可预防的交通事故。

3. 当处于自动驾驶模式时，车辆的行为应谨慎且可预测，并能够与其他道路使用者进行适当互动（如服从当局的命令或在需要时与其他道路使用者沟通）。

4. 当处于自动驾驶模式时，自动驾驶的车辆应按照交通规则行驶。

5. 制造商应向型号审批机构申报自动驾驶模式的范围，自动驾驶系统设计的运行时间和地点。其中至少应该包括：

道路状况（高速公路/快速路、一般道路、车道数量、是否存在车道标志、自动驾驶车辆专用道路等）；

地理区域（城市和山区、土工栅栏设置等）；

环境状况（天气、夜间限制等）；

速度范围；

在驾驶模式下安全操作必须满足的其他条件。

6. 自动驾驶系统应当能够识别周遭条件是否为设定的自动驾驶领域范围内，并只在该自动驾驶领域内运行。

7. 系统在设计上应是安全的，能够应对OD范围（拥有环境感知、正确决策和执行动态驾驶任务的能力，并允许与其他道路使用者进行交互）内的任何情况，而不需要驾驶员持续监督。车辆设计应确保在OD范围内不发生事故。车辆的设计应尽量减少由于使用者、车内、车外及其他道路使用者的差错导致的潜在影响。

8. 特别是，车辆应能与前方车辆保持安全距离，在封闭区域保持谨慎，遭遇变道应为其他车辆预留时间和空间，谨慎对待路权，如果在不造成另一起事故的前提下能够避免事故，那么理应避免。

9. OD应设置为允许驾驶员安全地接管自动驾驶系统（即，仅在低风险情况下允许接管），并遵守相关的交通规则。

10. 系统应该侦测自动驾驶不能继续运行的情况，例如到达OD范围的边界或发生故障时。

（二）驾驶员/操作员/乘客互动

11. 自动驾驶模式只有在满足OD的条件下才可以启动。同时应为（车内）人员（驾驶员，如果没有驾驶员则为乘客）提供方便立即停止和接管自动驾驶的方法。然而如果此时立即停止会危害个人安全，那么系统可以暂缓此操作。

12. 车辆应始终以明确的方式告知驾驶员（或负责操作的人员）或乘客系统的实时操作状态（操作、故障等）。

13. 驾驶员应了解自动驾驶模式的用途和限制，以及除驾驶以外的哪些任务可由系统为驾驶员启用。

14. 如果系统被设计为在某些情况下要求驾驶员接管，系统应监测驾驶员是否已经准备从系统中接管驾驶。应通过适当的设计（如驾驶员监控系统）和警告，确保驾驶员可随时响应接管要求，并防止驾驶员在OD中的任何可预见和可预防的误操作。

15. 对于设计为仅在无人驾驶情况下运行的车辆（如无人驾驶班车），应提供通信功能，向操作控制中心发送紧急通知。应在车内配备摄像头和语音通信设备，以便操作控制中心能够监控车内的情况。

（三）驾驶任务的过渡

16. 系统可能会要求驾驶员在足够的时间内接管，特别是当系统确定难以继续自动驾驶模式，例如当情况超出 OD 范围，或自动驾驶车辆出现问题时。

17. 只要驾驶员尚未接管，系统应保持自动驾驶模式，和/或将以其他方式转移到最低风险操作。

18. 系统应设计得使驾驶员能够清楚地识别来自系统的接管请求。

19. 系统应能够判断司机是否已接管。

（四）最低风险操作

20. 当系统发现难以继续在自动驾驶模式下运行时，应能够通过最低风险操作转移到最低风险状态（无论有无接管请求）。

21. 道路上其他车辆人员应当知晓该车辆正在按照交通规则执行最低风险操作（如危险指示灯、刹车灯、转向灯）。[①]

22. 最低风险操作（MRM）应遵守交通规则。机动车辆的 MRM 设置可包括提醒周边的同时保持行驶或变道，以安全模式在路边泊车等。在最低风险操作结束时，驾驶员可以被要求接管（如在 L3 级别下进行路边泊车）。

（五）安装事件数据记录程序

23. 自动驾驶车辆应当安装车载设备，能够记录自动驾驶系统运行状态和驾驶员状态，以确定事故发生时谁在驾驶。

24. 采集的数据能够用于判定事故责任，并判断驾驶员、车辆是否作出了适当的反应。它至少应包括自动驾驶系统的运行状态、驾驶员状态、周围环境信息、车辆的控制信息。

25. 车载设备应能够应对车辆碰撞（类似紧急呼叫系统，例如抗严重碰撞和火灾）。

---

① 这只是从系统的技术层面上说明，并未考虑当地交通法规。

26. 车载设备应以安全的方式存储数据，符合欧盟数据保护立法，并可防止被当局操纵，还应允许相关国家主管部门访问。

27. 其他关于车载设备的具体要求（数据记录时间、数据留存时间、数据用途、数据访问标准、如何处理个人信息等）未来将根据后续经验制定。

（六）网络安全

28. 为保护自动驾驶车辆免遭黑客攻击，自动驾驶车辆的设计应使用最先进的技术并符合欧盟数据保护法；相关技术要求包括制造商应对车辆进行风险评估并设计适当的措施和程序以避免网络攻击以及减轻网络攻击的后果。

29. 车辆制造商应采取相关措施，如更新安装在自动驾驶车辆上的安全软件等，以确保其在使用期间的网络安全。

（七）安全评估和测试

30. 自动驾驶车辆及其系统、部件和技术元件应最大程度上符合第 2007/46/EC 号指令中附件四所列的现行欧盟安全条例，除非它们与自动驾驶车辆的用途不相符合。

31. 为确保自动驾驶车辆符合本指南的要求，欧盟型号审批部门应该评估汽车制造商的自动驾驶系统，保证他们采取了强有力的设计方案和验证过程，特别应确保汽车不会造成事故，并且提供安全的接管程序和最低风险操作。型号审批部门应当根据制造商提供的包括测试、验证和评估在内的安全评测报告作出等效性的安全评估判定。①

32. 制造商应特别证明其已对自动化系统及其系统在整体车辆设计和更广泛的运输生态系统中的作用进行了危害和安全风险分析，并且车辆的设计和系统性能冗余也足以应对这些风险和危害（安全概念）。

33. 系统应为以下事项采取特别设计：（1）潜在的、存在影响安全功能风险的网络攻击和（影响功能安全的）故障；以及（2）潜在的不当操作、不当的控制行为、驾驶员与其他道路用户的不当（影响操作安全的）交互行为。相关论证方法包括功能安全相关的 ISO 26262、操作安全相关的系统理论过程分析（STPA）6 或等效的方法，如草案 ISO PAS 21448 中的方法。

① 参见联合国决议草案（WP.29）或其他组织对于网络安全的最新要求（SAEJ3061 和 ISO/SAE 21434）。

34. 所有设计决策均应由制造商作为单个子系统和整车结构的一部分进行测试、验证和确认。

35. 型号审批部门或者其委托的技术服务机构的安全等效性结果判断应当根据制造商提供的包括测试、验证和评估在内的安全评测报告作出。

评估者应确保：

（1）采用的危害和安全风险分析已经涵盖所有类型的潜在系统故障和驱动风险，并已经评估其危害性。

（2）风险应对逻辑图（如冗余、操作）已经涵盖已识别的系统故障和驱动危险。

（3）已经对系统的人机交互功能基于相关用户测试完成适当评估。

（4）从功能性和操作安全性两个角度，一方面考虑到最严重紧急的故障和驾驶情况，另一方面考虑到其他道路用户在非严重紧急情况下谨慎和可理解的操作，至少进行一定次数的测试，以确保被许可的车辆可安全运行。

（5）存在一种透明的方法来测量自动化系统的运行 / 运行时的性能。

此外，测试的次数至少应包括假阴性和假阳性测试场景。在经审批部门 / 受委托技术服务机构验证并符合第 2007/46/EC 号指令或第 858/2018 号条例中关于虚拟试验程序的前提下，测试者可以使用虚拟实验方法。

36. 型号审批部门或者其委托的技术服务机构应有权访问该系统以便进行车辆安全评估。

37. 型号审批部门或 / 和受委托代表其行事的技术服务机构应具备进行上述车辆安全评估和测试所需的能力和资质。

（八）向自动驾驶车辆用户提供的信息

38. 汽车制造商应使用通俗易懂的资料等将下列要点告知自动驾驶车辆用户，并采取措施使其易于理解：

系统的运行条件、OD 范围、功能限制；

如何停用自动驾驶模式；

驾驶员的任务（如当系统无法继续驾驶 3 级车辆时，需要由驾驶员接管驾驶）；

根据系统的性能及其运行状态，可能需要采取的非驾驶操作（3 级车辆）[①]；
人机界面指示相关信息（自动驾驶系统是否运行等）；
在紧急情况下采用的用户行为；
当系统出现问题时车辆的行为；
需要对使用中的自动驾驶车辆进行适当的维护（检查）和软件更新。

附件 I：汽车制造商需提供的信息

1. 自动驾驶模式下的系统性能
    - a）自动化系统类型定义
    - b）自动驾驶功能
    - c）自动驾驶域：
        - i）速度、道路类型、国家
        - ii）环境
        - iii）道路条件
    - d）基本性能（如最大横向加速度，……）
    - e）系统支持的除驾驶外的任务

A. 环境感知
- a）关于自动驾驶领域
- b）车道 / 物体
- c）冗余（就系统性能而言）
- d）传感器监测：
    - i）关于误用的合理检查
    - ii）已实施的监控系统或降级系统
- e）互联性
- f）地图

B. 动态驾驶任务和与其他道路用户的交互
- a）具有可预测和谨慎的行为：

① Dr. John Thomas,“Introduction to system safety and risk management in complex systems”, *U.S. Particle* Accelerator School, March 6, 2015, accessed July 7, 2022, https://uspas.fnal.gov/materials/14JAS/JAS14-Thomas-Lecture.pdf.

i）按照限速（明示和可推断的限速要求）行驶

ii）遵守通行限制

iii）根据环境条件（如雨、雾、弯道、山顶、阳光照射）调整车辆的速度：

·道路附着力

·系统的视距

iv）保持与其他道路用户的最小距离

v）关于首选车道行驶的规则（“在最右边车道行驶”）

vi）遵守相关国家特定交通规则（关于道路标记和路标）

b）对以下各项做出反应：

i）当前车道内或相邻车道内的其他车辆（如其他车辆切入当前车道，相邻车辆开得太近或越过车道标志）

ii）易受伤害的道路用户（如适用于 OD）

iii）警车和应急车辆

iv）执法禁令（警察控制，遵守管理人员的规定）

2. 驾驶员交互

a）激活 / 停用 / 模式（开 / 关 / 待机）

b）重载 / 人工驾驶优先权

c）人机接口（HMI）：

i）驾驶员信息（运行状态、故障）

ii）光报警信号（类型和运行模式）

iii）声 / 触觉警告信号（类型和运行模式）

d）驾驶员在场和响应识别系统

e）车主手册相关部分摘录

f）防止误用和操纵的手段

3. 驾驶任务的过渡

a）计划内：

i）边界条件

ii）系统行为

iii）系统性能

b）非计划内（包括主系统故障）：

i）边界条件

ii）系统行为

iii）系统降级

iv）系统性能

c）紧急情况（仅在发生碰撞的紧急危险时）：

i）边界条件

ii）系统行为

iii）系统性能

4. 最小风险操作

a）针对不同情景（如计划内和非计划内事件）的不同风险操作的描述

5. 数据存储系统

b）存储数据类型

c）存储位置

d）存储期限

e）确保数据安全和数据保护的手段

f）数据访问

6. 网络安全

不同风险的描述以及为减轻这些风险而采取的措施

系统更新过程的说明

7. 安全评估和测试

需要技术服务部门验证和审批部门确认的设计和验证过程：

– 自动化系统设计的功能和操作安全性评估

– 功能测试

– 系统故障时的测试：

i）使用的测量设备

ii）技术服务 / 型号审批部门的测试

iii）使用中试验的描述

8. 向用户提供的信息

向用户提供信息的模式

第二节 通往自动交通的道路——欧盟的未来交通战略

一、简介

无人驾驶汽车能为我们带来巨大的好处，但也带来了严重的问题。自动驾驶和网联汽车的新市场预计将成倍增长，与此同时将产生巨大的经济效益。例如，在2025年前，欧盟汽车行业总收入将超过6 200亿欧元，而欧盟电子行业总收入将超过1 800亿欧元。因此，自动驾驶汽车行业有潜力帮助欧盟建立一个更强大和更有竞争力的产业，从而创造新的就业机会并促进经济增长。通过这封信函，欧盟委员会针对欧盟提出了一套全面实现汽车行业自动网联化的方法，并提出了明确的、具有前瞻性的和野心的欧洲层面的计划。该计划提供了一个共同的愿景，并确定了开发和部署关键技术、服务和基础设施的必行之径。它将确保欧盟的法律和政策框架在一方面有能力支持安全的网联和自动驾驶的部署，在另一方面也能解决社会和环境问题等对公众的接受程度起到决定性作用的因素。

二、主要内容

1. 自动网联交通是欧洲的新机遇

随着自动化和连通性的不断提高，人类的交通方式迎来了新的变革。车辆能够与彼此、与道路基础设施和其他道路使用者进行“对话”。这些从人工智能领域的进步中获益的发展开启了道路使用者之间全新的交流方式，并有潜力使交通更加安全、更加便利和更可持续发展。无人驾驶汽车将改变我们的生活，决定道路运输的未来，并有可能大幅降低运输成本。它们可以为新的服务铺平道路，并为不断增长的人员和货物流动需求提供新的解决方案。

欧盟是最大的汽车技术出口国之一。欧盟汽车工业凭借其在开发汽车技术方面的专长，完全有能力抓住这一改革机遇。此外，自动化车辆还将对价值链中的许多其他产业（如半导体、加工技术、数字地图）以及由无人驾驶交通（如电子商务、“交通服务”）促成或推动的新商业模式产生溢出效应。

然而，我们不能指望单靠这些技术变革就能解决拥堵、尾气排放和道路死伤等问题。我们需要妥善管理漫长的过渡阶段，并确保未来的车辆嵌入有利于促进社会包容、低排放和交通系统整体效率的提升。我们需要加强车辆和交通管理之间的联系、公共和私有数据之间的联系、公共和个人交通之间的联系以及所有交通服务提供商和模式之间的联系。

初步研究表明，大多数欧洲公民对无人驾驶汽车有良好的接受度。然而，只有最高的安全和安保标准才能使自动化交通获得广泛的社会认可。

除此之外，在共享公共和私有数据、为创新解决方案提供公平有效的竞争以及数据保护三者之间找到合适的平衡也非常重要。同时还要解决无人驾驶汽车对劳动力市场潜在的破坏性影响，特别是对技能培训的需求。

2. 欧盟自动网联交通愿景

所谓的“0号愿景”（Vision Zero）是指在2050年前，欧洲将全面消除道路交通死亡事故。而要将欧洲的这一雄心变为现实，需要欧盟、私人参与者、成员国、地区和地方当局共同努力。在2020年以前，城市能够在低速情况下实现汽车和卡车的自动驾驶，例如垃圾车（与员工一起工作）或自动代客泊车（汽车自动驾驶到停车位）。车辆的性能将得到进一步发展，以满足日益复杂的交通需求。预计在2020年前，公共交通车辆（特别是专用旅行的城市班车、小型运输或代步车辆）能够在一小部分情况下低速自动驾驶（自动化水平4）。委员会将结合车辆自动化和连通性的双重特性，当车辆变得越来越网联化和自动化时，它们将能够协调操作，联合其他基础设施，实现真正智能的交通管理，以达到最平稳和最安全的交通流。

3. 各国立法现状

欧盟汽车批准框架是我们与国际合作伙伴（如日本、俄罗斯和中国）达成国际协调的典范。美国也正在计划实施类似的框架。此外，欧盟数据保护规则因为制定了一些世界范围内最高的数据保护标准而在国际上越来越受到认可，并正以欧洲价值观为基础逐渐塑造数字革命。但为了建立一个协调的、完整的、面向未来的自动化框架，新的监管改革将随之而来。其他地区（例如美国、日本和中国）已经开始了对自动车辆的战略部署，并在这一领域逐渐吸引投资者。如果欧洲要保持竞争力和促进就业，那么必须保证关键技术、服务和基础设施在欧洲开发和生产，并建立必要的监管框架。

多年来，在硅谷公司主导的美国一些地区一直在进行自动车辆测试。然而，一些州已经禁止在道路上使用自动车辆。因此，美国国会正在讨论一项自动驾驶法案，该法案将引入类似于欧盟汽车批准框架的原则，以避免美国个别州采用与联邦汽车法规相抵触的法律。

中国、日本和新加坡也在进行道路车辆测试。中国已经采取了一项计划，建立初步的标准体系，以支持低水平自动驾驶。

日本已将自动驾驶确定为推动其经济增长的一项关键创新。

欧盟成员国（如德国、法国、瑞典和荷兰）已经提出了许多倡议，特别是大规模试验（已得到委员会的支持）。在《阿姆斯特丹宣言》中，欧盟成员国呼吁欧盟委员会在自动网联驾驶方面制定欧洲共享战略以便于审查，并在必要时调整欧盟监管框架，制定研究和创新方法，并部署可互操作的协同智能交通系统。欧盟委员会已采取行动，通过 5G 网络战略合作、智能合作交通系统战略以及互联空间战略，推动部署支持自动车辆的互联互通基础设施和服务。

4. 让欧盟在自动驾驶技术和基础设施方面更加强大

开发相关技术、建立必要的基础设施以确保自动化交通的社会接受度需要大量的投资。虽然绝大部分资金投入会以私人投资的形式注入自动驾驶行业发展中，欧盟也会对汽车自动化的创新研究和部署提供资金支持，并帮助协调跨境测试。2014—2020 年，欧盟“地平线 2020”（Horizon 2020）投入约 3 亿欧元，用于支持自动化车辆的研究和创新。并且在 2018—2020 年征集支持自动化道路运输研究和创新的提案，总预算为 1.03 亿欧元。连接欧洲基金（Connecting Europe Facility）（总计 4.43 亿欧元，总投资 11.73 亿欧元）的支持有助于整个欧盟的道路运输实现基础设施数字化，以支持自动化的进一步推广。16 个成员国和 2 个联系国在跨欧洲运输网络上实施了大规模部署，实现了基于无线网络和 3G/4G 蜂窝技术的可互操作的车对车和车对基础设施通信。

会员国和利益相关方呼吁在测试方面开展更好的跨境合作并加强交流，以及在公共利益测试过程中进行更多的经验互换。欧盟方面已经开始与成员国和行业专家进行讨论，以确定测试用例的优先级，利用连通性和自动化用例之间可能的协同作用，并定义测试、评估和知识交流的通用方法准则。我们将继续努力开发泛欧 5G 跨境通道网络，用于支持为达成更高水平的网联和自动化交通所需基础设施的大规模测试和早期部署。委员会打算进一步开发无人驾驶交通的伽利略服务和相关的车辆导航技术。如今，伽利略已经提供了超越其他卫星定位系统的精度水平，并将通过其未来的认证系统，提供极其安全的信号。因为欧盟距离部署全自动网联车辆和相关基础设施还有一段距离，欧盟还需要在未来很长的一段时间内持续支持自动网联交通。因此，委员会打算提议，在下一个研究和创新框架方案中，仍将关于合作、网联和自动化交通的研究作为优先事项。

同时，欧委会还需要更新对无人驾驶交通的研究和创新蓝图，包括短期、中期和长期研究和创新的具体行动计划。这一蓝图将在欧盟成员国代表的帮助下，根据专家和利益攸关方的意见制定。

5. 保障自动驾驶交通在行业发展初步的国内市场

（1）允许创新

（2）使自动出行更安全

（3）解决责任问题

（4）促进车辆连通性以实现自动化

（5）确保网络安全、数据保护和数据访问

（6）预测自动驾驶对社会和经济的影响

三、结论

自动网联交通正在改变我们的交通方式以及对车辆的使用、销售和拥有方式。它将不仅为商业发展开辟新的领域，还为新的交通服务铺平道路。欧盟的综合战略旨在为欧盟、成员国、行业、社会伙伴和民间社会的合作设定路径，确保欧盟抓住无人驾驶交通行业发展所带来的机遇，同时预测和缓解社会的新问题。凭借其强大的工业基础，在雄心勃勃的研究和创新计划以及本战略提出的法律框架的支持下，欧洲有实力参与全球竞争。委员会呼吁所有相关各方，特别是成员国、工业界、社会伙伴和民间社会支持本通报中提出的方法。在一个快速变化的世界中，欧洲必须抓住这个机会，成为为欧盟公民提供安全、高效、对社会负责和环保的无人驾驶交通的领导者。

第四章　德　国

第一节　联邦政府关于自动化和网联化车辆交通伦理委员会报告的行动计划

一、简介

从伦理道德的角度出发，数字革命将在21世纪成为一个人类必须面临的重要挑战。关于此挑战，最重要的问题是：如果机器在不同的情况下以某种特定的方式与人类互动，并随之对我们的生活产生不同程度的影响，那么我们将如何决定它们作为机器行事时的伦理准则呢？自动网联驾驶便是此类难题中的一大中心议题。在不久的将来，我们就会在日常交通中使用自动驾驶车辆，与此同时，在一定程度上将“决策权”交给了自动化系统背后的算法。因此在对此类机器和算法进行技术开发和设计的过程中，我们必须为它们设定绝对明确的伦理准则。为此，德国联邦交通和数位基础设施部特别任命了一个由来自哲学、神学、法律和工程领域的杰出专家组成的伦理委员会（Ethics Commission），并由他们为自动网联驾驶系统的算法制定了世界范围内的第一个指导方针。

二、主要内容

（一）调查委员会的调查结果

在调查过程中，伦理委员会将重点放在了L4（高度自动化）和L5（全自动，即无人驾驶车辆）的自动驾驶功能上。虽然这些技术目前还没有实现，但是在未来数年将会实现。伦理委员会总结了他们对20条伦理规则审议的结果。其主要发现如下：

1. 如果自动化网联驾驶系统的设计对人类安全、尊严、个人选择自由和数据自治给予了适当的考虑，那么在伦理层面上我们理应给予许可。

2. 如果自动网联系统在减少事故的功能方面有进一步开发的潜力，在社会和伦理双重层面上，我们都强烈要求对其进行开发。

3. 对个人安全的保护必须优先于对所有其他功利的考虑。

4. 委员会强调，新的系统很可能大大减少交通事故的概率，即使此类系统可能带来技术层面上不可避免的相应风险，如果引进它们能够在整体上降低事故风险，那么此风险并不妨碍采用这类系统。

5. 在无法避免事故的情况下，车辆对人身安全的保护应优先于对财产或动物安全的保护。

6. 在无法避免对人身安全造成损伤的情况下，车辆不得根据个人特征（年龄、性别等）加以区别对待。

7. 此外，不得以抵消受害者生命的理由容忍伤亡。

8. 保护道路风险受害者时也不得牺牲无关人士。只要严格遵循这些要求，就可以合理地制订减少人身伤害的一般方案。目前来看，伦理委员会建议应该进行进一步的研究和讨论。

9. 伦理委员会呼吁充分确保网络安全和数据保护。就数据保护而言，立法者有责任在收集、使用数据和确保信息自决权之间维持适当的平衡。

10. 委员会认为，自动网联驾驶系统必须保证数据保护，此类数据保护不仅有利于科技创新，而且这些科技创新也有助于数据保护。

11. 车辆生成数据的使用和转发权限应在车辆管理员和车辆用户手中。

12. 就网络安全而言，伦理委员会表示，国家有责任确保技术系统的完整性，而制造商和国家应进一步努力加强对网络安全的保护。

13. 从汽车工程的角度来看，车辆控制移交的过程以及由此产生的责任必须得到明确的规定、识别和全程记录。必须始终确保有适当且足够的时间来恢复驾驶者对车辆的控制，并且系统必须能够在没有人工协助的情况下恢复到“最小风险状态”。

14. 为了让自动网联驾驶系统得到社会的认可，伦理委员会建议开展相应的公共活动，以提高公众对此类新技术、对此类车辆的安全性和使用参数的要求，包括公开透明的部署指南的发布。

15. 在跨领域的层面上，伦理委员会建议将自动驾驶系统的正确使用方法作为基础数字教育的一部分，并在驾驶培训中教授自动驾驶系统的正确操作。

16. 至于拥有自主学习能力的系统，伦理委员会指出，其伦理评估取决于这些系统是否以及在何种程度上符合安全要求和遵守现有规则。如果不能排除对道路使用者的全面监控和对车辆控制的操纵的可能性，那么对所有车辆进行联网并中心化控制在伦理层面上便是存疑的。

17. 此外，伦理委员会指出，人类为自己负责的行为是我们表达意思自治的一种方式，因此我们有权自由利用和探索科技创新的可能性。

（二）联邦政府的行动计划——自动驾驶汽车的伦理规则

联邦政府将在自动化和网联化车辆交通伦理委员会的调查结果基础上推进技术的发展，也将在国内和国际上采取必要措施以确保技术系统完整，并继续开展一切已经开始的活动。在这种背景下，联邦政府将迅速实施以下行动计划，从而为自动驾驶计算机创建明确的伦理规则。

1. 在对《道路交通法》进行修改以涵盖有条件（L3）自动驾驶和高度（L4）自动驾驶功能的基础上，德国将继续审查如何将《道路交通法》适用于自动驾驶系统领域的技术进步，并在必要时不断更新。

2. 以伦理委员会关于数据保护的意见为起点（并遵守法律方面的建议，特别是欧盟《通用数据保护条例》的规定），采取相应措施以保障在安全的数据收集、创新和公平竞争环境与信息自决权（包括对车辆周边各方的必要保护）三者之间取得平衡。德国联邦政府始终会假定司机在任何情况下都有数据发布和使用的权限。

3. 自动化网联系统，特别是系统的学习能力和拥有自学能力的系统，在任何情况下都决不能对道路使用者进行完全的监视。它们必须时刻满足，包括防止对车辆控制的操纵，一切与车辆控制功能有关的严格安全要求，且必须遵守伦理准则。德国联邦政府将拟设一套场景并提交给一个中立机构（尚未确定），该机构将起草相应的普遍有效的指导原则。

4. 对“两难处境”德国联邦政府将会进行更深一步的讨论。一个国营机构将会介入并对讨论过程进行监督，政府有关机构也会积极配合并为他们的工作创造条件。

5. 为了在公众中形成广泛的接受度，并促进不同人群在交通方面的包容度，德国联邦政府将继续在社会上加强关于此议题有针对性的交流。没有任何人会被强制使用自动驾驶系统。同时开展全面的宣传活动，提高公众对新技术的认识，了解新技术的安全要求和使用参数，并公布透明的部署准则。此外，当务之急是让所有道路使用者都能接触和理解自动化网联驾驶，并让他们能够亲身体验。

6. 自动化网联系统的国际标准化工作将在现有伦理准则的基础上继续进行，以实现和推进安全、跨境使用技术。其中一个重点将是在国际层面制订统一的参数标准，联邦政府已经为其倡议制定了适当的模板。

7. 联邦政府将加快搭建自动驾驶计算机编程的监管框架，以强制执行伦理准则中规定的管理不可避免事故情况的原则。这里的原则是：尽可能防止这些事故情况；预防人身伤害必须始终优先于防止财产损害；任何基于个体特征的区别对待都是不允许的。

第二节　自动化和网联化车辆交通伦理准则

一、导言

放眼全球，移动性正日益受到数字革命的影响。在公共道路环境中运行的私人交通的“自动化”被认为是指减轻司机压力、协助甚至部分或全部取代司机的技术驾驶辅助设备。驾驶的部分自动化已经是新车的标准设置。在没有人为干预的情况下，能够自动变换车道、刹车和转向的有条件的和高度自动化的系统已经出现或即将投入批量生产。在德国和美国，都有测试道路供有条件的自动化车辆在其上运行。在当地的公共交通领域，无人驾驶机器人出租车或公共汽车正在开发和试验中。今天，一些处理器已经面世或正在开发，其能通过适当的传感器，实时监测汽车周围的交通状况，在适当的地图测绘材料上确定汽车自身的位置，并动态地规划和修改汽车的行驶路线，使之适应交通状况。随着对汽车周围环境的“感知”日益完善，可能会对道路使用者、障碍物和危险情况有更好的区分。这使得道路安全有可能得到显著加强。事实上，不能排除在这一发展的末期会出现天生安全的汽车，换句话说，即在任何情况下都不会发生事故的汽车。然而，就目前的技术水平而言，并考虑到道路交通的多样性和非连通性的现实，完全防止事故是不可能的。这就使得在编写有条件的和高度自动化的驾驶系统的软件时必须作出决定。

技术的发展迫使政府和社会对正在出现的变化进行反思。必须作出的决定是，自动驾驶系统的许可在伦理上是否合理，甚至可能是必要的。如果这些系统获得许可——很明显，这一点正在国际范围内发生——一切都取决于它们的使用条件和设计方式。在基本层面上，这一切都可以归结为以下问题：我们愿意在多大程度上依赖技术复杂的系统——未来这些系统将以人工智能为基础，并可能具有机器学习能力——以获得更高的安全性、机动性和便利性？需要采取哪些预防措施来确保可控、透明和数据自决？需要什么样的技术发展指导方针来确保我们不会模糊人类社会的轮廓，即人类社会将个人、其发展自由、其身体和智力完整性以及其获得社会尊重的权利置于其法律制度的核心？

二、自动化和网联化车辆交通伦理委员会所采取的程序

由联邦交通和数字基础设施部长任命的自动化和网联化车辆交通伦理委员会于 2016 年 9 月 30 日举行了成员会议。该委员会由来自多个领域的专家组成，由前联邦宪法法院法官、现波恩大学（Bonn）教授 Udo di Fabio 博士领导。该委员会的任务是“为自动化网联驾驶制定必要的伦理指导方针”。其成员来自哲学、法理学、社会科学、科技影响评估、汽车工业和软件开发等领域。该等任务带来的相关问题被分配到五个工作领域，每个工作领域的问题由委员会一名成员担任主席的一个工作组负责处理。伦理委员会在联邦交通和数字基础设施部举行了五次全体会议。它独立、自由地开展工作。在另一次活动中，该委员会对来自不同制造商的自动化网联测试车辆进行了试驾。

工作组 1“涉及不可避免的伤害的情况”，由 Eric Hilgendorf 教授担任主席。工作组 2（“数据可获得性、数据安全、数据驱动的经济”）解决了与自动化网联车辆产生的数据有关的问题，由 Dirk Heckmann 教授担任主席。工作组 3（“人机交互的条件”）（Conditions of human–machine interaction）探索了人－技术交互界面（human–technology interface），由 Armin Grunwald 教授担任主席。工作组 4（“道路交通以外的伦理情境考量因素”）在其他（网联）技术的背景下讨论了自动化网联驾驶技术，由 MatthiasLutz–Bachmann 教授担任主席。工作组 5（“软件和基础设施的责任范围”）讨论了进化系统的责任问题，由 Henning Kagermann 教授担任主席。

在 2017 年 1 月举行的另一次会议上征求了外部专家的意见。每位专家都作了简短发言，阐述了与其工作领域问题相关的要点，并回答了委员会的问题和

评论意见。Tobias Miethaner 博士（联邦交通和数字基础设施部数字社会总干事）介绍了联邦政府在自动化网联驾驶领域的目标和活动。JulianNida–Rü melin 教授（前国务部长 Minister of State，现供职于慕尼黑路德维希·马克西米利安大学 Ludwig Maximilian University of Munich）就“两难处境”等方面的伦理问题发表了讲话。Peter Bü ttgen（联邦数据保护和信息自由专员办公室司司长）谈到了与数据保护有关的问题。Markus Ullmann 副教授（联邦信息安全办公室司司长）谈到了与网络安全有关的问题。Markus Maurer 教授（布伦瑞克理工大学控制工程研究所所长 Braunschweig University of Technology）在发言中介绍了自动驾驶的技术和社会方面的问题。Joachim Damasky 博士（德国汽车工业协会技术部执行董事）在发言中重点讨论了人机交互问题。Peter Dabrock 教授（德国国家伦理委员会主席，埃尔朗根–纽伦堡弗里德里希·亚历山大大学 Friedrich Alexander University of Erlangen–Nuremberg）和 Dieter Birnbacher 教授（杜塞尔多夫海因里希·海涅大学 Heinrich Heine University of Düsseldorf）从其他角度介绍了他们对新技术背景下的伦理问题的看法。Michael Decker 教授（卡尔斯鲁厄理工学院 Karlsruhe Institute of Technology）谈到了新兴系统中的责任问题。

三、自动化网联车辆交通的伦理规则

1. 部分自动化和完全自动化的交通系统的主要目的是改善所有道路使用者的安全。另一个目的是增加流动机会，并使进一步的福利成为可能。技术发展遵循个人自主原则，这意味着个人享有行动自由，并自己承担因此产生的责任。

2. 对个人的保护优先于所有其他功利考虑。目标是降低危害程度，直到完全防止危害。除非自动化系统承诺至少相较人类驾驶能减少危害，换句话说，能带来风险的积极平衡，否则，许可自动化系统是不合理的。

3. 公共部门有责任保证在公共街道环境中引入和许可的自动化网联系统的安全。因此，自动驾驶系统需要官方许可和监管。指导原则是避免事故，但是在风险的平衡从根本上说是积极的情况下，技术上无法避免的残余风险不会妨碍自动化驾驶的引入。

4. 个人作出决定的个人责任是以人类个体为中心的社会的一种表现，是基于其个人发展的权利和保护的需要。因此，所有政府和政治管理决定的目的是促进个人的自由发展和保护。在一个自由的社会中，用法律规定对技术进行充实的方式是为了在一般发展制度框架下最大限度的个人选择自由和他人自由及安全之间取得平衡。

5. 自动化网联技术应该在可行的任何情况下防止事故。基于目前最先进的技术水平，应秉持着避免重大情况发生的原则对技术进行设计。这些情况包括进退两难的情况，换句话说，在该等情况下，自动驾驶汽车必须“决定”选择两种危险中的哪一种，而这两种危险之间不可能有任何取舍。在该背景下，所有的技术选择——例如，从将应用范围限制在可控的交通环境、汽车传感器和制动性能、向高危人员发出信号，一直到通过“智能”道路基础设施防止危险——都应该得到使用和不断改进。发展和管理的目标是显著加强道路安全，首先是车辆的设计和编程，使其以防御性和可预见性的方式行驶，尽可能减少对脆弱道路使用者的风险。

6. 如果能够放宽现有的潜在损害限制，那么引入更高度自动化的驾驶系统，特别是具有自动防撞功能的自动驾驶系统，可能会成为社会和伦理上的强制要求。相反，如果法律规定的使用全自动运输系统的义务或实际不可避免的因果关系需服从技术要求（禁止将主体降格为单纯的网络元素），则在伦理上是有问题的。

7 在事实证明危险不可避免的情况下，尽管采取了一切技术预防措施，在平衡受法律保护的利益方面，保护人的生命是最优先的。因此，在技术可行的限制范围内，如果这意味着可以防止人身伤害的话，系统就必须被编程为接受冲突中对动物或财产的损害。

8. 真正的两难决定，如在一个人的生命和另一个人的生命之间做出的决定，取决于实际的具体情况，包括受影响方的“不可预测”的行为。因此，它们不可能被明确标准化，也不可能被编程为在伦理上是无可置疑的。技术系统的设计必须避免发生事故。但是，它们不能被标准化为对事故影响的复杂或直观的评估，以使其能够用做出正确判断的伦理能力取代或预测驾驶员的决定。如果一个司机为了挽救一个或多个其他人的生命而在紧急情况下撞死一个人，他的行为确实是违法的，但不一定是有罪的。这种回顾过去并考虑到特殊情况的法律判断不能轻易地转化为抽象的/一般的事前评估，因此也不能转化为相应的编程活动。出于这一原因，可能比其他任何机构都更需要一个独立的公共部门机构（例如，联邦自动运输系统事故调查局或联邦自动化网联运输安全办公室）来系统地处理所获得的经验教训。

9. 在不可避免的事故情况下，严格禁止任何基于个人特征（年龄、性别、身体或心理素质）的区分，并且禁止将受害者的损失相互抵消。减少人身伤害的一般规划可能是合理的。引发流动性风险的各方不得牺牲非相关方。

10. 就自动化网联驾驶系统而言，以前完全属于个人的责任从司机转移到技术系统的制造商和运营商，以及负责建造基础设施和制定政策和法律决策的机构。法定责任制度及其在法院日常裁决中的充实必须充分反映这一转变。

11. 激活的自动驾驶系统造成的损害责任适用与其他产品责任相同的原则。因此，制造商或运营商有义务不断优化其系统，对其已经交付的系统进行观察，并在技术上可行和合理的情况下对其进行改进。

12. 公众有权充分以不同的方式了解新技术及其部署。为了切实执行本文所述原则，应以尽可能透明的形式制定关于自动驾驶汽车的部署和编程指南，在公共场合进行沟通，并由专业上合适的独立机构进行审查。

13. 现在还不能断言，未来在数字运输基础设施背景下，所有机动车辆是否有可能实现完全连接和中央控制，类似于铁路和航空运输部门的模式。如果无法安全地排除对道路使用者的全面监控和对车辆控制的操纵，那么在数字交通基础设施的背景下，所有机动车的完全连接和中央控制在伦理上是值得怀疑的。

14. 只有当可能发生的攻击，特别是对 IT 系统的操纵或固有的系统缺陷，不会严重破坏人们对道路运输的信心的情况下，自动驾驶才是合理的。

15. 在允许的商业模式下，利用自动化网联驾驶产生的且对车辆控制重要或不重要的数据，将面临道路使用者自治和数据主权的限制。车辆管理员和车辆使用者有权决定他们的车辆数据是否被共享和使用。这种数据披露的自愿性要求是以存在认证的替代方法和可行性为前提的。应在早期阶段采取行动，以对抗事实存在的规范性力量，例如在搜索引擎或社交网络运营商获取数据时所占的主导地位。

16. 必须能够清楚地区分是在使用无人驾驶系统，还是驾驶员通过否定系统而保留了对操纵车辆的责任。在非无人驾驶系统的情况下，人机界面的设计必须确保在任何时候都能明确个人责任，特别是控制责任。应记录和存储责任划分情况（以及由此产生的责任），例如关于时间和访问安排的责任分配。这尤其适用于人与技术的交接程序。随着汽车和数字技术越来越多地跨越国界，应寻求交接程序及其文件（记录）的国际标准化，以确保记录或文件义务的兼容性。

17. 高度自动化车辆的软件和技术必须设计为几乎不需要突然将控制权移交给驾驶员（“紧急情况”）。为了实现高效、可靠和安全的人机通信并防止过载，系统必须更多地适应人类的通信行为，而不是要求人类增强其适应能力。

18. 如果能够产生安全收益，则在伦理上允许部署在车辆运行中进行自主学习的学习系统及其与中央场景数据库的连接。除非自主学习系统能够满足与车辆控制相关功能的安全要求，并且不会破坏本文的规则，否则不得部署自主学习系统。为了制定适当的通用标准，包括所有的验收测试，最好将相关场景移交给中立机构的中央场景目录。

19. 在紧急情况下，车辆必须自动进入“安全状态”，即没有人类协助。尤其是安全条件和移交例行程序的定义，需要协调一致。

20. 正确地使用自动驾驶系统应当成为人们一般数字教育的一部分。在驾驶培训及考试期间，应当以适当的方式教授自动驾驶系统的正确操作方式。

四、讨论的结果和未解决的问题

1. 自动驾驶系统的许可是一项风险决策

1.1 自动驾驶的级别

伦理问题主要与有条件自动化和高度自动化驾驶自动的部署以及自动驾驶汽车有关。

表 1　自动驾驶的自动化水平

	0 级	1 级	2 级	3 级	4 级	5 级
	仅驾驶员	有协助	部分自动化	有条件的自动化	高度自动化	完全自动化
驾驶员	驾驶员持续执行纵向和横向动态驾驶任务	驾驶员持续执行纵向和横向动态驾驶任务	驾驶员必须一直监督驾驶系统	驾驶员不需要一直监督驾驶系统，驾驶员必须能够重启动态驾驶任务	在限定的使用情况下不需要驾驶员	在整个行程中无需驾驶员
功能的自动化水平	无干预性的车辆系统	其他驾驶任务由系统执行	系统在限定的使用情景下执行纵向和横向的驾驶任务 *	系统在限定的使用情景下执行纵向和横向的驾驶任务 *；认识到局限性并在足够的缓冲时间内请求驾驶员重新接管启动动态驾驶任务	系统在限定的使用情景下的任何时候均执行纵向和横向的驾驶任务	系统在所有路段、速度范围和环境条件中执行完全的动态驾驶任务

* 使用情景指路段类型、速度范围和环境条件

伦理委员会的考虑集中在自动驾驶的 L4 和 L5 级别。从 L4 开始，驾驶员可以在规定的应用场景中将整个驾驶任务移交给系统。这些应用场景描述了道路的类型、速度范围和环境条件。自动驾驶汽车正在成为发展的最后一个级别，即 L5。在该级别中，车辆可以在所有类型的道路、所有速度范围和所有环境中完全独立地执行其开发的全部驾驶任务。在这种情况下，也使用“自动驾驶汽车”的术语。

鉴于目前的技术水平，伦理委员会正在研究的假设还不能或至少不能以商业上可行的形式充分实现。目前还不存在这样的情况，即技术拥有所需的所有信息，以便进行可靠的事故影响评估，包括在不同损害情景之间进行权衡，或者至少不存在教科书案例中所假设的情况。尽管如此，人们还是做出了伦理判断，特别是关于明显正在出现的未来，考虑到动态发展的非线性，例如，对于人工智能和连接水平的非线性，这种判断往往过于有限，还不是太深远。

1.2 越来越多的出行机会，更安全，但也有完全自动化运输系统的余留风险

从最初的人力控制行为到技术系统的转变并不是一个新现象。围绕引入新技术系统的利弊展开的辩论始于 19 世纪的铁路，在 20 世纪早期也很明显。辩论的主题是一项我们长期以来已经习以为常的新技术——电子控制电梯。电子电梯的引入最初不仅意味着失业，而且引起了对系统故障的恐惧。今天，尽管偶尔出现故障，但电子电梯总体上是世界上最安全和使用最频繁的公共交通工具之一。①像这样的例子，看起来微不足道，但它表明，任何关于自动驾驶的怀疑都是可以预料到的，并被视为正常的。它也不应该被视为对技术的天真批评。因为道路运输是现代社会的命脉的一部分。在这里，移动出行既是机会，也是风险。

无论是基于驾驶员的系统还是无人驾驶的系统，自动驾驶都为用户提供了广泛的新可能性。它有望大大降低事故发生的可能性。对用户来说，它带来了更多的便利，更少的身心压力和显著的时间收益。在使用的公平性方面，如果自动驾驶汽车使不具备驾驶机动车能力的人能够积极地使用道路，并且公共和私人客运与私人交通之间的界限变得模糊，那么自动驾驶也可以提高总体福祉。因此，在当前条件下，移动出行能力下降的人可以因为新的移动出行路径而更好地融入社会生活。

另一方面，道路交通仍然存在相当大的风险，特别是在涉及所有五个级别的

① P. A. Hancock,“Automation: how much is too much?”, Ergonomics 57, no.3(2014): 449-454.

混合运营中，以及与其他道路使用者或受道路使用者影响的其他方相结合的情况下，将继续产生风险。如果在技术上不能完全排除道路交通中的有害事件，那么随着自动驾驶系统的不断部署，将会产生责任和监测问题以及实际交通情况中的两难冲突决策。不能完全排除连接系统故障或外部攻击的可能性。这种风险虽然很少发生，但却是复杂系统所固有的。然而，从纯粹功利主义的观点来看，自动驾驶在增加移动性、增强安全性和时间收益方面的优势，从表面上看超过了系统固有的风险。然而，对伦理背景的考虑也会产生这样的问题：如何以及在多大程度上允许人类屈服于他们的技术人工制品？必须划定哪些界限？需要做出哪些控制安排？

1.3 人类在两难困境下的选择自由

学者们花了大量的时间讨论“两难困境”的解决方案。在这个讨论之前，有一个基本的问题：如果在康德的伦理学中，个人享有道德自决权的自由构成了由理性决定的存在基础，那么我们愿意或允许将多大程度的选择自由让渡给程序员甚至是自主学习系统。存在两难冲突的决策是否可以从抽象的/一般的角度预测，并通过技术提前做出？

下面的例子可以用来说明这一点：

一个汽车驾驶员正沿着山坡上的道路行驶。高度自动化的汽车发现几个在路上玩耍的孩子。手动驾驶汽车的驾驶员现在需要做出选择，要么开过悬崖，结束自己的生命，要么冒着孩子死亡的危险，冲向在道路上玩耍的孩子。在高度自动化的汽车的例子中，程序员或自主学习机器必须决定在这种情况下应该做什么。

与程序员做出的决策相关的问题是，他可以根据基本的共识，为人类做出“正确的”伦理决策，但这一决策仍然是一种外部决策，而且，它不能直观地捕捉具体的情况（直觉/情境行为控制的所有优点和缺点），而是必须从抽象的/一般的角度来评估情况。在直觉决定的情况下，个人（这里指驾驶员）要么接受自己死亡的风险，要么不接受。

因此，最终，程序员或机器将能够在极端情况下，对人类个体的死亡做出正确的伦理决策。[①] 从逻辑上来看，人类在生死攸关的情况下，将不再是自主的，而是他律的。

这一结论在许多方面都是有问题的。一方面，国家以一种家长式的方式行事

① Patrick Lin,“Why Ethics Matters for Autonomous Cars”, springer, August 26, 2017, accessed June 6, 2022, https://link.springer.com/content/pdf/10.1007%2F978-3-662-45854-9_4.

并规定“正确的”伦理行动路线（在程序规定的范围内）是存在危险的。另一方面，这将与人文主义的价值体系背道而驰，在人文主义中，个体是所有考虑的中心。因此，必须以批判的眼光看待这种性质的发展。

1.4 两难困境

两难困境的特点是，自动驾驶汽车必须决定执行两种邪恶中的哪一种。这些情况在法律背景下已经被称为“电车难题”。① 两难困境的问题在于，它们必须在具体的个案中做出决定，并考虑各种因素。因此，在两难情况下，诸如“财产损害优先于人身伤害”这样的具体规范化似乎是可能的，但作为一项抽象的/一般的规则，在财产损害的结果可能是油罐车的漏油或大城市地区的电网崩溃等情况下，它们就会引起疑问。

鉴于可以设想的不同情况的多样性和复杂性，诸如财产损害优先于人身伤害这样的抽象的/一般的规则遇到了一个问题：不可能使所有的情况都规范化。

除非尝试评估财产损害的影响，并在两难情况下将可能造成的人身伤害考虑在内，否则就不可能系统地遵守尽量减少人身伤害的前提规定。

然而，在这种情况下，伦理委员会作出了一项决定，并确立了具体的规范化规则（另见伦理准则第7条）。这样做的理由是，从技术角度看似乎可行的、在大多数情况下最有可能减少事故的、在技术上能够适用的解决方案，比在目前的技术水平下尚不能达到的解决办法更加可取。

1.5 保护生命是最优先考虑的事项

在我们的价值尺度上，保护人的生命是最优先的事项。在发生不可避免的损害时，生命享有无条件的优先权。这导致在发生可评估的间接损害的情况下，在财产损害和人身伤害之间进行权衡时，财产损害总是优先于人身伤害。

1.6 不对人类进行选择，不补偿受害者，但是应遵循损害最小化原则

现代宪政国家只在边界情况下选择绝对禁止，例如禁止对国家羁押人员施加酷刑。② 不管后果如何，一项行为被强制执行或绝对禁止，是因为它在本质上已经与宪政秩序的基本价值不相容。在这方面，例外的是，不存在权衡利弊，而这本身就是任何基于伦理的法律制度的特征。联邦宪法法院对《航空安全法》的判

① Hans Welzel,“Zum Notstandsproblem”, degruyter, 1951,accessed July 21,2022,https://www.degruyter.com/document/doi/10.1515/zstw.1951.63.1.47/html.

②《基本法》第104条第1款第二句话。

决[①]也遵循了这一伦理评估路线，裁定不允许牺牲无辜者来保护其他潜在的受害者，因为无辜方将被降格为纯粹的工具，并被剥夺作为主体的资格。这一立场并非没有争议，无论是在宪法上[②]还是在伦理[③]上，但立法者应当遵守这一立场。

在人身伤害范畴内事先可编程的损害限制体系中，这一情况与《航空安全法》或电车难题的情况不同。在这种情况下，必须根据意外情况进行概率预测，受伤或死亡方的身份尚不清楚（与电车难题不同）。因此，在不违反《基本法》第 1 条第（1）款的情况下，如果规划以同样的方式降低了每一位道路使用者的风险，那么就有理由在不违反《基本法》第 1 条第（1）款的情况下，尽量减少受害者人数（财产损失优先于人身伤害，人身伤害优先于死亡，受伤或死亡人数尽可能少）。只要事先的方案以同样的方式将每个人的风险降至最低，它也符合那些在特定情况下被牺牲的人在被认定为受害者之前的利益。例如，在免疫方面的情况也是类似的，在这方面，法律规定的强制接种也导致了风险的总体最小化，而事先不知道接种者是否属于（少数）受害（牺牲）方。尽管如此，接种疫苗和降低感染的总体风险符合每个人的利益。

然而伦理委员会拒绝由此推断人类的生命可以在紧急情况下与其他人的生命“抵消”，从而允许牺牲一个人来拯救其他几个人。它将自动驾驶汽车系统对人的杀害或严重伤害无一例外地归类为错误。因此，即使在紧急情况下，人的生命也不能相互“抵消”。根据这一立场，个人应被视为“神圣不可侵犯”。任何的团结义务都不能强加给个人，要求他们为他人牺牲自己，即使这是拯救他人的唯一方式。

如果几个人的生命已经受到迫在眉睫的威胁，而唯一重要的事情就是拯救尽可能多的无辜的人，那么就必须作出不同的决定。在这种情况下，要求所选择的

---

① Bundesverfassungsgericht,“Headnotes to the judgment of the First Senate of 15 February 2006” ,Bundesverfassungsgericht, February 15 2006, accessed December 23, 2021, https://www.bundesverfassungsgericht.de/SharedDocs/Entscheidungen/EN/2006/02/rs20060215_1bvr035705en.html.

② Josef Isensee, “Menschenwürde: die säkulare Gesellschaft auf der Suche nach dem Absoluten, ”Archiv des öffentlichen Rechts (AöR) 46, no.2(2016):173-192.

③ Niklas Luhmann,“Gibt es in unserer Gesellschaft noch unverzichtbare Normen?”, ardmediathek,1993,accessed December 23, 2021, https://www.ardmediathek.de/video/tele-akademie/gibt-es-in-unserer-gesellschaft-noch-unverzichtbare-normen-niklas-luhmann/swr/Y3JpZDovL3N3ci5kZS9hZXgvbzE1NjczOTc.

行动方案是以尽可能少的人的生命为代价的方案，似乎是合理的。在这方面，伦理委员会还没有能够使其讨论圆满结束，也没有能够在所有方面达成共识。因此，建议进行深入的研究。①

如果按照这里提出的立场，就会产生以下问题。制造商是否需要为被归类为“错误行为”的自动化系统造成的伤害甚至死亡承担责任，如是，需要承担何种程度的责任？因此，应该指出防撞系统与安全气囊或安全带遵循相同的原则。安全气囊充气不当造成的死亡固然是错误行为，但是，如果制造商已经尽了一切合理的努力将该等风险降到最低，那么制造商就不需要为此承担责任。因此，如果制造商尽了一切合理的努力使其系统尽可能安全，特别是将人身伤害的风险降到最低，那么自动化系统的安装是被允许的，并且不会产生特殊的责任风险。

1.7 自我保护优先于保护他人，还是自我保护的优先级更低？

建立在具有特殊尊严的个体上的人本主义原则现已得到普遍共识。如果要强加给预先设立的机动车驾驶人或使用人在紧急情况下同舟共济的义务，包括舍己为人，就不符合这一指导原则。因此，个人的自我保护本身并不劣后于对无辜方的保护。尽管如此，基本原则是存在流动风险的人不能牺牲没有流动风险的人（伦理准则第 9 条）。

2. 考虑动物福利利益

讨论这一问题的出发点必须是，动物在我们的社会中享有什么地位？直观来说，我们对待（高度发达的）动物的方式与对待财产的方式不同②。该观点得到

① 关于这一系列问题，请见：

Dieter Birnbacher, Wolfgang Birnbacher,“Automatisiertes Fahren. Ethische Fragen an der Schnittstelle von Technik und Gesellschaft”, *Information-philosophie*, no.4(2016):8-15.

Hevelke A, Nida-Rümelin J. Selbstfahrende Autos und Trolley-Probleme: Zum Aufrechnen von Menschenleben im Falle unausweichlicher Unfälle. *Jahrbuch für Wissenschaft und Ethik*. 2015;19(1): 5-24.

Eric Hilgendorf, “Autonome Systeme und neue Mobilität”, *Robotik und Recht,* 2017; 11(1):143-175.

Jan C. Joerden,“Zum Einsatz von Algorithmen in Notstandslagen. Das Notstandsdilemma bei selbstfahrenden Kraftfahrzeugen als strafrechtliches Grundlagenproblem”, *Robotik und Recht*, 2017;11(1):73-97.

Günther M. Sander, Jörg Hollering, “Strafrechtliche Verantwortlichkeit im Zusammenhang mit automatisiertem” Fahren*NStZ*(2017):193-206.

②《基本法》第 20 条 a 款和《民法典》第 90 条 a 款使关于财产的规定可以继续类推适用于动物，但赋予动物一种与财产享有的地位不同的地位。

了“动物是有情感的生物”理论的支持。动物的这种情感使它们成为值得保护的生物，并使人类有责任保护这些生物作为造物的一部分免受伤害，即使动物不能被赋予与人类同等的地位。因此，必须优先考虑防止人身伤害，包括优先于动物福利的利益。然而，如果可以排除人身伤害的可能性，那么对高度发达的动物的保护应始终优先于简单的（可计算的）财产损害①。

3. 由人类行使否决权

在有条件自动驾驶的情况下，司机有可能在部分行程中使用高度自动驾驶模式而不必干预。当涉及以下问题时就出现了伦理冲突，在多大程度上应排除司机自愿恢复控制？如果这样做有助于提高安全性，司机是否有道德义务不自己开车？或者，反过来，在完全确定可以排除事故之前，最终责任是否应该由人类承担？

人类自主性的一个表现是他们也可以做出客观上不合理的决定，例如采取更激进的驾驶方式或超过建议的速度限制。在这种情况下，如果国家声称为了公民的最大利益想要设立不可逃避的戒律来管理生活中方方面面的事务，并通过社会工程的手段将越轨行为扼杀在摇篮之中，那么这与政治上成熟公民的概念是不相容的。尽管有着无可争议的善意目的，但这种绝对意义上的安全状态可能破坏基于人本主义和自由原则的社会基础。显然，自愿计划也可以产生类似的影响，例如针对私人保单持有人的“按里程付费”模式。关于安全风险和限制自由的决定必须在基于民主和基本权利的权衡过程中做出。没有任何伦理规则总是将安全置于自由之前。

4. 责任划分情形中的技术

无人驾驶系统被用于制造商和运营者的预期目的，制造商和运营者应为无人驾驶系统负责。在涉及部分或高度自动化驾驶系统的所有其他情况下，都存在与责任和义务划分有关的问题。如果划分责任，并考虑到司机可以凌驾于系统之上的事实，那么人机界面的设计必须确保在任何时间点上谁在驾驶车辆是一目了然的，这也包括在技术系统无法保证安全驾驶的情况下，将控制权移交给司机的可能性。但是，突然的移交将导致司机无法再从有条件的自动化驾驶中受益。因此，在这方面，必须保留一个适当的过渡期。在紧急情况下，如果来不及将控制权移交给司机，如果能最大限度地保护使用者和其他相关方的安全，则作为例外方式，过渡到最小风险条件所需的控制必须留在车辆上。

① 伦理体现在司法领域的方式也说明了动物享有的特殊地位，例如《动物福利法》第 1 条规定了不伤害和避免动物遭受痛苦的原则。

5. 使用全自动运输系统的法律要求?

在展望自动化联网驾驶的未来时，委员会还讨论了目前尚未热议的问题，即如果技术系统被证明优于人类驾驶则强制自动化。立法者是否应该在全区域和跨系统的基础上完全塑造机动和传动系统的设计，或者反过来，附属性思想和享有个体自主权的联合体的自由思想是否要求这些设计在市场上竞争，而国家只是确保必要的监管和法律确定性？如果司机不再能够通过自己的决定绕过自动化网联的运输系统并且交通流量得到全面控制，那么道路车辆的自动化网联是否会推动社会家长制?

作为其自主权的一种表现，对自己行为负责的人类可以自由地利用技术可行性。而且他们行动自由的一部分是也可以不利用某些可行性。强制引入这种系统会严重限制人类的发展机会（包括他们享受驾驶）。仅仅以高度自动化系统普遍提高安全性为理由，不能证明强制引入自动系统是合理的[①]。

6. 辅助或指导司机的技术辅助系统

在 L2 自动化驾驶[②]中，人类可以完全控制他们的车辆。如果他们出现疲劳或其他注意力不集中的情况，驾驶辅助系统会警告和提醒他们可能犯的错误。这种对司机不具有约束力的提醒是为了防止事故，因此有利于社会。但是，如果机器不再具有警告要素，而是发出必须遵守的命令，这就必须更批判地看待并可能是立法权衡决定的权力[③]。例如，有一种可能性是如果司机在长途旅行后没有进行必要的休息，他们将无法启动他们的车辆。

护理领域的一种类似情况说明了如何对这种情况进行评估。越来越多的护理机器人被投入使用，它们通过摆放药物或协助检查来帮助需要高水平护理的病人。

但是，如果机器人不再是简单地摆放药物，而是声称为了病人的利益而强迫他们服用药物，应该如何评估这种情况？[④]这种控制可能会剥夺个人自主做出决定的权利。但是，他们必须保留自己决定是否在疲劳的情况下进入他们的汽车或是否服用药物的权利。必须遵守的命令不再与自主人类的概念相契合。

---

① 见上文 1.2 部分。

② 关于分类请见 1.1（图 1）

③ 关于推进自动化及其为社会带来的好处的一般说明，参见 Peter A. Hancock, *Human Performance and Ergonomics: Perceptual and Cognitive Principles*(New York: Academic Press, 2011), p.449。

④ Deng. Nature,“describes the problems associated with carebots”,accessed July 21,2022, http://www. realtechsupport.org/UB/WBR/texts/ markups/Deng_TheRobotsDilemma_ 2015_markup.pdf.

7. 不能不可逆地屈从于技术系统

另一个问题是人类屈从于技术系统。如果不将自动驾驶视为一个独立的问题，而是将其视为渗透到许多领域发展的一部分，例如用机器人取代复杂的职业[①]，就有可能得出这样的结论：技术发展是不可逆的。特别是关于人类认知技能的丧失，不仅涉及驾驶能力，而且涉及医疗操作的能力，似乎在高度自动化的情况下不再可能自主行动，因为必须不断练习的技能已经消失。[②]

8. 社会对技术系统的依赖

对技术系统的日益依赖是现代社会所特有的。现在这涉及基础设施的核心领域，例如粮食、信息和知识的获取、医疗保健和能源供应。某些系统风险是这种发展的必然结果。这些风险包括意外失败，以及日益出现"网络战争"战略，包括有针对性的黑客攻击。如果对道路交通的数字化控制加强，基础设施的另一个关键领域将比过去更容易受到这种系统不稳定的影响。[③]尽管如此，只要风险被认为是低的，这种系统易感性从功利主义的角度来说可以是合理的。但是，为了防止黑客攻击所导致的系统易感性，作为最坏的情况，制造商和国家加大力度推进这些系统的网络安全。国家在这方面负有保护职责以确保这些系统的完整性。

9. 基础设施的"总"连接

如果有可能在不需要长期人工决策的情况下对车辆进行控制，就有必要开发基于信息技术的决策系统，以取代当前系统中由驾驶员产生的控制刺激（例如速度、行驶方向 / 转向运动或路线选择），从而实现有定向的无碰撞的行程。这种系统的核心部件可以是计算机，例如已经安装在机动车辆上的计算机，但在这种情况下，计算机的功能需要实质性增强。车辆自动化控制的其他组成部分包括传感器、摄像机和其他技术辅助设备，它们用于相应的车辆，以捕获和处理与车辆控制有关的所有交通信息（特别是关于行车道、车辆或附近障碍物的信息）。在此基础上，可以想象自动化网联驾驶系统能够去中心化，并且，从任何给定车辆的角度看，可以说是自给自足，从而使有针对性的和安全的自动车辆控制完全基于车辆本身捕获和存储的信息起作用。但是，数字化交通基础设施也是可以想象的，它使用车辆之外的信息，并由车辆检索以实现控制目的。在这里，我们谈论

---

① Eidenmüller, Horst G. M.，"The Rise of Robots and the Law of Humans,"*Oxford Legal Studies Research Paper, no.*27(Mar. 2017):1-3. 本文描述了这种现象与法律职业的关系。

② 关于负面后果的描述，参见 Ingo Wolf, *Autonomes Fahren* (Berlin:Springer Vieweg, 2015), P.103-105.; LisanneBainbridge,"Ironies of automation"*Automatica*, no.19(1983):775.

③ Armin Grunwald, *Autonomes Fahren* (Berlin:Springer Vieweg, 2015), P.661,673.

的是中央交通信息服务器（例如，可供下载永久更新的天气或行车道数据），以及路边信息载体或其他车辆（例如，它们在车与车之间的通信中传输与车辆控制和道路安全有关的信息），并且不能被接收车辆的传感器或摄像机检测到（例如，山坡上的车尾末端）。

因此，如果在这一背景下不能否认自动驾驶的发展与集中车辆控制和捕获所有车辆的想法和概念密不可分，那么就产生了不适当使用这种集中权力结构的可接受性风险的问题。因此，应该对什么是适当的、适度的和伦理上合理的背景下什么是可行的进行批判性思考。自动化网联驾驶可能导致对所有道路使用者的全面监控。在集中交通控制的情况下，必须假设个人自由地从 A 地移动到 B 地而不被发现或观察的自由可能会牺牲于基于效率的数字化交通基础设施，自动驾驶将以牺牲自主的日常行为为代价。在便利性和道路安全方面所获得的收益不能成为自由和自主损失的理由。应该采取行动，通过“从设计入手保护隐私”和充实规范性标准来遏制这种发展。

10. 安全、个人自主和信息自决之间的数据利用

10.1 冲突的目标之间的协调

数据安全方面由于自动驾驶而呈现出新的特点。如果系统要顺利运行，就必须收集和处理来自用户的大量数据。立法者必须在收集数据（这是功能安全所必需的）和确保信息自决之间取得平衡。

欧洲和德国法律规定的数据最小化和避免使用数据的原则必须与道路安全要求以及全球化财富创造模式中的公平竞争环境相协调。除了纯粹与道路安全相关的方面外，政府机构在安全方面享有许多利益，私营公司在商业目的方面享有许多利益。① 在此，不应在隐私的范畴内片面地理解信息自决。这也意味着用户可以自由地决定他们是否愿意披露个人数据。

10.2 满足数据处理及数据使用之要求的解决方案

各种自动化程序的引入需要满足数据处理和数据利用要求的新的解决方案。数据保护和有利于创新的环境并不是不可逾越的对立面。相反，它们产生了相互的附加值。因此，自动化网联驾驶需要有利于创新的数据保护和有利于数据保护的创新。此外，创新技术可以使有效的数据保护成为可能（从设计入手保护隐私）。为了在默认情形下符合数据法隐私原则，车辆在交付时就应该具备有利于隐私的出厂设置，禁止收集、处理和使用与车辆安全无关的数据，除非这些数据

---

① Gerrit Hornung,“G,Verfügungsrechte an fahrzeugbezogenen Daten,” *Datenschutz Datensich* 39(2015):359。关于所涉问题可参见本文（译者注）。

对安全至关重要，并且直到司机主动启动这些程序。

这里的前提必须是用户自行决定对他们数据的使用。在防止入侵的背景下，不能以纯粹片面的方式看待信息自决，它还包括自愿披露数据的可能性。

但是，如果数据的使用和处理不再能被司机清晰地识别，从而被排除在他们的决策之外，国家就必须履行其宪法规定的保护职责，并确保在保护数据方面为其公民提供适当和必要的保护。在此，国家可以承担责任，使与车辆控制相关的数据相关的必要的隐私相关程序以法定理由的形式获得民主合法性。该法规的一部分也可以是自动化（和网联化）驾驶功能获得许可的要求。只有在确保车辆获得某些证书并在运行时与其他车辆和基础设施充分地交换假名条件数据的情况下，车辆才有可能以自动模式行驶。此外，还可以投资研究和开发新的匿名化技术解决方案。这将需要持续观察以确定某些数据是否充分匿名化，并在必要时对这些程序进行调整。

最后，应当找到切实可行的程序和技术解决方案，使司机、保管人或用户能够了解数据处理的目的和法律基础，从而对与控制无关的数据的使用作出适当的决定。任何必须由车辆周围的其他人（如路人或其他道路使用者）作出的同意也需要符合法律规定的方法。

此外，自动化网联驾驶的逐步引入应当由独立的测试机构和相关的利益相关团体（如消费者监督机构）进行监督。为了满足透明度要求（见伦理准则第 12 条），需要建立对数据使用的机会和风险客观的认识。这一点特别相关的原因是自动化网联车辆的制造商必须能够或必须在所有权转移之后很长一段时间才能访问其车辆和相关数据，例如在必要的更新、产品观察或为了提高客户忠诚度的情况下。

11. 与软件和基础设施的责任范围相关的问题

11.1 问题

自动化和自动驾驶系统的引入，无论是在车辆层面还是在协作道路交通中的跨系统都提出了一个问题，即在发生事故时谁来承担责任。在这方面，责任是指一个人有义务对自动化车辆系统和/或其所基于的软件所作的决定和随之采取的行动负责，承担责任，并在必要时愿意接受任何法律后果。

当下，德国的责任制度把道路交通事故的最终风险分配给了车辆的保管人或司机。此外，制造商在法定的产品责任范围内承担责任。但是，高度自动化和完全自动化的车辆也受到更为深远的决定因素的制约（见图 2）。

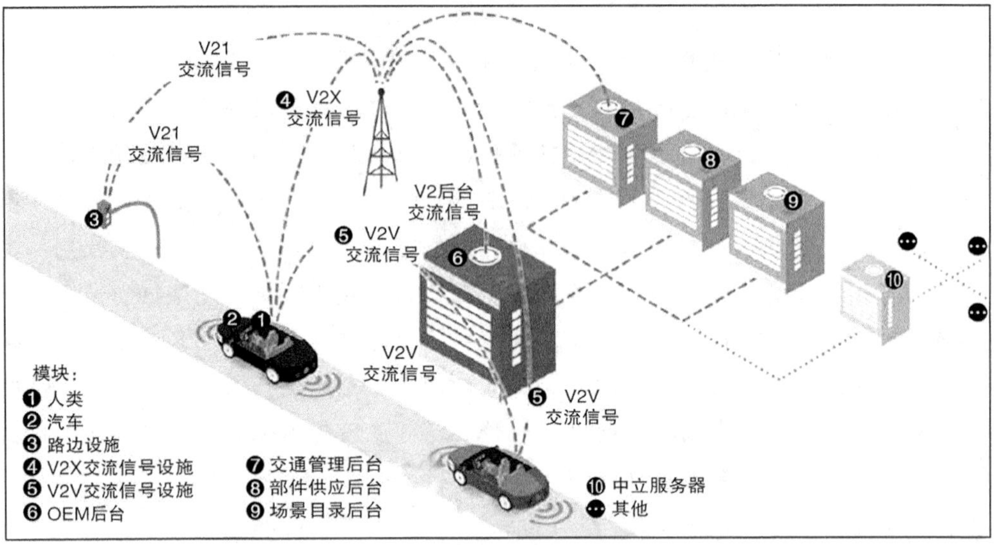

图 1　合作道路交通总体架构中的模块①

因此，不仅是车辆的保管人和制造商，而且相应的车辆辅助技术的制造商和运营商也必须被纳入责任分担的体系中。插图概述了可能的责任方。插图表明互联移动系统的义务和责任被转移到插图中确定的领域和参与者，并且必须在他们之间进行划分。此外，还需要对部件、软件和数据的制造商、供应商和运营商以及开发人员应遵守的注意义务重新进行定义。除非统计表明自动驾驶功能比人类驾驶员更安全，否则不得部署自动驾驶功能。在产品责任范围内，随着责任从驾驶员 / 保管人转移到技术系统的责任方，下面的问题也必须被讨论。从统计数据上看，一个技术系统要达到何种程度安全才能被社会接受？什么样的方法才能产生可靠的信心？

可能的责任方：

（1）人类：驾驶员、车辆保管人

（2）车辆：原始制造商、部件供应商、汽车修理厂

（3）道路基础设施：公共部门

（4）V2X：通信基础设施，通信网络运营商

（5）V2V：原始制造商

（6）OEM 后端：原始制造商、IT 服务提供商

① 参见 Lemmer, K.（编）一书中绘制的插图。Herausgeber: Karsten Lemme, *NeueautoMobilitä t. Automatisierter Straß enverkehr der Zukunft*, (Munich: Herbert Schutz Verlag, 2016).

（7）交通管理后台：公共部门等

（8）部件供应商后端：1 级供应商、数字地图等

（9）场景目录后端：国家认证机构

（10）中立服务器（与其他服务的接口）：IT 服务提供商

架构插图显示了合作道路交通中广泛存在的各种不同的组件。对于每个组件，不同的参与者负责质量保证和数据的可靠传输。除了 V2V/V2X 通信，车辆数据首先被传输到 OEM 后端。但是，伦理委员会的任务不是建议如图所示由原始制造商或中立组织运营后台。相反，这是议会制定公共政策的一部分。

11.2 如何充实和拆分软件和基础设施的责任？

从架构插图可以看出，制造商对系统的功能安全负责。如果他们要履行这一责任，他们必须使用和分析某些数据集。因此，OEM 对通过交通信息、通信基础设施和 OEM 后台与车辆交流的安全数据（内容和质量）负责。如果他们使用来自第三方提供商的数据，他们必须对这些数据的质量和内容负责。如果他们要履行这一责任，可以考虑对来自外部第三方提供商的安全相关数据的质量进行检查。这可以采取证书的形式，证明符合产品的特定安全标准。

这些证书尤其应包含关于对质量保证有信心的证据。因此，例如地图服务提供商应通过 OEM 规定的置信阈值来保证地图上提供的信息在时间和空间方面与分辨率的一致性。同样，关于通过 V2V 和 V2X 通信传输的数据的最大延迟和完整性的声明应与置信声明相结合。

然而，数据的可靠传输不属于制造商的责任范围，因此可以将其归责于电信运营商。电信运营商应在他们所提供的保证范围内对数据的安全传输负责。无论如何，在产品责任的范围内必须遵守管理数据隐私的规定。在分配责任和充实细节时，会员国和欧洲层面的立法者必须遵守欧洲和宪法关于确保此类系统的完整性的规定。就收集此类数据而言，制造商必须遵守管理框架，并应从他们的角度提交关于框架改进的建议，应开发新的车辆相关数据匿名化程序。

为了防止错误和确保所有道路使用者的安全，应对与车辆错误感知和行为有关的危险情况进行分析。从技术上讲，制造商应将系统中已识别的错误转发到一个情景目录中，由该目录存储这些情景。应将这些情景转交给一个独立的公共机构（见伦理准则第 8 条）。上述情景目录的设计应根据现实生活中的危险情况不断加以扩大。一种想法是建立一个后端数据库，其中包含关于车辆观察到的对实际环境的错误解读导致自动驾驶模式失效的情况的信息。在实践中充实系统时，有必要确定情景目录需要哪些信息。

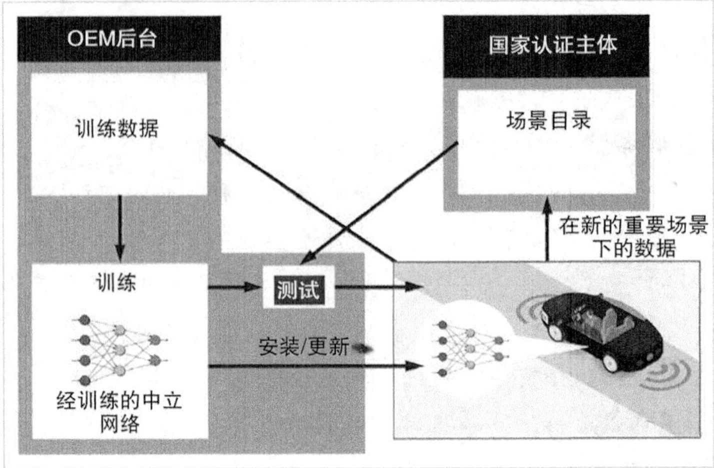

图 2　通过端到端的深度学习建立关键驾驶功能的知识库

此外，还应考虑车辆在没有外部连接的情况下也能确保驾驶员安全的可能性。在日常实践中，可进行安全检查，确保检查自动驾驶功能所需的所有车载系统的不受限制的功能、与后端的连接以及所有关键软件更新的成功安装。如果发生错误，或者没有安装关键更新，则应该指出相关的自动化功能不可用。

11.3 自学系统可以部署到何种程度?

在使用各种软件程序时，必须区分学习系统和自学系统。学习系统是在开发过程中训练出来的。自学系统还可以在运行过程中自我改进。目前，不仅使用学习系统（例如物体识别算法），而且还使用自学系统（例如车辆动态适应驾驶员）。自学系统在运行过程中不断更新其知识库。但是，这意味着单个车辆的知识库会随着运行的增加而不同。伦理委员会思考了以下问题：这种系统在哪些领域可以获得许可，谁对这种系统负有最终责任?

关于引入自学系统，保护使用者的人身安全必须是最优先的（见伦理准则第2条）。只要不能充分肯定自学系统能够正确评估情景和 / 或符合安全要求，就应当规定将自学系统与关键安全功能分离开来。鉴于目前的技术水平，只有在功能与安全没有直接关系的情况下才可以部署自学系统。在这种情况下，在人机交互领域部署自学系统是可能的，例如，它可以分析驾驶员的个人驾驶模式并使之适应。但是，应当记住，对个人驾驶模式的这种分析将为获取和使用数据用于与车辆没有直接关系的目的创造可能性。如果可以保护个人用户的数据主权，被允许的商业模式这样使用可能是可以接受的（见伦理准则第 15 条）。

第五章　其他司法辖区的自动驾驶规则

第一节　新加坡：2017 年道路交通（自动驾驶机动车）规则

编号 S464

《道路交通法》（第二百七十六章）

《2017 年道路交通（自动驾驶机动车）规则》

为行使《道路交通法》第 6C 条和第 6D 条赋予的权力，交通部长制定如下规则：

第一部分　序言

引言及生效

1. 本规则为《2017 年道路交通（自动驾驶机动车）规则》，于 2017 年 8 月 24 日开始实施。

定义

2. 在本规则中，除非上下文另有规定，否则——

“获批的特殊使用”指由有关政府部门授权特定人员在道路上使用自动驾驶机动车；

“获批的试验”指由有关政府部门授权特定人员在任何道路上进行的自动驾驶机动车技术或自动驾驶机动车试验；

“授权”指根据第 7 条第（1）款（a）项（i）或（ii）进行授权，视情况而定，“授权”应作相应解释；

“特定人员”就任何获批的试验或获批的特殊使用而言，指——

（a）根据第 7 条第（1）款（a）项（i）获得有关政府部门授权批准试

验的人员；或

（b）根据第7条第（1）款（a）项（ii）获得有关政府部门授权批准特殊使用的人员。

规则不适用于某些自动驾驶机动车。

3. 本规则不适用于2017年8月24日之前根据该法第28A条获得特殊用途执照的任何自动驾驶机动车，并且在该执照有效期间持续不适用。

第二部分 获批的试验和获批的特殊使用

试验或使用自动驾驶机动车的禁止

4.–（1）除非根据第7条第（1）款（a）项（i）获得授权，任何人不得在任何道路上进行任何自动驾驶机动车技术或自动驾驶机动车的试验。

4.–（2）除非根据第7条第（1）款（a）项（ii）获得授权，任何人不得在道路上使用自动驾驶机动车。

4.–（3）自动驾驶机动车技术或自动驾驶机动车在任何道路上试验，或自动驾驶机动车在道路上使用不涉及激活自动驾驶机动车自治系统的，不受第（1）、（2）款的限制。

4.–（4）任何人违反第（1）或（2）款，即属犯罪，一经定罪，可处以不超过2 000美元的罚款；如属第二次或再犯定罪，可处以不超过5 000美元的罚款。

申请试验自动驾驶机动车技术或自动驾驶机动车

5.–（1）在任何道路上进行自动驾驶机动车技术或自动驾驶机动车的试验，必须根据本条第（2）款向有关政府部门提出申请。

5.–（2）申请必须——

（a）以有关政府部门要求的形式和方式进行；以及

（b）附上有关政府部门为就申请作出决定而要求的任何信息，包括以下：

（i）试验目的和拟进行试验的简要提纲；

（ii）拟用于试验的自动驾驶机动车的车型或者自动驾驶机动车技术；

（iii）每一种自动驾驶机动车的数量以及拟在试验中使用的每一辆机动车的详细情况；

（iv）每辆自动驾驶机动车拟于试验中采用的自动驾驶制度；

（v）若拟将自动驾驶机动车改装试验的，其改装的性质；

（vi）拟在试验中使用的自动驾驶机动车及自动驾驶系统的任何相关证明材料，说明该机动车及自动驾驶系统可以安全用于试验。

申请使用自动驾驶机动车

6.-（1）自动驾驶机动车在公路上使用必须根据本条第（2）款向有关政府部门提出申请。

6.-（2）申请必须——

（a）以有关政府部门要求的形式和方式作出；以及

（b）附上有关政府部门为就申请作出决定而要求的任何信息，包括以下：

（i）自动驾驶机动车的使用方式；

（ii）拟使用的自动驾驶机动车种类及自动驾驶系统细节信息；

（iii）若自动驾驶机动车拟被改装，其改装的性质；

（iv）证明拟投入使用的自动驾驶机动车及自动驾驶系统能够被安全使用的任何有关证明材料。

许可

7.-（1）有关政府部门在考虑根据第5条或第6条提出的任何申请后，视情况而定，可以——

（a）在缴付本条第（2）款所述的费用和税费后，向授权中特定人员授予以下权利：

（i）就根据第5条提出的申请，在任何道路上进行自动驾驶机动车技术或自动驾驶机动车的试验；或者

（ii）就根据第6条提出的申请，在道路上使用自动驾驶机动车；或者

（b）拒绝授予许可。

7.-（2）根据本条第（1）款（a）项获得的任何许可，申请人必须支付——

（a）为每辆获批的用于试验或获批的特殊使用的机动车支付25.68美元的费用；以及

（b）如果该机动车没有根据《法案》进行登记，则应根据第21条第（3）款征收税款。

7.-（3）有关政府部门可在其认为合适的条件下，免除本条第（2）款（a）项所述的任何费用。

授权许可的形式和效力

8.–（1）授权必须采用有关政府部门决定的形式。

8.–（2）除非根据规则 13 提前取消许可，否则许可在许可中所述的期限内继续有效。

许可条件

9.–（1）在给予许可时，有关政府部门可附加其认为合适的条件。

9.–（2）在不影响本条第（1）款的一般性原则的前提下，条件可包括——

（a）说明进行获批的试验或获批的特殊使用可能位于的地理区域；

（b）要求合格的安全驾驶员坐在自动驾驶机动车上，监视机动车运行并在必要时接管机动车的运行；

（c）要求合格的安全操作人员监控自动驾驶机动车的运行并在必要情况下接管机动车的运行；

（d）禁止自动驾驶机动车载客；

（e）禁止自动驾驶机动车出租或取酬载客；

（f）说明可参加获批的试验或获批的特殊使用的人员；以及

（g）与自动驾驶机动车技术规格有关的任何其他条件；

9. –（3）有关政府部门可对拟用于获批的试验或获批的特殊使用的不同自动驾驶机动车规定不同的条件。

有关政府部门对许可条件的修改

10.–（1）有关政府部门可根据本条规定修改授权条件。

10.–（2）在修改许可条件之前，有关政府部门必须书面通知指定的获批的试验或获批的特殊使用的人员——

（a）说明有关政府部门拟以通知中列明的方式修改；及

（b）说明特定人员可以向有关政府部门就拟议修改提交书面陈述的时间（不少于通知送达给特定人员后 14 天）。

10. –（3）有关政府部门在考虑本条上述第（2）款（b）项所述的任何书面陈述后，可以——

（a）拒绝该等陈述；

（b）按照有关政府部门考虑陈述后认为适当的方式，修正拟议修改；或

（c）撤回拟议修改。

由特定人员修改许可条件

11.–（1）获准试验或特殊使用的特定人员可根据本规则向有关政府部门申

请修改授权条件。

11.-（2）第（1）款所述的特定人员的申请必须——

（a）说明特定人员建议修改的条件；及

（b）提供能使有关政府部门满意的证明资料和文件，证明修改后的条件不会影响在获批的试验或获批的特殊使用中使用的任何自动驾驶机动车的安全操作。

11.-（3）有关政府部门可基于审议申请的目的，要求特定人员执行下列全部或任何一项：

（a）在有关政府部门指定的任何人面前展示任何自动驾驶机动车，并演示该机动车的自动驾驶系统或自动驾驶机动车技术；

（b）实行并测试自动驾驶系统或自动驾驶机动车或自动驾驶机动车的技术，无论是由有关政府部门还是由有关政府部门指定的任何其他人指挥；

（c）向有关政府部门指定的任何人出示任何自动驾驶机动车以供检查。

11.-（4）有关政府部门审议申请后，可以——

（a）驳回申请；或

（b）批准申请，但须经有关政府部门和特定人员同意对授权条件作出修改。

授权的延长

12.-（1）延长授权期限的申请必须至少在授权期满之日前6个月或有关政府部门准许的更短期限内提出。

12.-（2）根据（1）款提出的延长授权的申请必须——

（a）以有关政府部门要求的形式和方式提出；及

（b）附上有关政府部门为就申请作出决定而要求的任何资料。

12.-（3）有关政府部门在审议申请后，可以

（a）延长许可期限；或

（b）拒绝延长许可期限而不给予理由。

12.-（4）根据本条延长的任何许可，须与延长许可前即时适用的相同条件相符合。

取消或暂停许可

13.-（1）有关政府部门可以全部或部分取消或暂停授予特定人员的试验或特殊使用的任何许可，如果——

（a）有关政府部门认为继续已获批的试验或获批的特殊使用已不再符合公共利益；

（b）特定人员违反或已经违反，未能或已经未能遵守某一许可的条件，本规则或本规则其他规定包含的某一豁免的条件；或

（c）特定人员不再是进行获批的试验或获批的特殊使用的合适人员。

13.－（2）受限于第（3）款的规定，行使第（1）款规定的权力之前，有关政府部门必须书面通知特定人员——

（a）说明有关政府部门打算取消或暂停许可，取消或暂停生效的日期及取消或暂停的理由；及

（b）明确可向有关政府部门提出书面陈述的时间（不少于向指定人士送达通知之日后 14 天）。

13.－（3）如果取消或暂停许可的理由是第（1）款（a）或（b）项，有关政府部门无须遵守第（2）款（b）项的规定。

13.－（4）有关政府部门在考虑第（2）款（b）项所述的任何书面陈述后，可以——

（a）拒绝接受陈述，并向特定人员发出书面通知，告知取消或暂停生效的日期；或

（b）接受陈述并撤回根据第（2）款（a）项发出的通知。

13.－（5）凡有关政府部门根据第（4）款（a）项向特定人员发出通知，该特定人员可在收到通知后 14 天内，就取消或暂停向部长提出书面上诉，该部长的决定为最终决定。

13.－（6）尽管特定人员根据第（5）款提出上诉，取消或暂停通知仍在根据第（4）款（a）项规定的指定日期生效，如果部长允许上诉，取消或暂停通知视为无效。

责任保险

14.－（1）获批试验或获批特殊使用的特定人员必须——

（a）在获批的试验或获批的特殊使用开始前，投保责任险；以及

（b）确保责任保险在获批的试验或获批的特殊使用许可中规定的期限内始终有效，包括根据第 12 条延长授权的期限内。

14.－（2）进行获批的试验或获批的特殊使用的特定人员必须确保责任保险由在保险签发时已在新加坡合法经营保险业务的承保人签发。

14.－（3）特定人员违反第（1）款或第（2）款的规定即属犯罪，一经定罪，

可处以不超过1 000美元的罚款；如属第二次或再犯定罪，可处以不超过2 000美元的罚款。

14.-（4）在本条中，“责任保险”与该法案第6 C条第（6）款中的含义相同。

以向有关政府部门交存保证金代替责任保险

15.-（1）有关政府部门确信，申请批准试验或特殊使用的特定人员已根据第14条的规定作出合理努力以获得责任保险，但未能成功，可允许该特定人员向有关政府部门交存不少于150万美元的保证金。

15.-（2）有关政府部门可以决定保证金的支付方式。

15.-（3）有关政府部门可以使用特定人员为获批试验或获批特殊使用而交存的保证金——

（a）以履行法院要求特定人员向任何涉及的人发出的因在获批的试验或获批的特殊使用期间使用自动驾驶机动车造成或引起的人员死亡、身体伤害或财产损坏支付一笔款项的命令；或

（b）以支付特定人员与任何涉及的人之间可能协商同意的在获批的试验或获批的特殊使用期间使用自动驾驶机动车造成或引起的任何死亡、人身伤害或财产损害的一笔款项。

15.-（4）如果特定人员为获批的试验或获批的特殊使用而交存的保证金全部或部分被有关政府部门用于第（3）款提及的任何目的，该特定人员必须在接到有关政府部门使用通知后14天内（或有关政府部门允许的更长期限）补充支付相应的保证金。

第三部分 特定人员的职责

自动驾驶机动车的维护责任

16.-（1）获批试验或获批特殊使用的特定人员必须保证——

（a）在获批的试验或获批的特殊使用中使用的任何自动驾驶机动车，以及构成机动车一部分的任何附件、传感器或设备始终处于良好状态；及

（b）在获批的试验或获批的特殊使用中使用的自动驾驶机动车的自动驾驶系统在任何时候都正常工作；

从而不会或不可能会对机动车内的任何人员或任何其他人员或任何财产造成伤害或损害。

16.-（2）特定人员违反第（1）款的规定，即属违法，一经定罪，可处以不超过 2 000 美元的罚款；在第二次或再次定罪的情况下，可处以不超过 5 000 美元的罚款。

数据采集

17.-（1）获批试验或获批特殊使用的特定人员，必须保证每辆获批试验或获批特殊使用的自动驾驶机动车安装有能存储机动车在使用过程中信息的数据记录仪。

17.-（2）在使用任何获批试验或获批特殊使用的自动驾驶机动车时，无论是否启动自动驾驶系统，获批试验或获批特殊使用的特定人员必须保证该自动驾驶机动车的数据记录仪在任何时候均处于正常工作状态。

17.-（3）获批试验或获批特殊使用的特定人员，必须确保从自动驾驶机动车的数据记录仪中收集的数据采用有关政府部门指定的数字格式，并自记录之日起至少保存 3 年，即使前述时间超出许可有效期。

17.-（4）获批试验或获批特殊使用的特定人员，必须确保在获批的试验或获批的特殊使用中使用的自动驾驶机动车上安装的数据记录仪能够捕获以下信息：

（a）日期和时间戳；

（b）机动车的经度和纬度位置（数据记录仪运行频率至少为 2 Hz）；

（c）机动车的速度（数据记录仪的运行频率为至少 2 Hz）；

（d）机动车的状态，包括机动车是否在手动运行、自动驾驶模式、手动自动驾驶模式或在遥控操作模式；

（e）在自动驾驶模式期间，按照重写类型重写历史记录；

（f）传感器数据；

（g）通过以下设备拍摄的视频片段：

（i）内置摄像头（捕捉机动车内任何人、方向盘和前挡风玻璃的一部分）；及

（ii）外置前后向摄像机。

17.-（5）获批试验或获批特殊使用的特定人员，必须确保安装在获批的试验或获批的特殊使用的自动驾驶机动车上的数据记录仪所捕获的任何信息不被编辑。

17.-（6）如有关政府部门书面通知要求，获批试验或获批特殊使用的特定人员必须——

（a）将由数据记录仪捕获的数据以有关政府部门可读的形式转交有关政府部门，包括实时信息；及

（b）向有关政府部门提供数据记录仪所记录的任何数据的副本，以便进行调查、检查或审计。

17.-（7）任何特定人员违反第（1）（2）（3）（4）或（6）款之规定，即属犯罪，一经定罪，可处以不超过 1 000 美元的罚款；如属第二次或再犯定罪，可处以不超过 2 000 美元的罚款。

17.-（8）任何特定人员违反第（5）款之规定，即属犯罪，一经定罪，可处以不超过 5 000 美元的罚款。

记录义务

18.-（1）获批试验或获批特殊使用的特定人员，必须记录该等获批的试验或获批的特殊使用的情况以——

（a）允许对获批的试验或获批的特殊使用进行适当评估；

（b）证明获批试验或获批特殊使用的每一参加者遵守有关政府部门规定的条件和本规则下的任何其他要求。

18.-（2）进行获批试验或获批特殊使用的特定人员必须保证记录——

（a）在任何时候都是最新的；

（b）可随时供有关政府部门或任何获有关政府部门授权的人检查；及

（c）至少保留到下列日期中较晚的日期：

（i）给特定人员的试验或特殊使用的授权，有效期满或被取消后满 3 年；

（ii）有关政府部门就任何特殊情况指定的其他期限。

18.-（3）若有关政府部门书面通知要求，获批试验或获批特殊使用的特定人员必须将记录副本送交有关政府部门，以进行调查、检查或审计。

18.-（4）任何特定人员违反第（1）、（2）或（3）款之规定，即属犯罪，经定罪可处以不超过 1 000 美元的罚款；如属第二次或再犯定罪，可处以不超过 2 000 美元的罚款。

通报事故的义务

19.-（1）获批试验或获批特殊使用的特定人员必须按照有关政府部门要求的时间和方式，通知有关政府部门——

（a）在运行获批试验或获批特殊使用的自动驾驶机动车时自动驾驶系统失灵的事件；及

（b）因运行获批试验或获批特殊使用的自动驾驶机动车而导致或引起的涉及任何人死亡、人身伤害或财产损害的任何事故。

19.-（2）任何特定人员违反第（1）款之规定，即属犯罪，一经定罪可处以不超过 1 000 美元的罚款；如属第二次或再犯定罪，可处以不超过 2 000 美元的罚款。

要求机动车进行测试之权力

20.-（1）受限于第（2）款的规定，如有关政府部门书面通知要求，获批试验或获批特殊使用的特定人员必须——

（a）在有关政府部门指定的时间和地点，向有关政府部门特定人员出示以下：

（i）用于获批的试验或获批的特殊使用的自动驾驶机动车；

（ii）用于涉及获批的试验或获批的特殊使用的自动驾驶机动车或自动驾驶机动车技术的基础设施的任何部分或设备装置；

（b）对在获批的试验或获批的特殊使用中使用的任何自动驾驶机动车、自动驾驶机动车的自动驾驶系统或自动驾驶机动车技术进行测试，无论该等测试是由有关政府部门或由有关政府部门指定的任何其他人完成。

20.-（2）有关政府部门只能在下列任何情况下发出第（1）款所述的通知：

（a）评估自动驾驶机动车的自动驾驶系统或自动驾驶机动车技术的安全性或在获批的试验或获批的特殊使用中使用的任何自动驾驶机动车；

（b）审查任何授权条件的充分性；

（c）以确定是否有任何违反本协议项下授权或本规则中的任何规定条件的行为。

20.-（3）特定人员违反第（1）款的规定即属犯罪，一经定罪，可处以不超过 1 000 美元的罚款；如属第二次或再犯定罪，可处以不超过 2 000 美元的罚款。

第四部分　杂项

法案某些条款对获批的试验或获批的特殊使用的修改适用

21.-（1）出于获批的试验或获批的特殊使用的目的，获批试验或获批特殊使用的特定人员在下列情况下，可不适用《法案》第 10 条、第 11（1）（a）和（aa）、第（3）、第（5）、第（6）和第（7A）条以及第 29 条涉及任何自动驾驶机动车的规定——

（a）在获批的试验或获批的特殊使用的范围内使用；以及

（b）未根据《法案》注册。

21.-（2）出于获批试验或获批特殊使用的目的，《法案》第 11 条第（4）款适用于第（1）款所述的任何自动驾驶机动车，应按第（3）款所述的方式修改。

21.-（3）根据《法案》第 11 条第（1）款（b）项，第（1）款所述的自动驾驶机动车的税费应根据该机动车在获批的试验或获批的特殊使用中的使用时间，参照下列费率征收：

（a）每天 30 美元；

（b）每月 250 美元；

（c）每半年 800 美元；

（d）每年 1 600 美元。

于 2017 年 8 月 23 日作出。

彭建强

常务秘书，

交通运输部：

新加坡。

（根据《道路交通法案》第 6 C 条第（5）款向议会展示）

第二节　澳大利亚维多利亚州：自动驾驶机动车道路安全法修正案

维多利亚州议会颁布：

第 1 部分　序言

1. 目的

该修正案的主要目的是修订《1986 年道路安全法》，以建立高速公路自动驾驶机动车试行制度。

2. 生效

本修正案自获得王室同意之日的次日起生效。

第2部分 《1986年道路安全法》的修正案

3. 定义

《1986年道路安全法》第3条第（1）款加入以下定义——

“ADS指南，系指部长根据第33M条发布的指引；

ADS许可证，指根据第33D条授予的许可证；

ADS许可证持有人，就自动驾驶机动车而言，指持有载明该机动车的ADS许可证的主体；

ADS试验，系指在高速公路上对装载有自动驾驶系统的自动驾驶机动车进行的以下试验——

（a）以测试机动车在自动驾驶模式下的运行状况为目的；

（b）以测试机动车自动化能力部署的安全性为目的；

（c）以协助机动车自动化能力发展为目的；或

（d）其他规定的目的；

自动驾驶系统，指能够执行机动车动态驾驶任务的技术（由硬件和软件结合组成）。

自动驾驶模式，就自动驾驶机动车而言，指机动车的自动驾驶系统执行动态驾驶任务的操作模式。

自动驾驶机动车，指装配自动驾驶系统的机动车。

动态驾驶任务，指机动车在道路交通中行驶所必需的所有实时操作和战术功能（不包括最终目的地和中间目的地选择）。包括（但不限于）——

（a）转弯、保持和改变车道，并为此类操作发出相应信号；及

（b）加速或者减速；及

（c）监测行驶环境，并就发现的任何物体、事件进行响应；及

（d）操作计划；

机动车监督员，就ADS许可证上载明的自动驾驶机动车而言，是指在ADS许可证申请书中指定为该机动车监督员的人。”

4. 应被视为由特定主体管理机动车辆的情形

在《1986年道路安全法》第3AA条第（b）项之后加入——

“（ba）系任何生效ADS许可证载明的自动驾驶机动车的机动车监督员以及自动驾驶机动车以自动模式操作期间，受ADS许可证持有人指派的、就该机动

车承担机动车监督员职责的主体；”

5. 应被视为由特定主体驾驶机动车辆的情形

在《1986年道路安全法》第3AB条的末尾加入——

“(2) 在不限于某人驾驶具有有效ADS许可证的自动驾驶机动车的情况下——

(a) 为本法之目的，在机动车以自动模式运行期间，该机动车应当被视为由其ADS许可证持有人驾驶，无论届时是否由ADS许可证持有人指派机动车监督员履行与该机动车有关的机动车监督员职责；及

(b) 为本法之目的，当机动车运行非自动驾驶模式时，该机动车应被视为由受ADS许可证持有人指派履行机动车监督员职责的主体驾驶。

(3) 为本法之目的，在不限于某人驾驶无有效的ADS许可证的自动驾驶机动车的情况下，即使该机动车处于自动驾驶模式，该机动车仍应被视为由以下任何主体驾驶——

(a) 当机动车在高速公路上行驶时，坐在驾驶员座位上的人；

(b) 当机动车在高速公路上行驶时，对机动车的动态驾驶任务的执行有任何控制权的人。”

6. 新增的第3A部分

在《1986年道路安全法》第3部分之后增加——

“第3A部分——自动驾驶机动车

第33C条 申请ADS许可证

(1) 任何人均可就一辆或两辆或多辆机动车向市政委员会申请颁发ADS许可证。

(2) 申请必须——

(a) 以市政委员会确定的方式和形式作出；以及

(b) 包含法规要求的，应在申请中体现的以下详细信息：

(i) 申请人；以及

(ii) 机动车辆或每辆机动车辆；以及

(iii) 任何拟任的机动车监督员；以及

(iv) 拟议ADS试验的性质；并

(c) 随附——

(i) 符合ADS指南的安全管理计划的副本；以及

（ii）市政委员会或 ADS 指南要求与该申请一并提供的任何其他材料。

（3）市政委员会——

（a）可要求申请人或任何拟任的机动车监督员——

（i）通过任何适当的测试或进行任何适当的评估；或

（ii）接受任何适当的培训；或

（iii）遵守任何规定的程序或要求；以及

（b）可对与申请有关的任何机动车辆进行检测，或进行任何适当的测试或评估。

注释

就测试和评估请见第 33K 条。

第 33D 条 对申请的决定

（1）市政委员会可以授予或拒绝授予 ADS 许可证。

（2）在不影响第（1）款适用的前提下，市政委员会可以拒绝授予 ADS 许可证，如果：

（a）该申请未包含 ADS 许可证申请所要求的全部详细内容，或者未附有 ADS 许可证申请所要求的全部材料；或者

（b）申请人不符合法规规定的持有 ADS 许可证的资格；或者

（c）申请人或任何拟任的机动车监督员拒绝或未能参加市政委员会根据第 33C 条第（3）款（a）项要求其进行的任何测试、评估或培训；或者

（d）该机动车或与申请有关的任何机动车没有通过根据第 33C 条第（3）款（b）项进行的任何检测、测试或评估；或者

（e）该机动车或与申请有关的任何机动车不是自动驾驶机动车；或者

（f）申请人没有遵守本部分或法规中的其他要求；或者

（g）任何其他市政委员会认为不宜授予许可的原因。

（3）在审议申请时，市政委员会可以考虑根据本法或其他州或地区的法律作出的、据以授权主体在高速公路上驾驶机动车辆的判决、命令或决定。

（4）在判断一辆机动车是否有资格被视为自动驾驶机动车时，市政委员会可以接受经市政委员认可的主体颁发的、关于该机动车符合驾驶自动化要求的证书作为证明。

第 33E 条 ADS 许可

（1）除非被提前撤销，ADS 许可证在证载期限内持续有效，但该期限不得

超过3年。

（2）ADS许可证应依据法规规定续展或撤销。

（3）ADS许可证持有人必须确保，在汽车用于ADS试验期间，该许可证始终位于自动驾驶机动车内，或由该机动车的机动车监督员持有。

罚款：5个罚款单位。

第33F条 ADS许可证的授权内容

受限于ADS许可证证载授权期限以及条件，ASD许可证授权——

（a）ADS许可证持有人以对证载自动驾驶机动车的自动驾驶系统在高速公路上进行ADS试验为目的驾驶该机动车；以及

（b）持有正式驾驶执照的主体、在ADS许可证上登载为任何自动驾驶机动车的机动车监督员的主体，担任该等机动车的机动车监督员；以及

（c）ADS许可证载明的任何自动驾驶机动车参与在高速公路进行的ADS试验。

第33G条ADS许可证的条件

（1）ADS许可证应当受限于——

（a）由市政委员会决定的、规定于ADS许可证的任何条件（包括在根据第（3）款制定的法规下，市政委员会有权决定的条件）；以及

（b）任何为ADS许可证之目的规定的条件。

（2）在不影响第（1）款适用的情况下，ADS许可证的条件与下列各项有关——

（a）ADS许可证上载明的自动驾驶机动车，可以参加ADS试验的高速公路、日期以及时间；

（b）保证ADS许可证上载明的自动驾驶机动车在高速公路上安全操作；

（c）ADS试验与申请ADS许可证时提交的安全管理计划相符合；

（d）在许可证上载明的自动驾驶机动车用于ADS试验时，ADS许可证持有人或许可证上载明的任何机动车监督员的血液、呼吸或口腔液中没有任何浓度的酒精或规定的违禁药物；以及

（e）要求机动车监督员在规定的时间乘坐许可证上载明的自动驾驶机动车并定位于该机动车内；以及

（f）在规定的情形和时间间隔内提交报告；以及

（g）在ADS许可证载明的任何自动驾驶机动车上张贴记号、标志或符号以

表明该机动车正于高速公路上参加 ADS 试验；以及

（h）实时监测 ADS 许可证上载明的任何自动驾驶机动车的以下信息——

（i）其自动驾驶系统的性能；以及

（ii）其位置；以及

（iii）其对规定的条件的遵守情况；以及

（i）对 ADS 许可证持有人和许可证上载明的任何机动车监督员的持续培训要求；以及

（j）在 ADS 指南中载明的任何其他事项。

（3）在 ADS 许可证上载明的任何自动驾驶机动车参加某一指定 ADS 试验期间，市政委员会有权根据法律规定就 ADS 许可证决定一项条件，该条件具有以下效果——

（a）豁免以下主体对本法案的指定条款或根据第 95D 条制定的法规或规则的适用——

（i）ADS 许可证持有人；或者

（ii）许可证上载明的任何机动车监督员；或者

（iii）自动驾驶机动车；或者

（b）适用本法案或根据第 95D 条制定的法规或规则的指定条款，并作出与下述主体相关的指定的修改——

（i）ADS 许可证持有人；或者

（ii）许可证上载明的任何机动车监督员；或者

（iii）自动驾驶机动车。

第 33H 条 ADS 许可证的撤销、中止或变更

（1）在恰当通知 ADS 许可证持有人的前提下，市政委员会有权就其授予的 ADS 许可证采取以下任何行动——

（a）在任何其认为恰当的时候中止该 ADS 许可证；

（b）撤销该 ADS 许可证；

（c）变更 ADS 许可证以增加或减少指定的证载自动驾驶机动车；

（d）变更 ADS 许可证以增加或减少指定的证载机动车监督员；

（e）通过施加、移除或修订条件来变更 ADS 许可证所适用的条件。

（2）市政委员会可在仅以执法机构（定义见第 7B 部分）提供的报告为依据，而不进行任何其他听证或调查的情况下，根据第（1）款规定采取相关行动。

（3）中止、撤销或变更应自以下时点生效——

（a）该等通知送达 ADS 许可证持有人之时；或者

（b）该等通知中指明的较晚时间或日期。

（4）ADS 许可证在中止期间不具有法律效力。

第 33I 条 与驾驶或管理持有无效 ADS 许可证的自动驾驶机动车有关的违法行为

（1）凡从事以下行为的主体，即属犯罪——

（a）在高速公路上驾驶或管理自动驾驶机动车；以及

（b）根据法律规定，自动驾驶机动车在其所处的运行情况下的操作需要取得 ADS 许可证；以及

（c）该驾驶机动车的 ADS 许可证不具有法律效力。

（2）从事第（1）款违法行为的主体，应被处以不超过 100 个罚款单位的罚款。

（3）凡从事以下行为的主体，即属犯罪——

（a）该人——

（i）促使他人在高速公路上驾驶或管理自动驾驶机动车的；或者

（ii）从事以任何方式帮助、便利或促成他人在高速公路上驾驶或管理自动驾驶机动车的行为。

（b）根据法律规定，自动驾驶机动车在其所处的运行情况下的操作需要取得 ADS 许可证；以及

（c）该机动车的 ADS 许可证不具有法律效力。

（4）从事第（3）款犯罪行为的主体，应被处以不超过以下金额的罚款——

（a）对于法人团体，500 个罚款单位；及

（b）在其他情况下，100 个罚款单位。

注释

就未持有有效 ADS 许可证而驾驶自动驾驶机动车的具体情形，请参阅第 3AB 条第（3）款。

第 33J 条 违反 ADS 许可证条件驾驶或管理自动驾驶机动车的违法行为

（1）凡从事以下行为的主体，即属犯罪——

（a）在高速公路上驾驶或管理自动驾驶机动车的主体；及

（b）根据法律规定，自动驾驶机动车在其所处的运行情况下的操作需要取得

ADS 许可证；以及

（c）该机动车拥有有效的 ADS 许可证；以及

（d）该机动车的操作违反 ADS 许可证条件。

（2）从事第（1）款犯罪行为的主体，应被处以不超过以下金额的罚款——

（a）对于法人团体，500 个罚款单位；

（b）其他情形下，100 个罚款单位。

第 33K 条 市政委员会进行测试或评估的权力

（1）市政委员会可对 ADS 许可证载明的或 ADS 许可证申请载明的自动驾驶机动车进行任何测试或评估，以确定其是否可在高速公路上安全行驶。

（2）为第（1）款之目的，该自动驾驶机动车可能受限于——

（a）对其自动驾驶系统进行的测试或评估；或

（b）任何市政委员会在一定情况下认为必要且适当的其他测试或评估。

（3）如市政委员会根据本条的规定进行测试或作出评估，则——

（a）该测试或评估必须——

（i）由该类测试或评估所规定之类别的人士进行；及

（ii）依照 ADS 指南进行（如适用）；及

（b）市政委员会必须遵守 ADS 指南，根据测试或评估结果判定该自动驾驶机动车是否可在高速公路上安全行驶。

（4）任何人如善意地向市政委员会报告信息，披露或暗示某一特定自动驾驶机动车的自动驾驶系统已使得该机动车在高速公路上的操作不再安全，则该人无须仅因作出该报告而承担民事或刑事责任。

第 33L 条 市政委员会可保存自动驾驶机动车驾驶人或管理人的档案

（1）市政委员会可建立并保存有关自动驾驶机动车的驾驶人或管理人的或拟驾驶或管理自动驾驶机动车的人员的档案。

（2）市政委员会可为特定人士建立档案，当——

（a）该人士申请自动驾驶机动车的 ADS 许可证时；或

（b）该主体于 ADS 许可证申请中被指定为自动驾驶机动车的机动车监督员时；或

（c）出现其他规定的情形时。

（3）该档案仅可记录相关主体的、法律法规规定的信息。

第 33M 条 部长有权发布指南

（1）部长可不时就下列事项发布指南——

（a）自动驾驶机动车的试验；或

（b）自动驾驶机动车的检测、评估或者安全保证措施；或者

（c）与自动驾驶机动车有关的执法。

（2）在不影响第（1）款规定适用的情况下，关于自动驾驶机动车试验的指南可规定——

（a）可以进行自动驾驶试验的公路；以及

（b）进行自动驾驶试验必须遵循的方式，包括就拟进行该试验向公众公告；以及

（c）申请核发 ADS 许可证需处理的事项；以及

（d）安全管理方案的内容；以及

（e）为应对自动驾驶试验有关的风险，而要求持有的保险种类；以及

（f）需要提供的、因进行自动驾驶试验产生的或与该试验有关的信息和报告。

（3）部长必须确保 ADS 指南已在政府公报上公布。

（4）ADS 指南可纳入包含于外部文件的任何事项——

（a）无论是全部或部分或经 ADS 指南修订过的；或者

（b）无论该外部文件发布于 ADS 指南制定时或 ADS 指南制定前；或者

（c）无论该外部文件是否系不时发布的。

（5）在下列情况下，第（6）款适用——

（a）ADS 指南纳入了不时发布的外部文件中包含的任何事项；以及

（b）ADS 指南发布后，外部文件进行了修订。

（6）为 ADS 指南之目的，在部长于政府公报上发布修订公告之前，外部文件应被视为未被 ADS 指南修订。

（7）在本条中——

外部文件，指由任何政府机构、个人或团体发布的文件、准则、指南、规则、规范、标准或方法；

纳入，包括准予适用和批准通过；

已发布的，就外部文件而言，包括已制定、已规定和已公布的情形（无论在网站上或以其他方式公布）。

第 33N 条 豁免适用本法案、法规或规则或改变其施行的权力

（1）法规可以规定本法案或根据第 95D 条制定的法规或规则的特定规定不适用于以下主体或经特定修改后适用于以下主体——

（a）ADS 许可证持有人或特定的 ADS 许可证持有人或特定类别的 ADS 许可证持有人；或

（b）ADS 许可证载明的机动车监督员或特定的 ADS 许可证或特定类别的 ADS 许可证载明的任何机动车监督员；或

（c）ADS 许可证载明的自动驾驶机动车，或特定的 ADS 许可证或特定类别的 ADS 许可证载明的任何自动驾驶机动车。

（2）根据第（1）款中的法规作出的豁免或修改可表述为——

（a）仅在特定期间，或特定 ADS 试验或特定类别的 ADS 试验的全部或部分期间适用；及

（b）无条件地适用或在特定条件下适用。”

7. 新增的第 46EA 条

在《1986 年道路安全法》第 46E 条之后增加——

“第 46EA 条 ADS 许可证持有人

无论本部分或法规是否有任何相反规定，生效 ADS 许可证载明的某自动驾驶机动车的驾驶员，不因以自动驾驶模式驾驶该机动车而被扣分。”

8. 驾驶员或机动车辆管理人的一般职责

在《1986 年道路安全法》第 59 条第（9）款“机动车”之后加入“及，就自动驾驶机动车而言，于该机动车有效的 ADS 许可证”。

9. 机动车辆发生事故时驾驶员等的职责

（1）在《1986 年道路安全法》第 61 条第（1）款（c）项“机动车”（第二次出现）之后加入“并且，就自动驾驶机动车而言，则说明事故发生时机动车是否处于自动驾驶模式”。

（2）在《1986 年道路安全法》第 61 条第（1）款（d）项“地址”之后加入“以及（c）项中要求的其他信息”。

10. 机动车辆的扣留、制动和没收

在《1986 年道路安全法》第 84C 条第（1）款第二级相关犯罪的定义中的（f）项后加入——

“（fa）违反第 33I 条第（1）款或（3）款或第 33J 条第（1）款的罪行；”

11. 第 7B 部分适用的信息

（1）在《1986 年道路安全法》第 90J 条第（1）款后加入——

“(1A) 本部分也适用于以下信息——

(a) 市政委员会就其在第3A部分项下的职能和活动而收集或接收的信息；以及

(b) 可识别个人或可合理确定个人身份的信息。”

(2) 在《1986年道路安全法》第90J条第(2)款中，将“第(1)款”替换为“第(1)款和第(1A)款”。

(3) 在《1986年道路安全法》第90J条第(3)款后加入——

“(4) 为第(1A)款之目的，市政委员会就其在第3A部分项下的职能和活动而收集或接收的信息包括但不限于与以下任何一项相关的信息——

(a) ADS试验的实施，包括在该试验期间所犯罪行的详情；

(b) ADS许可证的授予、拒绝授予、续展、条件变更、中止或撤销；

(c) 通过减少或增加指定的自动驾驶机动车或指定的机动车监督员变更ADS许可证；

(d) 根据第33K条进行的测试或评估；

(e) ADS指南。”

12. 关于自动驾驶机动车的法规

在《1986年道路安全法》附表2末尾加入——

“自动驾驶机动车

87. 适用于自动驾驶机动车的驾驶自动化程度。

88. 需要取得ADS许可证的情形、机动车辆类别。

89. 申请ADS许可证或申请变更、续展ADS许可证的申请书，需提交申请书的日期及申请书随附的资料、依据。

90. 授予、变更、续展ADS许可证前需遵守的要求。

91. 授予、变更、续展ADS许可证的条件。

92. ADS许可证的起始日期和有效期限。

93. 拍摄照片，或制作数字图像，以包含于ADS许可证有关文件中。

94. 发放ADS许可证文件副本。

95. 测试、评估和驾驶培训。

96. 机动车监督员应当遵守的规则。

97. 市政委员会撤销、中止或变更ADS许可证的理由，以及在该等情形下应当遵循的程序。

98. 市政应当撤销、中止、变更 ADS 许可证或拒绝变更 ADS 许可证的申请的情形，以及在该等情形下应当遵循的程序。

99. 在 ADS 许可证被市政委员会撤销或中止的情况下，交还 ADS 许可证相关文件。

100. 应付费用包括——

（a）就申请 ADS 许可证所需缴付的相关费用；或

（b）为完成市政委员会根据第 33C 条第（3）款要求的，须在授予 ADS 许可证前进行的任何事项所需缴付的相关费用；或

（c）为取得或续展 ADS 许可证所需缴付的任何费用；或

（d）变更 ADS 许可证或 ADS 许可证所适用的条件。”

13. 次要和相应的修订

（1）在《1986 年道路安全法》第 16G 条标题“驾驶”之后加入“非自动”。

（2）《1986 年道路安全法》第 16G 条脚注替换为如下内容：——

“注释

1 有关驾驶或管理自动驾驶机动车的人员的档案的保存，见第 33L 条。

2 有关市政委员会需对特定人的扣分进行留档的要求，请另见第 35 条。”

（3）在《1986 年道路安全法》第 95 条第（6）款“拖车”之后加入“或根据第 3A 部分规定的 ADS 许可证”

第 3 部分　对《1958 年刑法》的相应修订

14.《1958 年刑法》

将《1958 年刑法》第 317B 条第（1）款中关于驾驶的定义替换为——

“驾驶，就机动车辆而言，具有与《1986 年道路安全法》中相同的含义且包括对船舶的操控；”

第 4 部分　修正案的废止

15. 修正案的废止

本法案于 2018 年 12 月 31 日废止。

注释

本法案的废除并不影响根据其所作出的修正案的继续实施（见《1984 年立法解释法》第 15 条第（1）款）。

第三节　澳大利亚：自动驾驶机动车的国家执法指南

一、简介

《自动驾驶机动车的国家执法指南》（National enforcement guidelines for automated vehicles）是由澳大利亚国家运输委员会（National Transport Commission，“NTC”）于 2017 年 11 月发布的报告。

配备自动化功能的机动车已陆续开始在澳大利亚的道路上行驶，其中包括具有辅助驾驶、停车协助等功能的机动车。然而澳大利亚的众多交通法都建立在驾驶员控制机动车的前提之上，如《澳大利亚道路交通规则》第 297 条要求“驾驶员对机动车进行适当的控制”。为明确这一要求如何适用于具有自动化功能的机动车，NTC 发布了《自动驾驶机动车的国家执法指南》（下文简称“指南”）。

二、主要内容

（一）指南的意义

该指南的意义在于：

1. 就《澳大利亚道路交通规则》第 297 条中的“适当控制”要求如何应用于具有自动功能的机动车提供了指导标准及示例；

2. 明确指出即使机动车在某一时间点启用了有条件的自动化功能，人类驾驶员依然有义务遵守道路交通法规。

（二）指南的目标

该指南旨在：

1. 支持道路安全成果

2. 被所有州和区域一致采用

3. 保持技术中立

4. 向警方提供关于《澳大利亚道路交通规则》第 297 条和“适当控制”要求适用于具有自动化功能机动车的明确指导

5. 确认当机动车在某个时间点启用有条件的自动化时，人类驾驶员有责任遵

守道路交通法规

6. 更新并保持相关性

7. 从长远来看考虑到所有级别的驾驶自动化

8. 协助道路运输机构考虑豁免交通法规的结果

9. 不影响有关非自动驾驶机动车司机的现行规定

（三）指南适用范围

该指南是为立即使用而起草的，不依赖于任何立法修正案。其只为警方提供指引，而并不约束警方根据个案的特定情况采取适当的自由裁量权。

1. 适用范围：

该指南仅适用于现行道路交通法。

针对《澳大利亚道路交通规则》第297条中的“适当控制”要求，该指南对以下情形提供了具体指引：

（1）在某一时间节点下，没有开启任何自动化功能的机动车。

（2）配备驾驶员辅助（1级）和部分自动化（2级）的机动车，其中人工驾驶员执行部分动态驾驶任务。

（3）附条件自动化（3级）的机动车，其中人工驾驶员必须准备好对机动车系统故障和接管驾驶任务的请求作出响应。

2. 不适用范围：

该指南不适用于造成车祸的民事责任或刑事责任。

针对《澳大利亚道路交通规则》第297条中的“适当控制”要求，该指南对以下情形未作出具体指引：

（1）高度自动化（4级）运行的机动车、完全自动化（5级）运行的机动车。

（2）预计这两类机动车短期内难以实现在市场上进行商业投放。待道路交通法规认可自动驾驶系统作为机动车驾驶员，并且可由自动驾驶系统对驾驶行为负全责时，将再考虑制定针对这些自动化级别的机动车的准则。

（3）未经道路交通法许可或豁免，不得在公共道路上运行机动车和自动化设施，如低速无人驾驶客运班车和远程停车辅助设施。《澳大利亚道路交通规则》要求驾驶员在离开机动车前有效地应用驻车制动器，而开启远程停车辅助功能的机动车无法遵守这一要求。因此，远程停车辅助功能目前无法在澳大利亚的公共道路上合法运行。

（四）驾驶自动化水平分级（表1）

该指南采用了 SAE 国际标准 J3016《标准道路机动车驾驶自动化系统分类与定义》（Taxonomy and Definitions Related to Driving Automation Systems for On-Road Motor Vehicles），具体如下。

表 1　驾驶自动化水平级别概要

等级	说明	示例
人为驾驶机动车		
0 级 – 无自动化（No Assistance）	整个驾驶任务由人类驾驶员执行	现有的许多机动车都处于这一水平，还可能拥有碰撞警告等辅助功能。
1 级 – 驾驶辅助（Driver Assistance）	驾驶自动化系统可以控制转向或加速和制动，人类驾驶员负责其余的驾驶任务。	自适应巡航控制（速度）或主动车道控制（转向）。许多新车具有自适应巡航控制，而主动车道控制较少见。
2 级 – 局部自动化（Partial Automation）	驾驶自动化系统可以控制所有转向、加速和制动，但人类驾驶员必须继续监控驾驶环境和驾驶任务，在必要时进行干预。	同时控制方向和速度。目前在市场上有一些汽车具备这些功能。
能够自动驾驶的机动车		
3 级 – 有条件自动化（Conditional Automation）	在持续一段时间内由一个自动驾驶系统完成所有驾驶任务，但期望人类驾驶员能正确响应请求并接管操控。	该指南发布时，市场上尚未有以附条件自动化方式运行的机动车，但可能在不久的将来上市。此类机动车可以在没有立法修正案、许可证或豁免的情况下运行。
4A 级 – 高度自动化（High Automation）	在特定情况下，由自动驾驶系统完成所有驾驶任务，并且无需人工驾驶员监控或进行干预。在其他情况下，可能会采用较低级别的自动化。	该指南发布时，市场上尚未有任何机动车在此种自动化水平下运行。
专用自动驾驶机动车		
4B 级 – 高度自动化（High Automation）	在特定驾驶模式下，始终由自动驾驶系统完成所有驾驶任务，并且无需人工驾驶员监控或进行干预。	该指南发布时，市场上尚未有任何机动车在此种自动化水平下运行。目前，此类机动车不能在澳大利亚公共道路上运行，除非获得豁免或许可证。
5 级 – 全自动化（Full Automation）	自动驾驶系统在全部时间、全部路况和环境条件下完成所有动态驾驶任务。	该指南发布时，市场上尚未有任何机动车在此种自动化水平下运行。

自动泊车辅助功能

在该功能模式下，由自动驾驶系统承担整个停车任务。部分制造商还通过智能手机或遥控钥匙中的应用程序提供远程停车服务。当使用远程功能时，驾驶员可以不在机动车内，但必须在机动车附近。

具有停车辅助（驾驶员留在车内）和远程停车辅助功能（驾驶员在附近进行监督）的机动车属于2级自动化的范畴。即使是通过手持控制器远程完成，在使用这些自动泊车辅助应用程序时，必须有人类驾驶员监督。

（五）遵守道路交通法的责任分配以及表明适当控制的行为示例（表2）

表2　按驾驶自动化级别划分的指南

自动化水平			表明适当控制的行为示例			
自动化水平	谁承担驾驶任务?	遵守道路交通法规的责任分配（谁负责？）	至少有一只手在方向盘上。	坐在驾驶座上。	如系统请求或出现明显故障，足够警觉并恢复整个驾驶任务。	不阅读或查看与导航或驾驶无关的设备或事物（对移动电话和视觉显示单元的现有限制继续适用）。
在某一时间节点下，未启用任何自动驾驶功能	人为驾驶。人类驾驶员执行整个驾驶任务。	人类控制机动车运行并对此负责尽管可能存在主动安全系统（在高风险事件或操纵期间发出警告或进行干预），但人类驾驶员执行整个驾驶任务。	是	是	不适用（此模式下，司机始终对整个驾驶任务负责。）	是，驾驶员不得从事驾驶以外的任何活动。
1级–驾驶辅助（转向或制动和加速控制）	人为驾驶。人类驾驶员执行大部分驾驶任务。	人类控制机动车运行并对此负责要求人类驾驶员执行全部或部分驾驶任务。	是	是	是	是，驾驶员不得从事驾驶以外的任何活动。
2级–局部自动化（转向、加速和制动控制）	人为驾驶。如在运行过程中缺少人的监控，驾驶自动化系统将无法持续执行整个驾驶任务。	人类控制机动车运行并对此负责要求人类驾驶员执行全部或部分驾驶任务。	是	是	是	是，驾驶员不得从事驾驶以外的任何活动。

续表

自动化水平			表明适当控制的行为示例			
2 级－局部自动化（泊车辅助－驾驶员保持在驾驶员座椅上）	系统和人类共同完成驾驶任务。 自动驾驶系统执行停车任务，驾驶员负责对象检测，并在障碍物进入机动车路径时进行干预。	人类控制机动车运行并对此负责 要求人类驾驶员执行全部或部分驾驶任务。	否	是	是	是，除监督系统运行外，驾驶员不得从事任何其他活动。
3 级－有条件自动化	系统具有操控机动车的能力 自动驾驶系统可以在无人监控的情况下持续执行整个驾驶任务，但如果系统提出请求或出现明显故障，则需要人工干预驾驶任务。	人类控制机动车运行并对此负责 现行法律仍未承认自动驾驶系统的法律地位，因此其不能负责。 当启用自动驾驶功能时，人类驾驶员不需要执行任何驾驶任务，但具有后备作用。	否	是	是	是，驾驶员不得从事妨碍其响应系统接管请求、不符合自动驾驶功能的预期用途或法律禁止的活动。

（六）执法机构与自动驾驶机动车的互动

依据澳大利亚现行法律，具有自动化功能的机动车并未被强制要求搭载监测是否在特定时间启用了自动化功能的工具。且鉴于当前的产业发展情况，制造商也暂不太可能提供此类应用。此外，目前尚未有规定要求制造商或驾驶员提供自动化功能使用情况信息的访问权限（但在必要时可通过传票获得）。

作为未来登记系统改革内容之一，机动车登记数据（包含全国机动车数据和信息交换服务的信息）有可能涉及自动化驾驶水平、自动化功能等相关领域。与此同时，这项工作将作为自动驾驶机动车安全保障系统项目的一部分开展，并于 2020 年实施。因此，机动车登记数据将为获取机动车自动功能使用情况的相关信息提供途径。

1. 人类驾驶员如何证明启用了机动车自动化功能以及自动化功能在驾驶中的参与程度

在认定是否有违反《澳大利亚道路交通规则》第 297 条的行为时，警官必须确认机动车驾驶员是否采取适当的控制。作为免责辩护，自动驾驶机动车的驾驶员可以声称他们进行了适当控制，理由是当观测行为发生时自动驾驶功能正在发挥作用，且机动车的运行符合道路交通法规。

在此种情形下，由人类驾驶员（或与该违法行为相关的注册运营商）负责举证启用了自动化功能以及自动化功能对驾驶的参与程度。人类驾驶员可通过以下方式证明机动车在特定时间节点下的自动化程度：

（1）驾驶员的陈述。

（2）提供由制造商编制的驾驶员手册，其中包含机动车自动功能的说明以及如何安全使用。

（3）机动车品牌、型号及其性能等。

（4）反映安全驾驶行为的车内仪表盘信息。

2. 满足下列条件时，应认定违反了《澳大利亚道路交通规则》第 297 条：

驾驶员不遵守表 2 中列出的适当控制要求，且不属于特定的交通违法行为（或更严重的违法行为）。

3. 除《澳大利亚道路交通规则》第 297 条外，可能涉嫌违反的其他规定：

对机动车缺乏适当控制也可能导致：

（1）违反道路交通法规的特别规定（例如，在没有对外界进行适当提示的情况下改变车道）。

（2）更严重的违法行为（例如，未尽到应有的注意或危险 / 疏忽驾驶）。

第四节　澳大利亚：改变驾驶相关法规以支持自动驾驶机动车的发展

一、简介

《改变驾驶相关法规以支持自动驾驶机动车的发展》（Changing Driving Laws to Support Automated Vehicles）是由澳大利亚国家运输委员会（National Transport Commission，“NTC”）于 2018 年 5 月发布的报告，该报告主要聚焦于自动驾驶机动车和自动驾驶系统（Automated Driving Systems，下称“ADS”）的法律规制问题。

二、主要内容

（一）概述

1. 现行的交通法规都是假设存在人类驾驶员，如何将现行的驾驶交通法规适用于自动驾驶机动车。就此，国家交通和基础设施委员会（The Transport and Infrastructure Council）指导 NTC 提出立法改革方案，以明确现行交通法对自动驾驶机动车的适用，并为自动驾驶系统实体（Automated Driving System Entities，下称“ADSE”）[ADSE 是指对 ADS 的行为负责的法律实体。它可以是 ADS 的制造商，也可以是自动驾驶机动车的经登记的操作者，也可能是其他法律实体。] 确立法律义务。

2. 本政策性文件提出了若干立法建议，以明确在何种情况下可以由 ADS 而非自然人来驾驶机动车，并确保始终有一个法律实体对机动车驾驶负责。

3. 为将高度自动化或全自动化的机动车投入商业使用，任何对法律的修改都必须及时。对法律的修改将和建立安全保障体系的改革同步进行，以确保自动驾驶机动车在道路上安全行驶。

（二）国家有必要制定全国性法律以规范 ADS 的行为

1. 国家需要进行立法改革，以允许 ADS 执行驾驶任务，并确保有法律实体对其驾驶行为负责。

2. 国家应采取全国统筹的方法制定驾驶法规，以规范 ADS“司机”，并明确对 ADS 的驾驶行为负责的法律实体。

3. NTC 应当和各州、各地区以及全澳大利亚联邦通力合作，通过制定专门的全国性法律而非修改现行的澳大利亚交通法，以实现自动驾驶机动车法律在全国的统一。

（三）法律上应承认 ADS 可以执行动态驾驶任务（dynamic driving task）

[“驾驶”行为可以分为“战略”（strategic）和“动态”（dynamic）任务。战略驾驶任务主要包括行程规划（何时何地旅行，路线选择）。动态驾驶任务包括

操作机动车所需的操作（如控制转向、速度）。在研究自动驾驶机动车应适用哪些驾驶法规时，由于 ADS 的设计目的是在机动车启动时执行“动态驾驶任务”，故主要研究自动驾驶机动车执行动态驾驶任务的情形。]

1. 立法改革应承认只有在安全保障体系下获得了许可并遵守该体系的 ADS 才可以在澳大利亚道路上执行动态驾驶任务。

2. 安全保障体系是监督 ADS 健康发展的主要机制，它将保障 ADS 能够安全地执行动态驾驶任务。

3. 为了制定一部全国性的法律以规制 ADS，NTC、各州、各地区和全联邦应当共同努力，以明确动态驾驶任务在法律上的义务，并将其规定在专门制定的全国性法律中。该内容也可能需要修改以使得 ADS 和自然人承担义务达到的结果相同。

（四）在各个自动化程度遵守动态驾驶任务义务的控制者和责任

1. 当机动车处于满足条件的高度自动化和全自动化状态时，应认定是 ADS 在控制机动车。

2. 由于 ADSE 对 ADS 有最强的控制力，故应由根据安全保障体系认定的 ADSE 对 ADS 的行为负责。

3. ADSE 应当只对它能控制的事情负责。

（五）非动态驾驶任务的责任

1. 根据安全保障体系认定的 ADSE 将对以下事项负责：

（1）ADS 执行的动态驾驶任务的义务。

（2）部分非动态驾驶任务的义务。

2. 各州、各地区、NTC 和联邦应当进行立法分析，以明确：

（1）ADSE 应当承担的关于 ADS 执行动态驾驶任务和非动态驾驶任务的义务。

（2）如果 ADS 处于控制之下，且无法完全实现其功能，则需要将驾驶责任重新分配给其他主体。

（六）自动驾驶机动车使用者的责任

1. 如果 ADS 在附条件的自动化状态（conditional automation）[附条件的自

动化是指 ADS 在规定的环境下持续地承担整个动态驾驶任务，人工驾驶者不必监控驾驶环境或 ADS，但必须能够接受 ADS 的干预请求和处理任何系统故障。]下运行，则应当将随时接管驾驶任务的义务施加给后备驾驶员（fallback-ready user），[后备驾驶员是指在附条件自动行驶的机动车中的自然人。他应当能够接受 ADS 的人工干预请求，能够发现 ADS 的明显故障，能够通过手动控制机动车以处理上述情况。] 即后备驾驶员应当随时准备好根据 ADS 的请求，或在 ADS 发生故障时接管驾驶任务。

2. 不应将随时接管驾驶任务的义务施加给自动驾驶机动车上的乘客，因为他们没有控制机动车的能力。自动驾驶机动车的安全风险应当通过 ADSE 承担的义务来降低。

（七）酒驾、毒驾问题在自动驾驶情景下的法律规制

1. 驾驶专用自动驾驶机动车的人和自动驾驶机动车中的乘客不应因启动机动车或掌管机动车而遭受酒驾、毒驾相关违法行为的处罚。

2. 任何与酒驾、毒驾相关的违法行为均应适用于手动启动或关闭自动驾驶机动车的人。但随着技术的发展和国际治理方法的成熟，上述观点也可能需要进一步考虑。

（八）合规和执法

1. ADSE 应对 ADS 未能正确履行动态驾驶任务的后果负责，包括接受适当的制裁和惩罚。

2. 专门制定的全国性法律将规定 ADS 能够履行的动态驾驶任务的义务。

3. 在 2018 年 11 月的理事会会议就安全保障体系的相关要素达成一致后，应于 2019 年 5 月向国家交通及基础设施委员会提交进一步的合规和执法建议，包括有关违反驾驶法律的行为、处罚和制裁。这些建议应考虑与安全保障体系以及该体系所确立的职责或违法行为之间的联系，特别是与潜在的主要安全职责之间的联系。

（九）下一步的工作

1. 本政策性文件提供了高层次的政策建议，旨在促使国家交通和基础设施委员会就自动驾驶机动车相关法规的主要特点达成共识。

2. 为了制定专门性国家法律，这一高层次政策性文件需要转化为立法的起草指南。

3. NTC 对法律的修订工作和对安全保障体系的改革工作是紧密相关的。部分对驾驶法规的改革应当在安全保障体系的相应部分确定后再做出。

三、结论

本报告提出的立法建议：

1. 允许符合条件的 ADS 执行动态驾驶任务。
2. 确保在任何场景下，始终有法律主体对驾驶行为负责。
3. 规定各类法律主体（包括 ADS 和自动驾驶机动车的使用者）的法律义务。
4. 提供具有灵活性和执行选择的监管框架。

第五节　澳大利亚：规制政府对 C–ITS 和自动驾驶机动车数据的访问

一、简介

《规制政府对 C–ITS 和自动驾驶机动车数据的访问》（Regulating Government Access to C–ITS and Automated Vehicle Data）是由澳大利亚国家运输委员会（National Transport Commission，“NTC”）于 2019 年 8 月发布的报告。

本报告思考与政府收集和使用 C–ITS（Cooperative Intelligent Transport Systems）和自动驾驶机动车技术产生的数据相关的新的隐私问题。这表明澳大利亚的信息访问框架可能不足以应对这些挑战，就此 NTC 提出了广义设计原则来指导 C–ITS、自动驾驶机动车法律以及统一标准的制定。

二、主要内容

（一）概述

1. 鉴于交通技术的重大发展和可能出现的潜在隐私问题，澳大利亚国家运输委员会正在审查澳大利亚政府数据获取和隐私保护相关的法律法规。

2. 本报告就澳大利亚政府对 C–ITS、自动驾驶机动车的数据的访问以及澳大利亚的隐私保护相关法规提出了建议。

（二）研究内容与基本假设

1. 本报告的主要研究内容是：探讨在政府收集和使用由C-ITS和自动驾驶机动车技术生成的数据时，是否需要为公民提供额外的隐私保护。本报告认可允许政府访问上述数据具有收益，也认同需要为政府创建一个适当的授权环境。

2. NTC在本报告中采取了以下假设：

（1）由于数据之间具有联系，在多数情况下，我们很难不可逆地将数据去标识化。

（2）在国际上，信息访问框架仍将与数据隐私相关的各种标准存在差异。但无论如何，任何政策和建议都应考虑世界各国在数据隐私方面的发展。

（3）作为安全改革的一部分，NTC可以建议授予特定的立法权力以获取相关自动驾驶机动车数据。

（三）当前和未来汽车技术产生的数据

1. 各方普遍同意NTC对现行驾驶技术、C-ITS和自动驾驶机动车技术的总体观点和概述。根据各方的反馈，NTC：

（1）将“V2V/V2I通信”修改为“V2X通信”。

（2）将一系列更具体的当前已有的或未来可能出现的技术作为更广阔类别中的示例。

（3）认识到在自动驾驶机动车领域，某些相关技术（包括相关的电子控制元件）可能会用不同的术语表达。

2. NTC的总体观点和概述只是说明性的，并且可能随着技术的发展而变化。

（四）政府访问C-ITS和自动驾驶机动车数据的收益

1. 政府对C-ITS和自动驾驶机动车数据的访问有助于影响和强化其在执法、交通管理、基础设施和网络规划等领域的决策。

2. 政府访问这些数据的收益需要和保护相关主体的隐私相平衡。

（五）C-ITS和自动驾驶机动车技术带来的新的隐私问题

1. C-ITS和自动驾驶机动车产生的数据的类型、广度和深度带来了新的隐私保护问题。

2. 由于 C–ITS 和自动驾驶机动车产生的数据可能是个人信息和敏感信息，上述隐私问题可能影响 C–ITS 和自动驾驶机动车的个人用户。

（六）澳大利亚信息访问框架在规制政府访问信息方面的不足

1. 澳大利亚的信息访问制度在规制政府对 C–ITS 和自动驾驶机动车数据方面，尤其是应对新的隐私问题方面可能存在不足。

2. 上述不足涉及不同法域制度的差异、可能广泛存在的政府对数据的多次使用以及法律执行力度上的不同。这些都有利于政府对公民进行监视。

3. 在下一阶段的工作中，NTC 将考虑推动新的立法，以规制政府收集自动驾驶机动车相关的数据。政府的上述收集行为需要特别注意对公民隐私的保护。

4. NTC 有必要进一步寻找现行法律体系的不足，以让政府更好地为公共目的访问和使用 C–ITS 和自动驾驶机动车数据。

（七）政府访问 C–ITS 和自动驾驶机动车数据问题的规制路径

1. NTC 认为有必要进行改革，以规制政府对 C–ITS 和自动驾驶机动车数据的访问，并解决这些数据可能引发的隐私保护问题。

2. 在目前的改革阶段，NTC 认为有可能对 C–ITS 和自动驾驶机动车技术采取大体类似的方法，因此有一套组合备选方案。

3. NTC 提出了广义设计原则来规制政府访问 C–ITS 和自动驾驶机动车数据和应对新的隐私问题，这将为 NTC 和澳大利亚路政委员会（Austroads）的进一步工作提供指导。

4. 随着监管框架和技术的发展，这一方法将提供足够的灵活性。

（八）规制政府访问 C–ITS 和自动驾驶机动车数据制度的设计原则

1. NTC 制定了设计原则以规制政府访问 C–ITS 和自动驾驶机动车数据，包括：

（1）平衡政府访问 C–ITS 和自动驾驶机动车数据的利益和公民的隐私保护，适当限制 C–ITS 和自动驾驶机动车数据的收集、披露和使用。

（2）与现行的、未来的澳大利亚的、国际的隐私保护和数据访问制度保持协调。

（3）规定政府对C–ITS和自动驾驶机动车数据的访问权限以及相关的隐私保护事宜。

（4）以广义和技术中立的术语明确定义C–ITS和自动驾驶机动车数据。

（5）使政府管理C–ITS和自动驾驶机动车数据的路径与个人信息保护的应有之义保持一致。

（6）详细说明允许使用C–ITS和自动驾驶机动车数据的原因以及被限制使用上述数据的主体。同时，法律不应妨碍获得授权或法院命令的主体访问上述数据。

（7）承认使用通俗易懂的英语告知用户政府收集、使用、披露和储存C–ITS和自动驾驶机动车数据事宜的重要性。

（8）承认"知情同意"的重要性，但也应为政府提供一些途径，使得政府可以在无法取得当事人同意的情况下以其他保护公民隐私的方式获取数据。

（9）承认在许多情况下，不可逆地将数据去标识化是很困难的。

（10）支持保护数据安全。

（11）允许定期审查C–ITS和自动驾驶机动车数据的隐私保护。

2. 但上述原则仅仅是"设计原则"，而非即将被纳入立法的原则。

（九）下一步的工作

1. 上述设计原则将指导NTC推动立法，以规制政府对C–ITS和自动驾驶机动车数据的访问，并相应地进行隐私保护评估。

2. 政府将开展一项新的工作，利用政府对C–ITS和自动驾驶机动车数据的访问和使用来提升交通运输网络的效率，并拉动投资。

第六节　新西兰：自动驾驶机动车工作计划概述

一、简介

随着国际上对自动驾驶开发的日益重视，以及自动化技术的快速发展，新西兰交通运输部（Ministry of Transport）在认真审视相关机遇和风险后于2019年11月制作了《自动驾驶机动车工作计划概述》（Overview of Ministry's Autonomous Vehicles Work Programme）。本报告概述了新西兰自动驾驶机动车技术的现状，以及新西兰交通运输部为确保新西兰的交通系统为自动驾驶做好准备而正在做的工作。新西兰交通运输部的工作包括确保新西兰的监管制度规定适当的框架和及时的保障措施来管理与自动驾驶机动车相关的风险。

二、主要内容

（一）自动驾驶机动车具有感知和观测环境的能力，可以在无人工干预或少数人工干预的情形下移动

自动驾驶机动车的自动化水平分为5级，0–2级自动化水平为人类驾驶员监控环境，3–5级自动化水平为机动车全部或部分监控环境。报告还列出了0–5级自动化水平的不同特征。

自动驾驶机动车的收益目前尚不明确。

（二）部署自动驾驶机动车的两种途径

根据与汽车制造商、其他政府机构和学术界的合作，新西兰交通运输部认为有两种不同且同时存在的自动驾驶机动车部署途径。一种途径侧重于在封闭的城市地区部署全自动驾驶机动车的管理车队（通常称为机器人出租车）。另一种途径旨在逐步增加现有公共和私人车队自动化水平并且不断提高的机动车数量。

关于部署自动驾驶机动车的时间框架也有不同的看法，该时间框架仍然高度不确定，但新西兰交通运输部的最佳估计是：

1. 在接下来的两到三年内：预计澳大利亚和新西兰将有更多具有自动驾驶功能的私家车。

2. 在接下来的三到五年内：可能会看到第一批具备4级自动化的机动车在澳大利亚和新西兰封闭的城市环境中的公共道路上运行。

新西兰交通运输部认为至少需要10年甚至可能更长的时间，才能在新西兰道路上部署能够在任何环境中运行的全自动驾驶机动车。

（三）关于新西兰自动驾驶机动车工作计划的关键主题

国际上对于发展自动驾驶机动车技术的关注日益增多，这促使新西兰交通运输部审视新西兰当前和未来有关自动驾驶方面的机遇和风险。新西兰交通运输部确定了自动驾驶机动车方面工作的重点，在工作计划中确定了如下四个关键主

题，概述了监管挑战和目前的知识缺口。由于自动驾驶机动车技术的快速发展和出现新风险的可能性，工作主题可能会在未来发生变化。

主题一：安全

1. 监管挑战

（1）对于新机动车技术的安全监管（尤其自动驾驶机动车）是该工作计划的重点内容。新西兰的《陆路交通法》中并未明确规定机动车行驶时必须有人类驾驶员在车内，这意味着无人驾驶汽车理论上在符合相关机动车标准的前提下可以在新西兰道路上合法行驶。

（2）维护公共安全需要完善保障驾驶员、其他道路使用者以及公众安全的监管制度。搭建有效监管框架应当考虑的因素包括但不限于：相关主体的风险承受能力，系统灵活性与用户确定性之间的平衡，管理该体系所需的专业知识、资源和系统。

（3）此外，实施监管还应考虑是否需要相应的配套基础设施。例如，在前期为自动驾驶机动车提供单独的车道，并计算与之相关的潜在成本。

（4）制定任何新法规应支持现有立法，不得过度限制创新或禁止开发、采用新的机动车技术。

2. 知识缺口

（1）商业化生产的自动驾驶机动车将在多大程度上依赖外部网络运行，依然存在着很大的不确定性。作为一个技术接受者以及依赖海外汽车制造商的国家，新西兰将受到其他不同国家技术发展路径的影响。

（2）新西兰交通运输部正在探寻答案的问题包括：

引入自动驾驶机动车需要在多大程度上对新西兰的基础设施和通信网络进行投资部署?

能否通过开发一个可以提高定位精度并降低事故多发点风险的区域卫星增强系统来满足网络需求?

联网的自动驾驶机动车将如何应对连接中断?

（3）3 级自动化水平机动车运行所带来的一系列问题：

当不宜立即采取人工接管时，系统延迟停用可能造成哪些安全隐患?

在操作设计领域，采用最小风险方法的含义是?

3 级、4 级和 5 级自动驾驶机动车中驾驶员的安全辅助义务有哪些（非驾驶时）？如何在现有的法律下进行监管？

自动驾驶系统是否知晓其自身极限并了解何时应将控制权交还给驾驶员？

如何将自动系统升级到更高级别？这对其他道路使用者安全、驾驶员合规性和交通执法意味着什么？

主题二：责任

1. 监管挑战

（1）与新西兰交通法有关的潜在责任 / 法律问题亟待完善。1998 年《陆路交通法》（Land Transport Act 1998）中没有明确要求机动车行驶时必须有人类驾驶员在车内。然而，《陆路交通法》和 2004 年《陆路交通（道路使用者）规则》（Land Transport [Road User] Rules 2004）都暗示着应存在一名人类驾驶员，因为其中规定的许多违法行为都是针对驾驶员设计的（而不是机动车或其所有者）。

（2）评估引入更高水平的自动化功能可能在多大程度上带来新的风险。虽然 4 级和 5 级自动化还有一段路要走，但 3 级自动化已经在新西兰的一些机动车上得到应用（截至 2019 年 8 月，大约有 400 辆特斯拉 Model 3 具备 3 级能力）。

（3）保险业和法院如何应对当前立法中对事故责任缺乏明确规定的问题。根据 1982 年《事故赔偿法》（Accident Compensation Act 1982）的规定，由事故赔偿公司（ACC）管理的人身伤害保险计划适用于在该国运行的机动车。然而，该法规对人类驾驶员角色最小化乃至不参与的全自动驾驶机动车如何适用仍存在模糊性。

（4）解决责任问题的方案之一是进行审查责任分配。该方法通过审查驾驶员、车主、进口商、经营者、制造商、监管机构等主体的责任分配，确定其中最便于管控风险的一方，进而在发生事故时追究其责任。

2. 知识缺口

（1）为了确保责任问题能够得到有效解决，需要明确当前法规在各个自动化级别的对应含义。新西兰交通运输部已与法律团队及伙伴机构探讨这一问题，量化立法改革所需时间，并确保各方尽快明确各自的职责。

（2）解决自动驾驶机动车责任问题的工作方案应与新西兰其他监管框架保持一致，并明确指导方针、具体规则和法律实体的责任。

（3）需要了解和评估数据管理对于解决责任问题的重要性。尤其是当发生有待进行责任分配的事件时，执法机构应获取哪些数据？此外，应收集哪些数据来支持自动驾驶机动车保险的准确定价?

主题三：网络数据安全

1. 监管挑战

（1）推广自动驾驶机动车技术可能会增加遭受黑客攻击和操纵的风险，使其以不符合公众利益的方式运行，包括滥用于非法活动。识别、评估和监管以最小化已知风险，并警惕新出现的风险，这对于建立公众对自动驾驶机动车技术的信心至关重要。

（2）除了公共安全，隐私问题也需要在监管层面中得到解决。尽管新西兰1993年颁布的《隐私法》(Privacy Act 1993）中设置有隐私保护机制，但其已不足以应对当前的新挑战。监管部门将制定新的隐私法案来解决自动驾驶机动车产生的隐私问题和数据访问等问题，该隐私法案最早可能在2020年生效。

2. 知识缺口

（1）自动驾驶机动车将生成并存储大量数据，包括个人信息、位置数据、路线历史、车主偏好等。新西兰交通运输部需要了解其中哪些数据应当提供给政府，如何存储、使用和过滤这些数据，以及如何获得这些数据（通过监管、协议、自愿等)。

（2）此外，数据的敏感性以及在发生事故时可能作为潜在证据的特性都使得数据更具价值，并产生诸如数据货币化、数据暴露和数据被操纵等风险。通过何种形式对数据生成和存储加以保护，以及如何合理安排敏感信息的共享和访问，是自动驾驶机动车技术监管的重要议题。

主题四：社会和经济方面

（1）全自动驾驶机动车也许会彻底改变新西兰的交通格局。这些机动车可能有助于提高运输系统的安全性，还可能有利于缓解拥堵、减少空气污染、降低运输成本。

（2）然而，这些益处何时能够实现、是否能在全社会平等分享、需要政府在多大程度上进行干预（监管）才能促进积极效应并尽量减少负面影响仍未可知。

（四）与其他机构合作以最大化监管影响力和范围

新西兰交通运输部与新西兰交通局（New Zealand Transport Agency，“NZTA”）合作，了解其对自动驾驶机动车的看法和担忧，并将其观点纳入新西兰交通运输部的工作计划。新西兰交通运输部拟与NZTA就2020年自动驾驶机动车工作方案合作制定一项计划。

此外，新西兰交通运输部访问了澳大利亚，会见了自动驾驶机动车专家、澳大利亚政府、学术界等。

目前从事自动驾驶机动车研究的澳大利亚主要政府机构是国家交通委员会（Nation Transport Commission，“NTC”）和未来运输技术办公室（the Office of Future Transport Technology，“OFTT”）。

NTC 目前正在审查澳大利亚道路规则，为澳大利亚安全部署自动驾驶机动车做好准备，并与其他机构合作以协调法规。

OFTT 负责协调与未来运输技术相关的投资组合，并制定陆路交通政策框架和行动计划。

NTC 和 OFTT 正在考虑并解决的自动驾驶机动车造成的许多监管缺陷和挑战也是新西兰交通运输部关注并正在努力解决的。特别是，NTC 作为在自动驾驶机动车方面具有丰富专业知识的牵头机构，可以帮助新西兰交通运输部阐明许多与自动驾驶机动车相关的监管问题。自 2015 年以来，NTC 还一直在制作监管影响报告和监管建议等文件。新西兰交通运输部可以直接将其许多建议纳入新西兰交通运输部的工作计划，并根据新西兰的具体情况进行调整。

（五）确保政策与澳大利亚一致，并加强新西兰交通运输部在国际监管论坛中的地位

持续与作为自动驾驶监管关键机构的 NTC 和 OFTT 接触对新西兰交通运输部的工作至关重要。这些接触也将帮助新西兰交通运输部更好地了解国际监管环境。目前，由联合国欧洲经济委员会（UNECE）发起的全球道路交通安全论坛（WP.1）和世界机动车法规协调论坛（WP.29）正在研究自动驾驶机动车的监管问题。

WP.1 和 WP.29 对自动驾驶机动车的监管要求做出关键决定。虽然新西兰交通运输部不参与决策过程，但这些会议的许多决策对新西兰自动驾驶机动车的安全和监管方法具有约束力。因此，对新西兰交通运输部来说，重要的是与澳大利亚一起了解这些会议上的讨论情况，甚至能够采取措施影响这些决策。

澳大利亚参加了 WP.29 2018 年中期的会议，且此后一直在参加该会议。新西兰交通运输部目前没有资源和能力参加 WP.1 和 WP.29 的会议。但是，新西兰交通运输部正在探索如何与澳大利亚更紧密地合作。虽然如此，澳大利亚了解新

西兰的观点和优先考虑事项，以确保在国际论坛上进行适当的沟通同样重要。

（六）就自动驾驶问题加强外部沟通非常重要

新西兰交通运输部继续与国际同行合作，特别是NTC和OFTT，向他们学习，并在适当的情况下影响他们制定的任何可能影响新西兰市场的政策。

新西兰交通运输部打算在2020年底之前起草一份讨论文件，列出新西兰的关键监管问题，就新西兰交通运输部在自动驾驶机动车方面的政策和优先考虑事项向利益相关者、行业和公众发出明确的信号。

新西兰交通运输部会在网站上发布更多信息以保证一直与自动驾驶机动车专家合作。

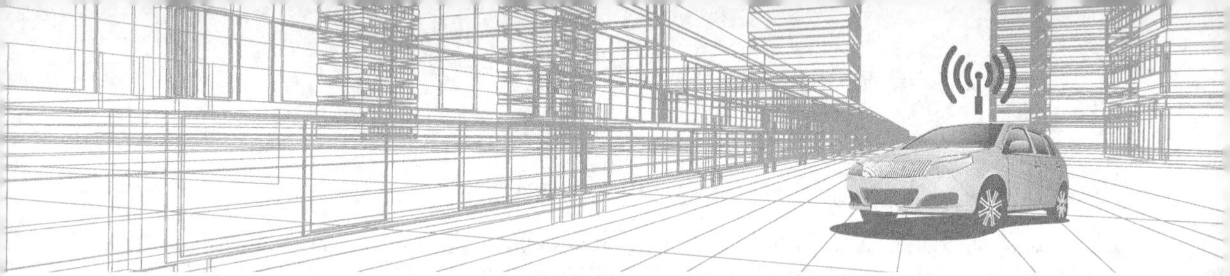

第六章 中国自动驾驶监管概述和实务观察①

一、中国自动驾驶监管特点和体系概要

“自动驾驶汽车”，又称为“智能网联汽车”“智能汽车”，是一项在全球范围内竞争的产业，更高、更快和更强的商业化应用将有助于一国引领当前的产业浪潮，吸引资本，变革产业；而制度与政策的供给则能够为自动驾驶产业的发展提供环境、移除障碍、赋予市场信心和预期。

作为前沿技术与汽车制造业、交通出行行业等融合发展的产物，自动驾驶技术的发展和应用在世界各主要国家已经上升至国家战略高度，以抢占技术和产业制高点。在中国，国家发展和改革委员会等 11 个部门于 2020 年 2 月联合印发了《智能汽车创新发展战略》，提出到 2025 年实现有条件自动驾驶的智能汽车达到规模化生产，实现高度自动驾驶的智能汽车在特定环境下市场化应用。展望 2035 到 2050 年，中国标准智能汽车体系全面建成，逐步实现智能汽车强国愿景。《智能汽车创新发展战略》提出了构建协同开放的智能汽车技术创新体系、跨界融合的智能汽车产业生态体系、先进完备的智能汽车基础设施体系、系统完善的智能汽车法规标准体系、科学规范的智能汽车产品监管体系、全面高效的智能汽车网络安全体系的智能汽车发展主要任务。

其中，《智能汽车创新发展战略》项下就建设智能汽车法规标准体系以及构建智能汽车产品监管体系的各项政策要求，展现出“多维度”和“立体化”的监管思路。具体而言，（1）在体系建设方面，要求开展智能汽车“机器驾驶人”认定、责任确认、网络安全、数据管理等法律问题及伦理规范研究，推动出台规范智能汽车测试、准入、使用、监管等方面的法律法规规范。其中，在法律法规的制订上，明确提出完善《道路交通安全法》和测绘地理信息法律法规。（2）在车

① 本章由海问律师事务所傅鹏律师和林熙翔律师撰写。

辆产品管理方面，要求完善智能汽车生产、准入、销售、检验、登记、召回等管理规定。研究制定智能汽车相关产品安全审核和管理办法。完善智能汽车场地测试标准和管理办法，加强公共道路测试审核和监管。（3）在车辆使用管理方面，颁布智能汽车标识管理办法，强化智能汽车的身份认证，建立公开透明的智能汽车监管和事故报告机制；同时加强道路基础设施领域联网通信设备进网许可管理，制定智能汽车软硬件升级更新、售后服务、质量担保和金融保险等规定，推进其商业化应用。（4）在网络和数据安全方面，完善智能汽车网络安全管理制度，加强数据安全监督管理。建立覆盖智能汽车数据全生命周期的安全管理机制，明确相关主体的数据安全保护责任和具体要求。

在此背景之下，为促进中国自动驾驶技术发展和产业应用，中国针对自动驾驶汽车的立法和监管政策在2020–2022年发展迅速，出台了系列政策和法规，亮点频出。以2021年至2022年较为晚近的立法动态为例，《道路交通安全法（2021修正）》《深圳经济特区智能网联汽车管理条例》《关于开展智能网联汽车准入和上路通行试点工作的通知（征求意见稿）》等规定陆续发布，《工业和信息化部关于加强智能网联汽车生产企业及产品准入管理的意见》《汽车数据安全管理若干规定（试行）》先后出台，GB/T 40429–2021《汽车驾驶自动化分级》推荐性国家标准正式公布，《智能网联汽车道路测试管理规范》正式被替换为《智能网联汽车道路测试与示范应用管理规范（试行）》。前述系列法律、法规、政策和标准对自动驾驶汽车生产企业及产品的准入、测试、示范应用、商业试运营、数据安全、自动化分级等内容进行规范和细化，加快了智能汽车法规标准体系的建设步伐，有助于按照《智能汽车创新发展战略》的时间表实现2025年形成中国标准智能汽车的法规标准体系这一目标，同时有利于企业的合规经营和自动驾驶汽车产业的健康发展。

整体而言，目前的自动驾驶领域的法律、法规和政策距离《智能汽车创新发展战略》规定的智能汽车法规标准体系内容尚有进一步待填补和完善之处：

（1）“试点先行、立法在后”。作为中国监管立法的常见思路，当前国家层面积极鼓励自动驾驶汽车的道路测试（包括高速公路测试）与示范应用等，一些地方城市也在探索不配备安全员但进行远程监管的无人驾驶汽车道路测试，以及自动驾驶出租汽车的示范应用与商业试点。以道路测试与示范应用等为主的“试点先行”，有助于为自动驾驶汽车的商业化落地积累经验。地方层面，深圳市尤为突出，在人工智能、无人驾驶等领域积极先行先试。2022年6月30日，深圳市人大常委会发布了《深圳经济特区智能网联汽车管理条例》（以下简称《深圳市条例》），内容涵盖道路测试和示范应用、准入和登记、使用管理、网络安全和数据保护、车路协同基础设施、道路运输、交通事故及违章处理等方面，有望在深圳市范围内解决智能网联汽车的入市、运营许可等问题，同时强化数据安全、隐私保护并明确责任分配，为自动驾驶在特定应用场景的商业化发展提供法律指引。

尽管此前国家和地方政府出台了一些关于智能网联汽车发展战略、道路测试等方面的规范性文件，但中国目前鲜有关于智能网联汽车领域的专项立法。《深圳市条例》可能将成为我国第一部智能网联汽车的综合性立法。同时，我们亦注意到，《深圳市条例》亦与上位法（包括下文提及的《道路交通安全法》）存在多项冲突和不衔接的问题，有待在实践中进一步得到检验和修正。

（2）缺乏上位法的统摄和指引，个别基础性问题仍存在监管障碍。2021 年 3 月 24 日，公安部发布了《道路交通安全法（修订建议稿）》并向全社会征求意见。其中新增的第 155 条，首次在法律层面明确了具有自动驾驶功能的汽车进行道路测试和通行的相关要求，以及违法和事故责任分担规定。具体而言，明确规定了道路测试和车辆准入，为“自动驾驶汽车道路测试”和“自动驾驶汽车上路通行”提供了法律层面的依据；将自动驾驶汽车分为两类，即“具有自动驾驶功能且具备人工直接操作模式的汽车”和“具有自动驾驶功能但不具备人工直接操作模式的汽车”；提出了技术要求和一定程度上厘清责任承担；并且新增自动驾驶功能的第三方检测机构的相关规定。令人遗憾的是，《道路交通安全法（2021 修正）》正式出台之后，删除了《道路交通安全法（修订建议稿）》第 155 条的相关建议。

在缺乏上位法的统摄和指引的情形下，为回应产业发展的需求，2021 年 7 月和 8 月《智能网联汽车道路测试与示范应用管理规范（试行）》和《关于加强智能网联汽车生产企业及产品准入管理的意见》相继出台，为自动驾驶高速公路测试和示范应用、智能汽车产品准入管理提供部门规章层面的监管路径和依据。从产业政策和制度供给的角度，这种“将球先开出去”的监管思路整体而言是务实的；但是，从立法和合规角度，实务工作者在日常工作中时常就个别问题（例如自动驾驶的违法和事故责任等基础性问题）面临不少困惑，在自动驾驶领域的监管规则缺乏明确指引的前提下，通常需要诉诸《民法典》《产品责任法》《道路交通安全法》和相关司法解释等更为一般性和传统性的法律法规和监管框架，以分析和评估自动驾驶中产生的新问题；在此“旧瓶装新酒”的分析框架下，不可避免地就市场上诸多疑难问题无法形成最大共识。

尽管仍然面临诸多不确定性或者尚待明晰之处，但是“未来已来”，活跃的市场主体和利益相关方都在为中国自动驾驶（以及更广意义上的人工智能和汽车产业的发展）建言献策、“先试先行”，随着实务中积累的商业化场景的不断丰富，商业共识将逐步形成，我们由衷期待能够参与这一“共识”的形成。

以下，我们将根据实务中的经验和观察，就中国自动驾驶领域“多维度”和“立体化”的监管路径进行总结和评述，以期为读者提供一幅认知蓝图。

二、自动驾驶车辆的定义和分级

首先需要厘清的，是自动驾驶的定义。与国际通行的分级方法类似，根据工信部 2022 年 3 月 1 日正式实施的《汽车驾驶自动化分级》（Taxonomy of driving automation for vehicles）国家推荐标准（GB/T 40429–2021），综合考虑执行动态驾驶任务中的角色分配、对于目标和事件探测的响应角色以及有无设计运行范围的限制等因素，驾驶自动化的程度被分为 0 级至 5 级，0 级至 2 级的自动驾驶系统属于驾驶辅助的类别，3 级至 5 级的自动驾驶系统属于自动驾驶的类别。具体释义以及不同等级系统对应的划分因素如表 6–1 所示：

表 6–1　汽车驾驶自动化等级划分、名称及释义

自动化分级		名称	释义
0 级	驾驶辅助	应急辅助 Emergency Assistance	系统不能持续执行动态驾驶任务中的车辆横向或纵向运动控制，但具备持续执行动态驾驶任务中的部分目标和事件探测与响应的能力①
1 级		部分驾驶辅助 Partial Driver Assistance	系统在其设计运行条件下持续地执行动态驾驶任务中的车辆横向或纵向运动控制，且具备与所执行的车辆横向或纵向运动控制相适应的部分目标和事件探测与响应的能力
2 级		组合驾驶辅助 Combined Driver Assistance	系统在其设计运行条件下持续地执行动态驾驶任务中的车辆横向和纵向运动控制，且具备与所执行的车辆横向和纵向运动控制相适应的部分目标和事件探测与响应的能力
3 级	自动驾驶	有条件自动驾驶 Conditionally Automated Driving	系统在其设计运行条件下持续地执行全部动态驾驶任务
4 级		高度自动驾驶 Highly Automated Driving	系统在其设计运行条件下持续地执行全部动态驾驶任务并自动执行最小风险策略
5 级		完全自动驾驶 Fully Automated Driving	系统在任何可行驶条件下持续地执行全部动态驾驶任务并自动执行最小风险策略

① 0 级驾驶自动化并非等于无驾驶自动化，此等级的自动化系统可感知环境，并提供提示信息或短暂介入车辆控制以辅助驾驶员避险（如车道偏离预警、前向碰撞预警、自动紧急制动、车道偏离抑制等紧急情况下提供的辅助功能）。

表 6–2　汽车驾驶自动化分级划分因素

分级	持续的车辆横向和纵向运动控制	目标和事件探测与响应	动态驾驶任务后援	设计运行范围
0 级	驾驶员	驾驶员及系统	驾驶员	存在限制
1 级	驾驶员及系统	驾驶员及系统	驾驶员	存在限制
2 级	系统	驾驶员及系统	驾驶员	存在限制
3 级	系统	系统	动态驾驶任务后援用户（接管后成为驾驶员）	存在限制
4 级	系统	系统	系统	存在限制
5 级	系统	系统	系统	无限制

由此可见，现阶段在普通乘用车领域广泛应用的“智能驾驶系统”或者“驾驶辅助系统”，仍属于驾驶自动化分级 0 级至 2 级的类别。需要提示的是，《汽车驾驶自动化分级》作为智能网联汽车领域重要的基础性国家标准，旨在通过技术要求的框架性差异比较，对不同等级的自动化驾驶系统进行区分，但具体的技术指标要求仍待其他标准另行规定和细化。

三、自动驾驶车辆产品的基本要求

在当前阶段的规则框架下，工信部于 2021 年 7 月 30 日发布的《关于加强智能网联汽车生产企业及产品准入管理的意见》（以下简称《准入意见》），作为自动驾驶汽车生产企业及产品准入领域第一部正式生效的规范性文件，内容为自动驾驶相关产品的基本要求，提供了重要的合规运营指导意见。根据《准入意见》，具有自动驾驶功能的汽车产品应至少满足以下条件：

（1）应能自动识别自动驾驶系统失效以及是否持续满足设计运行条件，并能采取风险减缓措施以达到最小风险状态。

（2）应具备人机交互功能，显示自动驾驶系统运行状态。在特定条件下需要驾驶员执行动态驾驶任务的，应具备识别驾驶员执行动态驾驶任务能力的功能。车辆应能够依法依规合理使用灯光信号、声音等方式与其他道路使用者进行交互。

（3）应具有事件数据记录系统和自动驾驶数据记录系统，满足相关功能、性能和安全性要求，用于事故重建、责任判定及原因分析等。其中，自动驾驶数据记录系统记录的数据应包括车辆及系统基本信息、车辆状态及动态信息、自动驾驶系统运行信息、行车环境信息、驾乘人员操作及状态信息、故障信息等。

（4）应满足功能安全、预期功能安全、网络安全等过程保障要求，以及模拟仿真、封闭场地、实际道路、网络安全、软件升级、数据记录等测试要求，避免车辆在设计运行条件内发生可预见且可预防的安全事故。以及

（5）应具有安全、可靠的卫星定位及授时功能，可有效提供位置、速度、时间等信息，并应满足相关要求，鼓励支持接收北斗卫星导航系统信号。

除了上述针对具有自动驾驶功能的汽车产品的基本要求之外，《准入意见》也针对自动驾驶汽车生产企业提出了一系列规定，诸如自动驾驶汽车生产企业需加强其数据安全管理能力、加强网络安全管理能力、规范软件在线升级流程并加强产品管理能力等等。

四、业务基石：自动驾驶车辆的“路测”制度

无论是驾驶辅助等级的驾驶系统，还是进阶的自动驾驶等级的驾驶系统，其功能的研发、习得及最终商业化落地，都需经过大量的场地测试与道路测试。工信部、公安部与交通运输部也于 2021 年 7 月 30 日联合发布《智能网联汽车道路测试与示范应用管理规范（试行）》（以下简称新《管理规范》），在国家层面对智能网联汽车的道路测试和示范应用车辆提出诸多要求，对道路测试主体、示范应用主体、示范应用的车辆以及相关驾驶人，均分别规定了多项要求，设置了较高的准入门槛，以确保测试的安全。举例而言，道路测试主体需要符合如下条件：（1）在中国境内登记注册的独立法人单位；（2）具备汽车及零部件制造、技术研发、试验检测等智能网联汽车相关业务能力；（3）对智能网联汽车道路测试可能造成的人身和财产损失，具备足够的民事赔偿能力；（4）具有智能网联汽车自动驾驶功能测试评价规程；（5）具备对道路测试车辆进行实时远程监控的能力；（6）具备对道路测试车辆进行事件记录、分析和重现的能力；（7）具备对道路测试车辆及远程监控平台的网络安全保障能力。

此外，相较原《智能网联汽车道路测试与示范应用管理规范（试行）》（2018 年 5 月 1 日生效，以下简称原《管理规范》），新《管理规范》体现简政放权的监管趋势。具体而言：

（1）明确了基于道路测试的智能网联汽车的示范应用[①]内涵，以及进行道路测试是开展示范应用的前提。根据新《管理规范》，在以自动驾驶模式在拟进行示

① 是指在公路（包括高速公路）、城市道路、区域范围内等用于社会机动车通行的各类道路指定的路段进行的具有试点、试行效果的智能网联汽车载人载物运行活动。

范应用的路段和区域进行过合计不少于 240 小时或 1 000 公里的道路测试，在测试期间无交通违法行为且未发生道路测试车辆方承担责任的交通事故的前提下，道路测试主体可以进行初始申请或增加配置相同的示范应用车辆；其中，拟进行示范应用的路段或区域不应超出道路测试车辆已完成的道路测试路段或区域范围。

（2）将“道路测试 / 示范应用通知书”审核改为安全性自我声明申请制度。在原《管理规范》下，申请道路测试的主体应当在通过省、市级主管部门审核后方可获得智能网联汽车道路测试通知书，但在新《管理规范》中，这一行政许可事项调整为道路测试主体仅需要向省、市级主管部门提供智能网联汽车道路测试安全性自我声明，并由省、市级政府主管部门进行确认。道路测试所用的临时行驶车号牌的申领材料之一也由此前的测试通知书调整为安全性自我声明，且在临时行驶车号到期后，道路测试主体也可以凭有效期内的安全性自我声明申请新的临时行驶车号牌，无需重复进行自动驾驶功能测试。

（3）简化异地道路测试的要求。根据原《管理规范》，已经申请临时行驶车号牌的测试车辆如需在其他省、市进行测试的，应当重新申请道路测试通知书和临时行驶车号牌。新《管理规范》则明确规定，对已经或正在进行道路测试的智能网联汽车，如需增加道路测试车辆数量或在其他省、市进行相同或类似功能的道路测试，道路测试主体可持原相关材料及补充材料，再次提交至开展道路测试的所在地省、市级政府相关主管部门，尤其是针对已经按照国家、行业相关标准通过相关通用及设计运行范围涉及的检测项目测试的，无需重复进行相同测试。这一规定，在目前各地关于智能网联道路测试申请材料标准不一的背景下，相信能够有效减轻道路测试主体在多个地区开展测试的申请负担。以及

（4）拓宽了智能网联汽车的商业模式可能性。与原《管理规范》中将道路测试范围限定于乘用车领域不同，新《管理规范》规定智能网联汽车在道路测试中可以搭载用于模拟货物的配重，为智能网联货车的商业化前景打开可能。

值得一提的是，在地方规定层面，“先试先行”渐成常态，由此可见，地方政府鼓励自动驾驶出行服务商业化的监管态度。其中以 2021 年 11 月 25 日北京市高级别自动驾驶示范区工作办公室发布的《北京市智能网联汽车政策先行区自动驾驶出行服务商业化试点管理实施细则（试行）》为例，百度和小马智行成为首批获得许可开展商业化试点服务的企业，现阶段可以在北京市经济技术开发区一定范围内投入不超过 100 辆自动驾驶车辆开展商业化试点服务。

五、“智能网联”背景下的其他业务资质要求

在实践中，自动驾驶测试和运营除了需要取得路测牌照以外，与自动驾驶有关的业务是否还需要其他的业务资质牌照，需要视提供的具体业务和服务形态而定。由于地理信息测绘及牌照与自动驾驶业务中的高精地图部分高度相关，因此我们在后文对此进行了专门探讨。本章节，主要探讨除了《测绘资质证书》以外的其他主要资质牌照。

（1）仅进行自动驾驶技术测试研发或提供自动驾驶技术方案，不需要除路测牌照以外的其他特别的资质牌照

如果仅仅是进行自动驾驶技术研发、测试，或者是将成型的自动驾驶技术作为技术方案提供给主机厂，除了就自动驾驶车辆道路测试需取得路测许可以外，一般不需要取得其他特殊的资质牌照。

主要原因在于，自动驾驶技术的研发测试以及提供解决方案，总体而言在性质上还是数据技术研发与技术服务，该活动本身不构成中国法律监管体系下相对敏感、需要取得牌照的电信业务，也不涉及相对敏感、需要取得牌照的线上或线下文化视听内容传播业务。因此，许多外资车辆主机厂也可以自行进行自动驾驶技术的研究与应用测试。

（2）智能网联车辆需要持有基础电信牌照的运营商提供并支持车联网卡服务

作为一个重要趋势，市场上实际销售的、带有部分辅助驾驶/自动驾驶功能的车辆，往往不会仅以辅助驾驶/自动驾驶功能作为车辆增值服务，而会选择结合其他一系列增值服务，总体作为智能网联汽车服务（车联网服务）来向用户提供。

智能网联汽车服务一般而言需要依赖网络联通来提供其中的大量主要服务。网络联通需要运营商提供的车联网卡[①]进行支持。提供车联网卡的运营商，属于经营中国法律规定的基础电信业务，因此需要持有基础电信业务牌照，因此往往寻找类似于中国移动、中国联通、中国电信这样的基础电信运营商提供此类服务。此外，虽然国有股权或者股份不少于51%的企业在满足经营基础电信业务条件的情况下可以根据《中华人民共和国电信条例》申请基础电信业务经营许可证，但是实践中该牌照的发放具有极高的条件和要求，因此从事自动驾驶业务或智能网联汽车业务的经营主体一般无法（也没有必要）专门申请基础电信牌照。

① 车联网卡指装载于道路机动车辆，用于实现车辆联网、数据传输、状态监测、应急处置等通信服务功能的专用物联网卡。

（3）智能网联车辆服务提供者视具体业务形态可能需要取得若干类别的增值电信业务牌照

智能网联车辆服务中，可能包含一些涉及增值电信业务的形态，如果这些形态确实符合《电信业务分类目录》规定和描述的某种增值电信业务，那么服务提供者需要取得相应的增值电信业务经营许可证，或者将这一涉及增值电信业务的服务交由持有增值电信业务经营许可证的主体来提供。

A. B25 类增值电信业务

其中最典型的是涉及 B25 类（信息服务业务[①]）增值电信业务的若干服务内容，该类业务许可证即是俗称的“ICP 证”。

B25 类增值电信业务的法定形态主要有如下几种：信息发布平台和递送服务、信息搜索查询服务、信息社区平台服务、信息即时交互服务、信息保护和处理服务等。其中，信息保护和处理服务相对特殊而聚焦[②]，一般性的自动驾驶服务、智能网联汽车服务提供者不太容易涉及。但是其他几类服务，需要根据智能网联汽车服务当中具体的功能和服务形态来判断是否属于 B21 类增值电信业务。

例如，如果车联网平台允许第三方内容供应商在平台上发布文字、视频等内容，供车主等用户阅读、观看，则很可能属于信息发布平台和递送服务。

如果车联网服务提供者自行主导运营搜索数据库并通过车机端或者通过车载语音助手实现车辆用户的一般化信息搜索，则可能属于信息搜索查询服务。但需要关注的是，如果是接入第三方搜索引擎的服务（例如在车机中预载第三方搜索引擎服务供应商的应用，或者通过车载语音助手进行检索的实质搜索功能是由第三方搜索引擎服务供应商运营），则第三方搜索引擎服务供应商获得含“信息搜索查询服务”子项的 B21 类增值电信业务许可证即可。

如果车联网服务提供者通过车机或者手机客户端，允许车辆用户互相以论坛的形式（或其他类似的信息发布交流媒介形式）进行交流，进行信息发布、车友活动交流组织等活动，则很有可能属于信息发布平台和递送服务。

① 信息服务业务是指通过信息采集、开发、处理和信息平台的建设，通过公用通信网或互联网向用户提供信息服务的业务。

② 信息保护和处理服务指利用公用通信网或互联网，通过建设公共服务平台以及运行在计算机、智能终端等的客户端软件，面向用户提供终端病毒查询、删除，终端信息内容保护、加工处理以及垃圾信息拦截、免打扰等服务。典型的形态如 360 杀毒、腾讯手机管家、百度手机卫士等。

如果车联网服务提供者允许车辆用户即时发送和接收消息（包括文本、图片、音视频）、文件等信息（包括交互式语音和端到端双向实时话音业务），则属于信息即时交互服务。这一功能在车辆组队等车联网场景下确实不少见，因此车联网服务提供者需要关注这一业务场景下的合规性。

需要注意的是，如果一家公司仅仅提供自动驾驶 / 辅助驾驶服务，例如市场上许多主机厂向车辆购买者有偿销售的某一程度的“自动驾驶”或“辅助驾驶”功能，应当视为主机厂向车辆提供者在车辆操控、驾驶辅助等方面提供的增值服务，这些服务虽然在一些情形下也需要通过网络（即上文所述的车联网卡）提供，但是一般不涉及信息服务业务，一般不需要仅仅因为提供上述增值服务而获得 B25 类增值电信业务经营许可证。

B. B21 类增值电信业务

智能网联汽车服务形态中，有一些场景也可能会涉及 B21 类增值电信业务（在线数据处理与交易处理业务[①]）的形态。

B21 类增值电信业务包含三个类型：交易处理业务，电子数据交换业务，以及网络 / 电子设备数据处理业务。需要特别注意的是，这三类业务称谓的第一感觉非常“宽泛”，但究竟是否属于其中某类业务，还需要针对性地结合是否符合其法定内容而进行判断，不能仅仅因为自动驾驶或智能网联汽车服务涉及网络、涉及电子数据的交互、涉及电子设备的处理，就认为需要取得上述一项或多项类别的牌照。

例如，交易处理业务一般可以近似理解为俗称的“经营性电子商务”，即搭建网络电子商务平台，允许第三方买家与卖家通过平台进行交易。如果智能网联汽车服务整体服务包中，包含了这样的在线商城平台服务（例如通过车机或者手机客户端，允许车辆用户购买第三方售卖的车辆部件、汽车精品），则需要取得这一类别的 B21 类牌照。但是，需要注意，如果是交易应用程序的运营者自行生产或自行购买并经营的产品向用户进行售卖，则属于典型的自营业务，不需要取得 B21 类牌照。

“电子数据交换业务”虽然名称涉及的范围似乎很广，但这一牌照特定指向自建第三方电子数据交换平台的活动，这一平台允许贸易或其他行政事务双方在

① B21 类增值电信业务全称为在线数据处理与交易处理业务，是指利用各种与公用通信网或互联网相连接的数据与交易 / 事务处理应用平台，通过公用通信网或互联网为用户提供在线数据处理和交易 / 事务处理的业务。

平台完成电子数据交换，且数据交换和处理应符合国际公认的标准格式。这一业务的典型例子是海关报关的 EDI 电子数据交互平台。因此该类型的业务一般与自动驾驶或智能网联汽车服务关系不大。

“网络 / 电子设备数据处理业务”的名称也显得很宽泛，但是其具体指向自建第三方网络 / 电子设备数据处理平台，为其他企业或个人提供服务的活动，一般需要允许用户通过终端软件自动激活和配置个人数据，对连接设备进行实时诊断、管理和使用控制。所以如果是智能网联服务提供者自建平台，为自身的车辆和车主用户提供车辆的实时诊断、管理和使用控制服务，不属于这一 B21 类牌照的业务类型。在车联网业务实践中，可能涉及这一类型的一个场景是，一些车辆允许车主通过车机应用远程控制其他设备（典型如家中的智能家居），这一功能是依赖第三方的物联网平台实现的，车辆和智能家居都作为接入第三方物联网平台的设备。在这一情况下，第三方物联网平台的提供方需要获得“网络 / 电子设备数据处理业务”的 B21 类牌照。

六、地理信息测绘问题

（1）底层技术支撑——高精地图的制作与准入

自动驾驶技术的实现，往往需要汽车能够实时进行定位，捕捉其所处位置的道路环境信息并对该等信息作出应对策略以指导汽车行驶，与传统驾驶方式下“供人阅读”的导航地图相对应，产生了辅助驾驶和自动驾驶场景下“供车阅读”的高精地图。

企业在提供自动驾驶服务的过程中从事的高精地图制作、车辆实时定位、道路环境信息捕捉等行为都可能涉及从事《测绘法》规定的“测绘”活动，即对自然地理要素或者地表人工设施的形状、大小、空间位置及其属性等进行测定、采集、表述，以及对获取的数据、信息、成果进行处理和提供的活动。

中国对从事测绘活动的单位实行测绘资质管理制度，视企业从事的测绘活动类别的不同，需要取得由测绘地理信息主管部门（现为自然资源部以及省级自然资源主管部门）发放的不同等级的测绘资质证书。为落实“放管服”改革要求，自然资源部于 2021 年 6 月发布了修订后的《测绘资质管理办法》和《测绘资质分类分级标准》（以下合称“2021 年测绘管理规定”）。自此，测绘资质由此前的四级划分变更为甲、乙两级；测绘资质的一级专业类别划分基本未变，分为大地测量、测绘航空摄影、摄影测量与遥感、工程测量、海洋测绘、界线与不动产测绘、地理信息系统工程、地图编制、导航电子地图制作、互联网地图服务。

以高精地图制作为例，根据《关于加强自动驾驶地图生产测试与应用管理的通知》(国测成发〔2016〕2号)规定，自动驾驶地图(即高精地图)属于导航电子地图的新型种类和重要组成部分，其数据采集、编辑加工和生产制作必须由具有导航电子地图制作测绘资质的单位承担。值得关注的是，2021年测绘管理规定增设了导航电子地图制作乙级测绘资质，较甲级资质降低了考核条件，但是限定了作业范围，即乙级资质不得在相关政府部门划定的自动驾驶区域外从事导航电子地图制作。

(2)外资的准入限制与实践模式

根据《外国的组织或者个人来华测绘管理暂行办法(2019修正)》的规定，外国企业在华开展的测绘活动，基于其频率可以分为常规测绘活动和一次性测绘活动，并对不同类型测绘活动分别提出了准入条件。

A. 常规测绘活动

外国企业不得在华单独从事常规测绘活动，必须与中华人民共和国的有关部门或者单位依法采取合资、合作的形式。但是，根据《外商投资准入特别管理措施(负面清单)(2021年版)》，部分测绘活动为外资禁止投资的领域，包括导航电子地图编制，因此，无论是否采取合资、合作的形式，外国企业在华投资的企业都不得从事导航电子地图编制活动，也不得从事高精地图制作。

B. 一次性测绘活动

经国务院或地方人民政府等部门批准后，外国企业拟在华开展科技、文化、体育等活动，需要进行一次性测绘活动时，可以不设立合资、合作企业，但是必须经国务院自然资源主管部门会同军队测绘主管部门批准，并与中华人民共和国有关部门和单位的测绘人员共同进行该等一次性测绘活动。

C. 实践模式

实践中，车厂基于其股权性质和具体需求，可能采取不同的策略：(a)为全方位产业布局，其可能会选择以收购或入股持有测绘资质的企业的方式间接获取并长期持有测绘资质。例如，吉利对箩筐技术进行战略投资(通过箩筐技术完成了对易图通股权的阶段性收购)、上汽投资中海庭；(b)仅为其主营业务的开拓和提供增值服务的目的，车厂可能会选择与国内持有测绘资质的图商开展业务合作的模式。例如，丰田与Momenta合作，由Momenta提供基于摄像头视觉技术的高精地图及更新服务，宝马与四维图新合作，凯迪拉克、吉利先后与高德地图在高精地图领域达成合作。

值得关注的是，对于外资车厂而言，由于外商投资准入措施的限制，其无法通过收购或入股的方式从事导航电子地图编制活动，其需要与持有该等资质的在华企业开展合作。并且，根据《关于加强自动驾驶地图生产测试与应用管理的通知》（国测成发〔2016〕2号）规定，在此合作模式下，导航电子地图制作单位在与汽车企业合作开展自动驾驶地图的研发测试时，必须由导航电子地图制作单位单独从事所涉及的测绘活动；用于自动驾驶技术试验、道路测试的地图数据（包括在传统导航电子地图基础上增添内容、要素或精度提升的），应当按照涉密测绘成果进行管理，并采取有效措施确保数据安全。未经省级以上测绘地理信息行政主管部门批准，不得向外国的组织和个人以及在我国注册的外商独资和中外合资、合作企业提供、共享地图数据，不得在相关技术试验或道路测试中允许超出范围的人员接触地图数据。

七、数据安全与个人信息保护

企业提供自动驾驶服务过程中处理数据和个人信息的行为，需要遵守中国数据安全和个人信息保护法律体系的一般性监管与约束，包括《网络安全法》《个人信息保护法》《数据安全法》以及汽车领域的专项法规《汽车数据安全管理若干规定（试行）》等。

（1）自动驾驶中的数据安全

自动驾驶技术的实现和迭代，需要通过汽车传感设备、控制单元、车载智能设备等采集、处理和累积大量底层数据，包括车外数据、座舱数据、运行数据、位置轨迹数据。

企业处理该等数据除需要遵守《中华人民共和国数据安全法》的一般性规定，建立健全全流程数据安全管理制度，完成数据分级分类管理，采取相应的技术措施和其他必要措施，保障数据安全之外，还应当遵守《汽车数据安全管理若干规定（试行）》的要求，特别是，当处理的数据构成该法规项下的“重要数据”时，企业还应当履行下述义务：（a）开展风险评估，并向主管部门报送风险评估报告；（b）重要数据应当依法在境内存储，因业务需要确需向境外提供的，应当通过主管部门的安全评估；（c）应当在每年十二月十五日前向主管部门报送年度汽车数据安全管理情况。

进一步而言，国家互联网信息办公室于2021年11月发布了《网络数据安全管理条例（征求意见稿）》，又于 2022 年 7 月发布了《数据出境安全评估办法》，对《中华人民共和国数据安全法》中相关制度进行了细化和补充，包括重要数据处理者的备案、数据安全评估年度报告报送、赴境外上市数据安全评估等，该等征求意见稿也需要行业内的企业持续地关注和跟进。

就自动驾驶服务中可能接触到的数据类型而言，可能涉及的“重要数据”类型是车辆流量、物流等反映经济运行情况的数据；汽车充电网的运行数据；包含人脸信息、车牌信息等的车外视频、图像数据；涉及个人信息主体超过 10 万人的个人信息。在实践中，企业需要结合具体业务功能和形态盘点和识别数据类型，以判定是否构成“重要数据”处理者，从而履行《汽车数据安全管理若干规定（试行）》以及后续其他法规细则项下的规定。

（2）自动驾驶中的个人信息保护

自动驾驶汽车的高度智能化服务的提供、汽车物联网的属性以及车机系统向移动智能终端发展的趋势，一定程度上都需要基于个人信息的收集、使用和共享才能实现。

A. 个人信息处理的重要原则

个人信息的处理最重要的是遵守知情同意原则，所谓“知情”是指在处理个人信息前向个人信息主体进行充分的告知，使其“知情”，告知的内容包括处理者的身份信息，处理目的、处理方式，处理的个人信息种类、保存期限，个人行使本法规定权利的方式和程序等；所谓“同意”是指，除法律法规另有规定外，处理个人信息需要取得个人信息主体的“同意”，在特殊场景下还需要满足“单独同意”的要求，并且“同意”可以被个人信息主体自由撤回。

除知情同意原则外，处理个人信息还需要遵守最小必要原则，不得收集与业务无关的个人信息，不得绑定非必要信息收集或非必要权限的开启，不得以非正当方式强迫收集个人信息以及收集个人信息的频度不得超出业务功能所必需。

B.“众包模式”下的合规提示

或由于汽车产业链的细分和成熟，或由于行业资质准入的限制，“众包模式”在汽车行业中被广泛采用，但是，自动驾驶企业在涉及数据和个人信息处理的服务产品中采用众包模式时，需要额外注意与参与众包的承包方确认其数据和个人信息来源的合法性和授权同意范围的充分性，并在众包协议中落实为承包方的陈述、保证与承诺；如涉及数据和个人信息的对外提供，还应通过合同等方式规定接收方的责任和义务，约束和禁止其滥用数据和个人信息的行为。

八、核心算法及配套技术的知识产权保护

中国和境外自动驾驶领域近年来频发知识产权和商业秘密纠纷，涉及主体包括互联网科技巨头以及自动驾驶初创公司。这一现象反映出该领域市场参与方对人才的激烈争夺和对技术高地的抢占。在此过程中，自动驾驶相关商业秘密和算法技术知识产权保护的重要性尤为凸显。

（1）自动驾驶相关商业秘密保护

根据2019年最新修正的《反不正当竞争法》，商业秘密，是指不为公众所知悉、具有商业价值并经权利人采取相应保密措施的技术信息、经营信息等商业信息。这体现出在我国法律框架下，以商业秘密进行保护需满足的秘密性、价值性、保密性三要件。

就商业秘密的认定而言，除企业在提供自动驾驶服务过程中收集和产生的典型商业信息和营业信息外，如果自动驾驶企业的技术信息和算法也满足秘密性、价值型和保密性要求，也即具备作为商业秘密进行保护的基础。根据2020年《最高人民法院关于审理侵犯商业秘密民事案件适用法律若干问题的规定》（以下简称商业秘密司法解释），算法、数据、计算机程序及其有关文档等信息，可以被认定为《反不正当竞争法》所称的“技术信息”。根据目前出现的商业秘密纠纷，涉诉商业秘密主要体现为技术资料、源代码副本等电子数据。

权利主体指控他人侵犯商业秘密，需要对三个要件的成立负担举证责任。2019年修正的《反不正当竞争法》专门就权利人举证责任进行说明，权利人仅需提供初步证据证明已对所主张的商业秘密采取保密措施，且合理表明商业秘密被侵犯，则被控侵权方应当对相关信息不属于商业秘密或者不存在侵犯商业秘密的行为进行证明。因此，保密措施的认定在商业秘密纠纷中至关重要，根据商业秘密司法解释，签订保密协议 / 约定保密义务、通过培训或告知方式对员工 / 供应商 / 客户等提出保密要求、限制来访或区分管理、限制获取人员范围以及采取限制访问等措施，都属于正常情况下足以防止商业秘密泄露的保密措施。

商业秘密纠纷的另一核心关注点为损害赔偿数额的确定。自动驾驶领域目前出现的纠纷主要通过和解或撤诉方式结案。实践中，权利人往往难以就其受到的实际损失进行举证。根据商业秘密司法解释，因侵权行为导致商业秘密为公众所知悉的，人民法院依法确定赔偿数额时，可以考虑商业秘密的商业价值，包括开

发成本、实施该项商业秘密的收益、可得利益、可保持竞争优势的时间等因素。

（2）自动驾驶算法在商业秘密以外的知识产权保护路径

除商业秘密外，对自动驾驶相关算法技术还可以选择专利和软件著作权的保护路径。

A. 算法作为专利保护

与其他人工智能领域的算法技术类似，部分算法如果满足方法专利的申请条件，可以进行专利申请。如果将自动驾驶相关算法申请为专利进行保护，主要将考虑申请为方法专利。申请方法专利的过程中，需要特别注意，根据《专利法》及《专利审查指南》，可以获得专利授权的技术方案不能仅仅包含“智力活动的规则和方法”。实践中，申请方法专利时应注意和把握自动驾驶技术方案应用于具体技术领域，权利要求应当体现出自动驾驶技术方案与具体技术领域中相应物理实现的对应关系。例如，申请过程中尽量清楚地表明申请专利授权的技术方案中的各步骤以及各函数参数与具体技术领域中相应物理实现的对应关系，各个参数要尽量结合具体的技术领域。

与通过商业秘密方式保护相比较，通过专利方式保护的算法技术需要根据《专利法》要求公开，对于部分保密性要求低的算法专利较为合适，是一种“以公开换保护”的保护方式。

B. 算法和配套软件作为软件著作权保护

自动驾驶相关算法和配套软件呈现为计算机软件时，亦可以通过软件著作权的方式保护软件代码。该等计算机软件在其代码和文档开发完成时，撰写者的著作权即自动形成，不像专利或商标等知识产权需要进行专门的申请及授权方可获得权利。

尽管如此，自动驾驶相关算法和软件的开发者还是需要注意对创作过程及结果进行一定的保护。例如，在创作、代码编写过程中，保护的核心是以一定相对客观的形式证明和保全在某一时点开发者已经开发出了某段具有具体表达的代码或文字。具体的证明和保全形式可以多样，但是需要注意突出客观性和公正性。例如，有的开发者选择第三方存证机构，采取时间戳、区块链等方式，对该开发者这一时点已经开发的代码版本进行存证，以便相对客观地记录在这一时点这一开发者已经创作的代码或文档事实。另外，在代码开发完成或者达到阶段性工作完成节点时，开发者也可以进行计算机软件著作权的登记。

九、待探寻的疑问与展望：自动驾驶语境下的道路交通安全归责问题

自动驾驶语境下的道路交通安全归责问题，是目前世界范围内自动驾驶汽车发展面临的一个核心法律问题和难题，对于中国而言也不例外。

中国现行法律对机动车交通事故责任的规定主要存在于《民法典》侵权责任编和《道路交通安全法》之中，涉及驾驶人的机动车道路交通事故责任和汽车生产者或者销售者的产品责任。而自动驾驶技术的发展，对中国现行法律造成了冲击，现行规则在自动驾驶的场景下面临着法律适用上的困难。

首先，就机动车道路交通事故责任而言，现行法律下的责任主体为机动车驾驶人，归责原则以过错责任为原则。但是，在自动驾驶汽车侵权中，驾驶任务逐渐由驾驶员转交自动驾驶系统承担，在责任主体及当事人过错的认定上，现行法律规则存在适用上的困难。

其次，就产品责任而言，虽然受害人主张产品责任不以侵权人的过错为归责原则，但其首先需要证明侵权人所提供的产品存在质量缺陷以及该等缺陷与损害的发生之间存在因果关系。由于自动驾驶汽车具有高度的学习能力与自主决策能力，人们事后探究自动驾驶汽车导致事故发生的原因将变得困难，受害人在产品责任的举证上也面临着极大的困难。

值得关注的是，在 2021 年 3 月 24 日公安部发布的《道路交通安全法（修订建议稿）》（以下简称《公安部建议稿》）及《深圳市条例》中，有关部门对自动驾驶汽车的事故责任分担规则进行了一些探索。

《公安部建议稿》第 155 条第二款、第三款规定[①]，具有自动驾驶功能且具备人工直接操作模式的汽车发生交通事故的，应当依法确定驾驶人、自动驾驶系统开发单位的责任，并依照有关法律、法规确定损害赔偿责任；具有自动驾驶功能但不具备人工直接操作模式的汽车上道路通行的，由国务院有关部门另行规定。前述关于具有自动驾驶功能且具备人工直接操作模式的汽车发生交通事故的规定

①《公安部建议稿》第 155 条第二款、第三款规定："具有自动驾驶功能且具备人工直接操作模式的汽车开展道路测试或者上道路通行时，应当实时记录行驶数据；驾驶人应当处于车辆驾驶座位上，监控车辆运行状态及周围环境，随时准备接管车辆。发生道路交通安全违法行为或者交通事故的，应当依法确定驾驶人、自动驾驶系统开发单位的责任，并依照有关法律、法规确定损害赔偿责任。构成犯罪的，依法追究刑事责任。具有自动驾驶功能但不具备人工直接操作模式的汽车上道路通行的，由国务院有关部门另行规定。"

依然非常原则性，而对于具有自动驾驶功能但不具备人工直接操作模式的汽车上道路通行的，《公安部建议稿》尚未作出规定。

在《深圳市条例》中，第51条、第53条、第54条[①]根据智能网联汽车是否配备驾驶人分别做出了规定：（1）对于配备驾驶人的智能网联汽车发生交通事故且智能网联汽车一方负有责任的，该车辆的驾驶人应当承担相应的损害赔偿责任；因智能网联汽车质量缺陷造成交通事故的，驾驶人依法承担损害赔偿责任后，可以向智能网联汽车的生产者、销售者追偿；（2）对于不配备驾驶人的智能网联汽车发生交通事故且智能网联汽车一方负有责任的，该车辆的所有人或者管理人应当承担相应的损害赔偿责任；因智能网联汽车质量缺陷造成交通事故的，车辆的所有人或者管理人依法承担损害赔偿责任后，可以向智能网联汽车的生产者、销售者追偿。

除了立法活动外，近年来，中国法学界对于自动驾驶语境下的道路交通安全归责问题的研究也日益深入，包括对域外立法、判例的介绍，以及对中国现有法律制度进行修正和改造的思考。

截至目前，我们尚未了解到中国法院针对自动驾驶汽车交通事故作出的司法判例。展望未来，可以预见，随着自动驾驶技术在中国从测试阶段走向大规模的商业化应用和推广，中国对自动驾驶语境下的道路交通安全归责问题的相关立法可能会相继出台，司法实践也会出现相关案例对该等法律问题予以回应。我们理解，在自动驾驶交通事故责任承担的语境下，该等立法和司法实践将主要围绕着交通事故受害人、自动驾驶汽车驾驶人/控制人/所有人、自动驾驶汽车生产者及销售者之间如何承担和划分责任进行展开。就中国的自动驾驶法案和相关标准，请见表6-3。

---

①《深圳市条例》第51条规定："有驾驶人的智能网联汽车发生道路交通安全违法情形的，由公安机关交通管理部门依法对驾驶人进行处理。完全自动驾驶的智能网联汽车在无驾驶人期间发生道路交通安全违法情形的，由公安机关交通管理部门依法对车辆所有人、管理人进行处理。依照本条第二款规定处理交通违法，对违法行为人的处罚不适用驾驶人记分的有关规定。"第53条规定："有驾驶人的智能网联汽车发生交通事故造成损害，属于该智能网联汽车一方责任的，由驾驶人承担赔偿责任。完全自动驾驶的智能网联汽车在无驾驶人期间发生交通事故造成损害，属于该智能网联汽车一方责任的，由车辆所有人、管理人承担赔偿责任。"第54条规定："智能网联汽车发生交通事故，因智能网联汽车存在缺陷造成损害的，车辆驾驶人或者所有人、管理人依照本条例第五十三条的规定赔偿后，可以依法向生产者、销售者请求赔偿。"

表 6–3　中国的法案和标准

序号	司法管辖区	文件名称	日期（批准 / 生效）	批准机构	文件性质
1	中国	国家测绘地理信息局关于加强自动驾驶地图生产测试与应用管理的通知	颁布：2016/2/3 生效：2016/2/3	原国家测绘地理信息局	其他规范性文件
2	中国	《汽车产业中长期发展规划》	颁布：2017/4/25 生效：2017/4/25	工业和信息化部、国家发展改革委、科技部	其他规范性文件
3	中国	《新一代人工智能发展规划》	颁布：2017/7/20 生效：2017/7/20	国务院	其他规范性文件
4	中国	《国家车联网产业标准体系建设指南（智能网联汽车）》	颁布：2017/12/29 生效：2017/12/29	工业和信息化部、国家标准化管理委员会	其他规范性文件
5	中国	《自动驾驶封闭测试场地建设技术指南（暂行）》	颁布：2018/5/22 生效：2018/5/22	交通运输部	其他规范性文件
6	中国：深圳	《深圳市关于贯彻落实〈智能网联汽车道路测试管理规范（试行）〉的实施意见》	颁布：2018/5/22 生效：2018/5/22 有效期至： 2023/5/21	深圳市交通运输委员会、深圳市发展和改革委员会、深圳市经济贸易和信息化委员会、深圳市公安局交通警察局	其他规范性文件
7	中国	《国家车联网产业标准体系建设指南（总体要求）》	颁布：2018/6/8 生效：2018/6/8	工业和信息化部、国家标准化管理委员会	其他规范性文件
8	中国	《国家车联网产业标准体系建设指南（信息通信）》	颁布：2018/6/8 生效：2018/6/8	工业和信息化部、国家标准化管理委员会	其他规范性文件
9	中国	《国家车联网产业标准体系建设指南（电子产品与服务）》	颁布：2018/6/8 生效：2018/6/8	工业和信息化部、国家标准化管理委员会	其他规范性文件
10	中国：江苏	《江苏省智能网联汽车道路测试管理细则（试行）》	颁布：2018/9/3	江苏省经济和信息化委、省公安厅、省交通运输厅	其他规范性文件

续表

序号	司法管辖区	文件名称	日期（批准 / 生效）	批准机构	文件性质
11	中国	《车联网（智能网联汽车）直连通信使用5905—5925MHz频段管理规定（暂行）》	颁布：2018/10/25 生效：2018/12/1	工业和信息化部	其他规范性文件
12	中国：深圳	《深圳市关于推进智能网联汽车应用示范的指导意见》通知	颁布：2018/10/26 生效：2018/10/26	深圳市交通运输委员会、深圳市发展和改革委员会、深圳市经济贸易和信息化委员会、深圳市公安局交通警察局	其他规范性文件
13	中国	《车联网（智能网联汽车）产业发展行动计划》	颁布：2018/12/25 生效：2018/12/25	工业和信息化部	其他规范性文件
14	中国	《智能汽车创新发展战略》	颁布：2020/2/10 生效：2020/2/10	国家发展改革委、中央网信办、科技部、工业和信息化部、公安部、财政部、自然资源部、住房城乡建设部、交通运输部、商务部、市场监管总局	其他规范性文件
15	中国	《国家车联网产业标准体系建设指南（车辆智能管理）》	颁布：2020/4/24 生效：2020/4/24	工业和信息化部、公安部、国家标准化管理委员会	其他规范性文件
16	中国	《公路工程适应自动驾驶附属设施总体技术规范（征求意见稿）》	颁布：2020/4/26	交通运输部	部门规范性文件
17	中国	《关于推动交通运输领域新型基础设施建设的指导意见》	颁布：2020/8/3	交通运输部	部门规范性文件

续表

序号	司法管辖区	文件名称	日期（批准 / 生效）	批准机构	文件性质
18	中国：北京	《北京市自动驾驶车辆道路测试管理实施细则（试行）》	颁布：2020/11/12 生效：2020/11/12	北京市交通委员会、北京市公安局公安交通管理局、北京市经济和信息化委员会	其他规范性文件
19	中国	交通运输部关于促进道路交通自动驾驶技术发展和应用的指导意见	颁布：2020/12/30 生效：2020/12/30	交通运输部	其他规范性文件
20	中国	《国家车联网产业标准体系建设指南（智能交通相关）》	颁布：2021/2/20	工业和信息化部、交通运输部、国家标准化管理委员会	部门规范性文件
21	中国	《道路交通安全法》（2021 修正）	颁布：2021/4/29	全国人大常委会	法律
22	中国	《智能网联汽车生产企业及产品准入管理指南（试行）》（征求意见稿）	颁布：2021/4/7	工业和信息化部	部门规范性文件
23	中国	《住房和城乡建设部 工业和信息化部关于确定智慧城市基础设施与智能网联汽车协同发展第一批试点城市的通知》	颁布：2021/4/28	住房和城乡建设部 工业和信息化部	其他规范性文件
24	中国	《智能网联汽车道路测试与示范应用管理规范（试行）》	颁布：2021/7/27 生效：2021/7/27	工业和信息化部、公安部、交通运输部	部门规章
25	中国	《工业和信息化部关于加强智能网联汽车生产企业及产品准入管理的意见》	颁布：2021/7/30 生效：2021/7/30	工业和信息化部	部门规范性文件

续表

序号	司法管辖区	文件名称	日期（批准 / 生效）	批准机构	文件性质
26	中国	《汽车数据安全管理若干规定（试行）》	颁布：2021/8/16 生效：2021/10/1	国家互联网信息办公室、国家发展和改革委员会、工业和信息化部、公安部、交通运输部	部门规章
27	中国	《汽车驾驶自动化分级》	颁布：2021/8/20 生效：2022/03/01	国家市监总局、国家标准化管理委员会	国家标准
28	中国	《关于加强车联网卡实名登记管理的通知》	颁布：2021/9/13 生效：2021/9/13	工业和信息化部	其他规范性文件
29	中国	《汽车雷达无线电管理暂行规定》	颁布：2021/11/16 生效：2022/3/1	工业和信息化部	部门规范性文件
30	中国：北京	《北京市智能网联汽车政策先行区自动驾驶出行服务商业化试点管理实施细则》	颁布：2021/11/25	北京市高级别自动驾驶示范区工作办公室	其他规范性文件
31	中国：上海	《上海市智能网联汽车测试与应用管理办法》	颁布：2021/12/29 生效：2022/2/15	上海市政府	其他规范性文件
32	中国：重庆	《重庆市智能网联汽车道路测试与应用管理试行办法》	颁布：2022/1/26 生效：2022/3/1	重庆市政府	其他规范性文件
33	中国	《关于试行汽车安全沙盒监管制度的通告》	颁布：2022/2/25 生效：2022/2/25	国家市场监督管理总局、工业和信息化部、交通运输部、应急管理部、海关总署	部门规范性文件
34	中国：北京	《北京市智能网联政策先行区智能网联客运巴士道路测试、示范应用管理实施细则（试行）》	颁布：2022/3/31	北京市高级别自动驾驶示范区	其他规范性文件
35	中国：广东	《广东省智能网联汽车道路测试与示范应用管理实施意见（试行）》	颁布：2022/4/7	广东省工业和信息化厅	其他规范性文件

续表

序号	司法管辖区	文件名称	日期（批准 / 生效）	批准机构	文件性质
36	中国：武汉	《武汉市智能网联汽车道路测试和示范应用实施细则（试行）（公开征求意见稿）》	颁布：2022/5/13	武汉市经济和信息化局	其他规范性文件
37	中国：杭州	《杭州市智能网联车辆测试与应用管理办法（征求意见稿）》	颁布：2022/6/10	杭州市经济和信息化局	其他规范性文件
38	中国：杭州	《杭州市智能网联车辆测试与应用工作指南（征求意见稿）》	颁布：2022/6/10	杭州市经济和信息化局	其他规范性文件
39	中国：成都	《成都市智能网联汽车道路测试与示范应用管理规范实施细则（试行）》	颁布：2022/6/14	成都市经济和信息化局、成都市公安局、成都市交通运输局	其他规范性文件
40	中国：深圳	《深圳经济特区智能网联汽车管理条例》	颁布：2022/6/30 生效：2022/8/1	深圳市人大常委会	地方性法规
41	中国：湖南	《湖南省智能网联汽车道路测试与示范应用管理实施细则（试行）》	颁布：2022/8/3 生效：2022/8/3	湖南省工业和信息化厅、湖南省公安厅、湖南省交通运输厅	其他规范性文件
42	中国	《自动驾驶汽车运输安全服务指南（试行）》（征求意见稿）	颁布：2022/8/8	交通运输部	部门规范性文件
43	中国	《道路机动车辆生产准入许可管理条例（征求意见稿）》	颁布：2022/10/28	工业和信息化部	部门规范性文件
44	中国	《关于开展智能网联汽车准入和上路通行试点工作的通知（征求意见稿）》	颁布：2022/11/2	工业和信息化部	部门规范性文件

后　记

以二十大报告为指引，迈向汽车强国之路

2022年10月，中国共产党第二十次全国代表大会胜利闭幕。习近平总书记在大会上所作的党的二十大报告，为全面建设社会主义现代化国家指明了前进方向、描绘了清晰路径。二十大精神是高举中国特色社会主义伟大旗帜，全面贯彻习近平新时代中国特色社会主义思想，为全面建设社会主义现代化国家、实现第二个百年奋斗目标而团结奋斗。

在这一时代背景下，自动驾驶行业的发展是对二十大精神的落实，是坚持和发展中国特色社会主义的实践举措，在如下方面体现了二十大精神的重要理念。

首先，建设现代化产业体系是推动高质量发展的重要内容。其中，提及推进新型工业化，加快建设制造强国、质量强国、航天强国、交通强国、网络强国、数字中国。推动制造业高端化、智能化、绿色化发展。推动战略性新兴产业融合集群发展，构建新一代信息技术、人工智能、生物技术、新能源、新材料、高端装备、绿色环保等一批新的经济增长引擎。加快发展物联网，建设高效顺畅的流通体系，降低物流成本。加快发展数字经济，促进数字经济和实体经济深度融合，打造具有国际竞争力的数字产业集群。自动驾驶作为汽车智能化的核心，在数字经济中占据重要地位，对汽车产业、出行模式、国民经济运行效率将带来颠覆性的影响，可能催生出全新的商业模式和产业格局，具有高度战略意义。加快自动驾驶技术的研发和应用，提高自动驾驶产业的国际竞争力和影响力，是加快实施创新驱动发展战略的重要实践。在此背景下，本书在架构设计和内容编撰过程中深入学习和领会二十大精神，以期为我国自动驾驶立法和自动驾驶合规实践提供理论参考。

其次，习近平总书记指出，当前世界百年未有之大变局加速演进，世界之变、时代之变、历史之变正以前所未有的方式展开。自动驾驶作为数字经

济发展的一项核心应用，在全球范围内已被多个国家提升至战略高度，积极行动以抢占发展制高点；各国政府在政策法规方面纷纷给予大力支持，加速自动驾驶商业化，加速行业发展。在此背景下，应坚持开放合作的姿态，加强与国际社会在自动驾驶领域的交流与合作，共同推进人类命运共同体的建设。在此技术上，本书选取美国、英国、欧盟、德国、新加坡、澳大利亚等地最新的立法进展和产业政策予以总结，希望对我国自动驾驶立法发展有所助益。

再次，习近平总书记在二十大报告中提到，未来五年是全面建设社会主义现代化国家开局起步的关键时期，主要目标任务是经济高质量发展取得新突破，科技自立自强能力显著提升；要坚持以人民为中心的发展思想。维护人民根本利益，增进民生福祉，不断实现发展为了人民、发展依靠人民、发展成果由人民共享，让现代化建设成果更多更公平地惠及全体人民。自动驾驶的发展可能对人民生活的方方面面带来深远影响，可以满足人民对安全、便捷、舒适出行的需求，提升人民生活品质和幸福感。同时，自动驾驶行业是绿色发展理念的生动事例，推广自动驾驶车辆的节能减排和智能管理，可以大力促进交通运输领域的低碳转型和可持续发展。

最后，教育、科技、人才是全面建设社会主义现代化国家的基础性、战略性支撑。其中完善科技创新体系、加快实施创新驱动发展战略和深入实施人才强国战略是重要内容。要坚持面向世界科技前沿、面向经济主战场、面向国家重大需求、面向人民生命健康，加快实现高水平科技自立自强；培养造就大批德才兼备的高素质人才，建设规模宏大、结构合理、素质优良的人才队伍。本书在定位上作为“法律＋科技”系列教材和著作，在为自动驾驶行业人士提供参考的同时，也可作为网络和信息法学教材，以期为培养相关法治人才做出贡献。

中国特色社会主义巍巍巨轮乘风破浪、行稳致远。希望本书的出版，可以在时代的浪潮中，为建设现代化产业体系、推动经济高质量发展，最终全面建设社会主义现代化国家、全面推进中华民族伟大复兴贡献微薄之力。